最新最強の

SPI

'26年版

クリア問題集

成美堂出版

はじめに 厳しい就職戦線

「就職活動は大変だ。何を準備していいかわからない」と思っている方が多いと思います。大学の入学試験の多くは、筆記試験だけ（または1回程度の面接）ですが、就職試験は「エントリーシートによる選考➡筆記試験➡1社当たり4〜6回程度の面接」があり、しかも早めに決まらなければ、30〜50社も受ける現実があります。ここで、内定獲得までの活動の具体的な流れの例を示しておきます。

1. エントリーシート(ES)による選考

企業が作成したエントリーシートに記入。自己PR・業界志望動機・会社志望理由・やりたい仕事の4つの主要な質問に加え、最近では自由に記述させるタイプが増えています。「模範文章」ではなく「個人」を書かせる傾向が強くなっています。また、Webでの提出が主流になっています。

2. SPI3適性検査

株式会社リクルートマネジメントソリューションズが提供する試験です。能力検査は言語（国語系）と非言語（数学系）の2科目です。能力検査とセットでよく性格検査が行われます。SPIには、ペーパーテスティング、インハウスCBT、WEBテスティング、テストセンターの4つの方式があります。一つひとつの問題はそれほど難しい内容ではないのですが、時間が足りなくなることが多いので、速く解けるようになる必要があります。テストセンターでは過去の結果の使い回しができますが、テストの結果はわからないので、自信がなければ企業ごとに受けたほうがよいでしょう。毎年、「筆記試験は簡単」と高をくくり、準備不足で失敗する学生を多く見かけます。筆記試験で失敗すると面接に進むこともできないので、半年前には本を買い、コツコツと準備しましょう。なお、SPI以外の適性検査や一般常識が課されることもあります。

3. 面接試験

1次面接は主に、学生が3〜5名、面接官数名のグループ面接です。しかも時間が10〜20分と短いので、ライバルとの「差別化」が重要になってきます。グループ面接においては、短い時間内にいかに自分のことをアピールできるか、ま

を勝ち抜くために

た、面接官に興味を持ってもらえるかがポイントです。以降も2〜4回程度、面接が続きます。また、面接の中ではグループディスカッションも行われています。なお、現在はWeb面接もあります（流れは対面式と同様です）。

※グループディスカッション

ひとつのテーマについて、複数名の学生で30〜50分程度議論し、結論を発表させる試験です。初めて出会う人達とのディスカッションの中でどのようにふるまい、また発言できるかを見られます。他人の意見に左右されて自分を出せない人や、場の空気を読まずに自分の意見を出しすぎる人は落ちる傾向にあります。

インターネット上にはさまざまな就職試験の情報があふれています。どれが正しくてどれが間違いなのか、どの方法が自分に合うのかの見極めが必要です。これから就活をされる皆さんにとっては「早期からの準備」と「情報の取捨選択」が大きなカギになるでしょう。

本書は就活生からの聞き取り調査と専門家によるチームによって、実際の試験問題に近い問題、とくに、間違いやすい問題やわかりにくい問題、新傾向の問題を掲載しています。非言語分野が苦手の方も短時間で解けるようにわかりやすい解説を心がけています。

本書が皆さんの就職活動のお役に立てることを願っています。

2024年4月　編著者

■これから学習を始める皆さんへ──

SPI3の中でも、「非言語能力問題」の出題傾向は、年々変化します。もくじ（次ページ）に最近の出題頻度の"目安"を、高いほうから順に

☆☆☆…多くの試験で出ており、さらに同種の問題が2つ、3つと出題された

☆☆　…ある程度の数の試験で出題されていた

☆　　…出題は少ないものの、押さえておきたい

で示しておきましたので、学習する際の参考にしてください。

もくじ

1章 SPI適性検査とは

2章 非言語能力問題

出題頻度 高☆☆☆◀━━▶☆低

3章 言語能力問題

4章 構造的把握力検査とは?

5章 性格検査

別冊1 模擬試験① ペーパテスティング／テストセンター形式

別冊2 模擬試験② WEBテスティング形式

別冊3 解答・解説集

2章 非言語能力問題の解答・解説

3章 言語能力問題の解答・解説

別冊1 模擬試験①の解答・解説

別冊2 模擬試験②の解答・解説

※本書の情報は、原則として2024年3月1日現在のものです。

SPI

適性検査とは

SPI の基礎知識

検査の意味と実施方法

- 2013年から性格検査に改良を加えた「SPI3」が登場した
- 検査内容は「基礎能力検査」「性格検査」。オプションテストとして「英語能力検査」「構造的把握力検査」が加わることもある
- 言語能力検査では、基礎的な語彙力と読解力を見られる
- 非言語能力検査では、論理的思考能力と数的処理能力を見られる
- 性格検査では、社員としての適性を見られる
- SPI適性検査は入社後の人事管理にも利用されるので、しっかりとした対策が必要

◗ SPI適性検査ってどんなテスト？

　SPIは、Synthetic Personality Inventory（「総合的個人特性調査表」）の略称で、個人の能力や性格の適性を総合的に評価することを目的にした適性検査のことです。多くの企業の採用試験で取り入れられています。

　検査内容は、**基礎能力検査と性格検査**から構成されており、基礎能力検査はさらに**言語分野**と**非言語分野**に分けられます。2013年には、これまで使われていたSPI2の**性格検査に改良を加えたSPI3**が登場しており、本書はSPI3に対応しています（SPI3について、詳しくは24ページ参照）。

● 実施の方法は4通りある

　実施方法は、**ペーパーテスティング(ペーパーテスト)、テストセンター、インハウスCBT、WEBテスティング**の4通りがあります。ペーパーテスティング以外はコンピュータによる検査で、近年はテストセンター、WEBテスティング方式が主流になっています。

● 大卒者が主に受けるのはSPI－U

　また、採用対象によって検査内容も異なり、**大卒者対象のSPI－U、中途採用の社会人対象のSPI－G、高卒者対象のSPI－H**があります。ペーパーテスティングでは他にもSPI－A、SPI－B、SPI－R、SPI－Nなどさまざまな種類があります。さらにオプションでは構造的把握力検査と英語能力検査のENGもあり、例えばSPI－UEという場合は、大卒者対象のSPI－UにENGが加わったものになります(対象別の種類について、詳しくは13ページの表参照)。加えて、グローバル採用に向けて、日本語が母国語でない人を対象とした英語版と中国語版、韓国語版も出ています。

　このように内容、実施方法、種類が多様に揃ったSPIについて、順を追って説明していきましょう。

どんなことが検査されるの?(検査内容)

　基礎能力検査と性格検査では、どのようなことが測定されるのか、詳しく見ていきましょう。

● 基礎能力検査は言語と非言語

　基礎能力検査は、言語能力検査、非言語能力検査から成り立ち、能力適性を測定するものです。ここで測定されるのは「コミュニケーションや思考力、新しい知識・技術の習得などのベースとなる能力」(リクルートマネジメントソリューションズHPより)です。つまり、どのような仕事をする上でも必要とされる基礎能力が試されるということです。

　言語能力検査は、語句問題と文章問題があり、基礎的な語彙力・読解力が測定されます。

　例えば、仕事をする上で他者とのコミュニケーションは不可欠で、そこでは正

しく意思の疎通ができるだけの語彙力が求められます。上司が話している言葉の意味がわからなければ仕事が円滑に進みません。また、十分な読解力がなければ、業務上必要な文書・資料の内容が理解できないということにもなりかねません。このような仕事をする上での言語に関わる基本的な能力の検査です。

非言語能力検査は、論理的に考える力や計算力が問われます。すなわち論理的思考能力と数的処理能力とが試される問題で構成されています。

仕事では多種多様な情報がもたらされますが、そこからどのような事態が起こりうるか、どのように対処すべきかを筋道立てて考える能力、そして的確に判断する能力はたいへん重要です。また、もたらされる情報に数字が含まれていれば、それをどのように解釈すればよいか、どのような方法で計算すれば必要な数字が得られるかが理解できていなければなりません。そのような思考力・判断力・解釈力・問題解決能力などは、企業が求める人材に不可欠な要素です。

問題形式は実施の方法で異なります。ペーパーテスティングはすべてマークシートでの選択式、言語能力検査では5～6、非言語能力検査では8～10の選択肢の中から正解を1つ選ぶ択一式です。テストセンターも、おおむねペーパーテスティングと同じ選択式ですが、一部複数回答の問題（該当する選択肢をすべて選ぶチェックボックス式）もあります。また、WEBテスティングは、言語はほぼ選択式ですが、一部単語などを入力するスタイルもあります。一方、非言語はほぼ入力式で、一部に記号の選択問題があります。

問題自体は難しくありませんが、短時間で問題に解答するスピードがカギを握る検査でもあるので、問題に慣れておくことが大切になります。

● 性格検査とは

性格検査は、SPI2では、性格的適性と態度的適性を、**情緒的側面・行動的側面・意欲的側面・職務適応性**の4つの側面から測定していましたが、SPI3では新たに**社会関係的側面・組織適応性**が加わって6つの側面から測定します。なお、テストセンター、インハウスCBT、WEBテスティングでは2013年から、ペーパーテスティングでは2014年からSPI3が導入されました。

また、性格検査には、能力検査のような対象者別の種類はありません。

基礎能力検査では何が出題される？（出題傾向）

SPIの種類の主なものを整理してみましょう。

ペーパー テスティング	SPI3－U	大卒者対象（能力検査70分）
	SPI3－G	社会人対象（能力検査70分）
	SPI3－H	高卒者対象（能力検査70分）
	SPI3－A	SPI3－Uの縮小版（能力検査50分）
	SPI3－B	SPI3－Uの拡大版（能力検査90分）
	SPI3－R	大卒・短大卒者対象、主に一般職用（能力検査57分）
	SPI3－N	短大卒・高卒者対象、主に事務職用（能力検査31分）
	SPI3－P	性格検査のみ
	GAT	能力検査のみ（GAT－U、G、H、A、B、RCA、NCA） ＊RCAはSPI－R、NCAはSPI－Nの能力検査のみ
	ENG	英語能力のオプション検査 ＊ENG単体での実施もある
テスト センター	SPI3－U	大卒者対象
	SPI3－G	社会人対象
	SPI3－H	高卒者対象
	SPI3－UE	SPI3－U＋ENG ＊セットでのみ実施
	SPI3－US	SPI3－U＋構造的把握力検査 ＊セットでのみ実施
	SPI3－USE	SPI3－U＋構造的把握力検査＋ENG ＊セットでのみ実施
	SPI3－GE	SPI3－G＋ENG ＊セットでのみ実施
インハウス CBT	SPI3－U	大卒者対象
	SPI3－G	社会人対象
	SPI3－H	高卒者対象
	SPI3－P	性格検査のみ
	GAT	能力検査のみ（GAT－U、G、H）
WEB テスティング	SPI3－U	大卒者対象
	SPI3－G	社会人対象
	SPI3－H	高卒者対象
	SPI3－P	性格検査のみ

　本書は、大卒者が受検するもっとも一般的なSPI－Uに準拠しています。ただし、実施方法によって出題傾向が異なるため、実施方法別に説明していきましょう。

● 実施方法別の出題傾向

　ペーパーテスティングは、企業内の会場で選抜対象者が一斉に実施する紙媒体の検査です。テストセンターは全国各所にあるテストセンター会場もしくはオンライン会場（自宅など）で、自ら予約した日時・場所で受検するものです。WEBテスティングは自宅などのパソコンを利用して受検するもので、日時や状況の自由度があります。インハウスCBTは企業内のパソコンで受検するもので内容はWEBテスティングと同じものと考えられます（そのため、インハウスCBTの内容などについてはWEBテスティングの項をご参照ください）。

ペーパーテスティングは、一般的な試験同様に実施時間が明確に決まっていますが、テストセンターとWEBテスティングはどちらも全体のおおよその時間が決まっていて、なおかつ各問題の制限時間があるという共通点があります。一方、電卓使用の可否などの相違点もあります（詳細は表1参照のこと）。また、出題範囲や解答の形式に違いもあります（詳細は19ページの表2・表3を参照のこと）。

［表1］SPI3方式の相違点

	ペーパーテスティング	テストセンター	WEBテスティング
実施場所	会社内・特設会場など	テストセンター会場	自宅など
試験形態	紙での筆記	パソコン操作	パソコン操作
解答方法	マークシートの択一式	択一式、入力式、複数選択	択一式、入力式
問題数	言語40問／非言語30問	不定	不定
時間制限（全体）	あり（言語30分／非言語40分）	あり（言語約15分／非言語約20分）	あり（言語約15分／非言語約20分）
時間制限（各問）	なし	あり	あり
解答順序	自由	制約あり	制約あり
電卓使用	不可	不可	可

［ペーパーテスティング］

●言語分野（40問　所要時間30分）

語句・短文問題（25問）

二語関係、語句の意味、語句の用法（複数の意味）、短文の穴埋め、文章整序、言葉の空欄補充。

長文問題（15問）

出題される長文は3つ。それぞれに小問5問ずつ。小問は、接続語などの空所補充、指示内容の選択、内容一致など。長文のジャンルは広範囲に及ぶ。

●非言語分野（30問　所要時間40分）

割引料金、損益算、代金の清算、分割払い、割合、速さ・時間・距離、集合、場合の数、確率、物の流れと比率、グラフの領域、表の読み取り、ブラックボックス、推論など。大問が8から10ほどあって、1つの大問に対して小問2問から6問が組みになって出題される。

［テストセンター］

基礎能力検査（言語・非言語全体で）35分

●言語分野（所要時間約15分）

語句・短文問題（標準的な問題数　15～20問）

二語関係、語句の意味、語句の用法（複数の意味）、短文の穴埋め、文章整序、言葉の空欄補充。

長文問題（標準的な問題数　約3問）

出題される長文は1つ。ペーパーテスティングの長文に比べ、分量は3分の1から半分ほどで、PCの画面に小問1問と合わせて収まっている。小問は別々のタグで3問程度。小問の中には、選択式ではなく文中の単語などを抜き出して入力する問題も散見される。

解答ペースが速いと、長文の後に語句の問題が追加で出題されることもある。

●非言語分野（所要時間約20分、標準的な問題数15問前後）

割引料金、代金の清算、損益算、分割払い、割合、速さ・時間・距離、集合、場合の数、確率、表の読み取り、推論など。

出題範囲はペーパーテスティングと重なるところが多いが、物の流れと比率、グラフの領域、ブラックボックスなどの図が重要な役割を果たすような問題は出題されていない。逆に、文章資料を読み解いて数的な解答を求める問題もある。

1つの大問に対して小問2問から4問が別タグで出題される。また、推論問題では該当するものをすべてチェックする、チェックボックス形式の問題もある。

［WEBテスティング］

基礎能力検査（言語・非言語全体で）35分

●言語分野（所要時間 約15分、最大問題数約40問程度）

（1）熟語の成り立ち（15問）

（2）3文完成（9問）

（3）文章整序（3問）

（4）3語の空欄補充（3問）

（5）長文問題（6問）―出題される長文は2つ。ペーパーテスティングの長文に比べ、分量は4分の1から3分の1程度。小問は別々のタグで各3問。小問の中には、選択式ではなく文中の単語などを抜き出して打ち込む問題も

ある。

（6）空欄補充（4問）

＊他の形式と違い、問題の配列に一定のパターンがある。上述のそれぞれの問題数は平均的な目安で、実際には若干の増減がある。

▶**非言語分野（所要時間 約20分、最大問題数20問）**

（1）計数問題（単純な設問　3問）

（2）計数・推論問題（条件が2つまたは3つが提示　3問）

（3）計数問題（単純な設問　2問）

＊（1）と（3）の出題分野は、整数問題、単価・個数・総額、分配、平均、年齢、割合、割引、速さ、損益算、仕事算など

（4）決定条件の推論（解答が決まる条件の選択　3問）

（5）場合の数・確率（3問）

（6）図表の読み取り（2問）

（7）集合（3問）

＊それぞれの問題数は平均的な目安で、実際には若干の増減がある。（6）以外は、ペーパーテスティングとテストセンターのように組問題ではなく、すべて1問ずつの問題。また、（4）、（6）の一部に択一問題がある以外は、すべて数字の入力。数字は半角で入力する。分数は約分して、分子／分母の順に入力する。

● 実施方法別の相違点・共通点

　3つのＳＰＩでは、**受検スタイル**の違いでペーパーテスティングとパソコンによるテスト（テストセンターとWEBテスティング）に大きな相違点があり、**出題傾向**において、ペーパーテスティングとテストセンターには類似性がある一方で、ＷＥＢテスティングとは相違点が多々見られます。

　ペーパーテスティングとパソコンによるテスト（テストセンターとＷＥＢテスティング）の違いの第一点は、後者には**問題ごとに制限時間**があるという点です。後者では1問ごとに制限時間があり、パソコン画面上にタイマーで表示されます。画面右上に円グラフのような形のタイマーがあり、その外側は全体の時間の経過を表し、内側は回答状況を表します。

　もう1つ画面左下に棒状のタイマーがあり、各問題の制限時間を示しています。これは時間の経過とともに、左側から右側に、緑→黄色→オレンジ→赤の順に色が変わっていきます。緑の段階で解答できるのが理想のようですが、なかなかこ

の時点で解答するのは難しいようです。また、この制限時間は問題によって異なります。

　このタイマーが赤になると制限時間となり、自動的に次の問題に切り替わります。時間内に解けなければ、全体の制限時間は減っても1問も解答できないという結果になります。したがって、制限時間を守りながら、できるだけ早い段階で解答することで、全体の制限時間内により多くの問題を解くチャンスが得られるわけです。

　受検時間は約35分ですが、「約」がつくのは上記のように1問ずつの解答時間に個人差があるためです。制限時間内に取り組んだ問題は、その問題の制限時間までは検査が継続されるため、35分きっかりに終了するというわけではないのです。それが所要時間のあいまいさの理由です。

● WEBテスティングの画面のイメージ

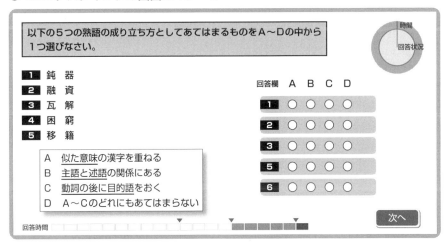

　同様に問題数も受検者によって異なり、解答時間の短い人は多くの問題に当たることができますが、制限時間いっぱいまで時間をかける人は逆に解答できる問題が少なくなるわけです。要するにパソコンによる検査では受検者の解答状況に応じて問題数が変化し、さらに問題の難易度も変化するのです。

　ペーパーテスティングとパソコンによるSPIの違いの第二点は、**解答する順番**です。ペーパーテスティングでは苦手な問題や難しい問題は飛ばして解答することができますが、パソコンによるSPIでは、原則として問題を飛ばすことができ

ません。ただし、テストセンターではペーパーテスティング同様に組問題で出題
されており、その組問題の中で前の問題に戻ることはできます。

　ペーパーテスティングとテストセンターに共通点が多く、ＷＥＢテスティング
とでは相違点があることもあります。その相違の第一点が、**出題形式や出題分野**
です。
　言語分野では、ＷＥＢテスティング特有の単元として、「熟語の成り立ち」があ
ります。また、それ以外でもＷＥＢテスティングでは空所補充がいくつかのバリ
エーションで多数出題されています。長文問題がペーパーテスティングで比重が
大きいのに対して、ＷＥＢテスティングでは小さいといえます。テストセンター
でも受検者の解答スピードにもよりますが、長文問題の比重が小さい傾向が見ら
れます。
　非言語分野では、ＷＥＢテスティング特有の分野として、**答えを導くための条
件を決定する問題（決定条件の推論）**があります。設問は「ア・イの情報のうち、
どれがあれば［問い］の答えがわかるかを考え、Ａ～Ｅまでの中から正しいものを
１つ選びなさい」というもので、ア・イ２つの情報が提示され、つぎの５つの選
択肢の中から１つ解答を選びます。

> **A** アだけでわかるが、イだけではわからない
> **B** イだけでわかるが、アだけではわからない
> **C** アとイの両方でわかるが、片方だけではわからない
> **D** アだけでも、イだけでもわかる
> **E** アとイの両方あってもわからない

　出題分野は多岐にわたりますが、答え自体を求める必要はないので問題として
はさほど難しくはありません。ただし、出題形式は慣れておかないとてこずると
思われます。出題分野が限定されるものではないため本書では項目としての掲載
はありませんが、出題分野ごとに数問ずつ問題を扱っていますので、コツをつか
んでおきましょう。
　また、ペーパーテスティングやテストセンターでは見られないＷＥＢテスティ
ングでの問題に、整数の性質に絡んだ問題があります。問題は平易ですが、難し
い問題ばかり取り組んできたアタマでは難しく考えてしまい、かえって解けない
ということもありますから、しっかり対策しておきましょう（本書の別冊模擬試
験も別冊１はペーパーテスティングとテストセンターの形式、別冊２はＷＥＢ
テスティングの形式になっているので、チャレンジしてみてください）。

[表2] 出題範囲：言語分野

	ペーパーテスティング	テストセンター	WEBテスティング
熟語の成り立ち	×	×	○
二語関係	○	○	×
語句の用法	○	○	×
語句の意味	○	○	×
短文の穴埋め	○	○	×
文章整序	○	○	○
空欄補充	○	○	○
3文完成	×	×	○
長文読解	○	○	○

[表3] 出題範囲：非言語分野

	ペーパーテスティング	テストセンター	WEBテスティング
整数問題	×	×	○
比・平均・分配・年齢	×	×	○
仕事算	○	○	○
単価・個数・総額	○	○	○
損益算	○	○	○
速さ・時間・距離	○	○	○
場合の数	○	○	○
確率	○	○	○
割引料金	○	○	○
代金の清算	○	○	○
分割払い	○	○	×
割合	○	○	○
順序の推論	○	○	○
位置の推論※	○	○	○
対応関係の推論	○	○	○
内訳の推論	○	○	○
命題の正誤の推論	○	○	△
集合	○	○	○
グラフの領域	○	×	×
ブラックボックス	○	×	×
図表の読み取り	○	○	○
資料の読み取り※※	○	○	×
長文の読み取り※※※	×	○	×
物の流れと比率	○	×	×
決定条件の推論※※※※	×	×	○

※位置の推論…本書では「推論⑤（その他の問題）」内で扱います。
※※資料の読み取り…本書では「図表の読み取り」内で扱います。
※※※長文の読み取り…本書では「新傾向問題［例題2］」が相当します。
※※※※決定条件の推論…出題形式および分野は多岐にわたります（18ページ参照）。
○…出題されている　×…出題されていない　△…不明

ＷＥＢテスティングが他の２タイプと異なる第二点は、ＷＥＢテスティングでは**電卓が使用できる**点です。ペーパーテスティングとテストセンターでは、面倒な計算も自力で処理しなければならないため計算力の差が結果に直結することもありますが、ＷＥＢテスティングではそこで差がつくことはあまりありません。ただし、電卓の使い方に慣れておかないと本番で慌てることになります。ＷＥＢテスティングを受検する人は、練習段階から電卓を使って慣れておきましょう。

　本書の問題では、テストセンター独自のもの、ＷＥＢテスティング独自のものを明記してあります。違いを意識して取り組むようにしてください。

● SPI問題の難易度と対策するうえでの留意点

　問題のレベルは、大卒者が対象だからといって、大学受験レベルというわけではありません。言語分野の語句問題においては、意味や空所補充で問われる熟語は漢検の３級や準２級レベルですし、多義語では普段よく使用されている言葉が出題されています。文章問題で使用される長文は大学受験で出題されてもおかしくないレベルの文章ですが、設問自体はいたって単純です。

　非言語分野は、大部分が小学校の算数、中学校の数学の範囲で解ける問題です。数学が苦手で、数字を見ただけでアタマが痛くなるという方でない限り、無理なく解けるはずです。ただし、最近では計算がもっぱら電卓任せになっていますから、電卓を使用できないペーパーテスティングやテストセンターの場合は、単純な足し算・引き算・掛け算・割り算で苦労することも多いので、計算力は鍛えておく必要があります。

　このように問題自体は難しくないのですが、それでもＳＰＩで苦労する方は少なくありません。それはなぜか。つぎの項で見ていきます。

重要なことは「正確さ」「スピード」そして「平常心」

　ＳＰＩに取り組むうえでの最大の障壁は、短時間で解答しなければならないということでしょう。例えば、ペーパーテスティングであれば、言語分野では40問を30分ですから、**語句問題は１問20秒平均、文章問題は長文１つにつき７分平均**で解かなければなりません。非言語分野では30問を40分ですから、**１問平均１分20秒**です。数問ならこの時間で解けるとしても、70問を70分で一気に解かなければならないので、速さに加えて持久力も必要です。

　テストセンターやＷＥＢテスティングは全体の時間は短いのですが、１問ごと

の解答ではそれ以上のスピードが求められます。

　では、単純に速く解ければいいのでしょうか。当たり前のことですが、いくらスピードがあっても不正解が多いのでは話になりません。それならゆっくりでも正解を重ねていったほうがいいでしょう。したがって、第一に「正確」に解くこと、第二に速く解ける「スピード」を身につけることがSPI攻略の基本になります。

　「正確さ」のために必要なことは、合理的な考え方・解き方を身につけることです。言語分野は日本語の問題ですから、選択肢から「なんとなく」選んでもある程度の正解は可能でしょう。しかし、この「なんとなく」は根拠がないので、限界があります。もちろん個人差はあって、なんとなくでも全問正解できる方もいますが、多くの方が「なんとなく」に頼って失敗しています。**語句問題なら正確な知識を身につけること、文章問題なら論理的思考力を身につけ、論理的に解けるようにすること**が肝心です。非言語分野でも、**無駄のない手順を踏んで、合理的に正解を導き出す方法を習得しておくこと**が強みになります。

　つぎは「スピード」の習得です。数多くの問題を繰り返し解いて、問題文を読んだり計算をしたりする途中のプロセスを手際よく処理できるようにしていくことでスピードを身につけていきます。この**習熟こそが時間短縮のカギ**になるのです。

　例えば、パソコンに初めて触れてからしばらくは、たどたどしくキーボードを叩いたり、マニュアルを見たり人に聞いたりしながら操作していたのではないでしょうか。それが、次第に何も見ずに操作スピードも飛躍的に速くなってくるのは、繰り返し使用しているからにほかなりません。車の運転なども同じでしょう。

　つまり、繰り返し問題を解き、たいしてアタマで考えずとも要領よく解答できるようになることがスピードを身につける秘訣というわけです。

　最後にもう一つ、最も大事なポイントが**「平常心」で臨む**ということです。SPIに臨むうえでの最大の障壁である、短い時間で数多くの問題を解かなければならないというプレッシャーから、焦って軽いパニックを起こすという事態がよく見受けられます。知らない言葉が続けて出てきたり、文章を読んでも抽象的な内容でさっぱりアタマに入ってこなかったりすると、焦燥感に駆られます。また、一生懸命に計算して導き出した解が選択肢になかったり、見たこともない問題に出くわしたりするとアタマの中が真っ白になることもあります。このような状態では、いくらがんばったところでよい結果は生まれないでしょう。

　平常心で受検するためには、やはり**数多くの問題にあたって、問題に慣れておく**しかありません。慣れないことをやるときはだれでも平常心で臨むのは難しいものです。しかし、たとえ就職試験という緊張を強いられる場面でも、慣れ親しんだ問題に取り組むのであれば平常心を保つこともできるはずです。

SPIの種類別の注意点

　ここまでSPI－Uについて説明してきましたが、その他の種類の能力検査についても触れておきましょう。

　高卒者対象のSPI－HはSPI－U（以下「U」）と同じ問題数・時間です。Uの縮小版SPI－AやUの拡大版SPI－Bも問題数や時間は異なっても基本はUと同じです。しかし、社会人対象のSPI－GはUと同じ時間ですが、言語分野が50問以上、非言語分野が40問と問題数が多くなります。その分、問題はやさしめで、取り組みやすい問題が多いといえます。とはいっても、SPI－Gを受ける場合は、より高速で多くの問題を解けるように準備をしておく必要があります。

　注意が必要なのは、主に一般職用のSPI－Rと事務職用のSPI－Nです。SPI－Rは、Uと同じような内容の「基礎能力」(40分)も含まれますが、その他に「分類」「概算」「文章照合」(計17分)があり、またSPI－Nでは「正誤の照合」「図表の読み取り」「置換」「計算」「漢字」(計31分)から成ります。これらは、問題として極めて簡単ですが、Uと大きく異なる点が2つあります。それは**得点とは別に誤謬率が計測される**ことと、設問を順番通りに解かなければならない、つまり**設問を飛ばすことができない**という点です。

　「誤謬率」とは、全解答数に対する誤答数の割合のことです。例えば50問の問題で、30問解答して30問正解の場合と、50問解答して30問正解20問不正解の場合、どちらも得点は同じですが、誤謬率は前者が0％なのに対して、後者は40％になります。つまり、適当に解答していくと誤謬率が高くなる恐れがあるのです。また、設問のスキップができないので、できる問題から解いていくということもできません。**1問目から順番に確実に正解していく必要があります。**

　このような誤謬率の測定や設問のスキップ禁止はSPI－RとSPI－Nだけです。その他のSPIでは誤謬率は測定されませんから不正解を気にすることもありませんし、設問を飛ばして解答できます。なお、SPI－Rの「基礎能力」については同じく誤謬率の測定や設問のスキップ禁止はありません。

　SPIには誤謬率があるので、答えに自信がなければ解答しないほうがいいとか適当にマークするのは危険だと誤解されている方がよくいらっしゃいますが、**SPI－Rと SPI－N以外では誤謬率の測定はありません**ので、誤答を恐れずどんどん解いて、時間がなくなれば適当にマークするのも構わないでしょう。

SPIの測定方法と合格基準

　得点は全国的な平均を「50」とした「標準得点(偏差値)」で測定されます。比較される母集団は、能力適性では、**SPI−Uは大学新卒者**、SPI−Gは一般企業人、SPI−Hは高校新卒者が対象になります。性格適性では一般企業人が母集団です。つまり、企業側は能力適性や性格適性を全国水準と比較して相対的に把握することになります。さらに、その得点は7段階にランク付けされます。その分布は、以下の通りです。

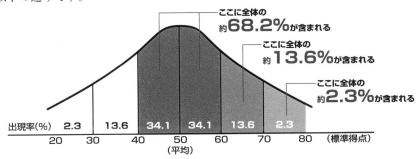

出現率(%)	2.3	13.6	34.1	34.1	13.6	2.3
	20	30	40	50	60	70	80

ここに全体の約**68.2%**が含まれる
ここに全体の約**13.6%**が含まれる
ここに全体の約**2.3%**が含まれる
(平均)　(標準得点)

● 7段階表示の得点

段　階	1	2	3	4	5	6	7
標準得点	29.5以下	～37.5	～45.5	～53.5	～61.5	～69.5	70以上
出現率	2.3%	9.2%	23.0%	31.0%	23.0%	9.2%	2.3%

　SPIは、一次または二次選抜と位置付けられ、その結果しだいで面接に進めるかどうかが決定されるという、いわゆる「ふるい落とし」としての利用が多く見られます。つまり、面接に進むための通過点として、ある程度の得点をしておく必要があります。SPIなどの適性検査がうまくいかずにどうしても面接まで進むことができないと嘆く方がよくいますが、ここを通過できないと面接で自己表現のしようもないというわけです。このようなふるい落としとしての利用が通常ですから、とりあえずは一定水準以上の得点をしていればいいと考えればいいでしょう。

　では、**その一定水準とはどの程度か、ということになりますが、ひと口にいうことはできません**。大学受験の際、大学によって合格基準が異なるのと同様に、企業によって基準は異なります。どの企業も面接対応できる人数には限界があるので、面接可能な人数まで絞り込むことを目的にしていると考えられます。大手

企業であれば、まずエントリーシートでふるいにかけて人数を絞ってからSPIによる選抜を行うことが多いですが、その場合でも何割が落とされるのかによって合格基準も異なるでしょう。

しかし、あえていえば、**7段階の6ランク以上の成績であれば、おそらくどの企業でも落とされることはない**でしょう。大半の企業なら5で大丈夫、企業によっては、4でも通過できることもあると思われます。

ランクではわかりにくいから、何％できればいいか知りたい、といわれるかもしれません。あくまで相対評価なので、問題の難易度にもよりますが、6ランク以上に入るラインは、言語分野で80％以上、非言語分野で60％以上というところでしょうか。そのあたりを目安に、少しでも高い点を目指すようにしてみてください。

SPI3について

2013年から、テストセンター、インハウスCBT、WEBテスティングで、SPI2はSPI3に変更されました。受検者側に関わる主な変更点を下にまとめておきます。

①性格検査の変更。SPI2の情緒的側面・行動的側面・意欲的側面・職務適応性に加えて新たに社会関係的側面・組織適応性が加わって6つの側面からの測定に変更。それに伴う受検時間の延長(ペーパーテスティングでは時間変更なし)。

②テストセンター受検の場合、性格検査は会場では行わず、事前にWEB形式で受検。

③インハウスCBTでは、問題形式の変更に伴い、電卓使用可に変更。

④WEBテスティングが大学生用、高校生用、転職者用の3種類に細分化。

大きな変更点は、**①の性格検査の測定領域の追加**が挙げられます。社会関係的側面は、「人や組織とのかかわりの中で表れやすい特徴」を、組織適応性は「企業や配属部署などの組織の風土に対する適応のしやすさ」を測定します。近年、新入社員が組織になじめず、早期に離職する例が多いことを受け、そのような事態を回避すべく設けられた測定領域です。

性格検査については、5章で詳しく説明しますが、**能力検査と違ってあらかじめ準備しておく必要はありません**ので、SPI3に変更になっても別段対策を講じる必要はないでしょう。なお、能力検査は従来のSPI2とほぼ同様で、概ね変更はありません。

● SPI受検の準備にあたっての心得

❶ どの受検方法、どの種類にでも対応できるよう準備

　すでに見てきたように、近年のSPIは受検方法も種類も多様化しています。また、企業によってはSPI以外の適性検査を採用していたり、オリジナルのテストを使用したりする場合もあります。したがって、複数の企業を受ける方たちにとっては、どのテストにも対応できるように準備しておくことが大切になります。本書は、SPI－Uに対応していますが、これは数ある適性検査の中でもかなり範囲が広いといえますから、本書を利用して広範な出題範囲を一通り勉強しておくことで、どのようなテストにも対応できる基礎力を養っておきましょう。

❷ 「正確さ」と「スピード」を両立させる

　「正確」に解こうとすると慎重になりすぎて時間がかかりすぎることになります。また、「スピード」を意識しすぎると、時間に追われ設問もきちんと読まずに思い込みで解いて間違えたり、ケアレスミスをしたりします。このように「正確さ」と「スピード」はなかなか両立しにくいものです。しかし、その両立がなければSPIでの好成績は望めません。まずは「正確」に解けるようになることを目指し、それが達成されたら「スピード」をつけるよう反復練習に努めましょう。

　それにはある程度時間がかかります。また、語彙力不足の方なら語彙力をつけるのにはやはり時間がかかります。したがって、**準備には早めに取り掛かってください**。そして、能力適性は**毎日短時間でも継続的に取り組むことが大切**です。就活で忙しくなっても、少しずつ準備を進めていくようにしましょう。

SPI3から加わった「構造的把握力検査」

　テストセンターのSPI3で新たに加わった検査に「構造的把握力検査」があります。これは英語検査のＥＮＧ同様にオプションですから、ＳＰＩに必ず含まれているものではありません。ここで、簡単に概要を説明しておきましょう。

　ここでいう「構造」とは文の「構造」のことです。例えば、文の構造として「感想を述べた文」というのがあるとして、それは「要望を述べた文」と区別されます。また、数学の問題での求め方の違い、主張する者の立場の違い、行動の理由か結果か、などなどさまざまな角度からの構造が問題になります。

　問題の形式は2タイプあり、1つは4つの選択肢の中から構造に共通性のある2つの文の組み合わせを選ぶ問題、もう1つは5つの選択肢を2つのグループに分けた場合に正しいものを選ぶ問題(例えば、ア・イ・ウ・エ・オの選択肢の内容が、ア・イが「感想」、ウ・エ・オが「要望」を表す文であった場合、〈ア・イ〉と〈ウ・エ・オ〉とに分けられた選択肢を選ぶ)です。詳しくは4章をご確認ください。

SPI受検直前にすべきこと

——どの受検方法、どの種類の検査を受検するのかを把握すること

　就職試験の適性検査は多種多様です。SPIひとつでも受検方法や種類に違いがありますので、実際に受検することになったら、どの方法・種類かを可能な限り調べて、その傾向に合った直前対策をするようにしましょう。本書で基本的な学習ができていれば、どのテストにもある程度対応可能ですが、さらに傾向を知っておけば、慌てたりパニックになったりするのも避けられるはずです。とくにコンピュータを使った検査は、どのようなものか知らないと、いくら解答能力に長けていても焦ってしまいます。**WEBテスティングのSPIは、リクナビのHPから体験受検することができる**(「言語・非言語Webテスト」「自己分析テスト」が用意されている)ので、ぜひ事前に体験しておきましょう。

　近年、SPIは企業に採用されるための大きな関門のひとつとなっています。確かに、SPIで満点を取れたからといってそれだけで必ず内定がもらえるわけではありませんが、0点ならほぼ確実に不合格になります。SPIで不合格になれば、面接に進むこともできないのです。

　SPIについては、**きちんと準備して、対策を講じておけば、恐れるに足らず**です。エントリーシートや面接の合否は人事担当者の主観的要素に左右されることがあ

りますが、**SPIは努力しただけの結果が客観的な数値で測定されます**。そのような努力を惜しんで内定が取れないと嘆くことのないように、しっかり準備しておきましょう。

● 受検までの流れ（テストセンター会場の例）

　最後に、実際に受検する前に「受検までの流れ」を把握しておきましょう。ここではテストセンターを例にとり、簡単に説明します。なお、テストセンターでは自宅などで受検できるオンライン会場も用意されています。

①エントリーまたは説明を受けた企業から、受検者にメールが届く。メールには受検サイトへのリンク、受検期間、企業別受検IDなどが記載されている。

②登録サイトにアクセス。受検IDとメールアドレスを入力してログインし、テストセンターIDを取得（初めて受検する場合）。能力検査の受検日と会場を仮予約する。

③性格検査を自宅や学校のパソコン、スマートフォンから受検する。検査の時間は約30分。性格検査を受けると受験日と会場の予約が確定する。

④予約した日時にテストセンター会場で受検する。受付では写真付きの身分証明書と受検票を提示して本人確認を受ける。

⑤着席して準備。時間になると鉛筆とメモ用紙が配布されるが、テスト中に個人の持ち物を使用することはできない。

⑥テスト開始。企業によって「英語能力検査」や「構造的把握力検査」が課されることもある（事前に告知される）。

⑦各自、終わり次第退出できる。点数は企業のみに送られて、受検者本人は知ることができない。一度受ければ、その結果を他企業に使い回すことは可能。受け直すか使い回すかは受検者次第。

※WEBテスティングなどのウェブテストは、自宅や学校など、個人のパソコンを利用して受けます。テストセンターとは異なり、企業ごとに受ける必要があります。

● その他のウェブテストについて

　よく使用されるウェブテストには、これまで説明してきたSPI3のWEBテスティング以外に次の3種類があります。

① 玉手箱シリーズ
② TG－WEB（新型・旧型）
③ Web－CAB

①の玉手箱シリーズは、基本的なSPI能力適性の対策を行うことで、ある程度対応できる内容となっています（玉手箱シリーズでは英語も課されることがあるので、TOEICなど検定試験の勉強をしながら、英語に慣れておくことをおすすめします）。②TG－WEBと③Web－CABについては、「暗号の解読」や「図形の法則性を見つける問題」のような、やや特徴的な傾向があるため、受検する企業で使用されている場合は別途対策することをおすすめします。

[例題 1] TG－WEB形式の問題

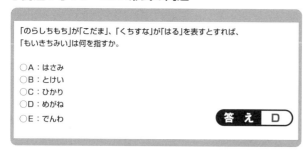

解説：例題1の場合、「のらしちもち」＝「こだま」、「くちすな」＝「はる」ということから、1文字あたりに2文字を使用した暗号であることが推測できる。ひらがな2字が1字のひらがなを表現していることから、パソコンのキーボードを思い浮かべることができれば、正解はすぐそこだ（ウェブテストであるため、キーボードは手元にある状況であるのは間違いない！）。ローマ字入力する際に、タイピングしているキーを確認すると、「こだま」は「のらしちもち」、「はる」は「くちすな」というかなのキーを使用していることがわかる。よって「もいきちみい」は「めがね」になる。

[例題 2] Web－CAB形式の問題

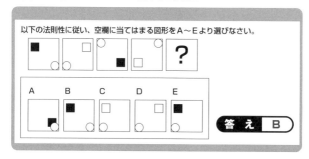

解説：例題2の場合、四角形（■□）や丸（○）、それぞれの図形の法則性を見つけることが、解くためのカギとなる。四角形の動きに注目すると左上から、時計回りに動いていることがわかる。かつ色は、黒白が交互になっている。よって、？の箇所の四角形は、左上で黒色であるとわかる。○の動きに注目すると、右下から、時計回りで動いていることがわかる。よって、？の箇所は右下に位置すると推定できる。以上のことから、Bが導き出せる。

非言語能力問題

2章

各問題の右または下に示している目標 ☐：☐☐ は「目標制限時間」です。実際のテストの問題数と所要時間を目安に設定しているので、時間内に解くことを目標にしてください。なお、WEBテスティングタイプ のアイコンがついている問題はWEBテスティングだけで出題される形式。テストセンタータイプ のアイコンがついてる問題はテストセンターだけで、出題される形式です。

非言語 能力問題
高得点のポイント

- 解法のポイントを理解し、きっちり対策をしよう
- 「情報の整理」と「計算」「判断」がポイント
- 情報の整理には公式を覚え、応用する力をつける
- 初めは時間を気にせずに解き、徐々に速さを求めていく
- １問にかけられる時間は１分〜１分20秒が目安
- 選考で落とされないだけの点をとればよいと割り切って準備を進めよう

非言語能力検査の傾向と留意点

　非言語能力検査は論理的に考える力や計算力を測定します。

　具体的に挙げると、「割引料金」「損益算」「図表の読み取り」「速さ・時間・距離」「集合」「場合の数」「確率」「グラフの領域」など、**小学校・中学校の算数や数学で学んだ範囲ですから、誰にでも解ける**ことが前提です。そのほか、「ブラックボックス」「物の流れと比率」「推論」など、**学校教育の中ではあまり学ぶ機会がなかった項目もありますが、特別な知識が必要なわけではなく、**「獲得した情報をもとに新しい情報や的確な判断を導き出す力」さえあれば、解くことができます。

　とはいえ、算数・数学からしばらく離れていて公式や解き方を忘れている方や、もともと数学が苦手だったという方も多いでしょう。また「物の流れと比率」「推論」なども、あらかじめ解法を理解しておかないと、短時間で確実に解くのは難しいかもしれません。さらに、問題自体は平易でも、プレッシャーがかかる中、短時間で多くの問題を解けるかどうかはまた別の問題です。したがって、**解法のポイントをよく理解して、きっちり対策をしておく**必要があります。

非言語能力検査の解法ポイント

非言語分野の問題を解くうえでのポイントは**2つ**あります。1つ目は「情報の整理」、2つ目は「計算」または「判断」です。

● **解法のポイント1：情報の整理**

「情報の整理」とは、設問中の情報から計算式をつくる、あるいは推論などでは図や表をつくることで、第1段階の作業になります。この段階は、情報の整理の仕方、つまり式の立て方や図表の作り方をあらかじめ習得しておくことが重要になります。本番の試験問題で与えられる情報にはバリエーションがありますが、パターンの同じ問題なら手際よく情報の整理ができるはずです。

例えば、「原価に2割5分の利益をのせた定価が2250円の商品の原価はいくらか」という問題なら、〈定価＝原価×（1＋利益率）〉という公式を利用して原価を x とおけば、$x \times (1 + 0.25) = 2250$ という方程式が立ちます。また、「P、Q、R、Sの4人の身長では、（Ⅰ）PはSの次に背が高い （Ⅱ）一番背が高いのはQではない。この場合、次の推論のうち、必ずしも誤りとはいえないのはどれか」という問題の場合、考えられる4人の身長の高い順の順序を表を作って書き出し、①RQSP、②RSPQ、③SPQR、④SPRQの4通りであると可能性のある順序を整理しておきます。このようなプロセスが第1段階となります。

● **解法のポイント2：計算と判断**

2つ目のポイント、すなわち第2段階は、作り出した式の計算をすること、図や表に基づいて推論の正誤などを判断することです。前述した原価を求める問題の例なら、$x \times (1 + 0.25) = 2250$ の方程式を解くことで、$x = 1800$ が求められます。また、推論の問題の例では、与えられた推論が「ア　Pが3番目に背が高い」なら②が該当するので「必ずしも誤りとはいえない」と判断できますし、「イ　Rは2番目に背が高い」なら、①～④のどれも該当しないことになり、「必ずしも誤りとはいえない」には当てはまらないと判断できます。

このように公式を利用するなど解法を理解しておくこと、解を求めるためのプロセスを理解しておくことが第1段階のポイント、そしてそれに基づいて計算や判断をすることが第2段階のポイントになります。どちらも正しくできていなければ確実には正解にたどり着けません。選択肢がある問題ですから偶然に正解することはあるかもしれませんが、偶然に頼っていてはここ一番の試験でうまくいくとは限りません。しっかり準備して、この2つのポイントを押さえましょう。

非言語能力検査問題の勉強方法

　ここまでで、問題を解くポイントとして、第1段階の「情報の整理」、第2段階の「計算」または「判断」を挙げました。これは問題を解くプロセスでの段階ですが、準備をするうえでは、最初に第2段階の「計算」を強化しておかなければならない人も多いと思われるので、**最初に「計算」、つぎに「情報の整理」と進めていきます。**

● 勉強法1：計算力をつける

　計算は、その正確さとスピードは個人差がかなりあります。1つの式で、足し算・引き算・掛け算・割り算の要素がいくつも入っている問題が少なくないので、すぐに解ける人と一つひとつにてこずる人とでは、10秒単位で時間差が出てしまいます。したがって、**計算力をしっかりつけて、この段階で大差がつかないようにしておく必要があります。**

　まず現在の自分自身の計算力を確認してください。例えば、つぎの身近な問題を暗算で解いてみてください。「コンビニで120円のおにぎり2個と257円のサンドイッチを買って、1000円札で支払ったらおつりがいくらになるか」。この問題を、電卓を使わないと解けない、あるいは筆算をしないと無理、あるいは暗算でも筆算でも1分以上かかるというのであれば、まず**足し算・引き算・掛け算・割り算の練習**から始めましょう。市販の計算ドリルなどを使って、自然数の四則の計算に徹底的に取り組んでください。WEBテスティングでは電卓が使用できますが、簡単な計算で逐一使っている余裕はありません。なにより、計算力をつけることは論理的思考力を養成する基礎になります。計算はアタマのストレッチ体操のようなものですから、これでアタマが柔らかくなったら、分数と簡単な一次方程式のおさらいもしておくことをおすすめします。

● 勉強法2：「情報の整理」のパターンを習得する
ポイント1．公式を覚えておく

　情報の整理の仕方にはパターンがありますから、そのパターンを習得することが肝心です。**ポイント1は、公式をしっかり覚えておくこと**です。「速さ・時間・距離」の問題なら、〈速さ＝距離÷時間〉の公式がわかってさえいれば、簡単に解答できる問題もあります。

ポイント2．公式を活用するテクニックを身につける

　ただ、いくら公式を覚えておいても、それを活用できなければ話になりません。例えば、「10kmのコースを1時間15分で走ったとき、平均時速は何kmか」という問

題では、距離＝10km、時間＝1時間15分ですから、上の公式に当てはめれば1回の割り算で答えは求められます。しかし、時間のほうに「時間」と「分」の2つの単位がありますから、このままの数値では計算できません。どちらかに単位をそろえなければなりません。

この場合、問われているのは「時速」なので、「時間」の単位にそろえます（分を時間の単位にそろえるには60で割ればよく、1時間15分は $1\dfrac{15}{60}=\dfrac{75}{60}$ となるので、式は $10\div\dfrac{75}{60}$ です）。

このように、公式を理解しているだけでなく、その公式に代入するために必要な手順を習得しておく必要があります。**設問に応じて公式を活用するテクニックが第2のポイント**です。

● 本書を使っての勉強法

上記のポイントを理解したところで、本書を活用しての具体的な勉強方法を説明しましょう。

公式とその活用の手順を、まず本書の例題で確認しましょう。例題はまず自力でノートに手順を書きながら解き進めて、解答まで導けたら、解説の「時間をかけない解き方」で手順を確認してください。無駄な手順を踏んでいないか、解答は正しいかなどの確認をして、不都合がなければ練習問題に進んでください。自力で解けなかったら、解説での解法手順を、ノートに写しながらしっかり理解しましょう。

つぎに、練習問題に進みます。**練習問題では、最初は時間を気にせずに、正しい手順で解くこと**に集中しましょう。問題によっては例題とは異なる手順が必要で、そこができないこともあるかもしれません。その場合は、例題の場合と同様に解答・解説で手順をしっかり確認して、習得してしまいましょう。

ひと通り練習問題を解いたら、間をおいて二度三度と解いていきます。**練習問題を解く際は、かかった時間を計測しておくこと**をおすすめします。最初は何分かかっても正確にできることが肝心ですが、次からは所定の時間内にできるようになることを目指してください。

非言語能力検査問題の攻略法

　問題をこなしていくにつれて気になるのが、スピードでしょう。公式や解法は理解していても、初見の問題だと所定の時間内で解けない、また少しパターンが変わると大幅に時間がかかるということがよくありますが、そのような場合はまだ習熟していないということです。

● スピードアップのポイント１：情報の整理や解法の手順に時間をかけない

　スピードアップの攻略ポイントは２つあります。**１つは、情報の整理、解法の手順に時間をかけない**こと。一定のパターンの問題なら、問題を読みながらでも情報の整理に入り、作り上げた式、および図や表に間違いがないかの確認をしましょう。この確認は一見無駄なようですが、ここで間違えるとその後の計算や判断のすべてが台無しになりますから、必ず確認するようにしてください。

● スピードアップのポイント２：計算時間を短縮する

　２つ目は、計算の時間短縮です。時短のポイントは、可能な限り筆算をしないということです。足し算や引き算は暗算で、掛け算も２桁×１桁なら暗算でできるようにしておきましょう。とくによく使われる数字、例えば15なら、$15 \times 2 = 30$、$15 \times 3 = 45$、$15 \times 4 = 60$、$15 \times 5 = 75$、……と、九九同様にすぐ答えが出るようにしておくことをおすすめします。この掛け算の暗算ができれば、割り算もスムーズになります。

　また、計算に分数が入っていれば、うまく約分することで計算が容易になります。例えば、先の平均時速の問題の式は$10 \div \frac{75}{60}$になりましたが、この$\frac{75}{60}$を15で約分して$\frac{5}{4}$とすると後が楽です。先の15の倍数がすぐ出てくればこの約分は苦もなくできるはずです。

　さらに、分数の割り算は、逆数を掛ければよいので$10 \times \frac{4}{5}$となり、10と5は5で約分できるので$2 \times \frac{4}{1} = 8$となります。約分がスムーズにいけば計算は15秒もあれば十分でしょう。このように暗算や約分をする力を強化して計算時間を短縮し、スピードアップを図りましょう。

非言語能力検査の最終戦術

　時間と問題数が決まっているペーパーテスティングを基準に考えると、40分に30問解く、つまり単純計算で平均して１問１分20秒のペースで解答する必要があります。問題によっては１分未満で解答できるものもあれば、２分以上かかりそうなものもありますから、あくまでも平均値です。テストセンターやＷＥＢテスティングもこのペースが１つの目安になります。

　先述の攻略法を実践しても、**このペースで正確に解く**のは無理という方もいると思います。しかし、そうした方も悲観することはありません。SPIは序盤の選考で使われることがほとんどですから、そこで落ちないだけの得点をすればよいと割り切れば、全問解かなくても支障はありません。

　ペーパーテスティングの場合、目標正解率を60％とすれば、80％の問題に解答し、そのうちの80％を正解できれば正解率64％になりますから、目標ラインを越えられます。正解率の高い人なら80％まで解答できなくても目標のクリアは可能でしょう。30問中20問を解いて、18問正解すれば60％の正解率を達成できます。

　したがって、テスト本番では**手堅く解ける問題と、時間がかかりそうな問題を選別して、取り組みやすい問題から解いていきましょう**。20問解けばいいとすれば、所要時間は各々1.5倍、つまり１問２分のペースでいけます。しかも取り組みやすい問題から解いていけばいいので、このペースは十分に実現可能です。

　テストセンターやＷＥＢテスティングでは問題を選別して解くことはできませんが、苦手な分野の問題や制限時間内には解けそうもない問題はパスするつもりで適当に選択肢をクリックしたり、勘で何らかの数値を入力して先に進むという手段もあります。とくに検査開始後の早い段階で１問に時間をかけすぎるのは避けましょう。もっとも苦手分野ばかりであればそうはいきませんから、やはり80％は短時間で解けるように練習しておきましょう。非言語分野が苦手な方も、しっかりと準備をしたうえで戦術を駆使して、ぜひSPIを乗り切ってください。

1

非言語能力問題

ペーパーテスト／テストセンター／**WEBテスティング**

整数問題

このPOINTを押さえろ!

整数の性質を把握しよう

奇数＋奇数＝偶数	**奇数×奇数＝奇数**
奇数＋偶数＝奇数	奇数×偶数＝偶数
偶数＋偶数＝偶数	偶数×偶数＝偶数

※WEBテスティングで
出題されるので、この
法則は覚えておく。

● 和、積とも、奇数になるケースが限定されるので、奇数になる組み合わせを覚えておこう。

例題＆短時間で解く方法

[例題1] 目標2:00

空欄に当てはまる数値を求めなさい。

（1）7で割ると3余り、10で割ると5余る正の整数のうち、もっとも小さい数は〔　　　〕である。

（2）4つの正の整数W、X、Y、Zについて、以下のことがわかっている。

　　ア　W＋X＋Y＋Z＝30　　イ　W＝3X　　ウ　Y＝4Z

　　このとき、Wは〔　　　　〕である。

 時間をかけない解き方

WEBテスティング特有の問題。

（1）「10で割ると5余る正の整数（＝10の倍数＋5）」は、1の位が5になる。
　　（→小さい順に15、25、35、45、55、65、75...）　　その中で「7で割ると3余る正の整数（＝7の倍数＋3）」は、1の位が5になるように、7×□の1の位が2になる場合。最も小さいのは、7×6＋3＝42＋3＝45

＊7の倍数は、7、14、21、28、35、42、49、56、63、70　と、1の位について0〜9まですべての数字がある。

答　え　45

（2）アの式にイ、ウを代入すると　3X＋X＋4Z＋Z＝30 ⇒ 4X＋5Z＝30

足し算の結果が偶数となるのは偶数どうしの足し算か奇数どうしの足し算であり、4Xが偶数であるため、5Zも偶数になる。5Zが偶数のため、5の倍数で偶数になる数を小さい順に書き出すと、10、20（30以降ではアを満たさない）

5Z＝10　ならば、4X＝20 ⇒ X＝5　○ 　　　　偶数＋偶数＝偶数

5Z＝20　ならば、4X＝10 ⇒ X＝2.5　整数にならないので×

よって、X＝5　と決まるので、イ　W＝3Xに代入して、W＝15

答え 15

［例題2］ 目標 1:20

　以下について、ア、イの情報のうち、どれがあれば［問い］の答えがわかるかを考え、A～Eまでの中から正しいものを1つ選び、答えなさい。

　正の整数Xがある。

［問い］Xは偶数、奇数どちらか。

ア　Xは9で割り切れる　　イ　Xに9を加えると偶数になる

A	アだけでわかるが、イだけではわからない
B	イだけでわかるが、アだけではわからない
C	アとイの両方でわかるが、片方だけではわからない
D	アだけでも、イだけでもわかる
E	アとイの両方あってもわからない

時間をかけない解き方

　WEBテスティング特有の問題。［問い］に解答する問題ではなく、［問い］に解答するための条件を探す問題。アまたはイ、もしくは両方を条件としたときに［問い］に答えることができるかどうかを検討する。

ア「Xは9で割り切れる」とした場合、［問い］に答えられるかどうかを考える。

⇒9で割り切れる数、すなわち9の倍数は、9、18、27、36…と奇数と偶数が交互に出現するので、偶数とも奇数とも決まらない。よって、アだけではわからない。 　　　奇数＋奇数＝偶数

イ「Xに9を加えると偶数になる」とした場合はどうか。

⇒X＋9が偶数になるのであれば、Xは奇数である。→ イだけでわかる。

よって、イだけでわかるが、アだけではわからない

答え B

練 習 問 題 ──整数問題

[問題1] 空欄に当てはまる数値を求めなさい。 **WEBテスティングタイプ**
目標 6:00

（1）2桁の正の整数Xは、15で割ると1余り、19で割り切れる。Xは〔　　　〕
　　である。

（2）2つの整数P、Qがある。PはQより大きく、PとQの和は26で差が12の
　　とき、Pは〔　　　〕である。

（3）1から200までの整数の中に、3の倍数であるが5の倍数ではない整数は
　　〔　　　〕個ある。

（4）P、Q、R は1から9までの異なる整数であり、以下のことがわかっている。
　　　ア　P＋Q＋R＝14
　　　イ　3R＝P
　　　このとき、Qは〔　　　〕である。

（5）Xは2の倍数、Yは3の倍数、Zは7の倍数であり、以下のことがわかって
　　いる。
　　　ア　X＋Y＝29
　　　イ　X＋Z＝35
　　　X、Y、Zがいずれも正の整数であるとき、Xは〔　　　〕である。

（6）3桁の整数2＊5について、以下のことがわかっている。
　　　ア　6で割ると1余る
　　　イ　7で割ると1余る
　　　このとき、＊に入る数字は〔　　　〕である。

[問題2] ア、イの情報のうち、どれがあれば[問い]の答えがわかるかを考え、
目標 **3:00** A〜Eまでの中から正しいものを1つ選びなさい。 （WEBテスティングタイプ）

（1）1桁の正の整数XとYがあり、2つの数の積は12である。

[問い] XとYの和はいくつか。

ア Xは偶数である

イ Yは奇数である

A	アだけでわかるが、イだけではわからない
B	イだけでわかるが、アだけではわからない
C	アとイの両方でわかるが、片方だけではわからない
D	アだけでも、イだけでもわかる
E	アとイの両方あってもわからない

（2）記号★は四則演算の＋、−、×、÷のいずれかを表す。

[問い] 8★8はいくつになるか。

ア 5★5＝10

イ 2★2＝4

A	アだけでわかるが、イだけではわからない
B	イだけでわかるが、アだけではわからない
C	アとイの両方でわかるが、片方だけではわからない
D	アだけでも、イだけでもわかる
E	アとイの両方あってもわからない

（3）PとQがサイコロを1回ずつ振った。

[問い] Pが出した目はいくつか。

ア Pが出した目はQが出した目の3倍だった

イ Qが出した目は奇数だった

A	アだけでわかるが、イだけではわからない
B	イだけでわかるが、アだけではわからない
C	アとイの両方でわかるが、片方だけではわからない
D	アだけでも、イだけでもわかる
E	アとイの両方あってもわからない

2 比・平均・分配・年齢

このPOINTを押さえろ!

比の法則

- a：b＝c：d ならば ad＝bc ⋯⋯

> 内項の積(比の内側の数値：b、cの積)と外項の積(比の外側の数値：a、dの積)は等しい

平均とは?

- 「aとbの平均がcに等しい」とき、
  (a＋b)÷2＝c または a＋b＝2cで表せる。
- 「aとbの平均がcに等しい」とき、大小関係は、a ＞c＞b または b＞c＞a の2通りが考えられる。

例題＆短時間で解く方法

[例題] 目標 3:00

空欄に当てはまる数値を求めなさい。

(1) 3つの映画館P、Q、Rの座席数の比は、P：Q＝9：5、Q：R＝6：7である。Qの総座席数が120席のとき、PとRの総座席数の差は〔　　〕席である。

(2) P、Q、Rの3人が英語の試験を受けた。その結果について、以下のことがわかっている。

　ア　3人の平均点は60点だった

　イ　Qの点数は、PとRの平均点より3点低かった

　　このとき、Qの点数は〔　　〕点である。

(3) 27本の花を多い順にX、Y、Zとなるように3人が分けた。だれが何本もらったかについて、以下のことがわかっている。

　ア　YとZがもらった本数の和はXより3本少ない

　イ　YとZがもらった本数の差は4本である

　　このとき、Yがもらった花は〔　　〕本である。

時間をかけない解き方

WEBテスティング特有の問題。

（1）　比の法則を使って計算する。

P：Q＝9：5＝P：120 ⇒ 5P＝9×120 ⇒ P＝9×120÷5＝216

Q：R＝6：7＝120：R ⇒ 6R＝7×120 ⇒ R＝7×120÷6＝140

よって、PとRの総座席数の差は 216－140＝76席

答え 76

（2）　条件を式に表して計算する。

アより、P＋Q＋R＝60×3＝180 …①

イより、Q＝(P＋R)÷2－3 …②

①に②を代入すると、P＋{(P＋R)÷2－3}＋R＝180

両辺に2をかけて、2×P＋2×{(P＋R)÷2－3}＋2×R＝2×180

　⇒ 2P＋2(P＋R)÷2－2×3＋2R＝360

　⇒ 2P＋(P＋R)－6＋2R＝360

　⇒ 3P＋3R＝366 ⇒ P＋R＝122 …③

③を②に代入すると、Q＝122÷2－3＝58

答え 58

（3）　もらう花の数は、多い順に X＞Y＞Z となる。

設問より、 X＋Y＋Z＝27 …①

アより、Y＋Z＝X－3 ⇒ X－Y－Z＝3 …②

イより、Y－Z＝4 ⇒ Z＝Y－4 …③……… Yの方がZより
もらった本数が多い

①＋② X＋Y＋Z＝27

＋) 　X－Y－Z＝3

　　2X　　　＝30 ⇒ X＝15 …④

④を②に代入すると、Y＋Z＝15－3＝12 …⑤

⑤に③を代入すると、Y＋(Y－4)＝12 ⇒ 2Y＝16 ⇒ Y＝8

答え 8

練 習 問 題 ——比・平均・分配・年齢

[問題１] 空欄に当てはまる数値を求めなさい。 WEBテスティングタイプ

目標 6:00

（１）ＰはＱより８歳若く、４年後のＰの年齢は４年後のＱの年齢の３／４である。
　　　現在のＰの年齢は〔　　　〕歳である。

（２）コーラ、サイダー、ジュースの在庫を調べたところ、コーラとサイダーの本
　　　数の比が７：８、コーラとジュースの本数の比が４：５であった。サイダー
　　　の本数が96本のとき、ジュースは〔　　　〕本である。

（３）フリーマーケットで92着の古着が売れた。１着買った人と２着買った人の
　　　比率が３：１で、３着以上買った人は９人だった。このとき、２着買った人
　　　は最も多くて〔　　　〕人である。

（４）30個のお菓子をＸ、Ｙ、Ｚの３人で分けた。だれが何個もらったかについて、
　　　以下のことがわかっている。
　　　ア　Ｘ、Ｙ、Ｚの順に多くもらった
　　　イ　ＸとＹがもらった個数の差はＺがもらった個数に等しい
　　　このとき、Ｘがもらったお菓子は〔　　　〕個である。

（５）配送業者が３日間で69個の荷物を配達した。各日に配達した荷物の個数に
　　　ついて、以下のことがわかっている。
　　　ア　２日目に配達した荷物の個数は１日目の２倍だった
　　　イ　３日とも１日に17個以上の荷物を配達した
　　　このとき、３日目に配達した荷物は〔　　　〕個である。

（６）ある商品について３つの商店Ｐ、Ｑ、Ｒの販売価格を比較したところ、高い
　　　ほうからＰ、Ｑ、Ｒの順であり、以下のことがわかっている。
　　　ア　３つの商店の販売価格の平均は248円だった
　　　イ　商店Ｐと商店Ｒの販売価格の差は10円だった
　　　このとき、商店Ｐの販売価格は最も高くて、〔　　　〕円である。

[問題2] ア、イの情報のうち、どれがあれば[問い]の答えがわかるかを考え、
目標3:00　A〜Eまでの中から正しいものを１つ選びなさい。 **WEBテスティングタイプ**

（1）XとYの年齢差は12歳である。

　　[問い] Xは何歳か。

　　ア　現在のXとYの年齢の和は56である

　　イ　6年後にXの年齢はYの年齢の0.7倍になる

A	アだけでわかるが、イだけではわからない
B	イだけでわかるが、アだけではわからない
C	アとイの両方でわかるが、片方だけではわからない
D	アだけでも、イだけでもわかる
E	アとイの両方あってもわからない

（2）ある人が国語と数学と英語の3科目の試験を受けた。

　　[問い] 数学の得点は何点か。

　　ア　3教科の平均点は64点だった

　　イ　数学の得点は国語の得点より17点低かった

A	アだけでわかるが、イだけではわからない
B	イだけでわかるが、アだけではわからない
C	アとイの両方でわかるが、片方だけではわからない
D	アだけでも、イだけでもわかる
E	アとイの両方あってもわからない

（3）P、Q、Rの3人合わせて40匹の魚を釣った

　　[問い] Rが釣った魚は何匹か。

　　ア　Rが釣った魚の数はQの4倍だった

　　イ　Pが釣った魚の数はRより5匹少なかった

A	アだけでわかるが、イだけではわからない
B	イだけでわかるが、アだけではわからない
C	アとイの両方でわかるが、片方だけではわからない
D	アだけでも、イだけでもわかる
E	アとイの両方あってもわからない

3 仕事算

このPOINTを押さえろ!

全体の仕事を1とおく

● 単位あたりの仕事量を分数で表す。
● 例えばある仕事をするのに5日かかるとすると、
　　1日の仕事量（＝単位あたりの仕事量）は、
　　$1 \div 5 = \dfrac{1}{5}$

例題＆短時間で解く方法

[例題] 目標1:30

　ある仕事をPが1人ですると12日かかり、同じ仕事をQが1人ですると6日かかる。2人でこの仕事をすると、何日で終わらせることができるか。

A 2日	**B** 3日	**C** 4日	**D** 5日
E 6日	**F** 7日	**G** 8日	**H** 9日

時間をかけない解き方

2章 非言語能力問題

Step1 全体の仕事量を1とし、1日の仕事量を求める

全体の仕事量1											
Pの1日分											

Pの1日の仕事量は、全体の仕事量を12等分するから、$\dfrac{1}{12}$

全体の仕事量1					
Qの1日分					

Qの1日の仕事量は、全体の仕事量を6等分するから、$\dfrac{1}{6}$

Step2 2人で仕事を終わらせるのにかかる日数をxとおいて、
方程式を立てる

Pがx日間でする仕事量は、$\dfrac{1}{12} \times x = \dfrac{1}{12}x$

Qがx日間でする仕事量は、$\dfrac{1}{6} \times x = \dfrac{1}{6}x$

よって2人がx日間でする仕事量は、$\dfrac{1}{12}x + \dfrac{1}{6}x$　と表せる。

2人がx日間でする仕事量とは、全体の仕事量＝1のことだから、

$\dfrac{1}{12}x + \dfrac{1}{6}x = 1$　となる。

Step3 方程式を解く

分母12、6の最小公倍数12を両辺にかけて、分母を払う。

$$\left(\dfrac{1}{12}x + \dfrac{1}{6}x\right) \times 12 = 1 \times 12$$

$$x + 2x = 12$$
$$3x = 12$$
$$x = 4 \quad よって、4日$$

答え C

練 習 問 題 ——仕事算

［問題1］ ある仕事をMが1人ですると9日かかり、同じ仕事をNが1人でする
目標**2:40** と12日かかる。

（1）この仕事を最初から最後まで2人ですると、開始日から何日目に終わらせ
ることができるか。

A 3日目 　　　**B** 4日目 　　　**C** 5日目 　　　**D** 6日目

E 7日目 　　　**F** 8日目 　　　**G** 9日目 　　　**H** 10日目

（2）2人でこの仕事を始めたが、Nが途中で2日間休み、その間はMが1人で仕
事をした。この場合、何日目に終わらせることができるか。

A 4日目 　　　**B** 5日目 　　　**C** 6日目 　　　**D** 7日目

E 8日目 　　　**F** 9日目 　　　**G** 10日目 　　　**H** 11日目

［問題2］ ある印刷会社には2種類の印刷機PとQがある。あるチラシ印刷の仕
目標**2:40** 事をPだけでやると5時間かかる。いま、Pが2時間印刷した後、Q
が残りの印刷を2時間で終わらせた。

（1）Qが1台だけでこの印刷をした場合、すべて終えるまでに何時間かかるか。

A 2時間20分 　　　**B** 2時間30分 　　　**C** 3時間

D 3時間20分 　　　**E** 3時間30分 　　　**F** 3時間50分

（2）最初からPとQが2台でこの印刷をした場合、すべて終えるまでに何時間か
かるか。

A 1時間30分 　　　**B** 1時間45分 　　　**C** 2時間

D 2時間20分 　　　**E** 2時間30分 　　　**F** 2時間45分

[問題3] ある学校で給食当番を4人ですると、30分で配膳の用意ができる。
目標2:40 なお、1人あたりの仕事量は同じものとする。

(1)給食当番が6人の場合、何分で用意することができるか。

A 10分　　**B** 15分　　**C** 20分　　**D** 25分　　**E** 30分　　**F** 35分

(2)5人で10分、配膳の用意をしたあと、残りの時間を見ると、あと20分で用
意を終わらせなければならないことがわかった。時間どおりに終わらせるに
は、これから少なくとも何人以上で作業を行う必要があるか。

A 3人　　**B** 4人　　**C** 5人　　**D** 6人　　**E** 7人　　**F** 8人

[問題4] 空欄に当てはまる数値を求めなさい。 WEBテスティングタイプ
目標1:00

あるデータ入力をPが1人で行うと15時間、Qが1人で行うと12時間かかる。
このデータ入力をPが5時間行った後に、Qが3時間行った。残りをPが1人で
行うとすると、〔　　　〕時間かかる(必要なときは、最後に小数点以下第3位を
四捨五入すること)。

[問題5] ア、イの情報のうち、どれがあれば[問い]の答えが導けるかを考え、
目標1:00 A～Eまでの中から正しいものを1つ選びなさい。 WEBテスティングタイプ

ある仕事を3週間かけて終えた。
[問い]最も仕事量の多かった週は何週目か
ア 1週目と2週目を合わせて全体の7割の仕事量だった
イ 3週目は2週目の仕事量の$\frac{2}{3}$で、全体の$\frac{3}{10}$に相当した

A	アだけでわかるが、イだけではわからない
B	イだけでわかるが、アだけではわからない
C	アとイの両方でわかるが、片方だけではわからない
D	アだけでも、イだけでもわかる
E	アとイの両方あってもわからない

非言語能力問題　ペーパーテスト／テストセンター／WEBテスティング

このPOINTを押さえろ!

求める数をx、もう一方の数を(合計ーx)で表そう!

- 2種類以上の単価の異なるものについて、一方の個数などを問う問題。いわゆる「鶴亀算」も多いが、変則的な問題もある。単価の異なるものの一方をxとおき、もう一方もxを用いて表すとよい。
- 複雑な問題では、x、yで表そう

例題&短時間で解く方法

[例題1] 目標 1:20

1本120円のボールペンと1本30円の鉛筆を合わせて10本買ったところ、合計金額は660円であった。ボールペンは何本買ったか。

A 2本　　　B 3本　　　C 4本　　　D 5本

E 6本　　　F 7本　　　G 8本　　　H 9本

 時間をかけない解き方

Step1 求める数をxとおき、もう一方を(合計ーx)で表し、方程式を立てる

求めるボールペンの本数をx本、もう一方の鉛筆の本数を$(10-x)$とおく。

ボールペンは1本120円だから、ボールペンの合計代金は、$120 \times x = 120x$

鉛筆は1本30円だから、鉛筆の合計代金は、$30 \times (10-x) = 30(10-x)$

鉛筆とボールペンの代金の合計額が660円だから、$120x + 30(10-x) = 660$

Step2 方程式を解く

$120x + 300 - 30x = 660 \Rightarrow 90x = 660 - 300 \Rightarrow 90x = 360$

$\Rightarrow x = 4$　よって、4本

求めるのは x なので、$x = 10 - y$ としないこと

[別解] ボールペンの本数を x 本、鉛筆の本数を y 本として、連立方程式を立てて解く。

本数の式　$x + y = 10$……①　　代金の式　$120x + 30y = 660$……②

①より、$y = 10 - x$……①'　②に①'を代入して、

$120x + 30(10 - x) = 660 \Rightarrow x = 4$

答え　**C**

[例題2]

50円玉、100円玉、500円玉が全部で15枚あり、合計額は2400円だった。50円玉と100円玉の枚数が同じであるとすると、500円玉は何枚か。

A 2枚	**B** 3枚	**C** 4枚	**D** 5枚
E 6枚	**F** 7枚	**G** 8枚	**H** 9枚

 時間をかけない解き方

求める500円玉の枚数を x 枚とし、50円玉と100円玉の枚数が同じなので両方とも y 枚とする。500円玉、100円玉、50円玉の合計枚数の式

$x + y + y = 15 \Rightarrow x + 2y = 15$……①

500円玉、100円玉、50円玉の合計金額の式　$500x + 100y + 50y = 2400$

$\Rightarrow 500x + 150y = 2400 \Rightarrow$ 両辺を50で割って、$10x + 3y = 48$…②

①×3−②×2

$$\begin{array}{r} 3x + 6y = 45 \\ -)\ 20x + 6y = 96 \\ \hline -17x \quad\quad = -51 \end{array} \Rightarrow x = 3 \quad\quad よって、3枚$$

[別解] 求める500円玉の枚数を x 枚とする。残りは $(15 - x)$ 枚で、50円玉と100円玉の枚数が同じだから、2等分の $\dfrac{15 - x}{2}$ ずつ。

合計金額の式　$500x + 100 \times \dfrac{15 - x}{2} + 50 \times \dfrac{15 - x}{2} = 2400$

両辺に2をかけて、$1000x + 1500 - 100x + 750 - 50x = 4800$

$\Rightarrow 850x = 2550 \Rightarrow x = 3$

答え　**B**

解法ポイント 例題1では、x だけの1次方程式で解くほうが合理的だが、例題2は x、y を使って連立方程式にしたほうが簡単に解ける。問題に応じて使い分けられるようにしよう

練 習 問 題 ——単価・個数・総額

[問題1] ある子ども会で水族館に行った。水族館の入場料は大人1500円、子ども800円である。
目標**2:40**

(1)大人と子ども合わせて8人のグループで入場して、入場料の合計は8500円だった。子どもは何人いたか。

A 2人 　　　 B 3人 　　　 C 4人
D 5人 　　　 E 6人 　　　 F 7人

(2)大人の人数が子どもの人数の半分のグループで入場して、入場料の合計は12400円だった。大人は何人いたか。

A 2人 　　　 B 3人 　　　 C 4人
D 5人 　　　 E 6人 　　　 F 7人

[問題2] ある商店では贈答用ワインを箱詰めで販売している。2本入り箱と3本入り箱の2種類があり、2本入り箱には赤ワインと白ワインが1本ずつ、3本入り箱には赤ワイン2本と白ワイン1本が入っている。
目標**2:40**

(1)10月に贈答用ワインを150箱販売し、その中のワインの本数は380本だった。3本入り箱は何箱販売したか。

A 55箱 　　 B 60箱 　　 C 75箱 　　 D 80箱
E 90箱 　　 F 95箱 　　 G 100箱 　　 H 115箱

(2)11月に贈答用赤ワインを175本、白ワインを135本販売した。2本入り箱は何箱販売したか。

A 55箱 　　 B 60箱 　　 C 75箱 　　 D 80箱
E 90箱 　　 F 95箱 　　 G 100箱 　　 H 115箱

[問題3] あるパン屋では、クロワッサン1個120円、マフィン1個240円、
目標 2:40　サンドイッチ1個320円で販売している。

（1）土曜日には、3種類合わせて300個販売し、売り上げは50000円であった。
　　クロワッサンはサンドイッチの4倍の数が売れたとすると、サンドイッチは
　　何個売れたか。

A 25個　　　　B 32個　　　　C 48個　　　　D 55個

E 62個　　　　F 98個　　　　G 175個　　　H 220個

（2）日曜日には、3種類合わせて410個販売し、売り上げは80000円であった。
　　マフィンはサンドイッチの2倍の数が売れたとすると、クロワッサンだけの
　　売り上げはいくらか。

A 21600円　　B 24000円　　C 26400円　　D 28800円

E 33600円　　F 42000円　　G 48000円　　H 49200円

[問題4] 空欄に当てはまる数値を求めなさい。 WEBテスティングタイプ
目標 2:20

（1）100gあたり360円の緑茶を〔　　　　〕gと1個130円の大福餅を2個買っ
　　て2000円出すと、おつりは120円である。

(2)8個入りのゼリーの詰め合わせセットを1箱700円で30箱仕入れた。1箱
　　単位の売値は1箱1200円で、箱詰めではなく1個単位で販売する場合は、
　　1個の売値を200円とした。このゼリーがすべて売り切れ、利益が19800
　　円であったとすると、箱単位で売れたゼリーは〔　　　　〕箱である。

5 損益算

このPOINTを押さえろ！

定価＝原価×（1＋利益の割合）or定価＝原価＋利益

- 定価が原価のa割増…定価＝原価×$\left(1+\dfrac{a}{10}\right)$
  定価が原価のb円増…定価＝原価＋b ＊原価は仕入れ値という場合もある

- 売値（割引後の価格）＝定価×（1－割引率）
  または 定価－割引額
  売値が定価のa割引…売値＝定価×$\left(1-\dfrac{a}{10}\right)$
  売値が定価のb円引…売値＝定価－b

- 利益＝原価×利益率 または 定価（売値）－原価
  利益が原価のa割…利益＝原価×$\dfrac{a}{10}$ ＊a割は$\dfrac{a}{10}$、a%は$\dfrac{a}{100}$

例題＆短時間で解く方法

[例題1] 目標 1:20

　ある商品に仕入れ値の2割の利益を見込んで定価をつけたが、売れなかったので
1.5割引で売ったところ、400円の利益があった。その商品の仕入れ値はいくらか。

| A 15000円 | B 18000円 | C 20000円 | D 22000円 |
| E 24000円 | F 26000円 | G 28000円 | H 30000円 |

 時間をかけない解き方

Step1 求める仕入れ値（原価）をx円とおき、方程式を立てる

定価＝仕入れ値（原価）×（1＋利益の割合）、

利益の割合は2割$\left(=\dfrac{2}{10}\right)$だから、定価$=x\times\left(1+\dfrac{2}{10}\right)=1.2x$

$\boxed{\text{売値}=\text{定価}\times(1-\text{割引率})}$、割引率は1.5割$\left(=\dfrac{1.5}{10}\right)$だから、

売値$=1.2x\times\left(1-\dfrac{1.5}{10}\right)=1.2x\times(1-0.15)=1.02x$

$\boxed{\begin{array}{l}1.2x\times(1-0.15)\\=1.2x\times0.85\\=1.02x\end{array}}$

$\boxed{\text{利益}=\text{売値}-\text{仕入れ値}}$だから、$1.02x-x=400$

Step2 方程式を解く　両辺に100をかける。　$102x-100x=40000$

$\Rightarrow 2x=40000\Rightarrow x=20000$（円）

答え　**C**

[例題2] 目標 2:40

1個15円のミカンを200個仕入れた。以下の問いに答えなさい。

（1）200個のミカンを完売した場合、1個いくらで売れば、全体で2000円の利益を得ることができるか。

A 16円　　　　B 18円　　　　C 21円　　　　D 24円

E 25円　　　　F 27円　　　　G 28円　　　　H 30円

（2）200個のうち、1割が腐っていて売れなかった。残りすべてのミカンを売り切り、仕入れ値の1割以上の利益をあげるには、定価を少なくともいくら以上にすればよいか。最も近いものを選びなさい。

A 17円　　　　B 18円　　　　C 19円　　　　D 20円

E 21円　　　　F 22円　　　　G 23円　　　　H 24円

 時間をかけない解き方

（1）200個売って2000円の利益を得るので、1個当たりの利益は、
$2000\div200=10$（円）である。
$\boxed{\text{定価}=\text{原価}+\text{利益}}$なので、$15+10=25$（円）

答え　**E**

（2）仕入れにかかったのは、$200\times15=3000$（円）
1割の利益を得たときの売り上げは、$3000\times1.1=3300$（円）
このとき、売れるミカンの個数は、$200\times0.9=180$（個）である。
したがって、1個当たり$3300\div180=18.3333\cdots$
よって、19円以上にすればよい。

答え　**C**

解答は別冊3の8ページ

練 習 問 題 ——損益算

[問題1] ある店で商品Xと商品Yと商品Zを仕入れて販売している。

目標 **2:40**

（1）ある月に商品Xを200個仕入れ、1個の定価を300円として売ったところ、すべて売り切れ、6400円の利益を得た。商品Xの1個当たりの仕入れ値はいくらか。

A 176円	**B** 180円	**C** 200円	**D** 225円
E 232円	**F** 244円	**G** 256円	**H** 268円
I 275円	**J** 280円		

（2）ある月に商品YとZを各15個ずつ仕入れたところ、15000円かかった。商品Yには仕入れ値の20%の利益を、商品Zには仕入れ値の40%の利益を見込んで売ったところ、すべて売り切れて売上額は19800円になった。商品Yの定価はいくらか。

A 396円	**B** 408円	**C** 420円	**D** 432円
E 444円	**F** 456円	**G** 468円	**H** 480円
I 492円	**J** 497円		

[問題2] ある店で商品Xと商品Yを仕入れて販売している。
目標 **2:40**

（1）商品Xは仕入れ値に4割の利益を乗せて定価とした。定価から15%割引して販売した場合、仕入れ値の何%の利益が見込めるか。

A 11%	**B** 12%	**C** 15%	**D** 18%
E 19%	**F** 22%	**G** 28%	**H** 30%

（2）商品Yは定価の3割引で販売しても利益が出るように定価を設定したい。仕入れ値に最低何%の利益を乗せて定価を設定すればよいか。

A 32%	**B** 35%	**C** 39%	**D** 40%
E 42%	**F** 43%	**G** 45%	**H** 46%

[問題3] 3割引で販売しても利益が400円になるように定価を設定する。
目標 **2:40**

（1）仕入れ値が1700円だとすると、定価はいくらか。

A 2000円	**B** 2400円	**C** 2800円	**D** 3000円
E 3200円	**F** 3500円		

（2）定価の1割引で販売したら1120円の利益になるとすると、定価はいくらか。

A 2500円	**B** 3000円	**C** 3600円	**D** 3800円
E 4000円	**F** 4500円		

[**問題4**] 空欄に当てはまる数値を求めなさい（必要なときは、最後の小数点以下第2位を四捨五入すること）。 **WEBテスティングタイプ**

（1）定価5720円の商品を25％引きして売ったときに得られる利益は、定価で売ったときの1／3になる。このとき、この商品の仕入れ値は〔　　　〕円である。

（2）ある商品を定価の2割引で売っても仕入れ値の2割の利益が出る。このとき、この商品の定価は仕入れ値の〔　　　〕％増しである。

（3）定価3850円の商品を値引きして売ったところ、仕入れ値の26％にあたる715円の利益を得た。このとき、この商品の割引率は定価の〔　　　〕％である。

（4）定価600円の商品を50個仕入れ、20個は定価で、30個は定価の3割引で売ったところ、利益は4600円であった。このとき、この商品1個あたりの仕入れ値は〔　　　〕円である。

（5）ある商品を100個仕入れ、仕入れ値の30％の利益をのせて定価をつけた。60個を定価で売り、残りの40個は定価の20％引きにして完売した。このとき、1個あたりの利益は仕入れ値の〔　　　〕％である。

[問題5] ア、イの情報のうち、どれがあれば[問い]の答えがわかるかを考え、
目標 2:00　A〜Eまでの中から正しいものを1つ選びなさい。 WEBテスティングタイプ

(1) ある商品を定価の40%引きで売ったところ、仕入れ値の15%の利益が得られた。

　　[問い]この商品の定価はいくらか。
　　ア 仕入れ値は600円だった
　　イ 得られた利益は90円だった

A	アだけでわかるが、イだけではわからない
B	イだけでわかるが、アだけではわからない
C	アとイの両方でわかるが、片方だけではわからない
D	アだけでも、イだけでもわかる
E	アとイの両方あってもわからない

(2) ある商品を定価の20%引きで売った。

　　[問い]この商品の仕入れ値はいくらか。
　　ア 78円の利益が得られた
　　イ 定価で売ったときに比べて182円利益が減った

A	アだけでわかるが、イだけではわからない
B	イだけでわかるが、アだけではわからない
C	アとイの両方でわかるが、片方だけではわからない
D	アだけでも、イだけでもわかる
E	アとイの両方あってもわからない

6 速さ・時間・距離

このPOINTを押さえろ!

速さ・時間・距離の何を求めるかを把握して、公式を適用するか、方程式を立てる

● 公式
　速さ＝距離÷時間　　時間＝距離÷速さ　　距離＝速さ×時間

● 単位変換　　$a \text{km} = 1000 \times a \text{m}$　　$b \text{m} = \dfrac{b}{1000} \text{km}$

　　　　　　　c 時間 $= 60 \times c$ 分　　d 分 $= \dfrac{d}{60}$ 時間

　　　　時速 $e \text{km} \Rightarrow$ 分速 $\left(e \times \dfrac{1000}{60} \right) \text{m}$

　　　　　　　　　$\Rightarrow$ 秒速 $\left(e \times \dfrac{1000}{3600} \right) \text{m}$

例題&短時間で解く方法

[例題] 目標 2:40

　甲が徒歩でP地点を1時55分に出発し、Q地点に向かった。甲の歩く平均時速は4㎞で、Q地点に到着したのは3時10分であった。

（1）PQ間の距離はいくらか。

A 2 km	**B** 2.4km	**C** 3 km	**D** 3.5km
E 4.2km	**F** 4.6km	**G** 5 km	**H** 5.2km

（2）甲がP地点を出発する同時刻に、乙が自転車でQ地点を出発しP地点に向かった。乙の自転車の平均時速が8㎞であったとすると、甲と出会うのは何時何分か。

A	2時15分	B	2時20分	C	2時25分	D	2時30分
E	2時35分	F	2時45分	G	2時50分	H	2時56分

 時間をかけない解き方

（1）

Step1 **単位をそろえる**

速さは、時速4km。時間は、1時55分から3時10分までだから、75分

速さの単位が時速なので、時間の単位にそろえる必要があるため、$\dfrac{75}{60}$時間

Step2 **公式を使って式を立てる**

求めるのは距離だから、$\boxed{\text{距離＝速さ×時間}}$ の公式を使うと、

$$4 \times \dfrac{75}{60} = 4 \times \dfrac{5}{4} = 5 \,(km)$$

答え **G**

（2）

Step1 **2人が出会うまでにかかる時間をx時間とおいてそれぞれが進んだ距離を表す**

出会うまでにそれぞれが進んだ距離は、$\boxed{\text{距離＝速さ×時間}}$ だから、

甲が $4 \times x = 4x$ 乙が $8 \times x = 8x$

Step2 **2人の進んだ距離の合計を表す方程式を立てて解く**

甲が進んだ距離$4x$と乙が進んだ距離$8x$の合計が2人の離れていた距離になる。PQ間の距離は（1）より5kmなので、$4x + 8x = 5 \Rightarrow 12x = 5$

$$\Rightarrow x = \dfrac{5}{12}\,(\text{時間}) \Rightarrow \dfrac{5}{12} \times 60 = 25\,(\text{分})$$

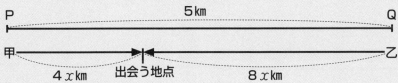

Step3 **出会う時刻を求める**

2人が出会うまでにかかる時間が25分。

それを出発時刻の1時55分に加えると、2時20分になる。 答え **B**

練 習 問 題 ——速さ・時間・距離

[問題1] 甲はP地点を8時に出発して平均時速4㎞でQ地点に向かった。なお、

目標 3:30 P地点からQ地点まで1.6㎞離れている。

（1）甲がQ地点につくのは何時何分か。

A 8時12分	B 8時15分	C 8時18分	D 8時20分
E 8時24分	F 8時36分	G 8時39分	H 8時41分

（2）乙がP地点を8時5分に出発して平均時速8㎞でQ地点に向かったとすると、甲が乙に追いつかれるのは何時何分か。

A 8時10分	B 8時11分	C 8時12分	D 8時13分
E 8時14分	F 8時15分	G 8時16分	H 8時17分

（3）甲がちょうどQ地点で乙に追いつかれるとすれば、乙はP地点を何時何分に出発したことになるか。ただし、乙は平均時速8㎞で進むものとする。

A 8時6分	B 8時10分	C 8時12分	D 8時15分
E 8時20分	F 8時26分	G 8時29分	H 8時31分

[問題2] 右の表は、X町を出発してY町で停車
目標**4:00** し、Z町に至るバスの時刻表である。
なお、XY町間の距離は18kmである。

X町	発	8 : 50
	↓	
Y町	着	9 : 30
	発	9 : 40
	↓	
Z町	着	10 : 25

（1）XY町間のバスの平均時速はどれだけか（必要なときは、最後に小数点以下
第1位を四捨五入すること）。

  A 20km/時   **B** 24km/時   **C** 25km/時   **D** 27km/時

  E 30km/時   **F** 32km/時   **G** 34km/時   **H** 35km/時

（2）YZ町間のバスの平均時速が36km/時であった。YZ町間の距離はどれだけ
か（必要なときは、最後に小数点以下第1位を四捨五入すること）。

  A 16km   **B** 18km   **C** 20km   **D** 25km

  E 27km   **F** 30km   **G** 32km   **H** 36km

（3）甲が9時28分にY町からZ町に向かって自転車で出発したところ、Y町か
ら12kmの地点でこのバスに追い越された。YZ町間のバスの平均時速が36
km/時であったとすると、甲の平均時速はどれだけか（必要なときは、最後に
小数点以下第2位を四捨五入すること）。

  A 20.0km/時   **B** 21.6km/時   **C** 22.5km/時   **D** 23.6km/時

  E 24.0km/時   **F** 24.4km/時   **G** 24.6km/時   **H** 24.9km/時

[問題3] 空欄に当てはまる数値を求めなさい(必要なときは、最後の小数点以下第2位を四捨五入すること)。**WEBテスティングタイプ**

目標**11：00**

（1）あるハイキングコースをPが一定の速さで歩き始めてから10分後にQが70m／分の速さで追いかけたところ、Qは15分歩いたところでPに追いついた。このとき、Pの歩く速さは〔　　　〕m／分である。

（2）1周720mの池の周りを走って5周するのにPは15分、Qは13分30秒かかった。このとき、Qの平均時速はPの平均時速より〔　　　〕km/時だけ速かった。

（3）家から駅まで時速3.5kmで歩いて12分かかる。家を出るのがいつもより5分遅れたとき、同じ時刻に駅に着くためには時速〔　　　〕kmで歩かなければならない。

（4）家から映画館に向かう。60m／分の速さで歩くと待ち合わせの時刻に5分遅れるが、自転車で180m／分の速さで行くと待ち合わせの時刻より15分早く着く。このとき、待ち合わせの時刻は今から〔　　　〕分後である。

（5）18kmのサイクリングコースがある。上り坂の部分を時速12km、残りの部分を時速20kmで進んだところ、1時間かかった。このとき、上り坂の距離は〔　　　〕kmである。

（6）家から図書館までを、行きは自転車に乗り、帰りは自転車を押して帰った。行きは平均時速9.5km、帰りは平均時速3.8kmで、合計で42分かかった。このとき、家から図書館までの距離は〔　　　〕kmである。

（7）自宅から2.8km離れたグラウンドに行くのに、3／4の地点までは平均時速7kmで走り、残りは平均時速4.2kmで歩いた。このとき、自宅からグラウンドまで〔　　　〕分かかる。

（8）時速72kmで走っている列車が1.5kmのトンネルを通過する。この列車の長さが180mであるとき、列車がトンネルを通過するのに〔　　　〕秒かかる。

（9）時速86kmの急行列車と時速58kmの普通列車がすれ違った。急行列車の長さは240m、普通列車の長さは120mである。このとき、2つの列車がすれ違うのに〔　　　〕秒かかる。

（10）時速108kmで走っている長さ225mの急行電車が、同じ方向に時速60kmで走る快速電車に追いついてから追い越すまでに27秒かかった。このとき、快速電車の長さは〔　　　〕mである。

（11）2m／秒の速さで流れている川を、21.6km／時の速さで進むボートで上っている。このとき、このボートは1分で〔　　　〕m進む。

7 場合の数

このPOINTを押さえろ!

場合分けを書き出して数える または 公式を使って計算する

● 基本的な考え方を理解して、公式を駆使できるようにしよう

例題＆短時間で解く方法

[例題] 目標 2:40

1 2 3 4 の4枚のカードから3枚を選んで3桁の整数を作る。

(1)同じカードを何度も使ってよい場合、整数は全部で何通りできるか。

A 24通り　　　　B 48通り　　　　C 60通り

D 64通り　　　　E 75通り　　　　F 96通り

(2)同じカードは1度しか使えない場合、整数は全部で何通りできるか。

A 24通り　　　　B 48通り　　　　C 60通り

D 72通り　　　　E 75通り　　　　F 96通り

 ていねいな解き方

(1)3桁の整数は、百の位、十の位、一の位の数字の並び方で決まる。同じ
カードを何度も使えるので、

百の位	十の位	一の位
4通り	4通り	4通り

よって、4×4×4＝64(通り)

答え D

64

[解説]樹形図を描いて考える

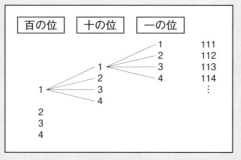

百の位が1、十の位が1の場合、一の位が4通りある

百の位が4通り、十の位が4通り、一の位が4通りあるので、

4×4×4＝64(通り)となる。

(2)(1)と異なるのは、一度使用したカードは他の位で使用できない点。

したがって、

百の位	十の位	一の位
4通り	3通り	2通り

よって、4×3×2＝24(通り)

答 え **A**

[解説]樹形図を描いて考える

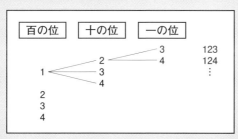

百の位に1がくると、十の位に1は使えない。同様に一の位にも使えない

百の位が4通り、十の位が3通り、一の位が2通りあるので、

4×3×2＝24(通り)となる。

順列の求め方
[例題](2)のように、N個の中からR個を選んで一列に並べることを順列という。
4個の中から3個を選んで並べるときの場合の数は、次の式で求められる。

$$_4P_3 = \underline{4 \times 3 \times 2} = 24$$

総数N(4)から順に1つずつ小さい数をR個(3個)掛ける

N＝総数   R＝選ぶ数

順列の公式…異なるn個のものからr個を選び出して並べるときの場合の数
$$_nP_r = n(n-1)(n-2)\cdots\cdots(n-r+1)$$

練 習 問 題 ——場合の数

[問題1] ある陸上部員9人の中からリレー選手を4人選ぶことになった。
目標 **2:40**

(1)走る順番も決めて4人選ぶとすると、その選び方は何通りあるか。

  A 126通り   **B** 252通り   **C** 504通り   **D** 1008通り

  E 2016通り   **F** 3024通り   **G** 3052通り   **H** 4060通り

(2)走る順番を考えないで4人選ぶとすると、その選び方は何通りあるか。

  A 126通り   **B** 252通り   **C** 504通り   **D** 1008通り

  E 2016通り   **F** 3024通り   **G** 3052通り   **H** 4060通り

[問題2] 1枚のコインを5回投げる。
目標 **2:40**

(1)少なくとも1回目と2回目に表が出る出方は何通りあるか。

  A 2通り   **B** 4通り   **C** 8通り   **D** 16通り   **E** 24通り

(2)表が3回出る出方は何通りあるか。

  A 3通り   **B** 5通り   **C** 8通り   **D** 10通り   **E** 15通り

[問題3] ベトナム、タイ、カンボジア、マレーシア、シンガポールの東南アジ
目標 **2:40** ア5か国中、3か国を旅行する。

(1)シンガポールに必ず行くとすると何通りの旅行パターンがあるか。ただし、
訪問する順序は考えないこととする。

  A 3通り   **B** 6通り   **C** 8通り   **D** 9通り

  E 10通り   **F** 12通り   **G** 15通り   **H** 36通り

(2)シンガポールかマレーシアのどちらかに必ず行くとすると何通りの旅行パターンがあるか。ただし、訪問する順序は考えないこととする。

| A 3通り | B 6通り | C 8通り | D 9通り |
| E 10通り | F 12通り | G 15通り | H 36通り |

[問題4] 目標 **2:40** P、Q、R、S、Tの5人が、円形のテーブルか、長方形のテーブルの6つの席に座る。(1)(2)で、5人の着席のしかたの場合の数を求めなさい。

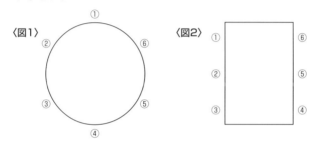

(1)〈図1〉で、Pが①に座り、②が空席だった場合。

| A 12通り | B 18通り | C 24通り | D 30通り |
| E 36通り | F 60通り | G 72通り | H 96通り |

(2)〈図2〉で、QとRが向かい合わせに座る場合。

| A 24通り | B 36通り | C 60通り | D 72通り |
| E 96通り | F 108通り | G 120通り | H 144通り |

[問題5] 目標 **2:40** 右の図のような対角線で6つに分けた正六角形の各部分を、隣り合う部分は必ず色を変えて配色したい。使用できる色は、赤、青、黄、緑、黒、白の6色である。ただし、回転させて配色が同じになるものは1通りとして考える。

（1）2色だけ使用して色分けする場合、配色は何通りあるか。

A 10通り B 15通り C 18通り D 20通り

E 24通り F 30通り G 35通り H 60通り

（2）6色すべて使用して色分けする場合、配色は何通りあるか。

A 20通り B 24通り C 30通り D 35通り

E 60通り F 72通り G 120通り H 640通り

[問題6] 空欄に当てはまる数値を求めなさい。 **WEBテスティングタイプ**
目標**12:00**

（1）8人が所属する班の中から班長1人、副班長2人を選ぶ場合、その組み合わせは〔　　〕通りである。

（2）さまざまな花の植木鉢6つをXが3つ、Yが2つ、Zが1つで分け合うことにした。3人が受け取る植木鉢の組み合わせは〔　　〕通りである。

（3）7人がP、Qの2台のタクシーに分乗することになった。Pには3人、Qには4人乗るとき、2台に分乗する人の組み合わせは〔　　〕通りである。

（4）月曜日から土曜日まで、夫と妻がそれぞれ3日ずつ家事当番をする。2人が家事を担当する曜日の組み合わせは〔　　〕通りである。

（5）デザインの異なる5個のグラスと3枚の皿から各2点を選んでテーブルに用意する。このとき、グラスと皿の組み合わせは〔　　〕通りである。

（6）主将1人を含む9人のバスケットボールの選手がおり、その中からスターティングメンバーを5人選ぶ。主将は必ず含まれるとき、スターティングメンバーの組み合わせは〔　　　〕通りである。

（7）白のタイル4枚と黒のタイル5枚がある。これを1列に並べるとき、白黒の配置は〔　　　〕通りである。

（8）吹奏楽部がコンサートで、クラシック5曲、ジャズ3曲のレパートリーの中からクラシックとジャズをそれぞれ少なくとも1曲は選び、全部で3曲選ぶとすると、曲の組み合わせは〔　　　〕通りである。

（9）6人の選手から2人のペアを2つ作って卓球のダブルスの試合をするとき、対戦の組み合わせは〔　　　〕通りである。

（10）しゃけ、たらこ、おかかのおにぎりが2個ずつある。P、Q、Rの3人で2つずつ分けるとき、だれがどのおにぎりをもらうかの組み合わせは〔　　　〕通りである。

（11）白いバラが2本、赤いバラ2本、ピンクのバラが3本ある。この中から3本の花束を作るとき、何色のバラが何本になるか。その組み合わせは〔　　　〕通りである。

（12）サイコロを2回振って1回目に出た目をx、2回目に出た目をyとする。このとき、$2x - y \geq 7$ となる組み合わせは〔　　　〕通りである。

8 非言語能力問題 確率

このPOINTを押さえろ!

「起こる確率」と「起こらない確率」を考える

すべて起こる場合の数が全部で n 通りあり、また、ある事柄Xの起こる場合の数が a 通りであるとき、

- ●ある事柄Xの起こる確率Pは、$P = \dfrac{a}{n}$

- ●ある事柄Xが起こらない確率P'は、$P' = 1 - P$

例題&短時間で解く方法

[例題1] 目標 1:20

大小2つのサイコロを投げて、その和が10になる確率はいくらか。

A $\dfrac{1}{2}$ B $\dfrac{1}{3}$ C $\dfrac{1}{4}$ D $\dfrac{1}{6}$

E $\dfrac{1}{12}$ F $\dfrac{1}{36}$ G $\dfrac{5}{12}$ H $\dfrac{5}{36}$

 時間をかけない解き方

サイコロを2つ投げるときの全体の組み合わせは、

   6×6＝36通りある。

そのうち、和が10になるのは、右表の3通りである。

大	小
4	6
5	5
6	4

よって確率Pは、$\dfrac{3}{36} = \dfrac{1}{12}$

答え E

[例題2] 目標 **1:20**

　 $\boxed{1}$ $\boxed{2}$ $\boxed{3}$ $\boxed{4}$ $\boxed{5}$ の5枚のカードから2枚を選んで2桁の整数を作る。作られた数字が30より大きい数字になる確率はいくらか。

A $\dfrac{1}{5}$　　　　B $\dfrac{2}{5}$　　　　C $\dfrac{3}{5}$　　　　D $\dfrac{2}{25}$

E $\dfrac{3}{25}$　　　　F $\dfrac{8}{25}$　　　　G $\dfrac{12}{25}$　　　　H $\dfrac{14}{25}$

 時間をかけない解き方

Step1 すべてが起こる場合の数 n を求める

5枚のカードから2枚選んで十の位、一の位に並べるのだから、順列の公式を使って、$n = {}_5P_2 = 5 \times 4 = 20$

Step2 ある事柄（＝30より大きい数字）が起こる場合の数 a を求める

30を超えるのは十の位が3、4、5の3通り、一の位は十の位で使用した数字を除く4通り。よって、$a = 3 \times 4 = 12$

[図解]

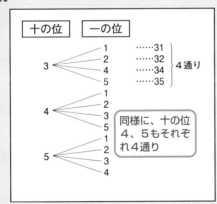

Step3 ある事柄（＝30より大きい数字）が起こる確率Pを求める

$$P = \dfrac{a}{n} = \dfrac{12}{20} = \dfrac{3}{5}$$

答え **C**

練 習 問 題 ——確率

[問題1] 1から5までの数字が1つずつ書かれた5枚のカードが箱の中に入っ

目標 **2:40** ている。5枚のカードの中には同じ数字のカードはないものとする。

（1）この箱から1枚のカードを2回続けて引いたとき、2回とも奇数になる確率
はいくらか。ただし、一度引いたカードは元に戻さないものとする。

A $\dfrac{1}{5}$　　　B $\dfrac{3}{10}$　　　C $\dfrac{5}{12}$　　　D $\dfrac{3}{20}$　　　E $\dfrac{9}{25}$

（2）この箱からカードを1枚引き、そのカードの数字を記録して元に戻す。この
作業を3回続けた場合、記録した数字が引いた順に偶数、奇数、偶数になる
確率はいくらか。

A $\dfrac{1}{10}$　　　B $\dfrac{3}{20}$　　　C $\dfrac{6}{25}$　　　D $\dfrac{6}{125}$　　　E $\dfrac{12}{125}$

[問題2] 15人の学生が3つの部屋に分かれて宿泊するための部屋割りで、く

目標 **2:40** じ引きをすることになった。

（1）3つの部屋が、4人部屋、5人部屋、6人部屋である場合、最初にくじを引い
た3人の学生が、3人とも4人部屋に入る確率はいくらか。

A $\dfrac{4}{455}$　　　B $\dfrac{1}{91}$　　　C $\dfrac{6}{455}$　　　D $\dfrac{1}{65}$　　　E $\dfrac{8}{455}$

F $\dfrac{9}{455}$　　　G $\dfrac{2}{91}$　　　H $\dfrac{11}{455}$　　　I $\dfrac{12}{455}$　　　J $\dfrac{1}{35}$

（2）3つの部屋が、3人部屋、5人部屋、7人部屋である場合、最初にくじを引いた3人の学生のうち、1人が3人部屋に、2人が5人部屋に入る確率はいくらか。

A $\dfrac{1}{91}$　　　B $\dfrac{2}{91}$　　　C $\dfrac{3}{91}$　　　D $\dfrac{4}{91}$　　　E $\dfrac{5}{91}$

F $\dfrac{6}{91}$　　　G $\dfrac{1}{13}$　　　H $\dfrac{8}{91}$　　　I $\dfrac{9}{91}$　　　J $\dfrac{10}{91}$

[問題3] ある少年は2回続けて剣玉をするとき、玉が剣に刺さる確率が、1回目が0.5、2回目が0.7であることがわかっている。

目標 2:40

（1）2回とも玉が剣に刺さる確率はいくらか。

A 0.12　　　B 0.20　　　C 0.35　　　D 0.50

E 0.75　　　F 0.80　　　G 0.85

（2）玉が剣に刺さるのが、どちらか1回である確率はいくらか。

A 0.30　　　B 0.35　　　C 0.40　　　D 0.45

E 0.50　　　F 0.55　　　G 0.65

[問題4] 空欄に当てはまる数値を求めなさい(すべて約分した分数で答えなさい)。**WEBテスティングタイプ**

目標 **11:00**

(1) サイコロを2回振って出た目の数の積が偶数になる確率は〔　　　〕／〔　　　〕である。

(2) 1から19までの整数が1つずつ書いてある19枚のカードから1枚引いたとき、そのカードに書かれた数字が3でも4でも割り切れない確率は〔　　　〕／〔　　　〕である。

(3) 50円玉が2枚、100円玉が2枚ある。この4枚を同時に投げ、表が出たものの金額を足す。金額の合計が200円になる確率は〔　　　〕／〔　　　〕である。

(4) 1から7までの整数が1つずつ書かれた玉が入っている抽選箱から、2個続けて取り出す。このとき、2個の数字の和が奇数である確率は〔　　　〕／〔　　　〕である。

(5) 80個の福袋がある。1袋の中には商品PかQのどちらか1個、商品XかYのどちらか1個が入っている。入っている商品の数は、Pが50個、Qが30個、Xが60個、Yが20個である。この福袋を1つ購入したとき、商品PかXのどちらか一方が入っている確率は〔　　　〕／〔　　　〕である。

（6）箱の中に当たりくじと外れくじが合わせて10枚入っている。くじを１枚引いたときに当たる確率は１／５だとすると、くじを同時に２枚引いたとき、１枚だけ当たりくじになる確率は〔　　　〕／〔　　　〕である。

（7）P、Q、R、S、T、Uが横一列に並ぶとき、PとQが隣り合う確率は〔　　　〕／〔　　　〕である。

（8）２本の当たりくじが入った８本のくじがある。４人が順番にくじを引き、一度引いたくじは戻さないものとすると、４人とも当たりを引かない確率は〔　　　〕／〔　　　〕である。

（9）抽選箱に金色と銀色のカードが３：５の割合で入っている。金色のカードは25％、銀色のカードは10％が「当たり」のカードである。この抽選箱からカード１枚を引いたとき、「当たり」になる確率は〔　　　〕／〔　　　〕である。

（10）３人掛けのテーブルと６人掛けのテーブルの２つのテーブルに９人が座ることになり、くじ引きで座る席を決めた。９人が順にくじを引き、２番目と３番目と９番目に引いた人が３人掛けのテーブルに座る確率は〔　　　〕／〔　　　〕である。

（11）店頭にコートが３着並べてある。１着売れるたびにバックヤードから１着補充して並べるとすると、３回目にバックヤードから出したコートを並べたところで、最初に店頭にあった３着のうち１着も残っていない確率は〔　　　〕／〔　　　〕である。

9 非言語能力問題 割引料金と清算

このPOINTを押さえろ！

割引料金…割引の対象を確認する

● 正規料金のものと、割引料金になるものを区別する

清算…「だれが」「だれに」「いくら」支払うかを明確にする

● 単純な割り勘であれば、合計額を求めて人数で割り、差額を求める

例題＆短時間で解く方法

[例題1] 目標 1:20

　ある動物園の入場料は1人1500円だが、20人以上の団体に関しては、15人を超えた分について入場料を2割引にする。50人の団体で入るとき、入場料の総額はいくらか。

A 22500円　　**B** 42000円　　**C** 50000円　　**D** 60000円　　**E** 64500円

 時間をかけない解き方

Step1 50人のうち、正規料金の人数、割引料金の人数の内訳を求める

割引料金は15人を超えた分に適用されるので、

正規料金…15人　　　割引料金…50－15＝35（人）

Step2 割引料金の1人分の料金を求める

正規料金1500円の2割引きだから、

$$1500 \times \left(1 - \frac{2}{10}\right) = 1500 - 300 = 1200 \,(円)$$

Step3 （正規料金×人数）＋（割引料金×人数）＝合計　を求める

1500×15＋1200×35＝22500＋42000＝64500（円）

答え **E**

[例題2] 目標 **2:40**

　P、Q、Rの3人で友人の誕生パーティーを開いた。食事代14000円をPが支払い、プレゼント代10000円をQが支払った。

(1)3人が同額ずつ支払うとすると、Rはだれにいくら支払えばよいか。

A Pに2000円、Qに6000円　　B Pに6000円、Qに2000円　　C Pだけに8000円

D Pだけに6000円　　　　　　E Qだけに8000円　　　　　　F Qだけに6000円

(2)その後、カラオケに行き、そこでの料金7500円をRが支払った。食事代、プレゼント代、カラオケ代をすべて合計して3人が同額ずつ支払うとすると、QとRはPにいくら支払えばよいか。

A Qが500円、Rが3000円　　B Qが2000円、Rが4500円　　C Qだけが6500円

D Qだけが3000円　　　　　　E Rだけが6500円　　　　　　F Rだけが3000円

 時間をかけない解き方

（1）

Step1 総額を求めて、人数分で割る

　（14000＋10000）÷3＝24000÷3＝8000（円）…1人の負担額

Step2 P、Qが払い過ぎている金額を求める

　P…14000－8000＝6000（円）　　Q…10000－8000＝2000（円）

払い過ぎの分をRが補填すればよいので、Pに6000円、Qに2000円

答え **B**

（2）

Step1 総額を求めて、人数分で割る

　（14000＋10000＋7500）÷3＝31500÷3＝10500（円）…1人の負担額

Step2 Q、Rの不足分を求める

　Q…10500－10000＝500（円）　　R…10500－7500＝3000（円）

支払い不足分はPが払い過ぎているので、

Pに対して、Qが500円、Rが3000円支払う。

答え **A**

練 習 問 題 ――割引料金と清算

[問題1] あるバスは、正規の大人料金の半額が子ども料金となっている。また、

🕑**2:40** 大人は20人を超えた分について、正規の大人料金の20%引、子ども
は10人を超えた分について、正規の子ども料金の15%引となる団体
割引が適用される。

（1）正規の大人料金が4000円のとき、大人30人が乗車した場合の料金の総額
はいくらか。

A 105000円	**B** 106000円	**C** 107000円	**D** 108000円
E 109000円	**F** 110000円	**G** 111000円	**H** 112000円

（2）正規の大人料金が5000円のとき、大人20人、子ども15人が乗車した場
合の料金の総額はいくらか。

A 135475円	**B** 135525円	**C** 135575円	**D** 135625円
E 135675円	**F** 135725円	**G** 135775円	**H** 135825円

[問題2] T、S、Uの3人は車で温泉旅行に出かけた。高速料金とガソリン代

🕑**2:40** 4700円はTが支払い、昼食代3400円はSが支払い、それらより
高額の宿泊費はUが立て替えた。旅行後、支払いを3人で割り勘にす
るために、Uに対してSは、TがUに対して支払った2倍の金額を支
払った。TとSの間では、金銭のやりとりはない。このとき、次の問
いに答えなさい。

（1）TはUに対していくら支払ったか。

A 1100円	**B** 1300円	**C** 1500円	**D** 1700円
E 1900円	**F** 2100円	**G** 2300円	**H** 2500円

（2）Uが立て替えていた宿泊費はいくらか。

A 5500円	**B** 6600円	**C** 7700円	**D** 8800円
E 9900円	**F** 11000円	**G** 12100円	**H** 13200円

[問題3] あるレストランでは、日替わりランチを980円、パスタを850円、それぞれ追加メニューとしてドリンクを200円、デザートを300円で提供している。また、クーポンを1枚利用するとドリンク1杯が無料になる。

目標 2:40

(1) 4名のグループで、2名が日替わりランチを、2名がパスタを注文し、全員が追加でドリンクとデザートを注文し、クーポンを4枚利用した。このとき、合計金額はいくらか。

A 3400円　　　　B 3920円　　　　C 4600円

D 4860円　　　　E 5120円　　　　F 5660円

(2) 9名のグループで、いずれも日替わりランチかパスタを注文し、4名がドリンク、2名がデザート、3名がドリンクとデザートを追加し、クーポンを5枚利用したところ、合計金額が9940円になった。パスタを注文したのは何人か。

A 1人　　　　　B 2人　　　　　C 3人

D 4人　　　　　E 5人　　　　　F 6人

[問題4] 空欄に当てはまる数値を求めなさい。**WEBテスティングタイプ**

目標 2:40

(1) Pはセール初日に定価の2割引でバッグを買い、Qはセール最終日に同じバッグを定価の5割引で買ったところ、Pより4200円安かった。このバッグの定価は〔　　　〕円である。

(2) X、Y、Zの3人で恩師のお祝いをすることになった。Xが食事代を、Yがプレゼント代を支払った。食事代とプレゼント代を3等分にすることにし、XがYから1800円、Zから8300円を受け取って清算した。このとき、食事代の総額は〔　　　〕円である。

分割払いと割合

このPOINTを押さえろ！

Ⅰ 実数がない割合だけの場合

全体を 1 とおく

「全体の $\dfrac{1}{a}$ 」は、$1 \times \dfrac{1}{a} = \dfrac{1}{a}$ となる

$\dfrac{1}{4}$ の残りは、$1 - \dfrac{1}{4} = \dfrac{3}{4}$

Ⅱ 実数と割合がある場合

全体が x であれば、

「全体 x の $\dfrac{1}{a}$ 」は、$x \times \dfrac{1}{a}$ となる

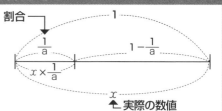

分数への変換の仕方

$a\% = \dfrac{a}{100}$　　　　b 割 $= \dfrac{b}{10}$

※「分割払い」はWEBテスティングに出例なし

例題＆短時間で解く方法

［例題1］ 目標 2:40

　ある人が車を購入した。購入時に総額の $\dfrac{1}{8}$ を支払い、納品時に総額の半分を支払った。

（1）次の支払い時に残額すべてを支払う場合、その金額は総額のどれだけにあたるか。ただし、手数料はかからないものとする。

A $\dfrac{1}{8}$　　　　B $\dfrac{2}{8}$　　　　C $\dfrac{3}{8}$　　　　D $\dfrac{4}{8}$

E $\dfrac{5}{8}$　　　　F $\dfrac{6}{8}$　　　　G $\dfrac{7}{8}$　　　　H $\dfrac{15}{16}$

（2）次の支払い時に総額の $\dfrac{1}{3}$ だけ支払う場合、その後の残額は総額のどれだけにあたるか。ただし、手数料はかからないものとする。

A $\dfrac{1}{24}$　　　　B $\dfrac{1}{12}$　　　　C $\dfrac{1}{8}$　　　　D $\dfrac{1}{6}$

E $\dfrac{5}{24}$　　　　F $\dfrac{1}{4}$　　　　G $\dfrac{7}{24}$　　　　H $\dfrac{1}{3}$

時間をかけない解き方

（1）総額を「1」とする。購入時に総額の $\dfrac{1}{8}$ を支払い、納品時に総額の $\dfrac{1}{2}$ を支払っているので、それらを総額から引けば、次の支払い時に支払う額の割合となる。

$$1-\left(\frac{1}{8}+\frac{1}{2}\right)=1-\left(\frac{1}{8}+\frac{4}{8}\right)=1-\frac{5}{8}=\frac{3}{8}$$

答え **C**

（2）（1）より、総額の $\dfrac{3}{8}$ が残っている。次の支払い時に総額の $\dfrac{1}{3}$ を支払うので、残りの金額は、

総額の $\dfrac{3}{8}-\dfrac{1}{3}=\dfrac{9}{24}-\dfrac{8}{24}=\dfrac{1}{24}$ となる。

答え **A**

[例題2] 目標 1:20

　ある美術館のある日の入場者は420人で、そのうちの「大人」が60％であった。「大人」以外の入場者のうち75％が「学生」であるとすると、「学生」の入場者は何人いたか。

A 45人　　**B** 63人　　**C** 72人　　**D** 96人　　**E** 126人　　**F** 189人　　**G** 252人

時間をかけない解き方

割合の図で示すと次のようになる

全体（100％）420人	
大人60％	大人以外①

| | 学生75％② | |

①「大人以外の入場者」の割合は、全体から「大人」の割合を引いたもの。
　100－60＝40（％）

　よって、「大人以外の入場者」の実数は、$420\times\dfrac{40}{100}=168$（人）

②「学生」は「大人以外の入場者（168人）」の75％だから、$168\times\dfrac{75}{100}=126$（人）

[短時間で解くには…] ①と②を1つの式にする。

$$420\times\frac{40}{100}\times\frac{75}{100}=420\times\frac{\cancel{40}}{\cancel{100}}\times\frac{\cancel{75}^{3}}{\cancel{100}_{4}}=42\times3=126（人）$$

答え **E**

練 習 問 題 ——分割払いと割合

[問題1] ある人がカメラを分割払いで購入することにした。購入時にいくらか
目標 **2:40** 頭金を支払い、総額から頭金を差し引いた残額を6回の分割払いにす
る。このとき、分割手数料として残額の $\frac{1}{10}$ を加える。

(1) 頭金として購入価格の $\frac{1}{5}$ を支払った。このとき、分割払いの1回の支払い
額は購入価格のどれだけにあたるか。

A $\frac{1}{25}$　　　　B $\frac{6}{75}$　　　　C $\frac{7}{75}$　　　　D $\frac{8}{75}$

E $\frac{3}{25}$　　　　F $\frac{2}{15}$　　　　G $\frac{11}{75}$　　　　H $\frac{4}{25}$

(2) 分割払いの1回の支払い額が購入価格の $\frac{1}{6}$ になるようにすると、頭金とし
て支払うのは購入価格のどれだけにあたるか。

A $\frac{1}{5}$　　　　B $\frac{1}{6}$　　　　C $\frac{1}{7}$　　　　D $\frac{1}{8}$

E $\frac{1}{9}$　　　　F $\frac{1}{10}$　　　　G $\frac{1}{11}$　　　　H $\frac{1}{12}$

[問題2] ある図書館の蔵書は28800冊で、そのうち30%が雑誌である。
目標 **4:00**

(1) 雑誌のうち文芸雑誌が1944冊ある。雑誌全体に対する文芸雑誌の割合はい
くらか（必要なときは、最後に小数点以下第2位を四捨五入すること）。

A 7.5%　　　　B 12.5%　　　　C 15.0%　　　　D 22.5%

E 25.0%　　　　F 30.0%　　　　G 30.5%　　　　H 31.0%

（2）雑誌以外の図書のうち25％が実用書だった。この図書館の実用書は何冊か。

A 2160冊　　　B 2880冊　　　C 4320冊　　　D 5040冊

E 9360冊　　　F 15840冊　　G 15920冊　　H 16040冊

（3）雑誌以外の図書のうち25％が実用書だった。このとき、古い雑誌を何冊か
　　処分したところ、実用書の蔵書全体に対する割合は18％になった。処分し
　　た雑誌は何冊か。

A 800冊　　　 B 1000冊　　　C 1600冊　　　D 1800冊

E 2000冊　　　F 2800冊　　　G 2900冊　　　H 3100冊

[問題3] ある論文で使われているアルファベットの数を調べた。その結果、s
目標 2:40　が756字、 t が875字使用されていることがわかった。

（1）s が含まれている単語のうち、20％は１つの単語に2字、その他は１つの
　　単語に１文字が用いられていた。s が含まれている単語は何語か。

A 170語　　　 B 315語　　　 C 355語　　　 D 480語

E 630語　　　 F 640語　　　 G 700語　　　 H 1050語

（2）t が含まれている単語のうち、5％は１つの単語に3字、15％は１つの単語
　　に2字、その他は１つの単語に１文字が用いられていた。 t が含まれている
　　単語は何語か。

A 200語　　　 B 400語　　　 C 480語　　　 D 500語

E 640語　　　 F 680語　　　 G 700語　　　 H 960語

目標 8:00

（１）ある博物館の入館料は、高校生は大人より40％安い。さらに中学生以下に
　　　なると高校生より25％安く、大人より〔　　　〕％安い。

（２）あるホテルの休日前の宿泊料は平日の40％増しの料金になるが、会員の場
　　　合は休日前の料金の20％引きになる。会員の休日前の料金は平日料金の
　　　〔　　　〕％増しである。

（３）大人と子どもが２台のバスでいちご狩りに出かけた。子どもの参加者の
　　　40％にあたる16人が１台目のバスに乗った。参加した大人と子どもの数の
　　　比が３：５だったとすると、参加した大人は〔　　　〕人である。

（４）ある支社の社員は，男性と女性の比が４：３であったが、女性が２人採用さ
　　　れたので、５：４になった。この支社の男性社員は〔　　　〕人である。

（５）ボトル入りジュースを同じサイズのグラスに取り分ける。グラスの３／８の
　　　分量ずつ入れるとちょうど18杯になり、９／20の分量ずつ入れるとちょう
　　　ど〔　　　〕杯になる。

（６）テニスの試合を８試合したところ、試合に勝った割合（勝率）は62.5％で
　　　あった。つぎの４試合で２試合に勝つと試合に勝った割合（勝率）は
　　　〔　　　〕％になる（必要なときは、最後の小数点以下第２位を四捨五入する
　　　こと）。

（７）ある役所の職員は女性が40％で、そのうち27％が30歳代である。この役
　　　所の職員全体に占める30歳代女性の割合は〔　　　〕％である（必要なとき
　　　は、最後の小数点以下第２位を四捨五入すること）。

(8) 1本のワインをP、Q、Rの3人で飲み切った。Pは全体の5／12を、Q
はPの0.8倍の量を飲んだ。このとき、Rの飲んだ量はPの〔　　　〕倍だっ
た（必要なときは、最後の小数点以下第2位を四捨五入すること）。

[問題5] ア、イの情報のうち、どれがあれば[問い]の答えが導けるかを考え、
目標2:00　A～Eまでの中から正しいものを1つ選びなさい。 WEBテスティングタイプ

（1）あるイベントに国内外から4000人が参加した。

[問い]国外から参加した人は全体の何％か。

ア 国内から来た人は、国外から来た人の4倍だった

イ 国内から来た人は、国外から来た人より2400人多かった

A	アだけでわかるが、イだけではわからない
B	イだけでわかるが、アだけではわからない
C	アとイの両方でわかるが、片方だけではわからない
D	アだけでも、イだけでもわかる
E	アとイの両方あってもわからない

（2）ある観光地の3連休の行楽客の数を調査した。

[問い]最も行楽客が少なかったのは何日目か。

ア 3日目は1日目の1.8倍で、全体の36％だった

イ 2日目と3日目を合わせて、3日間合計の8割だった

A	アだけでわかるが、イだけではわからない
B	イだけでわかるが、アだけではわからない
C	アとイの両方でわかるが、片方だけではわからない
D	アだけでも、イだけでもわかる
E	アとイの両方あってもわからない

[問題6] ある商社に、コーヒー豆が500t入る倉庫がある。

目標**2:40**

（1）この倉庫にすでにコーヒー豆が55%納められており、そのうち20%がブルーマウンテンである。この場合、ブルーマウンテンは何t納められているか。

A 40 t	**B** 45 t	**C** 55 t	**D** 60 t
E 75 t	**F** 80 t	**G** 85 t	**H** 100 t

（2）この倉庫にコーヒー豆がまだ150t分納められるスペースが残っていたとする。すでに納められたコーヒー豆のうちの40%がキリマンジャロで、これから納める150tはキリマンジャロとブルーマウンテンとグアテマラで3：2：1の割合になる予定である。この場合、最終的にキリマンジャロは全体の何%になるか（必要なときは、最後に小数点以下第1位を四捨五入すること）。

A 13%	**B** 28%	**C** 33%	**D** 35%
E 43%	**F** 47%	**G** 52%	**H** 60%

[問題7] NPO法人を設立することになり、その初期費用の$\frac{2}{5}$をPが、$\frac{1}{3}$をQが負担することが決まり、残りを募集することにした。

目標**2:40**

（1）PとQの負担額の合計は、初期費用全体の何%になるか（必要なときは、最後に小数点以下第2位を四捨五入すること）。

A 26.7%	**B** 33.3%	**C** 37.5%	**D** 42.5%	**E** 58.8%	**F** 67.7%
G 73.3%	**H** 83.3%	**I** 87.5%	**J** AからIのいずれでもない		

（2）募集額の$\frac{3}{8}$をRが負担することになった。あとは初期費用の何%を集めればよいか（必要なときは、最後に小数点以下第2位を四捨五入すること）。

A 6.7%	**B** 10.0%	**C** 11.1%	**D** 12.5%	**E** 13.3%	**F** 15.5%
G 16.7%	**H** 20.0%	**I** 27.5%	**J** AからIのいずれでもない		

[問題8] 作業効率の異なる4台の機械A、B、C、Dがある。BはAの作業量
目標 **2:40** に対して1割少なく、DはCの作業量に対して2割少ない。また、C
はBの作業量に対して5%だけ少ない。

（1）Dの作業量は、Aの作業量の何%に当たるか。

| **A** 66.8% | **B** 67.2% | **C** 67.6% | **D** 68.0% |
| **E** 68.4% | **F** 68.8% | **G** 69.2% | **H** 69.6% |

（2）Aの作業量は、Dの作業量の約何%に当たるか。

| **A** 145.8% | **B** 146.2% | **C** 146.6% | **D** 147.0% |
| **E** 147.4% | **F** 147.8% | **G** 148.2% | **H** 148.6% |

[問題9] ある家電メーカーは、2つの工場A、Bで製品p、q、r、sを生産
目標 **3:00** している。2つの工場におけるある年の生産台数は、工場Aではpが
25%、qが30%、rが30%、sが15%であり、工場Bではpが
40%、qが40%、rが20%であった。またこの年の生産台数の割
合は、工場Aでは60%、工場Bでは40%であった。

（1）この年の製品pの生産台数は、総生産台数の何%を占めるか。

| **A** 27% | **B** 28% | **C** 29% | **D** 30% |
| **E** 31% | **F** 32% | **G** 33% | **H** 34% |

（2）この年、製品sはその生産台数に対して5%という割合で不良品が発生した。
総生産台数が100000台であったとき、製品sの不良品の台数を求めなさ
い。

| **A** 420台 | **B** 430台 | **C** 440台 | **D** 450台 |
| **E** 460台 | **F** 470台 | **G** 480台 | **H** 490台 |

11 推論①（順序）

このPOINTを押さえろ!

条件を整理して、表を作成する

- 要素を斜めにずらして書く
- 順序の規則を示す印を決めておく

例題&短時間で解く方法

[例題] 目標 2:40

V、W、X、Y、Zの5つの支店の売上高を比較したところ、次のことがわかった。

I）同じ売上高の支店はない

II）Vの売上高はWより多い

III）Xの売上高は2番目に多い

IV）Yの売上高はVとWの売上高の平均に等しい

（1）次の推論ア、イ、ウのうち、必ずしも誤りとはいえないものはどれか。AからHまでの中から選びなさい。

ア：VはXより売上高が少ない　　イ：WはYより売上高が多い

ウ：YはZより売上高が少ない

A アだけ　　**B** イだけ　　**C** ウだけ　　**D** アとイ　　**E** アとウ

F イとウ　　**G** アとイとウのすべて　　**H** ア、イ、ウのいずれも誤り

（2）I〜IVの条件の他に、少なくとも次のどの条件を加えれば、V〜Zの5つの支店の売上高の順位が決まるか。AからHまでの中から選びなさい。

カ：Vは一番売上高が多い　　　　キ：WはXより売上高が少ない

ク：ZはVより売上高が多い

A カだけ 　B キだけ 　　C クだけ 　　D カとキ 　　E カとク

F キとク 　　G カとキとクのすべて

H カ、キ、クのすべてが加わっても決まらない

 時間をかけない解き方

Step1 条件を確認する

I）V≠W≠X≠Y≠Z 　　II）V＞W 　　III）□＞X＞□＞□＞□

IV）V＞Y＞WまたはW＞Y＞V（Yは平均なのでVとWの間に入る）。ただ
　　し、IIからV＞Y＞Wに決まる。

Step2 順位不明の要素が１つの場合、その順位を先に固定する ⇒ 残りを埋
　　める

順位がまったく不明なのはZのみ ⇒ Zのあり得る順位を先に固定する ⇒
残りの順位を入れる

1位	2位	3位	4位	5位
Z	X			
	X	Z		
	X		Z	
	X			Z

⇒

1位	2位	3位	4位	5位	
Z	X	V	Y	W	①
V	X	Z	Y	W	②
V	X	Y	Z	W	③
V	X	Y	W	Z	④

●要素を斜めにずらして書く

Step3 設問を検討する

（1）ア：V＜X ⇒ ①であり得る 　⇒ 必ずしも誤りとはいえない

　　イ：W＞Y ⇒ あり得ない 　　⇒ 必ず誤り

　　ウ：Y＜Z ⇒ ①②であり得る ⇒ 必ずしも誤りとはいえない

答　え **E**

（2）カ、キ、クを１つずつ加えて、①〜④のうち１つに決まる（売上高の順
　　位が確定する）かどうかを確認する

　　カ：V＝１位 ⇒ ②③④のどれでもよい 　⇒ １つに決まらない

　　キ：W＜X 　⇒ ①②③④のどれでもよい ⇒ １つに決まらない

　　ク：Z＞V 　⇒ ①しかない 　　　　　⇒ １つに決まる

（売上高の順位が確定する）

答　え **C**

練 習 問 題 ――推論①（順序）

[問題１] ある年の住みたい町ランキングでＰ、Ｑ、Ｒ、Ｓ、Ｔ、Ｕの６つの町 **目標2:40** を調べたところ、次のことがわかった。 テストセンタータイプ

Ⅰ）同じ順位の町はない

Ⅱ）ＰはＳより１つ上の順位だった

Ⅲ）ＱはＴより３つ上の順位だった

Ⅳ）Ｒは上位３位以内に入った

（１）２位になる可能性のある町はどれか。あてはまるものをすべて選びなさい。

☐ Ｐ ☐ Ｑ ☐ Ｒ
☐ Ｓ ☐ Ｔ ☐ Ｕ

（２）Ｕの順位として可能性のあるのはどれか。あてはまるものをすべて選びなさい。

☐ １位 ☐ ２位 ☐ ３位
☐ ４位 ☐ ５位 ☐ ６位

[問題２] ある店の始業時刻は午前10時である。その店の４人の従業員Ｐ、Ｑ、 **目標2:40** Ｒ、Ｓのある日の出勤時刻について次のことがわかっている。

Ⅰ）ＰはＱより９分早く出勤した

Ⅱ）ＱはＲより５分遅く出勤した

Ⅲ）ＳはＰより６分遅く、午前９時55分に出勤した

（１）次の推論ア、イの正誤について、ＡからＩまでの中から正しいものを１つ選びなさい。

ア：午前9時50分にはすでに出勤していた人がいる

イ：遅刻した人はいない

A アもイも正しい　　　　　　**B** アは正しいが、イはどちらともいえない

C アは正しいが、イは誤り　　**D** アはどちらともいえないが、イは正しい

E アもイもどちらともいえない **F** アはどちらともいえないが、イは誤り

G アは誤りだが、イは正しい　**H** アは誤りだが、イはどちらともいえない

I アもイも誤り

(2)確実に正しいといえるのは次のうちどれか。AからFまでの中から1つ選びなさい。

A 4人のうちQが一番早く出勤した　**B** 4人のうちPが一番遅く出勤した

C PはRより5分早く出勤した　　　**D** RはSより2分遅く出勤した

E SはQよりも3分早く出勤した　　**F** Qは遅刻した

[問題3] 1号室から5号室まで一列に並んだアパートの部屋があり、P、Q、R、
目標2:40　S の4人が入居している。P、Q、R、Sの部屋について次のことがわかっている。

Ⅰ)Pの部屋の隣はRの部屋である

Ⅱ)Qの部屋とSの部屋の間は空室である

(1)次の推論ア、イ、ウのうち、必ずしも誤りとはいえないものはどれか。

ア：Pの部屋は1号室である

イ：Qの部屋は2号室である

ウ：3号室は空室である

A アのみ　　　　　　**B** イのみ　　　　　　**C** ウのみ

D アとイの両方　　　**E** アとウの両方　　　**F** イとウの両方

G アとイとウのすべて　**H** ア、イ、ウのいずれも誤り

（2）最も少ない情報でP、Q、R、Sの部屋がすべてわかるためには、Ⅰ）とⅡ）の情報のほかに、次のカ、キ、クのうちどれが加わればよいか。AからHまでの中から１つ選びなさい。

　　カ：Rの部屋は１号室である

　　キ：Sの部屋は３号室である

　　ク：４号室は空室である

A カのみ　　　　　　　　**B** キのみ　　　　　　　　**C** クのみ

D カとキの両方　　　　　**E** カとクの両方　　　　　**F** キとクの両方

G カとキとクのすべて　**H** カ、キ、クのすべてが加わってもわからない

[**問題４**] 空欄に当てはまる数値を求めなさい。 **WEBテスティングタイプ**

目標 **1:20**

長さの異なる４本のロープK、L、M、Nについて、以下のことがわかっている。

ア：KはNより長い

イ：最も長いのはKではない

　このとき、４本のロープを長い順に並べると、考えられる順番の組み合わせは〔　　〕通りある。

[問題5] あるイベントの費用についてP、Q、R、S、Tの5社に見積もりを
目標 **2:40** 依頼したところ、最高額が110万円で、最低額が80万円だった。ま
た、次のことがわかっている。
Ⅰ)最高額はRで、Rと同額の会社はなかった
Ⅱ)PとQの見積額の差は20万円であった
Ⅲ)QとTの見積額の差は10万円であった
Ⅳ)SとTの見積額の差は10万円であった

(1)次の推論ア、イの正誤について、AからⅠまでの中から正しいものを1つ選
びなさい。
　　ア：Qの見積額は80万円である
　　イ：Tの見積額は90万円である

A アもイも正しい　　　　　　　　B アは正しいが、イはどちらともいえない
C アは正しいが、イは誤り　　　　D アはどちらともいえないが、イは正しい
E アもイもどちらともいえない　　F アはどちらともいえないが、イは誤り
G アは誤りだが、イは正しい　　　H アは誤りだが、イはどちらともいえない
Ⅰ アもイも誤り

(2)最も少ない情報ですべての会社の見積額がわかるためには、次のカ、キ、ク
のいずれが加わればよいか。
　　カ：SはPより高かった
　　キ：QはSと同額であった
　　ク：SはTより高かった

A カだけ　　　　B キだけ　　　　C クだけ　　　　D カとキの両方
E カとクの両方　F キとクの両方　G カとキとクすべて
H A～Gのいずれでもない

[問題6] 空欄に当てはまる数値を求めなさい。 **WEBテスティングタイプ**
目標 5:20

（1）P、Q、R、S、Tの5人が行列に並んでいる。行列に並んだ順番について、以下のことがわかっている。ただし、同時に並んだ人はいなかったものとする。

　　ア　PはQのすぐ後に並んだ

　　イ　Rが並んでからSが並ぶまでに1人並んだが、Sは最後ではない

　　このとき、Tは [　　　] 番目に並んだ。

（2）K、L、M、N、O、Pは、ある小学校の各学年の代表者である。それぞれの学年について以下のことがわかっている。

　　ア　KはLより3学年上である

　　イ　MはNより2学年上である

　　ウ　OはPより2学年上である

　　このとき、Lは [　　　] 年生である。

（3）P、Q、R、Sが100m競争で2回レースに出たとき、以下のことがわかっている。ただし、1回目、2回目とも同着はいなかった。

　　ア　Pは1回目3位で、2回目は1位だった

　　イ　2回目のレースでQとRは1回目より順位が2つ下がった

　　このとき、Sの2回目の順位は [　　　] 位である。

（4）W、X、Y、Zの4人の英語の成績について、以下のことがわかっている。ただし、同点はいなかった。

　　ア　Wの得点はXとZの得点の平均に等しい

　　イ　Yは2位だった

　　このとき、Wの順位は [　　　] 位である。

[問題7] ア、イの情報のうち、どれがあれば[問い]の答えがわかるかを考え、A
目標 **2:40** 　〜Eまでの中から正しいものを１つ選び、答えなさい。 〔WEBテスティングタイプ〕

（1）P、Q、R、S、Tの5人が自転車競走をした。以下のことがわかっている。
　　ただし、同着はいない。
　　[問い]4番目にゴールしたのはだれか。
　　ア　Rの2人後にTがゴールした
　　イ　Sの次にQがゴールした

A	アだけでわかるが、イだけではわからない
B	イだけでわかるが、アだけではわからない
C	アとイの両方でわかるが、片方だけではわからない
D	アだけでも、イだけでもわかる
E	アとイの両方あってもわからない

（2）左から右へ5つの部屋が並んでおり、P、Q、R、S、Tの5人がそれぞれ
　　どこかの部屋に住んでいる。
　　[問い]左から3番目の部屋に住んでいるのはだれか。
　　ア　PとSの間には2部屋ある
　　イ　QとTの間には2部屋ある

A	アだけでわかるが、イだけではわからない
B	イだけでわかるが、アだけではわからない
C	アとイの両方でわかるが、片方だけではわからない
D	アだけでも、イだけでもわかる
E	アとイの両方あってもわからない

このPOINTを押さえろ!

対応表を作成し、条件・データを書き込む

● 与えられた条件に該当する欄に○×を入れて、正誤を判断する

例題&短時間で解く方法

[例題] 目標 2:40

　P、Q、Rの3人のアルバイトが、月曜日から金曜日まで週2日だけ仕事をしている。勤務日は各人の希望を聞いて決定するが、月～金のどの曜日も最低1人は出勤している。PとQの出勤日は以下のとおりである。

P：火曜日と金曜日に出勤する

Q：2日連続で出勤する

（1）Rの勤務日が水曜日と木曜日である場合、Qの勤務日として確実に正しいといえるのは次のうちどれか。AからHまでの中から選びなさい。

A 月曜日だけ	B 火曜日だけ	C 水曜日だけ
D 木曜日だけ	E 金曜日だけ	F 月曜日と火曜日
G 水曜日と木曜日	H AからGのいずれでもない	

（2）Rの勤務日が月曜日と木曜日である場合、アルバイトが2人勤務する日として必ずしも誤りとはいえないのは次のうちどれか。AからHまでの中から選びなさい。

A 月曜日だけ　　　　　**B** 火曜日だけ　　　　　**C** 水曜日だけ

D 木曜日だけ　　　　　**E** 金曜日だけ　　　　　**F** 月曜日と水曜日

G 火曜日と木曜日　　　　**H** AからGのいずれでもない

 時間をかけない解き方

（1）①対応表を作る ➡ 条件・データを書き込む。

	月	火	水	木	金	ヨコの欄の条件
P		○			○	○が2つ
Q						残りは✕
R			○	○		Qは○連続
タテ欄の条件	少なくとも○が1つ					

「週2日だけ仕事」＝P、Q、Rのヨコの欄に○が2つ入り、残りは✕になる。
「どの曜日も最低1人は出勤」＝月から金までのタテの欄に○が最低1つ入る。

②条件とデータを比べて、○✕を入れる。

	月	火	水	木	金	ヨコの欄の条件
P	✕	○	✕	✕	○	○が2つ
Q	○	○	✕	✕	✕	残りは✕
R	✕	✕	○	○	✕	Qは○連続
タテ欄の条件	少なくとも○が1つ					

1. 月曜のP、Rが✕なので、タテの欄の条件からQが○になる
2. Qは○が連続するので火曜も○になり、残りは✕

上の表から、Qが確実に出勤する日は月曜と火曜

答え **F**

（2）対応表を作る ➡ 条件・データを書き込む ➡ ○✕を入れる。

	月	火	水	木	金	ヨコの欄の条件
P	✕	○	✕	✕	○	○が2つ
Q	✕	○／✕	○	✕／○	✕	残りは✕／Qは○連続
R	○	✕	✕	○	✕	
タテ欄の条件	少なくとも○が1つ					

1. 水曜のP、Rが✕なので、タテの欄の条件からQが○になる
2. Qは○が連続するが、火水か水木か両方あり得る

上の表からアルバイトが2人勤務する日としてあり得る
（＝「必ずしも誤りとはいえない」）のは火曜と木曜

答え **G**

97

練 習 問 題 ──推論②（対応関係）

[問題1] P、Q、R、S、Tの5人がその並びの順のとおりに1回ずつ、赤玉
目標2:40 か白玉のどちらかが出る抽選器を回した。このとき、次のことがわかって
いる。

I）赤玉は連続して出なかった　　II）Rは赤玉を出した

（1）次の推論ア、イの正誤を考え、AからIまでの中から正しいものを1つ選び
なさい。

ア：Qは赤玉を出した　　イ：Sは白玉を出した

A アもイも正しい　　　　　　　　B アは正しいが、イはどちらともいえない
C アは正しいが、イは誤り　　　　D アはどちらともいえないが、イは正しい
E アもイもどちらともいえない　　F アはどちらともいえないが、イは誤り
G アは誤りだが、イは正しい　　　H アは誤りだが、イはどちらともいえない
I アもイも誤り

（2）P、Q、R、S、Tが出したのが赤玉か白玉かをすべて確定するためには、I）、
II）の情報に加えて、次のカ、キ、クのうち少なくともどの情報がわかれば
よいか、AからHまでの中から選びなさい。

カ：赤玉は2個出た　　キ：白玉は2個出た　　ク：白玉は3個出た

A カだけ　　　　　　B キだけ　　　　　　C クだけ
D カとキの両方　　　E カとクの両方　　　F キとクの両方
G カとキとク　　　　H すべてがわかっても確定しない

[問題2] 6人の新入社員P、Q、R、S、T、Uが、X支店に3人、Y支店に
目標4:00 2人、Z支店に1人配属される。このとき、次のことがわかっている。

I）PとQは同じ支店に配属される　　II）RとSは同じ支店に配属されない
III）TとUは同じ支店に配属されない

（1）Ⅰ）～Ⅲ)の条件で、PがX支店に、RがY支店に配属されている場合、次の推論ア、イの正誤を考え、AからⅠまでの中から正しいものを1つ選びなさい。

ア：PとUは同じ支店に配属される　　イ：QとRは同じ支店に配属される

A アもイも正しい

B アは正しいが、イはどちらともいえない

C アは正しいが、イは誤り

D アはどちらともいえないが、イは正しい

E アもイもどちらともいえない

F アはどちらともいえないが、イは誤り

G アは誤りだが、イは正しい

H アは誤りだが、イはどちらともいえない

Ⅰ アもイも誤り

（2）Ⅰ）～Ⅲ)の条件で、RがX支店に、TがY支店に配属されている場合、次の推論カ、キの正誤を考え、AからⅠまでの中から正しいものを1つ選びなさい。

カ：QとUは同じ支店に配属される　　キ：SとTは同じ支店に配属される

A カもキも正しい

B カは正しいが、キはどちらともいえない

C カは正しいが、キは誤り

D カはどちらともいえないが、キは正しい

E カもキもどちらともいえない

F カはどちらともいえないが、キは誤り

G カは誤りだが、キは正しい

H カは誤りだが、キはどちらともいえない

Ⅰ カもキも誤り

（3）Ⅰ）～Ⅲ)の条件のほかに、次のサ、シ、スのうち、少なくともどの条件を加えれば、全員の配属先が決まるか。

サ：QをX支店に配属する　　シ：SをY支店に配属する

ス：UをZ支店に配属する

A サだけ

B シだけ

C スだけ

D サとシの両方

E サとスの両方

F シとスの両方

G サとシとスのすべて

H どれを加えても確定しない

[問題3] ある店舗の店員P、Q、R、S、Tが店舗まで通勤する手段は、電車
目標2:40 が2人、バスが2人、自転車が1人だった。このとき、次のことがわ
かっている。 テストセンタータイプ

Ⅰ)PとQは通勤手段が違う 　　　Ⅱ)QとRは通勤手段が違う

(1)PとRの通勤手段が違うとすれば、自転車で通勤する可能性のある店員はだ
れか。あり得るものをすべて選びなさい。

　　　□P 　　　　　□Q 　　　　　□R 　　　　　□S 　　　　　□T

(2)Qはバスで通勤しているが、Sはバスで通勤していないとすると、自転車で
通勤する可能性のある店員はだれか。あり得るものをすべて選びなさい。

　　　□P 　　　　　□Q 　　　　　□R 　　　　　□S 　　　　　□T

[問題4] 赤、青、黒の3種類のボールペンが2本ずつある。XとYの引き出しに
目標1:20 3本ずつボールペンを分けて入れた場合、必ず正しいといえるのはどれ
か。AからHまでの中から1つ選びなさい。

ア：同じ色のボールペンが2本入っている引き出しがある
イ：Xに2色のボールペンが入っているとき、Yにも2色のボールペンが入って
いる
ウ：XとYそれぞれから、違う色のボールペンを1本取り出し、そのボールペン
を交換して引き出しに戻すと、同じ色のボールペンが2本そろう引き出しが
ある

A アだけ 　　　　　　　**B** イだけ 　　　　　　　**C** ウだけ
D アとイの両方 　　　　**E** アとウの両方 　　　　**F** イとウの両方
G アとイとウのすべて 　**H** ア、イ、ウのいずれも必ず正しいとはいえない

[問題5] P、Q、R、S、Tの5人に、行きたい旅行先として国内の温泉地、
国内の遊園地、ヨーロッパ、アメリカ、東南アジアのうちひとつをあ
げてもらったところ、同じ旅行先をあげた人はいなかった。5人のう
ち20代が3人、30代が2人で、以下のことがわかっている。

目標 **2:40**

Ⅰ) 20代のうち2人が海外に行きたいと答えた

Ⅱ) 国内の旅行先をあげたのはP、Qの2人である

Ⅲ) Rは30代でアメリカに行きたいと答えた

(1)次の推論ア、イの正誤を考え、AからⅠまでの中から正しいものを1つ選び
なさい。

ア：ヨーロッパをあげたのは20代である　　イ：Qは30代である

　A アもイも正しい　　　　　　　　　**B** アは正しいが、イはどちらともいえない
　C アは正しいが、イは誤り　　　　　**D** アはどちらともいえないが、イは正しい
　E アもイもどちらともいえない　　　**F** アはどちらともいえないが、イは誤り
　G アは誤りだが、イは正しい　　　　**H** アは誤りだが、イはどちらともいえない
　Ⅰ アもイも誤り

(2)さらに以下のことがわかった。

Ⅳ) 国内の温泉地をあげたのは30代である　　Ⅴ) QとSの年代は同じである

次の推論カ、キの正誤を考え，AからⅠまでの中から正しいものを1つ選び
なさい。

カ：PとTの年代は同じである　　キ：国内の遊園地をあげたのはQである

　A カもキも正しい　　　　　　　　　**B** カは正しいが、キはどちらともいえない
　C カは正しいが、キは誤り　　　　　**D** カはどちらともいえないが、キは正しい
　E カもキもどちらともいえない　　　**F** カはどちらともいえないが、キは誤り
　G カは誤りだが、キは正しい　　　　**H** カは誤りだが、キはどちらともいえない
　Ⅰ カもキも誤り

[問題6] P、Q、R、S、Tの5人は2日間のキャンプに行き、テント、食料、
目標2:40　会計についての仕事をそれぞれ担当することになった。テント担当は
　　　　2人、食料担当も2人、会計担当は1人であり、次のことがわかって
　　　　いる。

Ⅰ) Pは2日間ともテントの担当ではなかった

Ⅱ) Qは2日間とも食料担当ではなかった

Ⅲ) 2日間とも同じ仕事を担当したのはPだけだった

Ⅳ) SとTは1日目には同じ仕事を担当した

(1) 次の推論ア、イの正誤を考え、適切なものをAからIまでの中から選びなさい。

ア：1日目にPが担当した係は、2日目にRが担当した係である

イ：1日目にSが担当した係は、2日目にQが担当した係である

　A アもイも正しい　　　　　　　　**B** アは正しいが、イはどちらともいえない

　C アは正しいが、イは誤り　　　　**D** アはどちらともいえないが、イは正しい

　E アもイもどちらともいえない　　**F** アはどちらともいえないが、イは誤り

　G アは誤りだが、イは正しい　　　**H** アは誤りだが、イはどちらともいえない

　I アもイも誤り

(2) 次のカ、キ、クのうち少なくともどれがわかれば、全員の担当を決定できるか。

カ：1日目にRが担当したのは、2日目にSが担当した仕事である

キ：1日目にTが担当したのは、2日目にQが担当した仕事である

ク：1日目にPとRは同じ仕事を担当した

　A カだけ　　　　　　　　**B** キだけ　　　　　　　　**C** クだけ

　D カとキの両方　　　　　**E** カとクの両方　　　　　**F** キとクの両方

　G カとキとクのすべて　　　**H** カ、キ、クのすべてが加わっても確定しない

[問題7] ア、イの情報のうち、どれがあれば[問い]の答えがわかるかを考え、A
目標4:00　　〜Eまでの中から正しいものを1つ選び、答えなさい。　**WEBテスティングタイプ**

(1) ある計画についてP、Q、R、S、Tの5人で話し合い、3人以上が賛成な
　　ら実行することにした。

[問い]話し合いの結果、実行することになったとき、Pは賛成したか。
ア Qは賛成した　　イ Rは反対した

A	アだけでわかるが、イだけではわからない
B	イだけでわかるが、アだけではわからない
C	アとイの両方でわかるが、片方だけではわからない
D	アだけでも、イだけでもわかる
E	アとイの両方あってもわからない

（2）L、M、Nの3人はP大学かQ大学の学生であり、少なくとも1人はP大学の学生である。また、P大学には付属高校がない。
　　[問い]NはP、Qどちらの大学の学生か。
　　ア Lの大学には付属高校がある　　イ LとMは同じ大学の学生である

A	アだけでわかるが、イだけではわからない
B	イだけでわかるが、アだけではわからない
C	アとイの両方でわかるが、片方だけではわからない
D	アだけでも、イだけでもわかる
E	アとイの両方あってもわからない

（3）W、X、Y、Zの4人が、コーヒー、紅茶、ジュースのうち好きな飲み物を1つ注文した。コーヒーを注文した人は2人、紅茶とジュースは1人ずつだった。
　　[問い]Zが注文したのは何か。
　　ア Wはコーヒーを、Xはジュースを注文した
　　イ Xはジュースを、Yは紅茶を注文した

A	アだけでわかるが、イだけではわからない
B	イだけでわかるが、アだけではわからない
C	アとイの両方でわかるが、片方だけではわからない
D	アだけでも、イだけでもわかる
E	アとイの両方あってもわからない

推論③（内訳）

このPOINTを押さえろ!

内訳表を作成し、条件に合わせて数値を書き込む

● 与えられた条件から「考えられる組み合わせの一覧」を書き出し、正誤の判断などを行う

例題＆短時間で解く方法

[例題] 目標 1:20

　黒、赤、青の色鉛筆を合計7本購入した。3種類の色鉛筆の本数について、次のことがわかっている。

Ⅰ）3種類とも少なくとも1本は購入した
Ⅱ）黒の色鉛筆は赤の色鉛筆より多い

次の推論ア、イ、ウのうち、必ず正しいといえるものはどれか。AからHまでの中から1つ選びなさい。

ア：青の色鉛筆が3本ならば、赤の色鉛筆は1本である
イ：青の色鉛筆と黒の色鉛筆の数が同じならば、赤の色鉛筆は2本である
ウ：青の色鉛筆と赤の色鉛筆の数が同じならば、黒の色鉛筆は3本である

A アだけ	**B** イだけ	**C** ウだけ
D アとイの両方	**E** アとウの両方	**F** イとウの両方
G アとイとウのすべて	**H** 正しい推論はない	

時間をかけない解き方

①条件から内訳表を作る ➡ まずは、一番左の欄に最小の数を入れる。

 ➡ 続いて、条件と合計に合う数字を残りの欄に入れる。

● 関連する要素(黒と赤)を左、その中でも小さい要素(赤)を一番左に置く。

● 合計数を一番右に置く。

赤 (1以上)	<	黒 (1以上)	青 (1以上)	計
1		2	4	7
		3	3	7
		4	2	7
		5	1	7

1. 条件Ⅱで黒と赤が関連しているので黒と赤を左に置く
2. 赤のほうが少ないので一番左に置く

赤が1なら黒はそれより多いので2以上になる。6になると青が0になってしまうので5が最大。

赤と黒と合計が決まると自動的に決まる。

②一番左の欄に次の数を入れる ➡ 条件と合計に合う数字を残りの欄に入れる。

赤 (1以上)	<	黒 (1以上)	青 (1以上)	計	
		2	4	7	①
1		3	3	7	②
		4	2	7	③
		5	1	7	④
2		3	2	7	⑤
		4	1	7	⑥

赤が3になると黒が4になり、青が0になってしまうので2が最大。

③設問を検討する。

ア:青が3 ➡ ②の場合のみ ➡ 赤は1 ➡ 正しい

イ:青と黒の数が同じ ➡ ②の場合 ➡ 赤は1 ➡ 誤り

ウ:青と赤の数が同じ ➡ ④⑤の場合 ➡ 黒は5か3

    ➡ 必ず正しいとはいえない

答 え **A**

練 習 問 題 ――推論③（内訳）

[問題１] 重さ２kgの部品K、重さ３kgの部品L、重さ１kgの部品Mを合計20
目標**2:40** kgにして発送したい。その際、次のようにするものとする。

Ⅰ）K、L、Mを少なくとも１個入れる

Ⅱ）Lの個数はKより多い

（1）次の推論ア、イ、ウのうち、必ずしも誤りとはいえないものはどれか。Aか
らHまでの中から１つ選びなさい。

ア：Kの個数が２個ならば、Mの個数は７個である

イ：Lの個数が５個ならば、Kの個数は１個である

ウ：Mの個数が２個ならば、Lの個数は３個である

　　A アだけ　　　　　　　**B** イだけ　　　　　　　**C** ウだけ

　　D アとイの両方　　　　**E** アとウの両方　　　　**F** イとウの両方

　　G アとイとウのすべて　**H** ア、イ、ウのいずれも誤り

（2）次の推論カ、キ、クのうち、必ず正しいといえるものはどれか。AからHま
での中から１つ選びなさい。

カ：Lの個数とMの個数が同じならば、Kは２個である

キ：KがMより多ければ、Lは４個である

ク：MがLより多ければ、Kは１個である

　　A カだけ　　　　　　　**B** キだけ　　　　　　　**C** クだけ

　　D カとキの両方　　　　**E** カとクの両方　　　　**F** キとクの両方

　　G カとキとクのすべて　**H** カ、キ、クのいずれも必ず正しいとはいえない

[問題２] ①から⑦まで番号をつけたボールが７個あり、このうちの６個は同じ
目標**2:40** 重さで、１個だけ重さが異なる。

（1）次のⅠ）、Ⅱ）がわかっているとき、正しいといえるのはどれか。AからIま
での中から選びなさい。

Ⅰ)①~③の重さの合計は、④~⑥の重さの合計より重い

Ⅱ)③と⑤と⑦の重さの合計と、②と④と⑥の重さの合計は等しい

A ①は他より重い　　**B** ②は他より重い　　**C** ③は他より重い

D ④は他より重い　　**E** ①は他より軽い　　**F** ②は他より軽い

G ③は他より軽い　　**H** ④は他より軽い　　**I** AからHのいずれでもない

(2)次のⅢ)、Ⅳ)がわかっているとき、正しいといえるのはどれか。AからⅠまでの中から選びなさい。

Ⅲ)①と②と③の重さの合計は、④と⑥と⑦の重さの合計より軽い

Ⅳ)①と③と⑦の重さの合計は、④~⑥の重さの合計より重い

A ④は他より重い　　**B** ⑤は他より重い　　**C** ⑥は他より重い

D ⑦は他より重い　　**E** ④は他より軽い　　**F** ⑤は他より軽い

G ⑥は他より軽い　　**H** ⑦は他より軽い　　**I** AからHのいずれでもない

[問題3] 4月から9月までの間、月4回開催される料理教室に通っていた。このとき、次のことがわかっている。 目標 2:40 テストセンタータイプ

Ⅰ)教室に通わなかった月はない

Ⅱ)5月は2回通った

(1)全部で9回通ったとき、5回目に通った月としてあり得るものをすべて選びなさい。

☐ 4月　　　　☐ 5月　　　　☐ 6月

☐ 7月　　　　☐ 8月　　　　☐ 9月

(2)全部で13回通ったとき、9回目に通った月としてあり得るものをすべて選びなさい。

☐ 4月　　　　☐ 5月　　　　☐ 6月

☐ 7月　　　　☐ 8月　　　　☐ 9月

［問題４］空欄に当てはまる数値を求めなさい。 WEBテスティングタイプ

目標1:00

バラを３本１束にして300円、５本１束にして450円で販売した。

ア：売れたバラの本数は50本だった

イ：３本１束より５本１束のほうがたくさん売れた

どちらの束も少なくとも１束は売れたとすると、売り上げの合計は〔　　〕円だった。

［問題５］ア、イの情報のうち、どれがあれば［問い］の答えがわかるかを考え、

目標2:00　　A～Eまでの中から正しいものを１つ選び、答えなさい。

WEBテスティングタイプ

（１）１個180円のリンゴXと１個250円のリンゴYを合わせて10個購入した。

ただし、XもYも少なくとも１個は購入した。

［問い］購入金額は合計でいくらか。

ア：リンゴXの購入金額は1500円以上である

イ：リンゴYの購入金額は500円以下である

　A　アだけでわかるが、イだけではわからない

　B　イだけでわかるが、アだけではわからない

　C　アとイの両方でわかるが、片方だけではわからない

　D　アだけでも、イだけでもわかる

　E　アとイの両方あってもわからない

（2）ある電車は18人の乗客を乗せて走行していた。その途中、X駅で5人乗って3人降り、Y駅で何人かの客が乗降し、この電車の乗客は20人になった。

[問い] Y駅で降りたのは何人か。

ア：X駅で乗った人数はY駅で乗った人数と同じだった

イ：Y駅で乗った人数はY駅で降りた人数と同じだった

    A アだけでわかるが、イだけではわからない

    B イだけでわかるが、アだけではわからない

    C アとイの両方でわかるが、片方だけではわからない

    D アだけでも、イだけでもわかる

    E アとイの両方あってもわからない

[問題6] あるジムでは月曜日から土曜日までの6日間でP、Q、R、S、T、U の6人のインストラクターがそれぞれ1日トレーニングを担当した。つぎのことがわかっている。 **テストセンタータイプ**

目標 **2:40**

Ⅰ）PはQの次の日に担当した

Ⅱ）RはSの次の日に担当した

Ⅲ）水曜日に担当したのはTでもUでもない

（1）土曜日に担当したのがTであるとき、Uは何曜日を担当したか。考えられる曜日をすべて選びなさい。

   ☐ 月曜日   ☐ 火曜日   ☐ 水曜日   ☐ 木曜日   ☐ 金曜日

（2）土曜日を担当したのがTでもUでもなかったとき、火曜日を担当したのはだれか。考えられるものをすべて選びなさい。

   ☐ P   ☐ Q   ☐ R   ☐ S   ☐ T   ☐ U

（１）ある懇親会に30人が参加し、それぞれビール、ワイン、ウーロン茶のうち
から１杯を注文した。注文した３種類の飲み物の数について、以下のことが
わかっている。
　ア ワインの数はウーロン茶の２倍だった
　イ ３種類とも７杯以上だった
　このとき、ビールは[　　　]杯だった。

（２）大、中、小のカップが10個並んでいて、つぎのことがわかっている。
　　ア 大カップは中カップより１個多い
　　イ 中カップと小カップは隣り合っていない
　　ウ 同じ大きさのカップは隣り合っていない
　　このとき、小カップは[　　　]個である。

（１）１本200円、350円、500円の花を合わせて3200円分購入した。それぞ
れの花は少なくとも１本は購入するものとする。
　[問い]500円の花は何本買ったか。
　ア 全部で10本買った　　イ 350円の花は２本買った

A	アだけでわかるが、イだけではわからない
B	イだけでわかるが、アだけではわからない
C	アとイの両方でわかるが、片方だけではわからない
D	アだけでも、イだけでもわかる
E	アとイの両方あってもわからない

（２）スーパーでミカンと柿を合わせて10個買った。
　[問い]ミカンは何個買ったか。

ア ミカンは柿より4個多く買った

イ 買ったミカンと柿の数の平均は5である

A	アだけでわかるが、イだけではわからない
B	イだけでわかるが、アだけではわからない
C	アとイの両方でわかるが、片方だけではわからない
D	アだけでも、イだけでもわかる
E	アとイの両方あってもわからない

（3）緑、赤、青の色紙が合わせて24枚ある。

[問い]緑の色紙は何枚あるか。

ア 緑の色紙は赤の色紙より多い

イ 緑の色紙と青の色紙は合わせて15枚ある

A	アだけでわかるが、イだけではわからない
B	イだけでわかるが、アだけではわからない
C	アとイの両方でわかるが、片方だけではわからない
D	アだけでも、イだけでもわかる
E	アとイの両方あってもわからない

（4）黒餡もなかと白餡もなかの詰め合わせがある。

[問い]もなかは合わせて何個入っているか。

ア 黒餡もなかの数は、白餡もなかの数の2.5倍である

イ 黒餡もなかの数は、白餡もなかの数より6個多い

A	アだけでわかるが、イだけではわからない
B	イだけでわかるが、アだけではわからない
C	アとイの両方でわかるが、片方だけではわからない
D	アだけでも、イだけでもわかる
E	アとイの両方あってもわからない

非言語能力問題

推論④（命題の正誤）

このPOINTを押さえろ!

推論が示している意味を正確に把握する

● 与えられた情報から図や表を作成し、推論の正誤を判断する

例題＆短時間で解く方法

[例題] 目標 2:40

空港へ行くルートについて、次のような情報を得た。

情報P：「右側の道は空港に続いている」

情報Q：「左側の道は空港への近道である」

情報R：「少なくとも左右どちらか一方の道は空港に続いている」

これらの情報はすべて正しいとは限らない。そこで以下のような推論を行った。

（1）次の推論ア、イ、ウのうち、必ず正しいといえるのはどれか。AからHまで
　　の中から1つ選びなさい。

ア：Pが正しければ、Qも正しい

イ：Qが正しければ、Rも正しい

ウ：Rが正しければ、Pも正しい

　　A アだけ　　**B** イだけ　　**C** ウだけ　　**D** アとイ　　**E** アとウ

　　F イとウ　　**G** アとイとウ　　**H** 正しい推論はない

（2）次の推論カ、キ、クのうち、必ず正しいといえるのはどれか、AからHまで
　　の中から1つ選びなさい。

カ：Pが正しければ、Rも必ず正しい

キ：Qが正しければ、Pも必ず正しい

ク：Rが正しければ、Qも必ず正しい

A カだけ   **B** キだけ   **C** クだけ   **D** カとキ   **E** カとク

F キとク   **G** カとキとク   **H** 正しい推論はない

 時間をかけない解き方

3つの文のうち、「ならば」でつなぐことができる文はどれかを問う問題。

Step1 PとQを読み比べる

Pは右側の道についての文で、Qは左側の道についての文。

⇒ PとQの文には共通の話題がない。⇒ 無関係な文は「ならば」でつなげない（P「右側の道は空港に続いている」ならばQ「左側の道は空港への近道である」とはいえない）。

Step2 PとRを読み比べる

PとRには共通の話題（右の道）がある。

⇒ しかし、Pは右の道について「空港に続いている」とはっきり述べているが、Rは右か左かどちらかが「空港に続いている」と述べるだけであいまい。

⇒ この場合、P「右側の道が空港に続いている」ならばR「左右どちらか一方の道は空港に続いている」のは当然（逆に「RならばP」は当然ではない）。

⇒ 「はっきり文（P）」ならば「あいまい文（R）」は正しい。

Step3 QとRを読み比べる

QとRは共通の話題（左の道）があるが、Qははっきり、Rはあいまい

⇒ 「はっきり文（Q）」ならば「あいまい文（R）」とつなぐことができる。

Step4 設問を検討する

必ず正しいのは「QならばR」（イ）と「PならばR」（カ）の2つ

※ベン図を用いて解くこともできる。ベン図を用いて問題を解く方法の例は、別冊3のP.51参照。

(1) **答え** **B**   (2) **答え** **A**

練 習 問 題 ——推論④（命題の正誤）

[問題1] XとYがじゃんけんをした。その結果について、P、Q、Rが次のよ
目標2:40　うに述べた。

P：XはYに勝った
Q：Xはパー、Yはグーを出した
R：XもYもチョキを出していない

　以上の発言は、必ずしもすべてが信頼できるとはいえない。そこで種々の場合
を想定して推論がなされた。

（1）次の推論ア、イ、ウのうち、正しいものはどれか。AからHまでの中から1
　　つ選びなさい。
ア：Pが正しければQも必ず正しい
イ：Qが正しければRも必ず正しい
ウ：Rが正しければPも必ず正しい
　　A アだけ　　　　B イだけ　　　　C ウだけ　　　　D アとイ
　　E アとウ　　　　F イとウ　　　　G アとイとウ　　H 正しい推論はない

（2）次の推論カ、キ、クのうち，正しいものはどれか。AからHまでの中から1
　　つ選びなさい。
カ：Pが正しければRも必ず正しい
キ：Qが正しければPも必ず正しい
ク：Rが正しければQも必ず正しい
　　A カだけ　　　　B キだけ　　　　C クだけ　　　　D カとキ
　　E カとク　　　　F キとク　　　　G カとキとク　　H 正しい推論はない

[問題2] ある観光地のバス路線には1番から7番のバス停留所があり、1日乗車券を買えばこの区間を自由に乗り降りできる。ある観光客が2日間この1日乗車券を買ってバスに乗ったが、1日目と2日目では同じ停留所を利用しなかった。さらに、次のことがわかっている。

目標 **2:40**

P：1日目は4番のバス停留所を利用した

Q：2日目は4番のバス停留所を利用しなかった

R：1日目は偶数番号のバス停留所をすべて利用した

　以上の情報は、必ずしもすべてが信頼できるとはいえない。そこで種々の場合を想定して推論がなされた。

（1）次の推論ア、イ、ウのうち、正しいものはどれか。AからHまでの中から1つ選びなさい。

ア：Pが正しければQも必ず正しい

イ：Qが正しければRも必ず正しい

ウ：Rが正しければPも必ず正しい

A アだけ	**B** イだけ	**C** ウだけ	**D** アとイ
E アとウ	**F** イとウ	**G** アとイとウ	**H** 正しい推論はない

（2）次の推論カ、キ、クのうち、正しいものはどれか。AからHまでの中から1つ選びなさい。

カ：Pが正しければRも必ず正しい

キ：Qが正しければPも必ず正しい

ク：Rが正しければQも必ず正しい

A カだけ	**B** キだけ	**C** クだけ	**D** カとキ
E カとク	**F** キとク	**G** カとキとク	**H** 正しい推論はない

[問題３] ある２桁の正の数について、以下の３つの情報がある。

目標 2:40

P：３の倍数である

Q：４で割り切れない

R：２で割ると１余る

　以上の情報は、必ずしもすべてが信頼できるとはいえない。そこで種々の場合を想定して推論がなされた。

（１）つぎの推論ア、イ、ウのうち，正しいものはどれか。AからHまでの中から
　　　１つ選びなさい。

ア　Pが正しければQも必ず正しい

イ　Qが正しければRも必ず正しい

ウ　Rが正しければPも必ず正しい

　　A　アだけ　　　　　B　イだけ　　　　　C　ウだけ　　　　　D　アとイ

　　E　アとウ　　　　　F　イとウ　　　　　G　アとイとウ　　　H　正しい推論はない

（２）つぎの推論カ、キ、クのうち、正しいものはどれか。AからHまでの中から
　　　１つ選びなさい。

カ　Pが正しければRも必ず正しい

キ　Qが正しければPも必ず正しい

ク　Rが正しければQも必ず正しい

　　A　カだけ　　　　　B　キだけ　　　　　C　クだけ　　　　　D　カとキ

　　E　カとク　　　　　F　キとク　　　　　G　カとキとク　　　H　正しい推論はない

このPOINTを押さえろ!

相互の関係を正確に把握する

● 与えられた情報から図や表を作成し、推論の正誤を判断する

※その他は「対戦」「位置」「数の推論」などに区分できる。

例題&短時間で解く方法

[例題] 目標3:00

1フロア2部屋の3階建てビルにP、Q、R、S、T、Uの6つの事務所が入居している。このとき、次のことがわかっている。

Ⅰ）所員1人の事務所はない

Ⅱ）P、R、Uの所員は3人である

Ⅲ）6つの事務所の所員を合わせると17人である

Ⅳ）RとUは3階に入居している

（1）Sの所員の数としてあり得るものをすべて選びなさい。

☐ 2人　　☐ 3人　　☐ 4人　　☐ 5人　　☐ 6人
☐ 7人　　☐ 8人　　☐ 9人　　☐ 10人以上

（2）1階にある事務所の所員の合計人数が2階にある事務所の所員の合計人数より多い場合、1階にある事務所の所員の合計人数としてあり得るものをすべて選びなさい。

☐ 4人　　☐ 5人　　☐ 6人　　☐ 7人
☐ 8人　　☐ 9人　　☐ 10人　　☐ 11人以上

			合計人数
（3階）	R 3人	U 3人	6人
（2階）	①	②	・1階2階の合計人数は17人－6人＝11人
			・条件Ⅰから①、②、③、④≧2人
（1階）	③	④	・P＝3人
			17人

（1）Sは①、②、③、④のどれかに入居している。また条件から、①＋②＋③＋④＝11、①、②、③、④は2以上で、そのうち1つはPなので3。

これを式に表すと、 3＋□＋□＋□＝11
- □のどれかがSの人数
- □の部分の合計は、11－3＝8
- □はすべて2以上である

この空欄□に入る数を考えてみると、2＋2＋4　か　2＋3＋3
⇒ Sにあり得る人数は、2人か3人か4人

答 え　2人、3人、4人

（2）1階の人数が2階より多いので、③＋④＞①＋②。さらに、（1）の条件から合計11で、すべて2以上、そのうち1つは3となる数字の組み合わせは、
6（＝2＋4または3＋3）＞5（＝2＋3）
7（＝3＋4）＞4（＝2＋2）
⇒ 1階の合計人数にあり得る人数は、6人か7人

答 え　6人、7人

練習問題 ──推論⑤（その他の問題）

問題1〜4は「対戦」など

[問題1] 東地区と西地区で下のような卓球のトーナメント戦が行われた。P、
目標 **2:40** Q、R、Sの4人が参加したが、P、Q、R、Sがどちらの地区だっ
たかはわからない。このとき、次のⅠ）、Ⅱ）がわかっている。

〈西地区〉　　　　　　　〈東地区〉

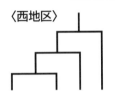
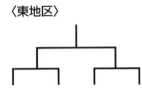

Ⅰ）PはQに勝った
Ⅱ）RはPに勝った

（1）次の推論ア、イの正誤を考え、AからⅠまでの中から正しいものを1つ選び
　　なさい。

ア：Pは3試合戦った　　イ：Rが優勝した

　　A アもイも正しい　　　　　　　**B** アは正しいが、イはどちらともいえない
　　C アは正しいが、イは誤り　　　　**D** アはどちらともいえないが、イは正しい
　　E アもイもどちらともいえない　　**F** アはどちらともいえないが、イは誤り
　　G アは誤りだが、イは正しい　　　**H** アは誤りだが、イはどちらともいえない
　　Ⅰ アもイも誤り

（2）次の推論カ、キの正誤を考え、AからⅠまでの中から正しいものを1つ選び
　　なさい。

カ：QはRと対戦しなかった　　キ：Sは1試合しか戦っていない

　　A カもキも正しい　　　　　　　**B** カは正しいが、キはどちらともいえない
　　C カは正しいが、キは誤り　　　　**D** カはどちらともいえないが、キは正しい
　　E カもキもどちらともいえない　　**F** カはどちらともいえないが、キは誤り
　　G カは誤りだが、キは正しい　　　**H** カは誤りだが、キはどちらともいえない
　　Ⅰ カもキも誤り

[問題2] P、Q、Rの3人でじゃんけんをしたところ、1回目、2回目は勝敗
目標 2:40 がつかず、3回目はPがチョキを出してQとRに勝った。次のことが
わかっている。

Ⅰ）Qは3回とも違う手を出した
Ⅱ）Rは1回目だけ違う手を出した

（1）次の推論ア、イについて必ず正しいか、必ず誤りか、あるいはどちらともいえ
　　　ないかを考え、AからⅠまでの中から1つ選びなさい。

ア：1回目でQはグーを出した
イ：2回目でRはパーを出した

　A　アもイも正しい　　　　　　　　　B　アは正しいが、イはどちらともいえない
　C　アは正しいが、イは誤り　　　　　D　アはどちらともいえないが、イは正しい
　E　アもイもどちらともいえない　　　F　アはどちらともいえないが、イは誤り
　G　アは誤りだが、イは正しい　　　　H　アは誤りだが、イはどちらともいえない
　Ⅰ　アもイも誤り

（2）次の推論カ、キについて必ず正しいか、必ず誤りか、あるいはどちらともい
　　　えないかを考え、AからⅠまでの中から1つ選びなさい。

カ：3回ともPはチョキを出した
キ：2回目にQとRは同じ手を出した

　A　カもキも正しい　　　　　　　　　B　カは正しいが、キはどちらともいえない
　C　カは正しいが、キは誤り　　　　　D　カはどちらともいえないが、キは正しい
　E　カもキもどちらともいえない　　　F　カはどちらともいえないが、キは誤り
　G　カは誤りだが、キは正しい　　　　H　カは誤りだが、キはどちらともいえない
　Ⅰ　カもキも誤り

[問題3] P、Q、R、S、Tの5人について、それぞれ名刺交換をしたことが
目標2:40　あるかどうか調べたところ、PとQについて次のことがわかった。

（テストセンタータイプ）

P）Tとは名刺交換をしたことがあるが、Rとは名刺交換をしたことがない

Q）名刺交換をしたことがあるのはPとTだけ

（1）全員と名刺交換をした可能性のある人は、次のうちだれか。すべて選びなさ
　　い。

　□ P　　　　□ Q　　　　□ R　　　　□ S　　　　□ T

（2）「RはS、Tと名刺交換をしたことがある」ことがわかった場合、名刺交換を
　　したことがあるかどうかはっきりしない人がいるのは、次のうちだれか。す
　　べて選びなさい。

　□ P　　　　□ Q　　　　□ R　　　　□ S　　　　□ T

[問題4] 以下について、ア、イの情報のうち、どれがあれば[問い]の答えがわ
目標1:20　かるかを考え、A〜Eまでの中から正しいものを1つ選び、答えなさ
　　　　　　い。（WEBテスティングタイプ）

P、Q、R、Sの4人が柔道の試合を総あたり方式で行った。ただし、試合に引
き分けはなかったものとする。

[問い]Pは何勝何敗か。

ア：Qは全勝した

イ：Rは1勝2敗だった

　　A アだけでわかるが、イだけではわからない

　　B イだけでわかるが、アだけではわからない

　　C アとイの両方でわかるが、片方だけではわからない

　　D アだけでも、イだけでもわかる

　　E アとイの両方があってもわからない

[問題5] 次のようなa、b、c、dとe、f、g、hの部屋があり、a、b、c、dには
目標2:40　　P、Q、R、Sが、e、f、g、hには、W、X、Y、Zが住んでいる。

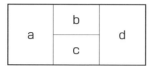 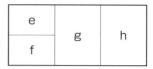

（1）Rの部屋はQを含む2人の部屋と接している。この場合、必ず正しいといえ
　　るのはどれか。AからHまでの中から1つ選びなさい。

ア：Pの部屋はSの部屋と接している

イ：Qの部屋は3人の部屋と接している

ウ：Rの部屋はaである

　A アだけ　　　　　**B** イだけ　　　　　**C** ウだけ　　　　　**D** アとイの両方

　E アとウの両方　**F** イとウの両方　　**G** アとイとウのすべて

　H 正しい推論はない

（2）Wの部屋はZを含む2人の部屋と接している。この場合、必ず正しいといえ
　　るのはどれか。AからHまでの中から1つ選びなさい。

カ：Xの部屋がhならばYの部屋はeである

キ：Yの部屋がfならばZの部屋はgである

ク：Zの部屋がgならばXの部屋はhである

　A カだけ　　　　　**B** キだけ　　　　　**C** クだけ　　　　　　**D** カとキの両方

　E カとクの両方　**F** キとクの両方　　**G** カとキとクのすべて

　H 正しい推論はない

[問題6] ある商店街にU、V、W、X、Y、Zの順に6軒の店が並んでいる。
目標2:40　　このうちの5軒の店に荷物を配達しており、次のことがわかっている。
　　　　　　なお、同じ店に2回以上配達することはない。 テストセンタータイプ

Ⅰ）最初に配達した店と2番目に配達した店の間に店が1軒あった

Ⅱ）2番目に配達した店と3番目に配達した店は隣り合っていた

Ⅲ）3番目に配達した店と4番目に配達した店の間に店が1軒あった

Ⅳ）4番目に配達した店と5番目に配達した店は隣り合っていた

（1）最初に配達した店がUだった場合、配達しなかった可能性のある店はどれか。
すべて選びなさい。

☐ U ☐ V ☐ W ☐ X ☐ Y ☐ Z

（2）5番目に配達した店がVだった場合、最初に配達した可能性のある店はどれ
か。すべて選びなさい。

☐ U ☐ V ☐ W ☐ X ☐ Y ☐ Z

[問題7] 目標1:00 K、L、M、Nの4人が、1号室、2号室、3号室、4号室の順に一
列に並んだ4部屋のいずれかに住んでいる。4人の部屋について、以
下のことがわかっている。 WEBテスティングタイプ

ア：Lの部屋番号は奇数である

イ：MはLの部屋の隣ではない

ウ：Nは端の部屋に住んでいる

このとき、Kの部屋は〔　　　〕号室である。

[問題8] 目標1:00 ア、イの情報のうち、どれがあれば[問い]の答えがわかるかを考え、
A～Eまでの中から正しいものを1つ選びなさい。 WEBテスティングタイプ

ある一直線の道路にP、Q、R、Sの4つのガソリンスタンドがこの順番に並ん
でいる。

「問い」ガソリンスタンドPとSの間の距離は何kmか。

ア：ガソリンスタンドPとRの間の距離は5kmである

イ：ガソリンスタンドQとSの間の距離は7kmである

A アだけでわかるが、イだけではわからない

B イだけでわかるが、アだけではわからない

C アとイの両方でわかるが、片方だけではわからない

D アだけでも、イだけでもわかる

E アとイの両方があってもわからない

[問題９] 空欄にあてはまる数値を求めなさい。 `WEBテスティングタイプ`
目標**1:00**

３人のサッカー部員Ｐ、Ｑ、Ｒの背番号はそれぞれ１番、２番、３番であり、３人の野球部員Ｘ、Ｙ、Ｚの背番号はそれぞれ４番、５番、６番である。この６人が円になって等間隔で座っている。ＰとＸ、ＱとＹ、ＲとＺは同じ高校である。６人の座り方について以下のことがわかっている。

ア：両側に野球部員が座っているのはＰのみである

イ：ＱとＹだけが同じ高校で真向かいに座っている

このとき、Ｒの真向かいに座っている人の背番号は〔　　　　〕番である。

問題 10 と 11 は「数の推論」

[問題10] Ｐ、Ｑ、Ｒ、Ｓの４人が100点満点のテストを受けた。その結果、
目標**2:40**　　ＰとＱの得点は同じであり、また、ＰとＲの平均点は、ＱとＳの平均点よりも５点だけ高かった。

（1）次の推論ア、イの正誤を考え、AからIまでの中から正しいものを１つ選びなさい。

ア：ＱとＲの得点は同じである

イ：ＳはＲよりも10点だけ点数が低かった

　　A アもイも正しい　　　　　　　**B** アは正しいが、イはどちらともいえない

　　C アは正しいが、イは誤り　　　**D** アはどちらともいえないが、イは正しい

　　E アもイもどちらともいえない　**F** アはどちらともいえないが、イは誤り

G アは誤りだが、イは正しい　　**H** アは誤りだが、イはどちらともいえない
I アもイも誤り

（2）次の推論カ、キの正誤を考え、AからIまでの中から正しいものを1つ選び
なさい。

カ：PとSの得点は同じである

キ：PとQはRよりも得点が高かった

A カもキも正しい　　　　　　　　**B** カは正しいが、キはどちらともいえない
C カは正しいが、キは誤り　　　　**D** カはどちらともいえないが、キは正しい
E カもキもどちらともいえない　　**F** カはどちらともいえないが、キは誤り
G カは誤りだが、キは正しい　　　**H** カは誤りだが、キはどちらともいえない
I カもキも誤り

[問題11] P、Q、Rの3人に、1から9までの整数の中から、自分の好きな数
目標2:40　字を1つ選んでもらった。その結果、次のようになった。

テストセンタータイプ

Ⅰ）3人のうち2人は同じ数字を選んだ

Ⅱ）Pの選んだ数字はQの選んだ数字より大きかった

（1）Rの選んだ数字が7だったとき、Pの選んだ数字としてあり得るものを下か
らすべて選びなさい。

☐ 1　　　　☐ 2　　　　☐ 3　　　　☐ 4　　　　☐ 5
☐ 6　　　　☐ 7　　　　☐ 8　　　　☐ 9

（2）Rの選んだ数字が3だったとき、Qの選んだ数字としてあり得るものを下か
らすべて選びなさい。

☐ 1　　　　☐ 2　　　　☐ 3　　　　☐ 4　　　　☐ 5
☐ 6　　　　☐ 7　　　　☐ 8　　　　☐ 9

[問題12] ある薬品の水溶液P、Q、Rがあり、それぞれの
目標 2:40 濃度は表の通りである。また、QはPの重量と等し
く、RはPの重量の半分である。このとき、（1）と
（2）の2問に答えなさい。

	濃度
P	7%
Q	8%
R	15%

（1）次の推論ア、イの正誤を考え、AからIまでの中から正しいものを1つ選び
なさい。

ア：PとRを混ぜてできた水溶液Sの濃度は11%である

イ：PとQを混ぜてできた水溶液Tに含まれる薬品の量は、Rに含まれる薬品の
量の2倍である

　A アもイも正しい
　B アは正しいが、イはどちらともいえない
　C アは正しいが、イは誤り
　D アはどちらともいえないが、イは正しい
　E アはどちらともいえないが、イは誤り
　F アは誤りだが、イは正しい
　G アは誤りだが、イはどちらともいえない
　H アもイもどちらともいえない
　I アもイも誤り

（2）次の推論カ、キの正誤を考え、AからIまでの中から正しいものを1つ選び
なさい。

カ：PとQとRを混ぜてできた水溶液UはQよりも高濃度である

キ：RにP全体の重量と同量の水を加えてできた水溶液Vの濃度は、PとQを混
ぜてできた水溶液Tの濃度に等しい

126

A カもキも正しい

B カは正しいが、キはどちらともいえない

C カは正しいが、キは誤り

D カはどちらともいえないが、キは正しい

E カはどちらともいえないが、キは誤り

F カは誤りだが、キは正しい

G カは誤りだが、キはどちらともいえない

H カもキもどちらともいえない

I カもキも誤り

[問題13] 2桁の奇数の整数がある。一の位の数と十の位の数をかけると12に
目標 **2:40** なる。

（1）一の位の数と十の位の数を足すといくつになるか。

A 4	B 5	C 6
D 7	E 8	F 9
G 10	H 11	

（2）一の位の数から十の位の数を引くといくつになるか。

A −4	B −3	C −2
D −1	E 1	F 2
G 3	H 4	

[問題14] P、Qの2つの農場で作られている農作物のXとYについて、以下の
目標 2:40 情報がある。

Ⅰ）農場Pでは、農作物XかYのどちらか一方が作られている
Ⅱ）農場Qでは、農作物Yが作られている
Ⅲ）農作物Xには肥料MとNの両方が必要である
Ⅳ）農作物Yには肥料Nが必要である

（1）つぎの推論ア、イについて必ず正しいか、必ず誤りか、あるいはどちらとも
　　いえないかを考え、AからⅠまでの中から1つ選びなさい。

ア：農場Pでは肥料Mが必要だ
イ：農場Qでは肥料Nが必要だ

　　A アもイも正しい
　　B アは正しいが、イはどちらともいえない
　　C アは正しいが、イは誤り
　　D アはどちらともいえないが、イは正しい
　　E アもイもどちらともいえない
　　F アはどちらともいえないが、イは誤り
　　G アは誤りだが、イは正しい
　　H アは誤りだが、イはどちらともいえない
　　Ⅰ アもイも誤り

（2）つぎの推論カ、キについて必ず正しいか、必ず誤りか、あるいはどちらとも
　　いえないかを考え、AからⅠまでの中から1つ選びなさい。

カ：農場Pでは肥料Nが必要だ
キ：農場Qでは肥料Mが必要だ

A カもキも正しい

B カは正しいが、キはどちらともいえない

C カは正しいが、キは誤り

D カはどちらともいえないが、キは正しい

E カもキもどちらともいえない

F カはどちらともいえないが、キは誤り

G カは誤りだが、キは正しい

H カは誤りだが、キはどちらともいえない

I カもキも誤り

2章 非言語能力問題

[問題15] 1〜7までの数字が1つずつ書いてある7枚のカードを下のように1
目標2:40 列に並べる。並び順について、つぎのことがわかっている。

テストセンタータイプ

a	b	c	d	e	f	g

Ⅰ）左端から3枚のカードの和は12である

Ⅱ）右端から3枚のカードの和は10である

（1）右端のカードが3であったとき、2のカードがある場所としてあり得る場所
をすべて選びなさい。

□ a　　□ b　　□ c　　□ d　　□ e　　□ f　　□ g

（2）左端のカードのほうが右端のカードより1だけ大きいとき、3のカードがあ
る場所としてあり得る場所をすべて選びなさい。

□ a　　□ b　　□ c　　□ d　　□ e　　□ f　　□ g

16 集合

このPOINTを押さえろ!

必要な情報を確実にとらえて、カルノー表を作って解こう!

- 調査結果という表で出題されることが多いため、設問に関係する数値だけを取り出し、何を求めるかを明確にすること
- ベン図を描いて解く方法もある

例題＆短時間で解く方法

[例題1] 目標2:40

ウインタースポーツについて男性55人、女性45人の合計100人に対してアンケート調査を行った。下表はその集計結果の一部である。

		したことがある	したことがない
スキー	男性	28人	27人
	女性	26人	19人
スケート	男性	16人	39人
	女性	29人	16人

(1) スキーとスケート両方をしたことがある男性は9人いた。スキーもスケートもしたことがない男性は何人か。

A 13人	B 15人	C 17人	D 18人
E 20人	F 22人	G 24人	H 27人

(2) スキーはしたことがないがスケートはしたことがある女性は12人いた。スケートはしたことがないがスキーはしたことがある女性は何人か。

A 9人	B 11人	C 14人	D 16人
E 19人	F 21人	G 25人	H 26人

時間をかけない解き方

（1） Step1 表から必要な情報を取り出し、カルノー表を作る

> **カルノー表の作り方**
> 全体Zの中にX、Yという2つの集合がある場合、タテをX、ヨコをYとし、〇と×に分ける。
> 〇は、「はい」「ある」「好き」など肯定的なもの、×は、「いいえ」「ない」「きらい」など否定的なもの。外側に〇×の合計を入れ、中の4マスは
> a＝〈X〇Y〇〉=〈X・Yとも〇〉
> b＝〈X〇Y×〉=〈Xのみ〇〉
> c＝〈X×Y〇〉=〈Yのみ〇〉
> d＝〈X×Y×〉=〈X・Yとも×〉　を表す。
> a＋b＋c＋d＝Z　なので、タテの合計もヨコの合計もZ

X＼Y	〇	×	合計
〇	a	b	a+b
×	c	d	c+d
合計	a+c	b+d	Z

両方したことのない男性の人数だから、男性の項目だけの数値を取り出す。

スキー＼スケート	〇	×	
〇	a	b	28
×	c	d	27
	⑯	㊴	

スケートをしたことがある男性 ← ⑯　　㊴ → スケートをしたことがない男性

		したことがある	したことがない
スキー	男性	28人	27人
	女性	26人	19人
スケート	男性	16人	39人
	女性	29人	16人

※ a＝スキーもスケートもある　　　b＝スキーはあるがスケートはない

　 c＝スキーはないがスケートはある　d＝スキーもスケートもない

Step2 設問で与えられた情報をカルノー表に入れ、求める数値を導く

スキー＼スケート	〇	×	
〇	9	b	28
×	c	d	27
	16	39	

スキーもスケートもしたことがある男性　　求めるのはスキーもスケートもしたことがない男性

スキー＼スケート	〇	×	
〇	9→19		28
×	c	20	27
	16	39	

b ➡ d の順に求める。 b…28－9＝19　　d…39－19＝20

よって、スキーもスケートもしたことがない男性は20人　**答え　E**

（2）（1）と同様の手法で、女性のカルノー表を作って解く。

スキー＼スケート	〇	×	
〇	a	b	26
×	12	d	19
	29	16	

		したことがある	したことがない
スキー	男性	28人	27人
	女性	26人	19人
スケート	男性	16人	39人
	女性	29人	16人

求めるのはスケートはしたことがないがスキーはある女性

スキーはしたことがないがスケートはある女性

d ➡ b の順に求める。 d…19－12＝7　　　b…16－7＝9

答え　A

［例題２］ 目標 2：40

一人暮らしの大学生80人に家電製品についてアンケート調査を行った。右は調査結果の一部である。

電子レンジ	持っている	59人
	持っていない	21人
洗濯機	持っている	44人
	持っていない	36人
加湿器	持っている	17人
	持っていない	63人

（1）洗濯機を持っている人の $\frac{1}{4}$ が電子レンジを持っていなかった。電子レンジを持っている人のうち洗濯機を持っていない人は何人か。

A 8人   B 12人   C 16人   D 18人

E 20人   F 22人   G 24人   H 26人

（2）加湿器だけ持っている人は１人もいなかった。このとき、この３つとも持っていない人は何人か。

A 4人   B 6人   C 9人   D 10人

E 12人   F 15人   G 16人   H 20人

時間をかけない解き方

（1）洗濯機と電子レンジでカルノー表を作って解く。

電子レンジを持っている人のうち、洗濯機を持っていない人

洗濯機を持っている44人の4分の1（11人）が電子レンジを持っていない

洗濯機＼電子レンジ	○	×	
○	a	11	44
×	c		36
	59	21	

a ➡ c の順に求める。 a…44－11＝33   c…59－33＝26

答え　H

（2）（1）のカルノー表を完成させて、電子レンジも洗濯機も持っていない人を求める。

洗濯機＼電子レンジ	○	×	
○	33	11	44
×	26	10	36
	59	21	

電子レンジも洗濯機も持っていない人。この人たちは、加湿器を持っている人と持っていない人に2分される

電子レンジも洗濯機も持っていない人は10人で、その内訳は以下の①＋②＝10

「電子レンジも洗濯機も持っていないが、加湿器を持っている人」＝電×洗×加〇 …①

＋

「電子レンジも洗濯機も持っていないし、加湿器も持っていない人」＝電×洗×加× …②

加湿器だけ持っている人、つまり電子レンジも洗濯機も持っていないが加湿器は持っている人（＝①）が0人なので、①＝0

①＋②＝10 に、①＝0を代入すると、0＋②＝10 ⇒ ②＝10 よって、3つとも持っていない人（電×洗×加× …②）は、10（人）

答え D

[別解] ベン図で解く。

(1)右のように洗濯機と電子レンジの集合のベン図を作る。

a＝洗濯機・電子レンジとも持っている
b＝洗濯機だけ持っている
c＝電子レンジだけ持っている
d＝洗濯機・電子レンジとも持っていない

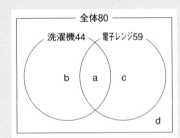

洗濯機を持っている44人の $\frac{1}{4}$ が電子レンジを持っていないので、

$b=44\times\frac{1}{4}=11$（人） よって、a＝44－11＝33（人）

電子レンジを持っている人のうち洗濯機を持っていない人はcで、

a＋c＝59にa＝33を代入して、c＝59－a＝59－33＝26（人）

(2)右のように(1)のベン図に加湿器の集合を加えた図を作る。

(1)より、a＋b＋c＝70
全体はa＋b＋c＋d＝80
よって、d＝80－(a＋b＋c)＝10（人）
dは、新しい「加湿器」の円の中と外に2分される。

円の中(①)は、「加湿器だけ持っている人」で、これが0人。

円の外(②)が、求める「3つとも持っていない人」

①＋②＝dで、d＝10、①＝0 よって、②＝10－0＝10（人）

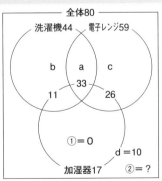

練 習 問 題 ―集合

[問題1] ある会社の社員1200人に対して、行ったことのある旅先に関するア
目標4:00 ンケート調査を行ったところ、次のような結果を得た。

調査項目	はい	いいえ
アメリカに行ったことがある	660人	540人
中国に行ったことがある	420人	780人
フランスに行ったことがある	570人	630人

（1）アメリカと中国の両方に行ったことがあると答えた人が145人いた。アメ
　　リカにも中国にも行ったことがないと答えた人は、何人いるか。

A 100人　　　　B 125人　　　　C 150人　　　　D 175人

E 200人　　　　F 225人　　　　G 250人　　　　H 265人

I 300人　　　　J AからIのいずれでもない

（2）アメリカに行ったことがないと答えた人のうち、3分の1はフランスに行っ
　　たことがあると答えた。アメリカとフランスの両方に行ったことがあると答
　　えた人は、何人いるか。

A 250人　　　　B 280人　　　　C 300人　　　　D 330人

E 350人　　　　F 390人　　　　G 400人　　　　H 420人

I 440人　　　　J AからIのいずれでもない

（3）中国とフランスの両方に行ったことがあると答えた人が150人、そのうち
　　3か国とも行ったことがあると答えた人は60人いた。この3か国いずれに
　　も行ったことがないと答えた人は、何人いるか。

A 50人　　　　B 75人　　　　C 100人　　　　D 125人

E 150人　　　　F 175人　　　　G 200人　　　　H 225人

I 250人　　　　J AからIのいずれでもない

134

[問題2] ある会社の男性社員150人、女性社員100人の合計250人に、英語
とPCの資格の有無について調査した。その結果は、以下のとおり。

目標4:00

資格	持っている	持っていない
英語	186人	64人
PC	149人	101人

なお、女性社員では、英語の資格を持っている人が78人、PCの資格を持っ
ている人が61人だった。

(1) 男性社員で英語の資格を持っていないのは何人か。

A 37人　　　　B 42人　　　　C 48人　　　　D 62人

E 71人　　　　F 85人　　　　G 108人　　　　H 122人

(2) 女性社員で英語の資格を持っている人の3分の2がPCの資格を持っている。
　女性社員で、英語の資格はないがPCの資格を持っているのは何人か。

A 9人　　　　B 13人　　　　C 17人　　　　D 22人

E 25人　　　　F 28人　　　　G 35人　　　　H 42人

(3) 男性社員で英語の資格もPCの資格も持っているのは69人である。男性社
　員で英語の資格もPCの資格も持っていないのは何人か。

A 8人　　　　B 12人　　　　C 19人　　　　D 23人

E 30人　　　　F 33人　　　　G 38人　　　　H 40人

[問題3] 空欄に当てはまる数値を求めなさい。 **WEBテスティングタイプ**

目標7:00

(1) あるレストランでランチを食べた120人のうち、サラダをつけた人は84人、
　デザートをつけた人は46人であり、サラダをつけた人のうち2／7がデ
　ザートをつけた。サラダとデザートのどちらも付けなかった人は〔　　〕人
　である。

（2）あるイベント会場に来場した1500人のうち、会場内で買い物をした人は
70%、会場内で食事をした人は15%、買い物と食事の両方をした人は
12%だった。このとき、買い物も食事もしなかった人は〔　　　〕人である。

（3）ある学年の生徒数は120人で男女比は１：２であり、化学もしくは生物を
選択科目として選択する必要がある。その学年の生徒たちのうち、70人が
化学を、50人が生物を選択した場合、女子で生物を選択したのは最も少な
くて〔　　　〕人である。

（4）ある400世帯にペットの飼育についての調査をした。猫だけを飼っている
世帯は31%、猫と犬の両方を飼っている世帯と、犬だけを飼っている世帯
の比率は２：３、猫と犬のどちらも飼っていない世帯は24%だった。この
とき、猫と犬の両方を飼っているのは〔　　　〕世帯である。

（5）演劇のチケット28枚、演奏会のチケット36枚がある。45人のサークルで、
１人各１枚までもらうものとし、配布された。ただし、いずれのチケットも
もらわなかった人はいなかった。演劇と演奏会のチケット両方をもらった人
は〔　　　〕人である。

（6）ある研修でＸ、Ｙ、Ｚの３つの講座が行われ、参加者250人は少なくとも
１つの講座を受講した。各講座の受講人数は、Ｘが95人、Ｙが113人、Ｚ
が138人で、３つとも受講した人はいなかった。このとき、２つの講座を
受講した人は〔　　　〕人である。

（7）あるお店で、福袋が100袋販売された。どの福袋にも、マフラー、手袋、
靴下のいずれか少なくとも１つは入っている。マフラーの入った福袋が40
袋、手袋の入った福袋が48袋、靴下の入った福袋が46袋で、１種類しか入っ
ていないのは72袋だった。このとき、３種類とも入った福袋は〔　　　〕袋
である。

[問題4] ア、イの情報のうち、どれがあれば[問い]の答えが導けるかを考え、
目標2:40　　A〜Eまでの中から正しいものを1つ選びなさい。WEBテスティングタイプ

(1)ある観光地を訪れた100人のうち、水族館を訪れた人が68人、博物館を訪れた人が32人いた。

[問い]水族館と博物館の両方を訪れた人は何人か。

ア：水族館だけ訪れた人は48人だった

イ：水族館と博物館のどちらも訪れなかった人は20人だった

A	アだけでわかるが、イだけではわからない
B	イだけでわかるが、アだけではわからない
C	アとイの両方でわかるが、片方だけではわからない
D	アだけでも、イだけでもわかる
E	アとイの両方あってもわからない

(2)40人のクラスでXとYの問題を解く試験を実施した。

[問い]Yを正解したのは全部で何人か。

ア：Xの正解者は全体の80%で、そのうちの75%はYも正解した

イ：X、Yとも不正解の人は2人だった

A	アだけでわかるが、イだけではわからない
B	イだけでわかるが、アだけではわからない
C	アとイの両方でわかるが、片方だけではわからない
D	アだけでも、イだけでもわかる
E	アとイの両方あってもわからない

17 グラフの領域

このPOINTを押さえろ!

当てはまるグラフの範囲を正しく選ぶ

- 与えられた式のグラフを正確に描く
- 不等式の識別と範囲の特定ができるようにする

例題&短時間で解く方法

[例題1] 目標

次の不等式が同時に成り立つ領域は、下の図の①〜⑭の中のどの部分か。

$y > x + 4$

$y < -3x + 6$

$x > -1$

A ①

B ①、③、⑭

C ②、④、⑬

D ⑥、⑦

E ⑤、⑧、⑨、⑩

F ⑪、⑫

G ④、⑬

H 該当なし

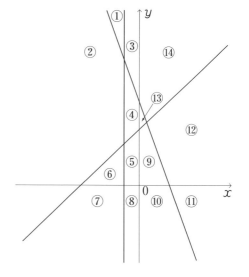

時間をかけない解き方

不等式で示されている式を仮に等式として考える。

$y > x + 4$ ➡ $y = x + 4$

$y < -3x + 6$ ➡ $y = -3x + 6$

$x > -1$ ➡ $x = -1$

すると、下の図ア、イ、ウの3つのグラフ（直線）が描ける。

ここで不等式の性質を考える。

例) $y > x + 4$ … $y = x + 4$ のグラフ（直線）より上の範囲

　　$y < -3x + 6$ … $y = -3x + 6$ のグラフ（直線）より下の範囲

　　$x > -1$ … $x = -1$ のグラフ（直線）より右の範囲

このように、3つのグラフに対して領域を考えると、下の図ア、イ、ウのようになる。

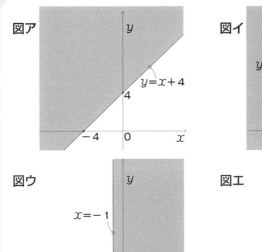

図ア　$y = x + 4$

図イ　$y = -3x + 6$

図ウ　$x = -1$

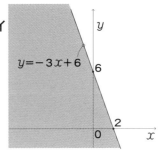

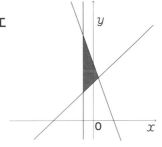

図エ

ア、イ、ウの3つの領域を合わせると図エのようになる。

よって、④と⑬

答え **G**

139

[例題2] 目標 2:40

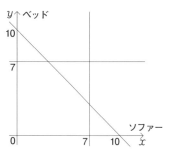

次のような条件でソファーとベッドを発注したい。

① ソファー、ベッドを合わせて10台以下

② ソファー、ベッドはそれぞれ7台以下

（1）条件①、②で表される領域の形は次の形のうち、どれか。

A 　B 　C 　D 　E

（2）下記の条件③を加えたときに表される領域の形は次のうち、どれか。

③ ソファー、ベッドを合わせて3台以上

A 　B 　C 　D 　E

時間をかけない解き方

（1）ソファーをx軸、ベッドをy軸としてグラフを描く。

条件①を式に表すと、$x+y \leqq 10 \Leftrightarrow y \leqq -x+10$

条件②を式に表すと、

　$0 \leqq x \leqq 7$、$0 \leqq y \leqq 7$（x、yともに正の数）

これらの不等式が同時に成り立つ領域は、右のグラフのとおり。

答え　D

（2）条件③を式に表すと、

　$x+y \geqq 3 \Leftrightarrow y \geqq -x+3$

　（x、yともに正の数）

これと条件①、②が同時に成り立つ領域は、右のグラフのとおり。

答え　C

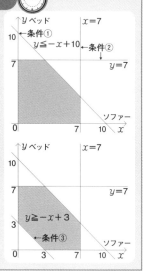

140

解答は別冊3の66ページ

練 習 問 題 ──グラフの領域

[問題1]　次の不等式が同時に成り
目標 1:20　立つ領域は、右の図の①
〜⑩の中のどれか。

$$0 < y < 2$$
$$x > 0$$
$$y > x - 1$$

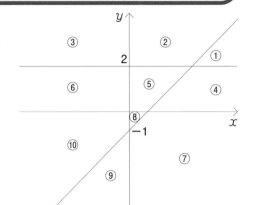

A ①、④、⑦　　**B** ②、⑤、⑧　　**C** ③、⑥、⑩　　**D** ⑤、⑥

E ⑦、⑨　　　　**F** ⑧、⑩　　　　**G** ⑤　　　　　**H** 該当なし

[問題2]　2次方程式　$y = -x^2 + 2x + 3$、
目標 1:20　$y = x^2 - 6x + 7$およびx軸、
y軸で区切られている各領域
において、

$$y < -x^2 + 2x + 3$$
$$y > \quad x^2 - 6x + 7$$
$$y > \quad 0$$

で与えられる領域の個数は
いくつか。

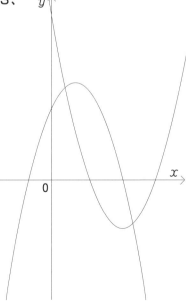

A 0　　**B** 1　　**C** 2　　**D** 3

E 4　　**F** 5　　**G** 6　　**H** 7

[問題3] ある機械を組み立てるための部品SとTについて、次のような条件がある。

目標 4:00

条件a　部品Sは2個以上

条件b　部品Sは16個以下

条件c　部品Tは3個以上

条件d　部品Tは20個以下

条件e　SとTの合計が25個以下

部品Sの個数を横軸、部品Tの個数を縦軸にとって図示すると、上記5つの条件を満たす組み合わせは、右図のように示される。

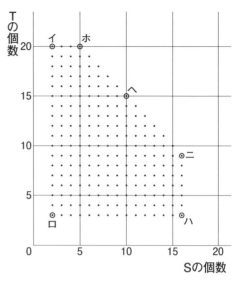

（1）点ニと点ホを通る直線で示される境界は、上のどの条件によるものか。

　　A 条件a　　　B 条件b　　　C 条件c　　　D 条件d　　　E 条件e

（2）点イ～ホのうち、部品Sと部品Tの個数の合計が点ヘで表される個数の合計と等しくなる点はどれか。

　　A 点イ　　　　B 点ロ　　　　C 点ハ　　　　D 点ニ　　　　E 点ホ

　　F 点イと点ロ　G 点ロと点ハ　H 点ハと点ニ　I 点ニと点ホ　J 点イと点ホ

（3）条件a～eの5つのほかに、

　　条件f　Tの個数をSの個数以上にする

　　という条件を加えるとき、6つの条件を満たす組み合わせを表す点の集合は、次のどの図形で示されるか。

A 　　B 　　C 　　D 　　E

142

[問題4] 次のような条件で、
目標 4:00 果物を買うことにした。

① ミカンとリンゴを合わせて6個以上

② ミカンとリンゴを合わせて16個以下

③ ミカンは3個以上

④ リンゴは10個以下

⑤ ミカンがリンゴより多い場合、その
　差は4個以下

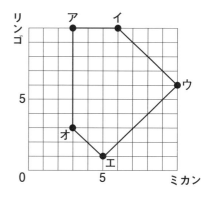

（1）次の2点を結ぶ直線は上の①～⑤のどの条件に対応するか、次の中から該当
　　するものを選べ。

Ⅰ イ－ウ　　**A** ①　　　　**B** ②　　　　**C** ③　　　　**D** ④　　　　**E** ⑤

Ⅱ ウ－エ　　**A** ①　　　　**B** ②　　　　**C** ③　　　　**D** ④　　　　**E** ⑤

Ⅲ エ－オ　　**A** ①　　　　**B** ②　　　　**C** ③　　　　**D** ④　　　　**E** ⑤

（2）リンゴが7個以下のときの領域の形は、次のうちのどれになるか。

A 　　　　**B** 　　　　**C**

D 　　　　**E**

（3）ミカンが1個80円、リンゴが1個100円のときに、図中の点オより値段が
　　安い点はどれか。

A ア　　　　　　**B** イ　　　　　　**C** ウ　　　　　　**D** エ

E アとイ　　　　**F** イとウ　　　　**G** ウとエ　　　　**H** アとエ

非言語能力問題　ペーパーテスト／テストセンター／WEBテスティング

ブラックボックス

このPOINTを押さえろ!

ブラックボックスの**変換規則**を把握する!

● ブラックボックスの問題には2つのタイプがある。
　Ⅰ）変換規則が説明されているもの
　Ⅱ）変換規則が例で示されているもの
　どちらのタイプでも、正確に変換規則をつかんで
　計算すること

例題＆短時間で解く方法

[例題] 目標 2:40

　P、Q2つの装置がある。装置Pは入った数字の和を、装置Qは入った数字の積を出力することがわかっている。

（1）装置Pと装置Qをつなげて次のような回路を作った。$x_1=2$、$x_2=3$、$x_3=4$、$x_4=5$である場合、yに出力されるのはいくつか。

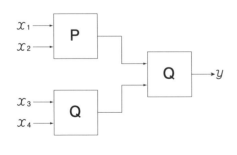

A 15　　　　　**B** 25　　　　　**C** 54　　　　　**D** 100　　　　　**E** 110

（2）（1）の回路で、y に１が出力される x_1、x_2、x_3、x_4 の組み合わせは、ア、イ、ウのうちどれか。

	ア	イ	ウ
x_1	1	−2	4
x_2	−2	3	−3
x_3	−1	0	1
x_4	1	2	−1

A アだけ **B** イだけ **C** ウだけ

D アとイの両方 **E** アとウの両方 **F** イとウの両方

G アとイとウのすべて **H** ア、イ、ウのいずれでもない

 時間をかけない解き方

（1）
装置Pは２つの数字の和（足し算の答え）を、装置Qは２つの数字の積（掛け算の答え）を、それぞれ出力する。
装置Pに $x_1=2$ と $x_2=3$ を入力したときの出力は、5（$=x_5$）
装置Qに $x_3=4$ と $x_4=5$ を入力したときの出力は、20（$=x_6$）
次に、装置Qに $x_5=5$ と $x_6=20$ を入力したときの出力 y は、5×20＝100

答え **D**

（2）
図では、最後の装置Qへの入力は、①Pからの出力、②Qからの出力で、最後の装置Qからの出力は入力した２数の積だから、①（Pからの出力）×②（Qからの出力）＝y となる。
①Pからの出力…入力した２数の和
②Qからの出力…入力した２数の積
よって、①×②＝$(x_1+x_2) \times (x_3 \times x_4)=y$ の式が成り立つ。
ア、イ、ウの x_1、x_2、x_3、x_4 の組み合わせで、この式を検証すると、
ア ｛1＋（−2）｝×｛（−1）×1｝＝（−1）×（−1）＝1
イ ｛（−2）＋3｝×（0×2）＝1×0＝0
ウ ｛4＋（−3）｝×｛1×（−1）｝＝1×（−1）＝−1
$y＝1$ となるのはアだけ。

答え **A**

練習問題 ——ブラックボックス

[問題1] 正の数、0、負の数を入力すると、次のような規則で変化させて出力
する装置がある。Pは入力した2つの数値を加える。Qは入力した2
つの数値をかける。Rは入力した数値が0ならそのまま、正の数なら
ば1、負の数ならば−1にする。

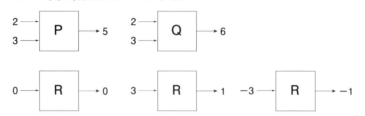

(1)これらの装置をつないで右図のような
回路を作った。入力する x_1〜x_4 の組
み合わせア、イ、ウのうち、出力 y が
0になるものを選べ。

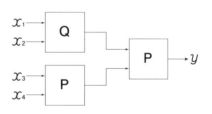

	アの場合	イの場合	ウの場合
x_1	2	0	−2
x_2	1	3	−1
x_3	0	−3	1
x_4	−2	1	−3

A アだけ　　**B** イだけ　　**C** ウだけ

D アとイの両方　　　　**E** アとウの両方

F イとウの両方　　　　　**G** アとイとウのすべて

H いずれも出力は0にならない

(2)右図のような回路がある。入力す
る x_1=0、x_2=1と出力される
y＞0であることがわかってい
る。このとき、x_4 の取り得る値
として正しいものを選べ。

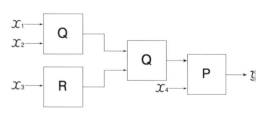

A x_4=0　　　　**B** x_4＞0　　　　**C** x_4＜0　　　　**D** x_4≧0

E x_4≦0　　　　**F** x_4≠0　　　　**G** x_4はどんな数でもよい

146

[問題2] 0か1の入力信号を次のような規則で変化させて出
目標 2:40 力する装置がある。入力信号 x を別の信号 y に変え
る装置P。例えば、1を入力すると、0が出力される。
同時に入ってきた2つの信号のうち、少なくとも一
方が1であれば1を出力する装置Q。入力信号がと
もに0であれば0を出力する。同時に入ってきた信
号の両方が1であるときのみ1を出力する装置R。
入力信号のいずれか一方が0であれば0を出力する。

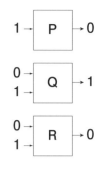

2章 非言語能力問題

(1)これらの装置をつないで右のような
回路を作った。この回路に下表のよ
うなア、イ、ウの3通りの組み合わ
せの信号を入力したとき、出力 y が
1になるのはどの場合か。

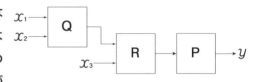

	アの場合	イの場合	ウの場合
x_1	0	1	0
x_2	1	1	0
x_3	1	0	1

A アだけ　　　**B** イだけ　**C** ウだけ
D アとイの両方　　　　**E** アとウの両方
F イとウの両方　　　　**G** アとイとウのすべて
H いずれも出力は1にならない

(2)これらの装置のいずれかをつないで右
のような回路を作った。x_1、x_2、x_3
にいろいろな信号を入力して出力を調
べたところ、下表のようになった。カ、
キ、クのうち、装置Rをつないだのは
どれか。なお、同じ装置を2回以上使っ
てもかまわない。

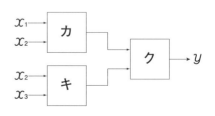

	1回目	2回目
x_1	1	0
x_2	1	1
x_3	0	1
y	0	1

A カだけ　　　　　　　**B** キだけ　　　　　**C** クだけ
D カとキの両方　　　　**E** カとクの両方　　**F** キとクの両方
G カとキとクのすべて　**H** いずれも装置Rではない

非言語能力問題 ペーパーテスト／テストセンター／WEBテスティング

図表の読み取り

このPOINTを押さえろ!

短時間で図表を読み、必要な情報を得る

- 情報を得たら、計算を速く正確に行う
- 小数点の位置など単純なミスに要注意

例題&短時間で解く方法

[例題] 目標 **5：20**

次の表は、4つのレジャー施設P、Q、R、Sの年齢層別の売上割合と総売上高を示している。

		P	Q	R	S
成人	男	60.0%	43.4%	36.5%	43.8%
	女		16.6%	13.5%	21.2%
学生	男	6.9%	12.4%	22.6%	11.0%
	女	8.1%	15.6%	20.4%	11.7%
子ども	男	2.5%	5.8%	3.1%	5.7%
	女	2.5%	6.2%	3.9%	6.6%
	合計	100%	100%	100%	100%
	総売上高	6400万円	4070万円	2800万円	3400万円

（1）Pにおける成人女性の売上割合はいくらか。

A 12.0%　　　**B** 14.0%　　　**C** 16.0%　　　**D** 18.0%

E 20.0%　　　**F** 22.0%　　　**G** 24.0%　　　**H** 26.0%

（2）Qの女子学生のうち、3分の2は高校生である。女子高校生のQ全体に対する売上割合はいくらか。

A 4.6%　　　**B** 5.4%　　　**C** 7.4%　　　**D** 7.8%

E 8.2%　　　**F** 10.4%　　　**G** 13.6%　　　**H** 15.0%

（3）Rについて、成人男性がいなかったものとすると、成人女性の売上割合はいくらか。必要な場合は、最後に小数点以下第2位を四捨五入すること。

A 20.0%　　　　**B** 20.2%　　　　**C** 20.3%　　　　**D** 21.2%

E 21.3%　　　　**F** 21.5%　　　　**G** 22.2%　　　　**H** 22.3%

（4）Sにおける子ども（女子）の売上高は、Rにおける子ども（女子）の売上高の何倍か。必要な場合は、最後に小数点以下第2位を四捨五入すること。

A 1.8倍　　　　**B** 2.1倍　　　　**C** 2.4倍　　　　**D** 2.7倍

E 3.1倍　　　　**F** 3.4倍　　　　**G** 3.7倍　　　　**H** 4.1倍

 時間をかけない解き方

（1）Pにおける成人女性の売上割合は、
$100-(60.0+6.9+8.1+2.5+2.5)=20.0\%$

答え **E**

（2）Qにおける女子高校生の売上割合は、

$15.6\times\dfrac{2}{3}=10.4\%$

答え **F**

（3）Rにおける成人男性の売上高は、2800万円×0.365＝1022万円
Rにおける成人女性の売上高は、2800万円×0.135＝378万円
成人男性がいなかった場合の総売上高は、
2800万円－1022万円＝1778万円
その場合の成人女性の売上割合は、378万円÷1778万円＝0.212598…
21.259…%　小数点以下第2位を四捨五入して、21.3%

答え **E**

（4）Sにおける子ども（女子）の売上高は、3400万円×0.066＝224.4万円
Rにおける子ども（女子）の売上高は、2800万円×0.039＝109.2万円
224.4万円÷109.2万円＝2.05494…
小数点以下第2位を四捨五入して、2.1倍

答え **B**

2章 非言語能力問題

練 習 問 題 ——図表の読み取り

[**問題1**] グラフは、ある総合スーパーマーケットのある年の3月と4月の部門
目標 **4:00** 別の売上の割合を示したものである。

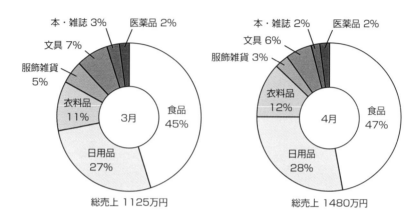

（1）3月の衣料品の売り上げはいくらか（必要なときは最後に千円の位を四捨五
入すること）。

A 88万円 　　　　　 **B** 92万円 　　　　　 **C** 101万円

D 108万円 　　　　 **E** 115万円 　　　　 **F** 118万円

G 120万円 　　　　 **H** 124万円 　　　　 **I** 144万円

J AからIのいずれでもない

（2）4月の食品と日用品の売上合計は、衣料品・服飾雑貨・文具・本・雑誌・医
薬品の売上合計の何倍か（必要なときは小数点以下第2位を四捨五入するこ
と）。

A 0.3倍 　　　　　 **B** 1.2倍 　　　　　 **C** 2.0倍

D 2.5倍 　　　　　 **E** 3.0倍 　　　　　 **F** 3.6倍

G 4.0倍 　　　　　 **H** 4.5倍 　　　　　 **I** 5.6倍

J AからIのいずれでもない

（3）4月の売上が3月の売上より増加したのは、次のア、イ、ウのうちどれか。
AからHまでの中から正しいものを１つ選びなさい。

ア：服飾雑貨　　イ：文具　　ウ：医薬品

A アだけ	**B** イだけ	**C** ウだけ
D アとイの両方	**E** アとウの両方	**F** イとウの両方
G アとイとウのすべて	**H** ア、イ、ウのいずれでもない	

[問題2] 次の資料は、ある商品をネット通販で購入する場合の販売店ごとの情
目標 5:20 　報を示したものである。

販売店	P	Q	R
価　格	4500円	5000円	4800円
割　引	セール期間 10%off	会員割引 5%off	11個目からは 1個20%off
送　料 （1個につき）	地域①350円 地域②500円 地域③800円	なし	一律　250円

（1）セール期間中にP店で地域①、②、③にそれぞれ１つずつ送るとき、料金の
総額はいくらか。

A 5700円	**B** 9750円	**C** 10800円
D 13650円	**E** 13800円	**F** 15150円
G 16500円	**H** 18800円	**I** 19650円
J AからIのいずれでもない		

（2）地域①に１つ、②に２つ、③に３つ送るとき、P店のセール期間中に購入す
るのと、Q店で会員が購入するのと、どちらがどれだけ安いか。

A Pのほうが2550円安い	**B** Pのほうが1200円安い
C Pのほうが900円安い	**D** Pのほうが450円安い
E 同じ値段になる	**F** Qのほうが450円安い
G Qのほうが900円安い	**H** Qのほうが1200円安い
I Qのほうが2550円安い	**J** AからIのいずれでもない

（3）地域①、②、③に５つずつ商品を送るとき、Ｐ店でセール期間中に購入する
　　のと、Ｒ店で購入するのと、どちらがどれだけ安いか。

　　A Ｐのほうが1950円安い　　　　**B** Ｐのほうが1550円安い

　　C Ｐのほうが750円安い　　　　　**D** Ｐのほうが600円安い

　　E 同じ値段になる　　　　　　　　**F** Ｒのほうが600円安い

　　G Ｒのほうが750円安い　　　　　**H** Ｒのほうが1550円安い

　　I Ｒのほうが1950円安い　　　　　**J** ＡからＩのいずれでもない

（4）Ｑ店の会員がＱ店で購入するより、Ｒ店で購入する方が安くなるのは、何個
　　以上買うときか。

　　A 10個以上　　　　　　**B** 11個以上　　　　　　**C** 12個以上

　　D 13個以上　　　　　　**E** 14個以上　　　　　　**F** 15個以上

　　G 16個以上　　　　　　**H** 17個以上　　　　　　**I** 18個以上

　　J ＡからＩのいずれでもない

[問題3] 次の資料は、Ｐ、Ｑ、Ｒ、Ｓの4つの自治体の人口についての資料で
目標 5:20 ある。〈表1〉は年代別の割合、〈表2〉は4つの自治体の人口の割合を
示している。

〈表1〉

	P	Q	R	S
0～14歳	12%	14%	13%	13%
15～24歳	9%	10%	11%	10%
25～34歳	（　）	12%	12%	12%
35～44歳	18%	16%	15%	14%
45～54歳	15%	13%	12%	12%
55～64歳	11%	12%	12%	13%
65歳以上	（　）	23%	25%	26%
合　計	100%	100%	100%	100%

〈表2〉

	P	Q	R	S	合 計
	38%	22%	25%	15%	100%

（1）Pの25～34歳の人口と65歳以上の人口の比が2：3であるとき、25～
34歳の人口がP全体の人口に占める割合は何%になるか。

　A 10%　　　　　B 11%　　　　　C 12%　　　　　D 13%

　E 14%　　　　　F 15%　　　　　G 17%　　　　　H 20%

　I 21%　　　　　J AからIのいずれでもない

（2）Qの0～14歳より人口が多いのは、つぎのア、イ、ウのうちどれか。Aか
らHまでの中から正しいものを1つ選びなさい。

ア：Pの55～64歳　　イ：Rの25～34歳　　ウ：Sの65歳以上

　A アだけ　　　　　　B イだけ　　　　　　C ウだけ

　D アとイの両方　　　E アとウの両方　　　F イとウの両方

　G アとイとウのすべて　H ア、イ、ウのいずれでもない

（3）Rの65歳以上人口を100%としたとき、Rの0～14歳は何%に当たるか
（必要なときは小数点以下第1位を四捨五入すること）。

　A 13%　　　　　B 15%　　　　　C 25%　　　　　D 37%

　E 41%　　　　　F 48%　　　　　G 52%　　　　　H 55%

　I 70%　　　　　J AからIのいずれでもない

（4）Sの45～54歳の人口が63万人だとすると、4つの自治体の総人口はいく
らか（必要なときは小数点以下第1位を四捨五入すること）。

　A 2950万人　　　B 3200万人　　　C 3420万人　　　D 3500万人

　E 3650万人　　　F 3720万人　　　G 3850万人　　　H 3980万人

　I 4050万人　　　J AからIのいずれでもない

[**問題４**] 次の表は、日本の種類別の道路の長さと割合を示したものである。

目標 **5:20**

〈日本の道路の長さ〉   （単位：千km）

	全長	道幅5.5m以上		舗装道		自動車通行不能
		長さ	全長に対する割合	長さ	全長に対する割合	長さ
高速自動車国道	8	8	100.0%	8	100.0%	－
一般国道	55	49	〔 イ 〕	55	100.0%	－
都道府県道	129	〔 ア 〕	67.4%	124	96.1%	2
市町村道	1012	176	17.4%	775	76.6%	171
合計（日本の道路全長）	1204	320	26.6%	962	〔 　 〕	173

（１）表中の空所〔 ア 〕に入る数字として適切なものは、次のうちどれか（必要なときは、最後に小数点以下第１位を四捨五入すること）。

A 56　　　　　**B** 69　　　　　**C** 78　　　　　**D** 87

E 92　　　　　**F** 105　　　　**G** 112　　　　**H** ＡからＧのいずれでもない

（２）表中の空所〔 イ 〕に入る数字として適切なものは、次のうちどれか（必要なときは、最後に小数点以下第２位を四捨五入すること）。

A 24.7%　　　**B** 46.3%　　　**C** 51.2%　　　**D** 69.4%

E 76.5%　　　**F** 89.1%　　　**G** 90.7%　　　**H** ＡからＧのいずれでもない

（３）舗装されていない道路が、日本の道路全長に占める割合は何%か（必要なときは、最後に小数点以下第２位を四捨五入すること）。

A 16.2%　　　**B** 20.1%　　　**C** 35.7%　　　**D** 43.4%

E 52.8%　　　**F** 70.6%　　　**G** 79.9%　　　**H** ＡからＧのいずれでもない

（4）日本の自動車の使用台数が7256万台であるとすると、日本の道路1kmあた りの自動車の台数は次のうちどれか。ただし、自動車が通行可能かどうかは 問わないものとする（必要なときは、最後に小数点以下第1位を四捨五入す ること）。

A 5台   **B** 6台   **C** 16台   **D** 55台

E 60台   **F** 545台   **G** 603台   **H** AからGのいずれでもない

[問題5] 目標5:20 ある高校の4つのクラスP、Q、R、Sで、日本史・世界史・地理の 3科目の試験を実施した。表1は平均点、表2は受験人数を表してい る。4クラスとも受験者合計は40人である。

〈表1〉

	P	Q	R	S
日本史	58.5点	56.0点	57.5点	60.0点
世界史	51.5点	48.0点	49.0点	56.0点
地 理	62.5点	〔 ア 〕	58.0点	70.0点

〈表2〉

	P	Q	R	S
日本史	20人	15人	18人	17人
世界史	12人	15人	13人	〔 イ 〕
地 理	8人	10人	9人	〔 〕

（1）Pクラスの3科目合計の平均点は何点か（必要なときは、最後に小数点以下 第2位を四捨五入すること）。

A 53.8点   **B** 55.2点   **C** 56.9点   **D** 57.2点

E 58.1点   **F** 60.3点   **G** 61.5点   **H** AからGのいずれでもない

（2）日本史の4クラス全体の平均点は何点か（必要なときは、最後に小数点以下 第2位を四捨五入すること）。

A 53.8点   **B** 55.2点   **C** 56.9点   **D** 57.2点

E 58.1点   **F** 60.3点   **G** 61.5点   **H** AからGのいずれでもない

（3）Qクラスの3科目の平均点が54.75点である場合、〔　ア　〕に入るのはどれか（必要なときは、最後に小数点以下第2位を四捨五入すること）。

A 56.5点　　　B 58.0点　　　C 59.5点　　　D 61.5点

E 62.0点　　　F 63.0点　　　G 64.5点　　　H AからGのいずれでもない

（4）Sクラスの3科目を合わせた平均点が60.15点である場合、〔　イ　〕に入るのはどれか。

A 7人　　　　B 9人　　　　C 11人　　　　D 12人

E 14人　　　　F 15人　　　　G 16人　　　　H AからGのいずれでもない

［問題6］ 次の資料を見て、各問いに答えなさい。
目標 **4:00**

〈P水族館の入場料一覧〉

	大人	子ども
当日券	600円	400円
回数券(11回分)	6000円	4000円
年間パスポート	5000円	3500円

◎P水族館の入場券には、1回限りの当日券のほかに次のものがある。
◎回数券は11回分で、1年間有効。
◎年間パスポートは、1年間、何回でも入場できる。
◎回数券は、1枚ずつだれでも使用できるが、年間パスポートは本人以外使用することができない。

（1）大人5人、子ども12人で入場する際、最も安い入場料で利用すると、総額でいくらになるか。

A 3400円　　　B 5400円　　　C 6800円　　　D 7400円

E 7800円　　　F 8000円　　　G 8400円　　　H 8800円

（2）大人11人、子ども21人で入場する際、最も安い入場料で利用すると、総額でいくらになるか。

A 11000円　　　B 11600円　　　C 12000円　　　D 13000円

E 13600円　　　F 14000円　　　G 15000円　　　H 15400円

（3）両親と子ども2人の4人家族が、年間で両親は6回ずつ、子どもは兄が14回、弟が8回入場する場合、最も安い入場料で利用すると、総額でいくらになるか。

A 11000円　　　　B 12600円　　　　C 13300円　　　　D 13600円

E 14900円　　　　F 15200円　　　　G 16000円　　　　H 16400円

[問題7] ある会社の新入社員の配属先には、P、Q、Rの3つの店舗がある。
目標 2:40 配属先は必ずしも本人の希望通りに決まるとは限らない。表は、第一希望と最終決定についてまとめたものである。 WEBテスティングタイプ

		最終決定		
		P店	Q店	R店
第一希望	P店	15人	1人	0人
	Q店	8人	33人	0人
	R店	3人	4人	29人

（1）最終決定が第一希望通りにならなかった社員は〔　　　　〕人である。

（2）つぎのア、イ、ウのうち正しいものはどれか。A〜Fまでの中から1つ選びなさい。

ア：最終決定が希望通りになった社員は、全体の80％以上である

イ：最終決定がP店だった社員のうち、第一志望がR店だったのは10％以下である

ウ：第一志望がQ店だった社員のうち、最終決定がP店だったのは20％以上である

A アだけ　　　　　　B イだけ　　　　　　C ウだけ

D アとイの両方　　　E アとウの両方　　　F イとウの両方

[**問題8**] 次の資料を見て各問いに答えなさい。あるレンタルショップでは、旅
目標 **4:00** 　行用のスーツケースを5日間か7日間のどちらかを基本料金にしたレ
　　　　　ンタルを行っている。

旅行用スーツケースの レンタル料一覧	基本料金		8日間以降 1日ごとの追加料金
	5日間	7日間	
Sサイズ	3000円	4000円	600円
Mサイズ	3500円	4500円	700円
Lサイズ	4500円	5500円	900円

◎基本料金は、その日数未満で返却しても割引はない。

◎利用にあたって、次の注意事項がある。
Ⅰ)2月中にレンタルを開始する場合、基本料金が500円割引になる。
Ⅱ)8月中にレンタルを開始する場合、基本料金が500円割増になる。
Ⅲ)予約後にキャンセルする場合、1週間前までは無料だが、6日前以降は割引・割増
　分を含めた基本料金に対して、3日前から6日前までは20％、前日から2日前ま
　では30％、当日は50％のキャンセル料がかかる。

（1）8月26日から9月4日までMサイズのスーツケースをレンタルすると、レ
　　ンタル料はいくらか。

　　A 5200円　　　　**B** 5900円　　　　**C** 6400円　　　　**D** 6600円

　　E 7100円　　　　**F** 7300円　　　　**G** 7800円　　　　**H** 8500円

（2）甲は2月5日から2月10日までSサイズとLサイズのスーツケースを1つ
　　ずつレンタルし、乙は3月8日から3月12日までMサイズを2つレンタル
　　した。甲と乙が支払ったレンタル料は、どちらのほうがどれだけ高いか。

　　A 甲のほうが2000円高い　　　**B** 甲のほうが1500円高い

　　C 甲のほうが1000円高い　　　**D** 甲のほうが500円高い

　　E 甲も乙も同額　　　　　　　**F** 乙のほうが500円高い

　　G 乙のほうが1000円高い　　　**H** 乙のほうが1500円高い

（3）次のア、イ、ウで、必ず正しいものはどれか。

ア：4月2日レンタル開始でSサイズの5日間を予約し、3月31日にキャンセルすると、キャンセル料は900円かかる

イ：6月16日レンタル開始でMサイズの7日間を予約し、6月9日にキャンセルすると、キャンセル料は900円かかる

ウ：8月5日レンタル開始でLサイズの7日間を予約し、8月2日にキャンセルすると、キャンセル料は1100円かかる

A アだけ	**B** イだけ	**C** ウだけ
D アとイの両方	**E** アとウの両方	**F** イとウの両方
G アとイとウのすべて	**H** ア、イ、ウのいずれも正しくない	

[問題9] 英語・数学・国語・理科・社会の5教科の試験を20人に受けさせたところ、結果は以下のようになった。なお、テストはすべて100点満点とする。

目標 **4:00**

	0点	20点	40点	60点	80点	100点	平均点
英　語	1	3	4	6	P	Q	
数　学	2	3	3	6	5	1	52
国　語	0	5	4	7	1	3	53
理　科	2	2	5	5	4	2	
社　会	1	4	3	6	2	4	56

単位：人

（1）理科の平均点は何点か。

A 50点	**B** 52点	**C** 53点
D 54点	**E** 55点	**F** 57点
G 59点	**H** AからGのいずれでもない	

（2）数学・国語・理科・社会の4教科全体の平均点は何点か。

A 52.5点 　　　　　　 B 52.75点 　　　　　　 C 53.0点

D 53.25点 　　　　　　 E 53.5点 　　　　　　 F 53.75点

G 55.25点 　　　　　　 H AからGのいずれでもない

（3）後日、英語に採点ミスが見つかり、採点をやり直した。改めて表を作り直したところ、表中のP人とあるところはQ人になり、Q人とあるところはP人になった。また、英語の平均点は4点上がった。訂正後の英語の平均点はいくらか。

A 56.5点 　　　　　　 B 57.0点 　　　　　　 C 57.35点

D 57.5点 　　　　　　 E 58.0点 　　　　　　 F 58.35点

G 60.5点 　　　　　　 H AからGのいずれでもない

[問題10] 下の表は、ある市民体育館の時間別・年齢別の利用状況を示したものである。年齢別の人数比は、35歳以上の利用者に対して、18歳未満の利用者が1.3倍、18歳以上35歳未満の利用者が1.5倍である。表中の（ ア ）と（ イ ）に入る人数を比べた場合の記述として、正しいのはA～Dのうちどれか。

目標1:20

	開館～正午	正午～15時	15時～18時	18時～閉館	全体
18歳未満	20%	4%	（ア）	46%	100%
18歳以上35歳未満	18%	12%	（イ）	45%	100%
35歳以上	12%	8%	10%	70%	100%

A （ア）の人数のほうが多い

B （ア）と（イ）の人数は等しい

C （イ）の人数のほうが多い

D この表からは判断できない

160

[問題11] 下の表は、レストランP、Q、R、Sの4店がある農園から仕入れているキャベツ、レタス、トマトの総量を示したものである。以下の2問に答えなさい。 (WEBテスティングタイプ)

目標 2:40

	P店	Q店	R店	S店
仕入れ総量	75.6kg	98.2kg	84.0kg	104.5kg
キャベツ	42.5%	37.5%	25.0%	43.0%
レタス	34.5%	36.5%	45.5%	37.5%
トマト	23.0%	26.0%	29.5%	19.5%
計	100.0%	100.0%	100.0%	100.0%

(1)キャベツよりレタスのほうの仕入れが多かった店では、レタスはキャベツの〔　　〕倍である(必要なときは、最後に小数点以下第2位を四捨五入すること)。

(2)各店のトマトの仕入れ量を表したグラフは、つぎのA〜Fのうちのどれに最も近いか。なお、グラフの横軸はP、Q、R、Sの順に並んでいる。

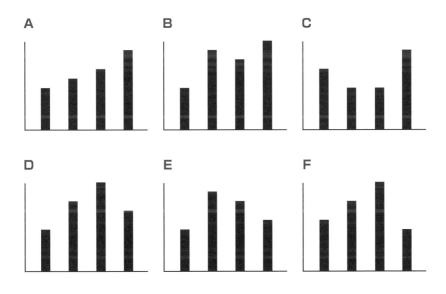

A　　　　　B　　　　　C

D　　　　　E　　　　　F

物の流れと比率

このPOINTを押さえろ!

X、Yなどの大文字は数量を、a、b、cなどの小文字は比率を表す!

● 商品などが納入される「流れ」を矢印で表し、その「物」と納入される「比率」とを掛けて納入される数量を文字式で表す
● 表記の仕方を把握し、文字式を自在に操れるようにしよう

例題&短時間で解く方法

[例題] 目標 2:00

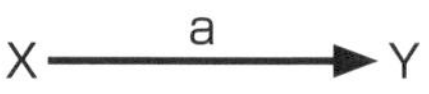

　　商品がいくつかの製造業者からいくつかの中間業者を経て小売業者に納入されるとき、業者Xが扱う商品のうち、aの比率で業者Yに納入される場合、図①で表す。

図①

$$X \xrightarrow{\quad a \quad} Y$$

業者X、Yが扱う商品の量をそれぞれX、Yで表すとすると、式　$Y = aX$ が成り立つ。

　　同様に、業者Xが扱う商品のうちの比率aと、業者Yが扱う商品のうちの比率bが業者Zに納入される場合、図②で表す。この場合、式は　$Z = aX + bY$ となる。

図②

$$\begin{matrix} X & \\ & \searrow^{a} \\ & \quad Z \\ & \nearrow_{b} \\ Y & \end{matrix}$$

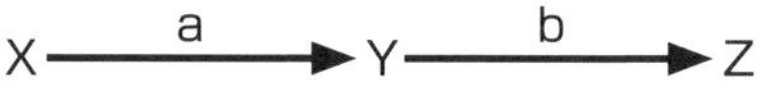

　　また、業者Xが扱う商品のうちの比率aが業者Yを経由し、さらにそのうちの比率bが業者Zに納入される場合、図③で表す。

図③

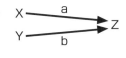

この場合、式は　$Z = bY$ となる。またこれは　$Z = b(aX) = abX$ とも表される。

　　なお、式については一般の演算、例えば、$(a + b)X = aX + bX$、$c(a + b)X = acX + bcX$　などが成り立つ。

このとき、右図のZを表す式はどれか。

ア　Z＝dX＋eY

イ　Z＝beW＋(ad＋c)X

ウ　Z＝{be＋a(ce＋d)}W

A アだけ　　　　　　　**B** イだけ　　　　　　　**C** ウだけ

D アとイの両方　　　　**E** アとウの両方　　　　**F** イとウの両方

G アとイとウのすべて　　**H** ア、イ、ウのいずれでもない

時間をかけない解き方

Step1 最後の納入先のZに入る矢印だけに注目する（赤枠線内）

この部分だけでZを表す式にすると、

Z＝dX＋eY…① ⇒ アは正しい

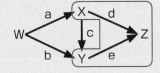

Zに集まる矢印だけでZを表す式にする

Step2 途中のXに入る矢印に注目する

この部分だけでXを表す式にすると、

X＝aW…②

②を①の式に代入すると、

Z＝d(aW)＋eY＝adW＋eY…③

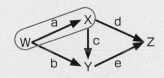

Zに集まる矢印の起点に集まる矢印で、その起点の文字（X、Y）を表す式にする

Step3 途中のYに入る矢印に注目する

この部分だけでYを表す式にすると、

Y＝bW＋cX…④

④を①の式に代入すると、

Z＝dX＋e(bW＋cX)＝dX＋beW＋ceX

　　＝beW＋(ce＋d)X…⑤ ⇒ イは誤り

⑤の式に②を代入すると、

Z＝beW＋(ce＋d)(aW)

　　＝beW＋a(ce＋d)W

　　＝{be＋a(ce＋d)}W ⇒ ウは正しい

よって、アとウが正しい

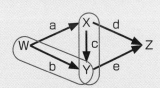

途中の文字の式を、Zを表す式に代入していく。最終的に最初の起点の文字（W）で表す

答え **E**

練 習 問 題 ——物の流れと比率

[問題1] 次の図は、商品が業者から別の業者に納入される

目標 1:20 流れを示している。例えば、業者Xが出荷した商

品のうち、aの比率で業者Yに収められた場合、

図①のように表現される。

図①

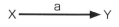

これを式で表すと、Y＝aX となる。

また、業者Xがaの比率で、業者Yがbの比率で業者Zに納

品した場合は、図②のように表現される。

図②

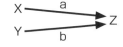

これを式で表すと、Z＝aX＋bYとなる。 図③

また、業者Xが扱う商品のうちの比率aが

業者Yを経由し、さらにそのうちの比率b

が業者Zに納入される場合、図③のように表現される。これを式で表すと、

Z＝bY また、Y＝aX なので、Z＝b(aX)＝abX とも表される。

このとき、右図のZを表す式はどれか。

　ア　Z＝aW＋cX

　イ　Z＝(ac＋bd)W

　ウ　Z＝abW＋cX＋dY

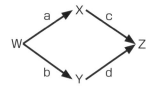

A アだけ 　　　　　**B** イだけ 　　　　　**C** ウだけ

D アとイの両方 　　**E** アとウの両方 　　**F** イとウの両方

G アとイとウのすべて 　**H** ア、イ、ウのいずれでもない

[問題2] [問題1]と同じように、商品の流れを表現するとき、下の図のZを表

目標 1:20 す式はどれか。

　ア　Z＝bX＋dY

　イ　Z＝a(b＋cd)W

　ウ　Z＝abX＋cdY

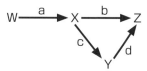

164

A アだけ   **B** イだけ   **C** ウだけ

D アとイの両方   **E** アとウの両方   **F** イとウの両方

G アとイとウのすべて   **H** ア、イ、ウのいずれでもない

[**問題3**] [問題1]と同じように、商品の流れを表現
目標1:20 するとき、右の図のZを表す式はどれか。

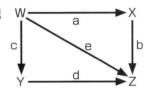

ア $Z = (ab + cd + e)W$

イ $Z = abcdeW$

ウ $Z = (a + b + c + d + e)W$

A アだけ   **B** イだけ   **C** ウだけ

D アとイの両方   **E** アとウの両方   **F** イとウの両方

G アとイとウのすべて   **H** ア、イ、ウのいずれでもない

[**問題4**] [問題1]と同じように、商品の流れを表現するときに、次の問いに答
目標2:40 えなさい。

(1)右の図のZを表す式はどれか。

ア $Z = dX + fY$

イ $Z = (bd + acd + aef)V$

ウ $Z = \{bd + ac(d + f)\}V$

A アだけ   **B** イだけ   **C** ウだけ

D アとイの両方   **E** アとウの両方   **F** イとウの両方

G アとイとウのすべて   **H** ア、イ、ウのいずれでもない

(2)商品の流れについて、それぞれの比率が a＝50％、 b＝40％、 c＝35％、
d＝60％、e＝60％、f＝35％であるとき、Vから出荷された商品のうち、
Zへと納入される比率はいくらか。

A 40％   **B** 45％   **C** 50％   **D** 55％

E 60％   **F** 65％   **G** 70％   **H** 75％

新傾向問題

このPOINTを押さえろ!

複合的な問題に進化している

● 実践的な計算を行わせる問題のほか、思考力や読解力を問う問題も出されている

例題&短時間で解く方法

[例題1] 目標 3:00

　右図において、座標平面上のある点から下方向に1目盛り進むことをa、下方向に1目盛り・左方向に1目盛り進むことをb、下方向に1目盛り・左方向に2目盛り進むことをcと表す。

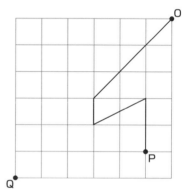

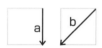

　また、同方向に進む場合はその回数をa、b、cの前につけ、逆方向に進む場合はマイナス記号(−)をつけて表す。例えば、右図において点アから点イへの移動は「a＋c」または「2b」と表せる。

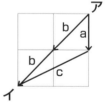

(1)点Oから点Pへ太線で示したように進んだ場合、どのように表されるか。

A 2c＋a＋2b＋2a　　B 3b＋a−c＋2a

C 2c＋a−2b−2a　　D 3b＋a−c−2a

E 2c−a−2b−2a　　F 3b−a−c−2a

（2）点Pから点Qへの移動を表す式として正しいものを選びなさい。

ア：−2a＋b＋2c　　イ：−4a＋5b　　ウ：−2a＋3c

A アだけ　　　　　**B** イだけ　　　　　**C** ウだけ　　　　**D** アとイの両方

E アとウの両方　　**F** イとウの両方　　**G** アとイとウのすべて

H すべて正しくない

時間をかけない解き方

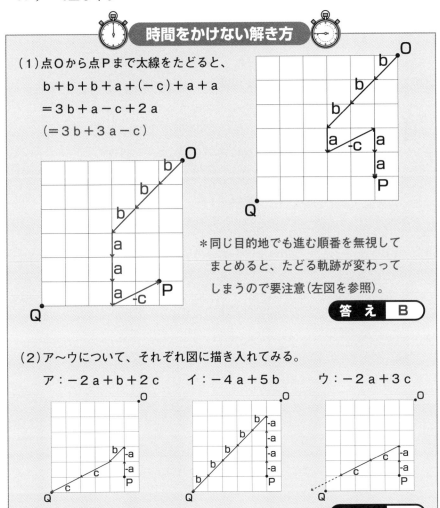

（1）点Oから点Pまで太線をたどると、

b＋b＋b＋a＋（−c）＋a＋a
＝3b＋a−c＋2a
（＝3b＋3a−c）

＊同じ目的地でも進む順番を無視して
まとめると、たどる軌跡が変わって
しまうので要注意（左図を参照）。

答え　B

（2）ア〜ウについて、それぞれ図に描き入れてみる。

ア：−2a＋b＋2c　　　イ：−4a＋5b　　　　ウ：−2a＋3c

答え　D

［例題２］目標 4:00

　1995年のある書店の書籍の総売上高は前年より減少した。1995年の書籍の総売上高は19296000円であり、前年と比べると4％減少している。書籍の総売上高が20000000円以下になったのは1950年以降初めてである。

　しかし、マンガだけで見ると1990年以降売上高、販売部数共に増加し続けている。1995年は書籍の総売上高のうち、34％がマンガだった。また、1994年のマンガの販売部数は全体の約27％で、1995年のマンガの販売部数は前年より1.2％増加して20832部だった。1990年からの5年間はマンガの販売部数が増加し続けていて、5年間で販売部数は12％、2232部増加している。

（1）次のア、イ、ウのうち、上の文章と内容が合致するものはどれか。

　　　ア 1994年の書籍の総売上高は20100000円である。

　　　イ 1994年の書籍の総売上高は1993年の総売上高よりも多い。

　　　ウ 1990年の書籍の総売上高は20000000円より多い。

　A アだけ　　　　B イだけ　　　　C ウだけ　　　　D アとイの両方
　E アとウの両方　F イとウの両方　G すべて正しい　H 正しいものはない

（2）次のア、イ、ウのうち、上の文章と内容が合致するものはどれか。

　　　ア 1995年の全体の販売部数に占めるマンガの割合は30.2％である。

　　　イ 1995年のマンガの売上高は6560640円である。

　　　ウ 1994年の全体の販売部数は7万部より多い。

　A アだけ　　　　B イだけ　　　　C ウだけ　　　　D アとイの両方
　E アとウの両方　F イとウの両方　G すべて正しい　H 正しいものはない

（3）次のア、イ、ウのうち、上の文章と内容が合致するものはどれか。

　　　ア 1994年の総売上高に占めるマンガの割合は30％である。

　　　イ 1992年のマンガの販売部数は前年より多い。

　　　ウ 1993年の総売上高は1992年より低い。

　A アだけ　　　　B イだけ　　　　C ウだけ　　　　D アとイの両方
　E アとウの両方　F イとウの両方　G すべて正しい　H 正しいものはない

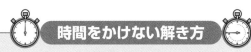

（1）ア、イ、ウについて、それぞれ検証する。

ア 1994年の売上高から4％減少した結果が19296000円なので、

19296000÷0.96＝20100000（円）　⇒ 合致する

イ 1994年の総売上高と1993年の総売上高の関係については、とくに記載がないのでわからない。　　　⇒ 合致するとはいえない

ウ 総売上高が20000000円以下になったのは1995年が1950年以降初めてとあるので、1990年の総売上高は20000000円より多いとわかる。

⇒ 合致する

よって、設問と合致するのはアとウ

答え **E**

（2）ア、イ、ウについて、それぞれ検証する。

ア 1995年の販売部数に占めるマンガの割合については、言及がないのでわからない。　　　⇒ 合致するとはいえない

イ 総売上高の34％がマンガなので、19296000×0.34＝6560640（円）

⇒ 合致する

ウ 1994年のマンガの販売部数は、1995年が前年比1.2％増で20832部だから20832÷1.012≒20585（部）

これが全体の約27％なので、20585÷0.27＝76240.74…＞70000

⇒ 合致する

よって、設問と合致するのはイとウ

答え **F**

（3）ア、イ、ウについて、それぞれ検証する。

ア 1994年の総売上高に占めるマンガの割合については、とくに記載がないのでわからない。　　　⇒ 合致するとはいえない

イ 1990年からの5年間はマンガの販売部数が増加し続けているので、前年より多い。　　　⇒ 合致する

ウ 1992年と1993年の総売上高は、この文章だけではわからない。

⇒ 合致するとはいえない

よって、設問と合致するのはイだけ

答え **B**

[例題3] 目標 4:00

　X、Y、Zの3人が1380文字からなる日本語の文章をパソコンに入力し、その速さと正確さを調べた。

（1）Xは1分当たり80文字入力することができた。この文章をすべて入力するのにXは何分何秒かかったか。

A 16分15秒　　　B 16分25秒　　　C 16分30秒　　　D 16分45秒
E 17分15秒　　　F 17分25秒　　　G 17分45秒　　　H 18分15秒

　この文章を入力するのに、Yは11分30秒、Zはちょうど15分かかった。

（2）1分当たりに入力することができた文字数を比べると、YはZより何文字多いか。

A 8文字　　　　B 12文字　　　　C 15文字　　　　D 18文字
E 23文字　　　　F 25文字　　　　G 28文字　　　　H 32文字

（3）1380文字のうち、Yは23文字、Zも何文字か入力ミスがあった。総文字数から入力ミスをした文字数を引いて、あらためて1分当たりに正しく入力できた文字数を比べたところ、YはZより31文字多かった。Zの入力ミスは何文字あったか。

A 33文字　　　　B 38文字　　　　C 45文字　　　　D 51文字
E 57文字　　　　F 61文字　　　　G 64文字　　　　H 75文字

時間をかけない解き方

（1）入力にかかった総時間は、〈総文字数÷1分当たりの入力数〉で求められるので、

$$1380÷80=\frac{1380}{80}=17\frac{1}{4}（分）$$

「分」を「秒」の単位に変換する場合は60をかければよい　$\frac{1}{4}$分×60＝15秒

よって、17分15秒

答え　E

（2）1分当たりの入力数は、〈総文字数÷総時間〉で求められるので、

Y…$1380÷11\frac{30}{60}=1380÷11.5=120$

Z…$1380÷15=92$

「秒」を「分」の単位に変換する場合は60で割ればよい　$30秒÷60=\frac{30}{60}=\frac{1}{2}分$

Y－Z＝120－92＝28

よって、YはZよりも28文字多い

答え　G

（3）

Step1 Yのミスを除いた1分当たりの入力文字数を求める

総文字数からYのミス数を引いてYの1分当たりの入力数を求めると、

（1380－23）÷11.5＝1357÷11.5＝118

Step2 Zの正しく入力できた文字数を求める

「YはZより31文字多かった」ということは、「ZはYより31文字少ない」ということだから、Zの1分当たりの入力数は、

118－31＝87（文字）

総文字数は〈1分当たりの入力数×時間〉で求められるから、

Zの総入力文字数は、87×15＝1305（文字）

Step3 Zの入力ミスした文字数を求める

入力ミスは、〈もとの文字数－正しく入力した文字数〉で求められるので、

1380－1305＝75（文字）

よって、入力ミスは、75文字

答え　H

2章 非言語能力問題

［例題４］目標 2:40

　電報を送るとき、電話申し込みとWEB申し込みの２通りの方法があり、料金が異なる。電話申し込みだと25文字まで650円、５文字まで増えるごとに90円増える。WEB申し込みだと30文字まで640円、５文字まで増えるごとに80円増える。

　例えば、電話申し込みで28文字だと、740円かかる。

（１）電話申し込みで34文字の電報を打つといくらかかるか。

A 740円　　　　　B 830円　　　　　C 910円

D 990円　　　　　E 1020円　　　　F 1080円

（２）WEB申し込みで41文字の電報を打つといくらかかるか。

A 780円　　　　　B 800円　　　　　C 880円

D 970円　　　　　E 1000円　　　　F 1010円

 時間をかけない解き方

（１）電話申し込みだと25文字まで650円。

　　超過分は34－25＝９文字なので、５文字分が２回になる。

　　よって、90×2＝180円　　650＋180＝830円

答え　B

（２）WEB申し込みだと30文字まで640円。超過分は41－30＝11文字なので、

　　５文字分が３回になる。よって、80×3＝240円

　　640＋240＝880円

答え　C

172

［例題5］ 目標 2:40

　P、Q、R、S、Tの5人で、鮭のおにぎり4個、昆布のおにぎり3個、明太子のおにぎり3個を、2個ずつ分けることになった。5人が選んだおにぎりについて、次のことがわかっている。 テストセンタータイプ

　　Ⅰ）PとQの選んだおにぎりの組み合わせは同じであった

　　Ⅱ）Rは2個とも同じ種類のおにぎりを選んだ

（1）Sのおにぎりが2個とも同じ種類であるとき、Tのおにぎりの組み合わせとして考えられるものすべてを選びなさい。

A 鮭2個　　　　　**B** 昆布2個　　　　**C** 明太子2個

D 鮭と昆布　　　　**E** 鮭と明太子　　　**F** 昆布と明太子

時間をかけない解き方

　おにぎり全部を、鮭＝サ、昆布＝コ、明太子＝メ　として10個書き出しておく。

Step1　PとQの組み合わせを考え、その残りを書き出す

① 　鮭と昆布（Pサ・コ—Qサ・コ）　残り　サ、サ、コ、メ、メ、メ

② 　鮭と明太子（サ・メ—サ・メ）　残り　サ、サ、コ、コ、コ、メ

③ 　昆布と明太子（コ・メ—コ・メ）　残り　サ、サ、サ、サ、コ、メ

④ 　鮭2個　（サ・サ—サ・サ）　残り　コ、コ、コ、メ、メ、メ

同種の場合、2個ずつだと全部で4個必要になる。昆布や明太子は3個ずつしかないので同種の2個は鮭だけ

Step2　上記の4種類の残りから、Rが選ぶ同種2個のあり得る組み合わせと残りを書き出す

① - 1　鮭2個　　（サ・サ）　残り　コ、メ、メ、メ

① - 2　明太子2個（メ・メ）　残り　サ、サ、コ、メ

② - 1　鮭2個　　（サ・サ）　残り　コ、コ、コ、メ

② - 2　昆布2個　（コ・コ）　残り　サ、サ、コ、メ

③ - 1　鮭2個　　　（サ・サ）　　　残り　サ、サ、コ、メ
④ - 1　昆布2個　　（コ・コ）　　　残り　コ、メ、メ、メ
④ - 2　明太子2個（メ・メ）　　　残り　コ、コ、コ、メ

Step3　上記の7種類ごとに、Sが選ぶ同種2個のあり得る組み合わせと残
　　　　りを書き出す
① - 1　明太子2個（メ・メ）　　　残り　コ、メ
① - 2　鮭2個　　　（サ・サ）　　　残り　コ、メ
② - 1　昆布2個　　（コ・コ）　　　残り　コ、メ
② - 2　鮭2個　　　（サ・サ）　　　残り　コ、メ
③ - 1　鮭2個　　　（サ・サ）　　　残り　コ、メ
④ - 1　明太子2個（メ・メ）　　　残り　コ、メ
④ - 2　昆布2個　　（コ・コ）　　　残り　コ、メ

　いずれの場合も残りは昆布と明太子になる。残りの分がTのおにぎりにな
るので、Tのおにぎりの組み合わせは「昆布と明太子」のFのみ。

答え　**F**

（2）Sのおにぎりが昆布と明太子であるとき、Tのおにぎりの組み合わせとして
　　考えられるものすべてを選びなさい。

A 鮭2個　　　　　**B** 昆布2個　　　　**C** 明太子2個
D 鮭と昆布　　　　**E** 鮭と明太子　　　**F** 昆布と明太子

時間をかけない解き方

**（1）のStep2の7通りの組み合わせについて、Sの「昆布と明太子」（コ・メ）
の組み合わせを除くと、Tのおにぎりが残る。**
① - 1　残り　メ、メ　　　　　　① - 2　残り　サ、サ
② - 1　残り　コ、コ　　　　　　② - 2　残り　サ、サ
③ - 1　残り　サ、サ

④-1 残り メ、メ   ④-2 残り コ、コ

よって、Tの組み合わせとして考えられるのは、鮭2個、昆布2個、明太子2個。

【別解】
(1) でTの組み合わせが「昆布と明太子」のみだったので、**(2)** の前提でSが「昆布と明太子」であるならば、Tは **(1)** のSの組み合わせになることがわかる。よって、**(1)** のStep3で設定した同じ種類2個どうしとなる。

答え　**A　B　C**

2章　非言語能力問題

[例題6] 目標1:20　空欄に当てはまる数値を求めなさい。 WEBテスティングタイプ

　ある月について、以下のことがわかっている。

ア：第2日曜日は3の倍数に当たる日である

イ：第3日曜日は偶数日である

　このとき、第4日曜日の日付は〔　　　〕日である。

 時間をかけない解き方

第2日曜日は、8日（1日が日曜日の場合）から14日（1日が月曜日の場合）までの間にくる。その中で、3の倍数に当たるのは、9日と12日。第3日曜日は、それぞれプラス7で（下表のとおり）偶数日は16日だけ。

第2日曜日	9日	12日
第3日曜日	16日	19日
第4日曜日	23日	

よって、条件に合う第4日曜日は、**23日**。

答え　**23**

　ＰとＱが下図の①の段にいる。2人でじゃんけんをして勝ったら右に2段進み、負けたら左に1段下がり、あいこの場合はその場にとどまる。ただし、⑦の段以上でゴールであり、①の段より下には下がらないものとする。**テストセンタータイプ**

　Ｐが2回目のじゃんけんが終わったときにいる段としてあり得るものをＡ〜Ｇの中からすべて選びなさい。

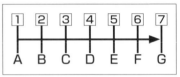

Ａ ①	Ｂ ②	Ｃ ③	Ｄ ④
Ｅ ⑤	Ｆ ⑥	Ｇ ⑦	

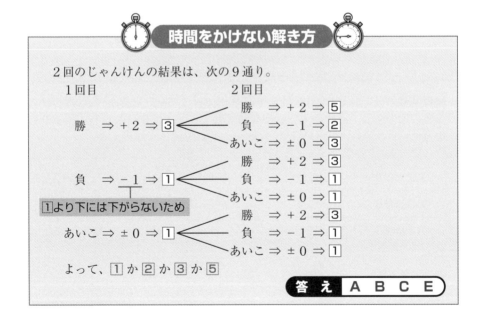

時間をかけない解き方

　2回のじゃんけんの結果は、次の9通り。

1回目	2回目
勝 ⇒ ＋2 ⇒ ③	勝 ⇒ ＋2 ⇒ ⑤
	負 ⇒ －1 ⇒ ②
	あいこ ⇒ ±0 ⇒ ③
負 ⇒ －1 ⇒ ①	勝 ⇒ ＋2 ⇒ ③
	負 ⇒ －1 ⇒ ①
	あいこ ⇒ ±0 ⇒ ①
あいこ ⇒ ±0 ⇒ ①	勝 ⇒ ＋2 ⇒ ③
	負 ⇒ －1 ⇒ ①
	あいこ ⇒ ±0 ⇒ ①

①より下には下がらないため

　よって、①か②か③か⑤

答え　Ａ　Ｂ　Ｃ　Ｅ

言語能力問題

3章

各問題の右または下に示している
目標□□:□□は「目標制限時間」です。実
際のテストの問題数と所要時間に合
わせて設定しているので、時間内に
解くことを目標にしてください。

言語能力問題 高得点のポイント

- 出題形式を事前に把握しておく
- 言葉の意味や言葉どうしの関係性、2字熟語の成り立ちを正しく理解しておく
- ペーパーテスティングは長文1つにつき7分、語句問題は計8分程度で解く
- テストセンターやWEBテスティングは制限時間内に素早く解答する

言語能力検査の解法のポイント

　言語能力検査では言葉の意味や話の要旨を的確にとらえて理解する力が測定されます。語句問題と文章問題で構成されており、**「語彙力」と「読解力」がポイント**となります。

　「語彙力」には、単に多くの言葉の意味を知っているというだけではなく、言葉と言葉の関係性や、同じ言葉でも文脈により異なる意味など、多角的な言葉の理解が含まれます。**ここで語彙力の強化を図っておくこと**は皆さんの将来を考えても意義のあることです。

　「読解力」では、**論理的に書かれた評論文**が出題されます。設問は内容を深く掘り下げるものではなく、**文章の展開が把握できれば容易に解ける問題ばかり**です。

言語能力検査の勉強方法

　「語彙力」に関しては、まず本書の例題でどのような問題なのかを確認し、練習問題を解き進めていきましょう。その結果、**正解率が80%を切った方は、しっかり対策しておく必要があります**。まず、本書の中で間違えた問題は確実に理解しておくことです。できれば語彙用のノートを用意して、間違えたり、正解したけれどもあいまいだったりした語句を書き出しておきましょう。正解しても選択肢の中に意味のわからないものがあれば、それも加えておくことをおすすめします。

　「読解力」に関しては、本書の長文問題をまず解いてみてください。こちらでは、

正解率よりも、**どのように考えて解答を導いたか、そのプロセスに着目しましょ
う**。長文問題は日本語の文章ですから「なんとなく」解いてもある程度は正解でき
るものです。しかし、この「なんとなく」には限界があります。内容が難解になる
と途端に正解できなくなることがあるからです。したがって、なんとなく解くの
ではなく、**論理的に根拠づけをして解くこと**を心掛けてください。

　このような問題では**必ず文中に解くカギがあるので、それを根拠にして正解を
選ぶ**ことが正解率を向上させ、また安定して高得点をとるために重要になります。
問題ごとに根拠づけをして解答を選んでいるかを確認して、それが十分ではなく、
どこか「なんとなく」解いていると思い当たったら、解説を参考にして、問題を解
く考え方を習得して、できるかぎり根拠づけをして解くようにしていきましょう。

言語能力検査の攻略法

　ペーパーテスティングの場合、非言語分野と異なり、**言語分野は全問解答して、
正解率も80%以上を目標にしましょう**。そのために重要になるのが時間配分です。
　語句問題は25問、長文問題は長文が３つで各小問５問です。語句問題は、長文
問題に20〜22分程度を残すために、１問20秒程度のペースで解答する必要があり
ます。語句問題は様々な問題があり、かかる時間も一様ではありませんから、簡
単なもので10秒、時間のかかるものでも30秒を目安に解くようにしましょう。
　テストセンターやWEBテスティングでは、各問題制限時間があるので、自ら
時間配分に留意する必要はありません。語句問題の所要時間は、基本的にはペー
パーテスティングよりもスピード感をもって臨むことが望ましいでしょう。
　ペーパーテスティングで時間内に終わらせるためには、**語句問題では知らない
言葉は考えても正解できる確率は低い**ので適当にマークして短時間で切り上げ
る、また**長文問題では**内容一致問題などで手間取るようなら５問中１問は捨てて
もいいと割り切って**他の４問を確実に正解する**という戦術が有効です。とくに、
内容一致はア、イ、ウの３つの記述の中で本文と一致するものの組み合わせを選
ぶ問題が多く、一致するものが１つか２つかわからないため消去法では解けない
ことが多いので、正解率が低くなる傾向があります。そのような問題に時間をか
けすぎても結局は不正解ということになりかねませんから、**早めに見切りをつけ
ることも賢い戦術**でしょう。
　テストセンターやWEBテスティングでは、問題ごとのタイマーが緑のうちに
解答することを心がけましょう。また、WEBテスティングは出題の順序や形式
が一定しているので、そこを熟知しておくことも高得点のポイントになります。

1 言語能力問題

ペーパーテスト／テストセンター／**WEBテスティング**

熟語の成り立ち

このPOINTを押さえろ!

漢字の訓読みや熟語の意味を考える

- 2つの字の訓読みや意味のつながり方を判定する
- 設問の選択肢は4つ
  ①似た意味、②反対の意味、③主語と述語、④動詞の後に目的語、⑤前が後を修飾、の5種類の中から3つ+「どれにも当てはまらない」で計4つ

例題&短時間で解く方法

[例題1] 目標 1:20

以下の5つの熟語の成り立ち方として当てはまるものをA～Dから1つずつ選びなさい。

（1）鈍器　[　　　]　　　（2）融資　[　　　]　　　（3）瓦解　[　　　]

（4）困窮　[　　　]　　　（5）移籍　[　　　]

　A 似た意味をもつ漢字を重ねる　　B 主語と述語の関係にある

　C 動詞の後に目的語をおく　　　　D A～Cのどれにも当てはまらない

[例題2] 目標 1:20

以下の5つの熟語の成り立ち方として当てはまるものをA～Dから1つずつ選びなさい。

（6）往復　[　　　]　　　（7）養蚕　[　　　]　　　（8）順境　[　　　]

（9）摂取　[　　　]　　　（10）惜敗　[　　　]

　A 反対の意味をもつ漢字を重ねる　　B 前の漢字が後の漢字を修飾する

　C 動詞の後に目的語をおく　　　　　D A～Cのどれにも当てはまらない

時間をかけない解き方

選択肢の種類が問題ごとに異なるので注意する必要がある。

[例題1]

(1) **STEP1** それぞれの漢字の意味を考える(訓読みするとわかりやすい)。

「鈍」=「にぶい」(とがっていない)、「器」=「うつわ」(器具)

STEP2 漢字の意味をつないでみる。

鈍器=「にぶい(とがっていない)」+「うつわ(器具)」

STEP3 2字の関係を判定する 「にぶい」が「うつわ」を修飾している。

STEP4 選択肢から選ぶ A~CのどれでもないのでD。

答え D

(2) 融資=「融通する」「資金を」 ➡ 動詞の後に目的語をおく熟語

答え C

(3) 瓦解(一部の崩れから全体が崩れること)…瓦(かわら)が分解する

➡ 主語と述語の関係にある熟語

答え B

(4) 困窮…困って窮する(行き詰ってどうにもならなくなる)

➡ 似た意味の漢字を重ねる熟語

答え A

(5) 移籍…「移す」「籍を」 ➡ 動詞の後に目的語をおく熟語

答え C

[例題2]

(6) 往復…「往」は行き、「復」は帰り ➡ 反対の意味の漢字を重ねる熟語

答え A

(7) 「養」=やしなう、「蚕」=かいこ ➡ 養蚕=かいこをやしなう(育てる)

➡ 動詞の後に目的語をおく熟語

答え C

(8) 順境=「順調な」「境遇」 ➡ 前の漢字が後の漢字を修飾する熟語

答え B

(9) 「摂」=とる、「取」=とる ➡ 似た意味の漢字を重ねる熟語

答え D

(10) 惜敗=惜しくも敗れる ➡ 前の漢字が後の漢字を修飾する熟語

答え B

練 習 問 題 ——熟語の成り立ち

[問題1] 以下の5つの熟語の成り立ち方として当てはまるものをA～Dから1
目標1:20 つずつ選びなさい。

① 成熟 [ ]	**A** 似た意味をもつ漢字を重ねる
② 利害 [ ]	**B** 反対の意味をもつ漢字を重ねる
③ 素朴 [ ]	**C** 動詞の後に目的語をおく
④ 入念 [ ]	**D** A～Cのどれにも当てはまらない
⑤ 水深 [ ]	

[問題2] 以下の5つの熟語の成り立ち方として当てはまるものをA～Dから1
目標1:20 つずつ選びなさい。

① 船出 [ ]	**A** 似た意味をもつ漢字を重ねる
② 録画 [ ]	**B** 反対の意味をもつ漢字を重ねる
③ 憶測 [ ]	**C** 主語と述語の関係にある
④ 強硬 [ ]	**D** A～Cのどれにも当てはまらない
⑤ 軽重 [ ]	

[問題3] 以下の5つの熟語の成り立ち方として当てはまるものをA～Dから1
目標1:20 つずつ選びなさい。

① 集散 [ ]	**A** 前の漢字が後の漢字を修飾する
② 告知 [ ]	**B** 主語と述語の関係にある
③ 銅像 [ ]	**C** 動詞の後に目的語をおく
④ 懐古 [ ]	**D** A～Cのどれにも当てはまらない
⑤ 日照 [ ]	

[問題4] 以下の5つの熟語の成り立ち方として当てはまるものをA～Dから1
目標1:20 つずつ選びなさい。

① 甘言 [ ]	A 反対の意味をもつ漢字を重ねる
② 地震 [ ]	B 前の漢字が後の漢字を修飾する
③ 公私 [ ]	C 主語と述語の関係にある
④ 造形 [ ]	D A～Cのどれにも当てはまらない
⑤ 習慣 [ ]	

[問題5] 以下の5つの熟語の成り立ち方として当てはまるものをA～Dから1
目標1:20 つずつ選びなさい。

① 決議 [ ]	A 反対の意味をもつ漢字を重ねる
② 雷鳴 [ ]	B 主語と述語の関係にある
③ 怠惰 [ ]	C 動詞の後に目的語をおく
④ 呼応 [ ]	D A～Cのどれにも当てはまらない
⑤ 功罪 [ ]	

[問題6] 以下の5つの熟語の成り立ち方として当てはまるものをA～Dから1
目標1:20 つずつ選びなさい。

① 抑揚 [ ]	A 反対の意味をもつ漢字を重ねる
② 比肩 [ ]	B 前の漢字が後の漢字を修飾する
③ 気絶 [ ]	C 主語と述語の関係にある
④ 祝宴 [ ]	D A～Cのどれにも当てはまらない
⑤ 佳作 [ ]	

[問題7] 以下の5つの熟語の成り立ち方として当てはまるものをA～Dから1
目標1:20 つずつ選びなさい。

① 免責 [ ]	A 似た意味をもつ漢字を重ねる
② 脅威 [ ]	B 前の漢字が後の漢字を修飾する
③ 通貨 [ ]	C 動詞の後に目的語をおく
④ 平穏 [ ]	D A～Cのどれにも当てはまらない
⑤ 因果 [ ]	

2 二語関係①6択問題

このPOINTを押さえろ!

二語の関係を文でとらえよう

● 文とは、例えば「AはBに含まれる」
● 例示の二語の関係を正確にとらえる
● 左右を逆にしないこと!

※例示されたものと同じ二語関係になる組み合わせをア、イ、ウ3組の中から選ぶ出題形式。同じ組み合わせのものが1つか2つかは不明なので、3組ともていねいに確かめよう。

例題&短時間で解く方法

[例題] 目標 1:20

最初に太字で示された二語の関係を考え、これと同じ関係を表す対はどれか、AからFまでの中から適切なものを1つ選びなさい。

(1)卓球:球技

ア	花	:ゆり
イ	消しゴム	:文房具
ウ	小説	:推理小説

A アだけ　　　D アとイ
B イだけ　　　E アとウ
C ウだけ　　　F イとウ

(2)俳句:短歌

ア	規則	:社則
イ	能楽	:狂言
ウ	自動車	:自転車

A アだけ　　　D アとイ
B イだけ　　　E アとウ
C ウだけ　　　F イとウ

（3）航空機：操縦席　　　　　　（4）中枢：末端

ア	トラック：荷台
イ	包丁　　：まな板
ウ	蜂　　　：はね

ア	メジャー：マイナー
イ	達筆　　：悪筆
ウ	紙幣　　：貨幣

A	アだけ	D	アとイ
B	イだけ	E	アとウ
C	ウだけ	F	イとウ

A	アだけ	D	アとイ
B	イだけ	E	アとウ
C	ウだけ	F	イとウ

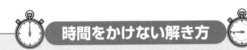

時間をかけない解き方

（1）「卓球は球技に含まれる」「卓球は球技の１つである」という包含関係なので、「○○は△△に含まれる」「○○は△△の１つ」という関係になる二語を選べばよい。

ア「花はゆりに含まれる」は成り立たない。「花はゆりを含む」「花の１つにゆりがある」の関係。左右が逆であり、同じ二語関係とはいえない。

イ「消しゴムは文房具に含まれる」「消しゴムは文房具の１つである」の関係が成り立つ。

ウ「小説は推理小説に含まれる」は成り立たない。「小説は推理小説を含む」の関係。アと同様に、左右が逆。

答え　**B**

（2）「俳句も短歌も韻文の一種である」という並列関係なので、「○○も△△も□□の一種」という関係になる二語を選べばよい。

ア「規則も社則も□□の一種」の関係が成り立たない。「規則の一種に社則が
　ある」「規則は社則を含む」の関係。

イ「能楽も狂言も古典芸能の一種である」の関係が成り立つ。

ウ「自動車も自転車も乗り物の一種である」の関係が成り立つ。

答え　F

（3）「航空機の一部分として操縦席がある」という包含関係（全体と部分）なの
　で、「○○の一部分として△△がある」という関係になる二語を選べばよい。

ア「トラックの一部分として荷台がある」の関係が成り立つ。

イ「包丁の一部分としてまな板がある」の関係が成り立たない。

ウ「蜂の一部分としてはねがある」の関係が成り立つ。

答え　E

（4）「中枢の反対は末端である」という反意語関係なので、「○○の反対は△
　△である」という関係になる二語を選べばよい。

ア「メジャーの反対はマイナーである」の関係が成り立つ。

イ「達筆の反対は悪筆である」の関係が成り立つ。

ウ「紙幣の反対は貨幣である」の関係が成り立たない。「紙幣は貨幣の一種で
　ある」の関係。ちなみに、紙幣の反対となり得るのは硬貨である。

答え　D

解答は別冊3の81ページ

練 習 問 題 ──二語関係①6択問題

目標 8:00

最初に太字で示された二語の関係を考えて、これと同じ関係を表す対はどれか、AからFまでの中から適切なものを1つ選びなさい。

（1）サイダー：野菜ジュース

ア　家事　　：掃除
イ　耳鼻科　：小児科
ウ　そろばん：電卓

A　アだけ　　　D　アとイ
B　イだけ　　　E　アとウ
C　ウだけ　　　F　イとウ

（2）ヨーグルト：牛乳

ア　豆腐：大豆
イ　豆乳：にがり
ウ　牛乳：バター

A　アだけ　　　D　アとイ
B　イだけ　　　E　アとウ
C　ウだけ　　　F　イとウ

（3）安全：危険

ア　良好：悪化
イ　空虚：充実
ウ　簡潔：複雑

A　アだけ　　　D　アとイ
B　イだけ　　　E　アとウ
C　ウだけ　　　F　イとウ

（4）ワイン：葡萄酒

ア　マグネット：磁石
イ　ペット　　：小動物
ウ　サッカー　：蹴球

A　アだけ　　　D　アとイ
B　イだけ　　　E　アとウ
C　ウだけ　　　F　イとウ

（5）家屋：玄関

ア　浴室　　：浴槽
イ　レンズ：眼鏡
ウ　飛行機：滑走路

A　アだけ　　　D　アとイ
B　イだけ　　　E　アとウ
C　ウだけ　　　F　イとウ

（6）洋画：邦画

ア　和風：古風
イ　刑事：民事
ウ　洋服：衣服

A　アだけ　　　D　アとイ
B　イだけ　　　E　アとウ
C　ウだけ　　　F　イとウ

187

(7)香辛料：胡椒

ア　豚肉　　：とんかつ
イ　スプーン：食器
ウ　惑星　　：火星

A　アだけ　　　D　アとイ
B　イだけ　　　E　アとウ
C　ウだけ　　　F　イとウ

(8)調理：厨房

ア　研究　：学問
イ　相撲　：土俵
ウ　ダンス：音楽

A　アだけ　　　D　アとイ
B　イだけ　　　E　アとウ
C　ウだけ　　　F　イとウ

(9)コーヒー：嗜好品

ア　湖沼　　：河川
イ　茶畑　　：耕地
ウ　百分率：割合

A　アだけ　　　D　アとイ
B　イだけ　　　E　アとウ
C　ウだけ　　　F　イとウ

(10)弓：矢

ア　太鼓　　　　：ばち
イ　ラケット　　：ボール
ウ　エレベーター：エスカレーター

A　アだけ　　　D　アとイ
B　イだけ　　　E　アとウ
C　ウだけ　　　F　イとウ

(11)被告：原告

ア　暖流　　：海流
イ　当事者：第三者
ウ　多神教：無宗教

A　アだけ　　　D　アとイ
B　イだけ　　　E　アとウ
C　ウだけ　　　F　イとウ

(12)教師：教育

ア　看護師：病気
イ　調教師：競馬
ウ　宣教師：布教

A　アだけ　　　D　アとイ
B　イだけ　　　E　アとウ
C　ウだけ　　　F　イとウ

(13)普遍：特殊

　ア　創造：模倣
　イ　武道：書道
　ウ　駿足：鈍足

A　アだけ　　　D　アとイ
B　イだけ　　　E　アとウ
C　ウだけ　　　F　イとウ

(14)絵画：彫刻

　ア　血管：血液
　イ　旅館：ホテル
　ウ　乳牛：家畜

A　アだけ　　　D　アとイ
B　イだけ　　　E　アとウ
C　ウだけ　　　F　イとウ

(15)体温計：検温

　ア　顕微鏡：拡大
　イ　給湯　：保温
　ウ　湿布　：消炎

A　アだけ　　　D　アとイ
B　イだけ　　　E　アとウ
C　ウだけ　　　F　イとウ

(16)秋分の日：祝日

　ア　雨具　：傘
　イ　天災　：災害
　ウ　シャツ：服地

A　アだけ　　　D　アとイ
B　イだけ　　　E　アとウ
C　ウだけ　　　F　イとウ

(17)売る：買う

　ア　販売：売買
　イ　狭量：寛大
　ウ　専任：兼任

A　アだけ　　　D　アとイ
B　イだけ　　　E　アとウ
C　ウだけ　　　F　イとウ

(18)電話：通信

　ア　フィルター：濾過
　イ　カメラ　　：映像
　ウ　カーテン　：遮光

A　アだけ　　　D　アとイ
B　イだけ　　　E　アとウ
C　ウだけ　　　F　イとウ

(19) エディター：編集

ア　易者　　：占い
イ　国会議員：立法
ウ　スプーン：食事

A アだけ　　　　D アとイ
B イだけ　　　　E アとウ
C ウだけ　　　　F イとウ

(20) 居間：部屋

ア　ダンサー：舞踊
イ　パン　　：小麦粉
ウ　パソコン：ＩＴ機器

A アだけ　　　　D アとイ
B イだけ　　　　E アとウ
C ウだけ　　　　F イとウ

(21) 電報：通知

ア　こしあん：小豆
イ　カメラ　：撮影
ウ　縦笛　　：演奏

A アだけ　　　　D アとイ
B イだけ　　　　E アとウ
C ウだけ　　　　F イとウ

(22) わかめ：海藻

ア　海苔：佃煮
イ　春　：四季
ウ　植物：生物

A アだけ　　　　D アとイ
B イだけ　　　　E アとウ
C ウだけ　　　　F イとウ

(23) 医者：診断

ア　はさみ：文房具
イ　味噌　：大豆
ウ　裁判官：司法

A アだけ　　　　D アとイ
B イだけ　　　　E アとウ
C ウだけ　　　　F イとウ

(24) 千代田区：東京都

ア　椅子　：家具
イ　日本酒：米
ウ　教師　：授業

A アだけ　　　　D アとイ
B イだけ　　　　E アとウ
C ウだけ　　　　F イとウ

3 言語能力問題 二語関係②5択問題

ペーパーテスト／テストセンター／WEBテスティング

このPOINTを押さえろ!

ポイントは6択も5択も同じ

- 二語の関係を文でとらえよう
- 例示の二語の関係を正確にとらえる
- 左右を逆にしないこと!

※例に挙げた二語関係と同じ関係の二語となるように、一方の語を選ぶ出題形式。選択肢の語は5つあり、その中から1つ選ぶタイプ。

例題&短時間で解く方法

[例題] 目標 1:20

　最初に太字で示された二語の関係を考えて、これと同じ関係を表す対を作るとき、AからEまでの語の中から適切なものを1つ選びなさい。

(1)産業：農業

楽器：
- A 演奏
- B 音楽
- C 楽譜
- D フルート
- E オーケストラ

(2)薬：治療

鍋：
- A 道具
- B 調理
- C 台所
- D シチュー
- E 寄せ鍋

（3）教育：学校　　　　　　　　　（4）作家：執筆

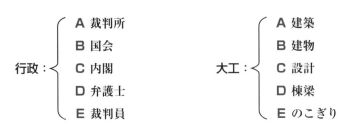

行政：{
A 裁判所
B 国会
C 内閣
D 弁護士
E 裁判員
}

大工：{
A 建築
B 建物
C 設計
D 棟梁
E のこぎり
}

時間をかけない解き方

（1）「産業は農業を含む」「産業の1つに農業がある」という包含関係。したがって、「楽器は○○を含む」「楽器の1つに○○がある」という関係になる語を選べばよい。

同じ関係になるのは、D「楽器はフルートを含む」「楽器の1つにフルートがある」。それ以外では、A「楽器は演奏するもの」という用途関係、B「楽器で音楽を奏でる」という行為関係、E「楽器はオーケストラで用いる」という用途関係が成り立つ。

答え　D

（2）「薬は治療のために用いる」「薬の用途は治療である」という用途関係。したがって、「鍋は○○のために用いる」「鍋の用途は○○である」という関係になる語を選べばよい。

同じ関係になるのは、B「鍋は調理のために用いる」「鍋の用途は調理である」。それ以外では、A「鍋は道具の一種」「鍋は道具に含まれる」という包含関係が成り立つ。ちなみに、C「鍋は台所で使う」「鍋を使う場所は台所である」、D・Eは「鍋でシチュー・寄せ鍋をつくる」という関係になる。

答え　**B**

（3）「教育が行われるのは学校である」「教育は学校で行われる」という場所・職場の関係。したがって、「行政が行われるのは○○である」「行政は○○で行われる」という関係になる語を選べばよい。

同じ関係になるのは、C「行政が行われるのは内閣である」「行政は内閣で行われる」。

答え　**C**

（4）「作家は執筆を仕事にしている」「作家の仕事は執筆である」という行為関係。したがって、「大工は○○を仕事にしている」「大工の仕事は○○である」という関係になる語を選べばよい。

同じ関係になるのは、A「大工は建築を仕事にしている」「大工の仕事は建築である」。

答え　**A**

練 習 問 題 ──二語関係②5択問題

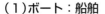

最初に太字で示された二語の関係を考えて、これと同じ関係を表す対を作るとき、AからEまでの語の中から適切なものを1つ選びなさい。

（1）ボート：船舶

ひのき：
- A 芳香
- B 長寿
- C 樹木
- D 建築
- E 杉

（2）天気：くもり

文字：
- A 線
- B 記号
- C 表記
- D 記録
- E 平仮名

（3）はさみ：裁断

風呂敷：
- A 和装
- B 包装
- C かばん
- D 座布団
- E 正方形

（4）ドア：ノブ

足：
- A 手
- B 靴
- C 身体
- D 下肢
- E かかと

（5）刑事：捜査

医師：
- A 診察
- B 患者
- C 病院
- D カルテ
- E 看護師

（6）紙：パルプ

レンガ：
- A 石
- B 粘土
- C 木材
- D 耐火
- E 花壇

（7）感覚：嗅覚

才能：
- A 文才
- B 秀才
- C 天才
- D 凡才
- E 非凡

（8）司書：図書館

学芸員：
- A 劇場
- B 音楽堂
- C 大学
- D 博物館
- E 映画館

（9）樹木：幹

注射器：
- A 針
- B 患者
- C 治療
- D 予防接種
- E 医療器具

（10）運動：静止

享楽：
- A 快楽
- B 謳歌
- C 制御
- D 禁欲
- E 実直

（11）ルビー：エメラルド

大麦：
- A 穀物
- B 栽培
- C 農作物
- D ビール
- E とうもろこし

（12）タンパク質：栄養素

障子：
- A 建築
- B 和室
- C 建具
- D 張替え
- E ふすま

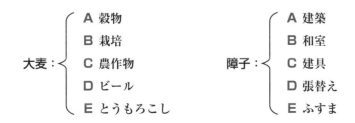

(13) 内臓：肝臓

発電所：
- A 公害
- B 送電
- C ダム
- D エネルギー
- E 火力発電所

(14) 石けん：洗浄

ライター：
- A 携帯
- B 着火
- C 煙草
- D 喫煙
- E オイル

(15) 破壊：建設

分析：
- A 結合
- B 統合
- C 集合
- D 総合
- E 複合

(16) 魚：えら

腕時計：
- A 時計
- B 置時計
- C 計器
- D アナログ
- E 文字盤

(17) 初日：千秋楽

元日：
- A 正月
- B 門松
- C 年始
- D 大晦日
- E 祝祭日

(18) 食品：腐敗

建物：
- A 保存
- B 解体
- C 老朽
- D 建替え
- E 築年数

(19)ポテトフライ：じゃがいも

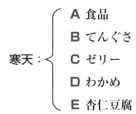

寒天：
A 食品
B てんぐさ
C ゼリー
D わかめ
E 杏仁豆腐

(20)富士山：エベレスト

中学校：
A 生徒
B 教室
C 学習塾
D 小学校
E 教諭

3章 言語能力問題

(21)歌舞伎：古典芸能

算数：
A 勉強
B 足し算
C 教科
D 先生
E 国語

(22)自負：矜持

沿革：
A 変遷
B 改革
C 沿線
D 変化
E 沿海

(23)有数：屈指

天然：
A 偶然
B 必然
C 本然
D 天運
E 人造

(24)実践：理論

簡略：
A 複数
B 煩雑
C 繁忙
D 粗野
E 簡易

4 語句の用法

ペーパーテスト／テストセンター／WEBテスティング

このPOINTを押さえろ!

別の言葉で言い換える

- 単語の品詞、働きを復習しておく
- 連体詞、形容動詞連体形の区別を理解しよう
- 助詞、助動詞の用法を思い出し、得点につなげよう

例題&短時間で解く方法

[例題] 目標 1:00

次の例文の下線部の語と、最も近い意味で使われているものを選びなさい。

(1)例文：母より荷物が届いた。

A 去年の冬より寒い。

B 人より飲み込みが早い。

C 人により評価が異なる。

D 車道よりに停車してはいけない。

E 10時より開店します。

(2)例文：田舎で生活をする。

A 就職活動で都会に出る。

B 山奥まで来たのに静かでない。

C 電車で隣町へ行く。

D 仕事で使う手帳を買う。

E インフルエンザで寝込む。

（1）例文の「（母）より」は「（母）から」に置き換えられ、作用の起点を表す格助詞である。

Aの「より」は比較の基準を表す格助詞で「～よりも」に置き換えられる。

Bの「より」は他との比較・対照を表す格助詞。これも「～よりも」に置き換えられる。

Cは「～により」で格助詞「に」＋動詞「よる」が原形。「～によって」に置き換えられる。

Dは、漢字に直せば「車道寄り」である。

Eの「より」は動作や作用の起点を表す格助詞で「から」に置き換えられる。

よって、正解はE

答え E

（2）例文の「で」は場所や目的を表す格助詞である。

Aの「で」は理由・原因を表す格助詞で「～のために」に置き換えられる。

Bは形容動詞「静かだ」の連用形「静かで」の語尾である。また、「静かな」のような、形容動詞の連体形とよく似ていて間違えやすいのが「大きな」「小さな」などの連体詞。語尾が活用せずに名詞を修飾する。「大きい」は語尾が「かろ／かっ、く／い／い／けれ」と活用する形容詞である。

Cの「で」は方法・手段を表す格助詞で「～によって」に置き換えられる。

Dの「で」は目的・場所を表す格助詞。

Eの「で」は理由・原因を表す格助詞で「～のために」に置き換えられる。

よって、正解はD

答え D

練 習 問 題 ——語句の用法

目標 2:20

次の例文の下線部の語と、最も近い意味で使われているものを選びなさい。

（1）例文：彼女はほのか<u>に</u>笑った。

  A 会談はなごやか<u>に</u>進んだ。

  B この薬は鼻炎<u>に</u>よく効く。

  C 買い物<u>に</u>出かける。

  D 犬<u>に</u>首輪をつけた。

  E 12時<u>に</u>着くように出る。

（2）例文：私たちはコンテストで優勝しよう<u>と</u>話し合った。

  A この試合に出る<u>と</u>有名人に会える。

  B 彼は市議会議員<u>と</u>なった。

  C その計画には反対だ<u>と</u>主張した。

  D 夏になる<u>と</u>多くの鳥が訪れる。

  E 聞く<u>と</u>話す<u>と</u>は大違い。

（3）例文：急いではなら<u>ない</u>。

  A お金が<u>ない</u>という。

  B 一人で抱えこむなんてせつ<u>ない</u>。

  C 賞金のためなら寝不足も怖く<u>ない</u>。

  D こんなに頭のいい子どもはみたことが<u>ない</u>。

  E 知らぬ存ぜぬではすまされ<u>ない</u>。

（4）例文：コントラスト<u>の</u>とれた部屋。

  A 遅く寝る<u>の</u>はつらい。

  B これが私<u>の</u>妻です。

  C イギリス製<u>の</u>食器が欲しい。

  D 瞳<u>の</u>やさしいおじいさんだった。

  E 麻<u>の</u>布を用いた衣装。

（5）例文：赤ちゃんの肌はおもちの<u>ように</u>柔らかい。

  A 早く仕事を覚える<u>ように</u>努力した。

  B 私はようやく病院を出られる<u>ように</u>なった。

  C その子犬はうさぎの<u>ように</u>跳ねた。

  D やっと春がきた<u>ように</u>思う。

  E 父が言った<u>ように</u>息子は成功した。

（6）例文：あのあたりの地価は安<u>そうだ</u>。

  A 明日は雨になり<u>そうだ</u>。

  B 祖母は昔美人だった<u>そうだ</u>。

  C 彼は明日運動をする<u>そうだ</u>。

  D 彼は僕より真面目だ<u>そうだ</u>。

  E あの人の実家は長野だ<u>そうだ</u>。

（7）例文：あふれん<u>ばかり</u>の笑顔だ。

  A 食べて<u>ばかり</u>いる。

  B 今着いた<u>ばかり</u>です。

  C 男の子<u>ばかり</u>5人います。

  D 今にも走り出さん<u>ばかり</u>。

  E 油断した<u>ばかり</u>に転倒した。

このPOINTを押さえろ!

普段から語彙（ごい）の知識を収集する

- 選択肢は一度全部見る
- 正確に語彙の意味をとらえる
- 説明文から漢字を思い起こしてみる

例題＆短時間で解く方法

[例題] 目標 2:00

次に示した言葉と最も意味が合う語句を、AからEまでの中から1つ選びなさい。

(1) 将来の計画や未来像

A 設計

B 目標

C 夢

D 青写真

E 希望

(2) あざむき、だますこと

A 欺瞞

B 査証

C 詐欺

D 詐称

E 擬制

(3) 物事をおおげさにいうこと

A 吹聴

B 誇示

C 膨張

D 過剰

E 法螺

(4) 詳細に

A つぶさに

B つつがなく

C かいがいしく

D すきなく

E こまやか

(5) さぐりあてる

A 探知

B 探検

C 捜査

D 察知

E 探索

(6) 物事の肝心な部分

A 中心

B 枢要

C 中枢

D 幹部

E 基軸

(7) 簡単にするために一部を略し省くこと

A 割愛

B 前略

C 省略

D 省察

E 反省

 時間をかけない解き方

(1) B「目標」は目的、めあて。C「夢」は、将来実現したい願い。

(2) C「詐欺（さぎ）」は、他人をだまして損害を与えること。D「詐称（さしょう）」は、氏名や経歴などをいつわって称すること。

(3) A「吹聴（ふいちょう）」は、広く言いふらすこと。B「誇示」は、自慢して示すこと。

(4) B「つつがなく」は、平穏無事なさま。C「かいがいしく」は、手際がよいさま、骨身を惜しまずに打ち込むようす。また、甲斐があるさま。

(5) E「探索」は、探り求めること。

(6) B「枢要（すうよう）」は、物事の最も重要な部分・さま。C「中枢」は、主要な部分。E「基軸」は、物事の中心・基本となるもの。

(7) A「割愛（かつあい）」は、惜しく思うものを省略すること。D「省察（せい（しょう）さつ）」は自身を反省して考えること。

答え (1)D (2)A (3)E (4)A (5)A (6)B (7)C

練 習 問 題 ——語句の意味

目標 4:40

次に示した言葉と最も意味が合う語句を、AからEまでの中から1つ選びなさい。

（1）法律上、訴えた人

   A 被告

   B 原告

   C 検察

   D 警察

   E 犯人

（2）ゆったりとして落ち着いたようす

   A 寛大

   B 雄大

   C 余裕

   D 泰然

   E 寛容

（3）たくらむこと

   A 詐欺

   B 悪戯

   C 目論見

   D 欺瞞

   E 計画

（4）中途で行き詰まること

   A 頓挫

   B 頓作

   C 即席

   D 謙称

   E 中止

（5）この世の中で生きていくこと

   A 世知

   B 世間

   C 処世

   D 現世

   E 治世

（6）広く物事を知っていること

   A 知識

   B 雑学

   C 広範

   D 博識

   E 知己

（7）言葉がつかえるような話し方

A 訥弁

B 能弁

C 答弁

D 弁解

E 弁論

（8）具体的事実から一般的な法則を導くこと

A 演繹

B 導入

C 合従

D 帰納

E 常套

（9）鑑識眼がある

A 鼻が高い

B お目が高い

C 足を洗う

D 顔が広い

E 目が光る

（10）うっかりしていること

A 茫洋

B 迂回

C 迂闊

D 快濶

E 頓狂

（11）ものしずかなこと

A 安静

B 閑静

C 静置

D 無音

E 無感情

（12）しばらくの間

A 暫時

B 漸次

C 随時

D 瞬時

E 当時

（13）今まで続いてきた習慣・癖

A 礼儀

B 慣例

C 惰性

D 性情

E 天性

（14）感情がひどく高ぶること。興奮してひどく怒ること

A 高揚

B 激怒

C 激昂

D 抑揚

E 怒声

短文の穴埋め

このPOINTを押さえろ!

わからなければ、1つ1つ当てはめてみる

- 「語句の意味」との関連で、決まりきった表現・慣用句は覚えておくとよい

例題&短時間で解く方法

[例題] 目標 1:00

文章の意味や言葉の使い方から考えて、次の文の空欄に入れるのに最も適したものをAからEまでの中から1つ選びなさい。

(1)味方の勝報に眉を(　　　)

A ひそめた

B 引いた

C つくった

D 動かした

E 開いた

(2)寒いので、ドアを(　　　)ください

A 締めて

B 絞めて

C 閉めて

D 占めて

E 染めて

(3)急カーブで(　　　)を鳴らす

A 警報

B 警戒

C 警鐘

D 警告

E 警笛

3章 言語能力問題

⏱ **時間をかけない解き方** ⏱

(1)

A「眉をひそめる」は、心配事などで眉間にしわをよせること。

B「眉を引いた」とC「眉をつくった」は、化粧として眉を描くこと。

D「眉を動かす」は、感情の動きを表情に表すこと。

「眉ひとつ動かさない」は、大事を目前にしても、動揺しないようす。

E「眉を開く」は、心配事などが去ってほっとすること。「愁眉を開く」とも
言う。

答え E

(2)

A「締める」は、ネクタイなどを「結ぶ」のように使う。

B「絞める」は「首を絞める」など。

C「ドアを開閉する」から思いつけるとよい。

D「占める」は「占領する」の意味。

E「染める」は「香をたき染める」のように使う。

答え C

(3)

A「警報」は、緊急時のお知らせ、サイレン。

B「警戒」は、予測される危険に備えること。

C「警鐘」は、危険を急ぎ知らせる早鐘。

「警鐘を鳴らす」は、迫る危険について、人々の注意を喚起すること。

D「警告」は予測される危険などに対する注意。

E「警笛」はクラクションのこと。

答え E

練習問題 ——短文の穴埋め

目標 4:20

文章の意味や言葉の使い方から、次の文の空欄に入れるのに最も適したものをAからEまでの中から１つ選びなさい。

（1）彼女はワインにも（　）が深い

A 教養
B 知識
C 造詣
D 感覚
E 情報

（2）昔の悪事が（　）する

A 吐露
B 発露
C 露営
D 露出
E 露見

（3）環境問題に（　）を鳴らす一冊

A 鋼
B 鈴
C 警鐘
D 警句
E 不平

（4）会長のお鉢が（　）くる

A 巡って
B 当たって
C 流れて
D 回って
E 飛んで

（5）（　）する最古の文献

A 現存
B 実存
C 依存
D 生存
E 存命

（6）騙したのは（　）な事実だ

A 明徴
B 明白
C 明解
D 明晰
E 明朗

（7）忙しくて、猫の（　　）も借りたい
　　　ぐらいだ

　A 目

　B 耳

　C 手

　D 尾

　E 額

（8）一度経験している（　　）理解が早
　　　いね

　A なのに

　B だけに

　C だから

　D けれど

　E そこで

（9）謎が解けて、気分が（　　）した

　A しゃっきり

　B しっかり

　C すっきり

　D はっきり

　E どっきり

（10）（　　）挨拶はお互い抜きにしま
　　　しょう

　A 清々しい

　B 仰々しい

　C 忌々しい

　D 甚だしい

　E 麗しい

（11）戦前とは政治（　　）が異なる

　A 態勢

　B 体勢

　C 体制

　D 大勢

　E 大政

（12）同点に追いつき、（　　）盛り上
　　　がってきた

　A 偶然

　B 当然

　C 依然

　D 全然

　E 俄然

（13）企てていた事業に（　　）する

　A 協賛

　B 参画

　C 賛同

　D 加盟

　E 企画

ペーパーテスト／テストセンター／WEBテスティング

文章整序

このPOINTを押さえろ!

つながりのわかりやすい所からつないでゆく

- ●「が」「は」には述語(動詞・形容詞・形容動詞)がつづく
- ●「する」「した」「である」には名詞がつづく(連体形)
- ●「これ」「それ」などの指示語に注目

例題＆短時間で解く方法

AからEの語句を空欄[1]から[5]に入れて意味の通る文を完成させたとき、[　]に当てはまるものは次のうちどれか。

[例題] 目標1:30

十字軍が勝利した後[　1　][　2　][　3　][　4　][　5　]にすぎなかった。

[　3　]に入るものを選びなさい。

A そこに残ったのはごく一部

B ほとんどの十字軍兵士は

C 領土を保持し統治するために

D 戦いによって獲得した

E 故郷に帰り

時間をかけない解き方

テストセンターで出題されるタイプの問題。

Step1 つなぎやすい所をつなぐ

「した」には名詞がつづく

D：戦いによって<u>獲得した</u> → C：<u>領土</u>を保持し統治するために

A：<u>そこ</u>に残ったのはごく**一部** → にすぎなかった。

指示語に注目

Step2 残りをつなぐ

十字軍が勝利した後 → B：ほとんどの十字軍兵士**は** → E：故郷に**帰り**

「は」には述語がつづく

Step3 全体をまとめて確認する

十字軍が勝利した後　B：ほとんどの十字軍兵士は　E：故郷に帰り→
D：戦いによって獲得した　C：領土を保持し統治
するために　A：そこに残ったのはごく一部　にす
ぎなかった。

B→E→D→C→A　の順になるので、[　3　]には**D**が入る。

答え　**D**

※これは文節整序の問題。215ページのような、やや長めの文章を使った整
序問題もある。その場合は、まず、冒頭を「趣旨の要約がある」「疑問が投
げかけられている」「一般的な始まりがある」によって決め、接続詞や文章
の進め方で順序を絞り込んでいく。

練 習 問 題 ──文章整序

Ⅰ　文節整序 ── 四語の並べ替え〔WEBテスティングで出題〕

次の文中のア～エの空欄にＡ～Ｄの語句を入れて文を完成させるとき、最も適切
な組み合わせを答えなさい。

[問題１] 目標 0:30

フルクトースが

[　ア　][　イ　][　ウ　][　エ　]

ことである。

  Ａ コストに比べて

  Ｂ 食品に使われる

  Ｃ 相対的に甘さが強い

  Ｄ 商業的な理由は

回答欄	Ａ	Ｂ	Ｃ	Ｄ
ア	○	○	○	○
イ	○	○	○	○
ウ	○	○	○	○
エ	○	○	○	○

[問題２] 目標 0:30

科学技術論とは

[　ア　][　イ　][　ウ　][　エ　]

責任について考える分野である。

  Ａ 現在の科学技術の問題点と果たすべき

  Ｂ 特徴を明らかにすることによって

  Ｃ 西欧において自然科学が成立した

  Ｄ 歴史的背景や自然科学の思想の

回答欄	Ａ	Ｂ	Ｃ	Ｄ
ア	○	○	○	○
イ	○	○	○	○
ウ	○	○	○	○
エ	○	○	○	○

[問題３] 目標 0:30

江戸時代の身分制度の

[　ア　][　イ　][　ウ　][　エ　]

分けられる。

212

A 本百姓の田畑を小作する水呑百姓に

B 年貢も負担する本百姓と

C 農民は耕作権をもつが

D 身分のうち約85%を占めた

回答欄　A　B　C　D

	A	B	C	D
ア	○	○	○	○
イ	○	○	○	○
ウ	○	○	○	○
エ	○	○	○	○

3章　言語能力問題

[問題4] 目標 0:30

原発事故やヒト遺伝子の操作のような

[　ア　][　イ　][　ウ　][　エ　]

ことがある。

A 最先端の科学技術がもたらす

B それまで当たり前と思っていた

C 日常的な物の見方を変えてしまう

D 重大な社会的問題は

回答欄　A　B　C　D

	A	B	C	D
ア	○	○	○	○
イ	○	○	○	○
ウ	○	○	○	○
エ	○	○	○	○

Ⅱ　文節整序 ── 五語の並べ替え〔ペーパーテスト・テストセンターで出題〕

AからEの語句を空欄[1]から[5]に入れて意味の通る文を完成させたとき、

[ ]に当てはまるものは次のうちどれか。

[問題5] 目標 0:30

養子になった[　1　][　2　][　3　][　4　][　5　]指摘している。

[　3　]に入るものを選びなさい。

A 数多くあるが

B 生じる喪失感の影響を

C 子どもの心理的な問題の

D そのほとんどは養子縁組により

E 原因を説明する学説は

213

[問題6] 目標 0:30
WHOは[1][2][3][4][5]推奨している。
[2]に入るものを選びなさい。

A 発展途上国でも
B 安全な水が
C 今すぐ手に入らない
D 水の塩素滅菌処理を
E すぐに行えるので

[問題7] 目標 0:30
犬は[1][2][3][4][5]誤っている。
[2]に入るものを選びなさい。

A 人間とは違う
B 食べ物を与えるのは
C 食べ物を食べるよう
D 飼い犬に人間の
E 生まれついているので

[問題8] 目標 0:30
月は[1][2][3][4][5]という説がある。
[4]に入るものを選びなさい。

A 現在の月になった
B 地球に火星ぐらいの
C 岩石がその後合体して
D そのときに宇宙に飛ばされた
E 大きな物体が衝突し

Ⅲ　文章整序 ── 後続文の選択〔テストセンターで出題〕

[問題9] 目標 0:30

次の文を読んで、各問いに答えなさい。

ア 地図にしたがって行くと、石碑があった。

イ 遊水地までの歩道は整備され、案内板が立っていた。

ウ 渡良瀬遊水地は栃木県の南端にある。

エ 案内板の地図に旧谷中村の場所が示されている。

オ そこが鉱毒により強制廃村にされた旧谷中村だった。

（1）アからオを意味が通るように並べ替えた場合、イの次に来る文章を選びなさい。

A ア　　　　B ウ　　　　C エ　　　　D オ　　　　E イが最後の文章

（2）アからオを意味が通るように並べ替えた場合、エの次に来る文章を選びなさい。

A ア　　　　B イ　　　　C ウ　　　　D オ　　　　E エが最後の文章

空欄補充

このPOINTを押さえろ!

同じ語句、関連する語句に注目しよう

- 同じ語句、関連する語句のある選択肢が第１候補
- 前後の文のつながりから判断する
  —— 同等（言い換え・抽象化・例示）、対比・対立、因果、追加
- 長文問題では文の挿入位置や文中の語句の抜き出しという問題もある

例題＆確実に解く方法

[例題１] 目標 0:30

次の文の空欄 ▭ に入れるのに適切なものはどれか、AからFまでの中から選びなさい。

最初に電球を発明したのはエジソンではないし、電話を発明したのもベルではない。しかし、電球や電話の発明から利益を手にしたのはエジソンであり、ベルである。飛行機が発明されなかったら航空会社は存在しないけれども、飛行機イコール航空会社ではない。技術革新とその▭は密接に関連するが別の事柄なのである。

A 相対化
B 標準化
C 一般化
D 陳腐化
E 実用化
F 商業化

[例題２] 目標 1:00

ライオンはネコ科の動物の中では珍しく社会性を持っている。【 a 】雄の大人のライオン２頭と雌と子どものライオン12、３頭でプライドと呼ばれる群れを作って生活する。【 b 】狩りの仕方も他のネコ科の動物と異なる。【 c 】

ライオンは集団で狩りを行う。集団による狩りの長所は大きな獲物を捕らえることができることである。【　d　】1頭が狩りに費やすエネルギーが少なくて済むという利点もある。

次の一文を挿入するのに最も適切な場所は、文中の【　a　】～【　d　】のうちのどこか。

　他のネコ科動物はふつう単独で狩りをする。

 ていねいな解き方

[例題1] **ポイント** 語句の空欄補充は、語句の関連性・対比・対応に注意する。

発明＝エジソン・ベルではない	利益＝エジソン・ベル	
飛行機と	航空会社は	（飛行機が発明されなかったら航空会社は存在しないけれども）イコールではない
技術革新と	も	密接に関連するが別の事柄

言葉の関連性に注意して、発明・飛行機・技術と、利益・会社で2つのグループに分け、その対応関係を把握できれば、空所に入るのは「利益」「会社」と関連性が強いものが入るとわかる　⇒　したがって、「商業化」を選ぶ
＊電話の発明者には諸説がある。

答え　**F**

[例題2]
　「他のネコ科動物」「単独」「狩り」に関連する文の前後が第一候補➡第3文「狩りの仕方も<u>他のネコ科の動物</u>と異なる」、第4文「ライオンは<u>集団</u>で<u>狩り</u>を行う。」の前後➡2つの文の間が第一候補➡cに入れて意味が通る。

答え　**c**

練 習 問 題 —— 空欄補充

次の文章の空欄 □□□□ に最もあてはまるものはどれか、ＡからＥまでの中から１つ選びなさい。

［問題１］ 目標0:30

イギリス人の祖先はヨーロッパ大陸からやって来たので、初期のイギリスの法制度は基本的に他のゲルマン諸民族と共通であった。□□□□、イギリスでは６世紀末からキリスト教の影響により、とくに家族法に関して独自の制度が生み出された。

A とくに
B 例えば
C だから
D むしろ
E しかし

［問題２］ 目標0:30

産業革命により19世紀のイングランドの人口は急速に増加し、とくに都市部の人口は飛躍的に増えた。仕事を求めて来た人が多かったが、農村とはまったく異なる都市という □□□□ 生活環境に惹かれて来た人もいた。この時期は多くの新しいことが始まった時期でもあった。

A 自然の
B 不変の
C 未知の
D いつもの
E 未来の

［問題３］ 目標0:30

昆虫の視力は、哺乳類や鳥類ほど鮮明ではない。昆虫の複眼はエサや危険になりそうな近くにいる動くものをとらえるためにできているので、昆虫にとって遠くにある物体の位置を □□□□ のは難しい。

A 感覚的に感じ取る
B 大雑把に把握する
C 正確に突き止める
D ひそかに探知する
E 瞬時に伝える

[問題4] 目標 **0:30**

ほとんどの文化には太古からの歴史を伝える物語がある。
これは、人間には自分の過去と未来を想像する能力がある
からであろう。□□□□、ギリシャの詩人ヘシオドスは、『仕
事と日々』の中で過去を5つの時代に分けた。金の時代、
銀の時代、青銅の時代、英雄の時代、そして、我々の時代
すなわち鉄の時代である。

A その上

B 結局

C なぜならば

D しかし

E 例えば

次の文章の空欄 ① ② に入るものとして適切な語句の組み合わせをA
からFまでの中から1つ選びなさい。

[問題5] 目標 **0:30**

未来を予測すると言っても、日常生活では ① 的に
今の状態は明日も続くと思っているので、今日の米の値
段は明日も ② であると思っている人が多い。

A ①近視眼 ②均等

B ①複眼 ②均一

C ①近視眼 ②同一

D ①複眼 ②均等

E ①近視眼 ②均一

F ①複眼 ②同一

[問題6] 目標 **0:30**

『諸国民の富』の中でアダム・スミスは市場の意味につい
て単純だが重要な考察を行っている。例えば、市場にお
いてリンゴと一定量の貨幣が自発的に ① されたと
すれば、それは取引の両当事者にとって ② があっ
たからだとアダム・スミスは指摘した。

A ①交換 ②損失

B ①変換 ②利益

C ①交換 ②損益

D ①変換 ②損失

E ①交換 ②利益

F ①変換 ②損益

3章 言語能力問題

文中のア～ウの空欄に入れる語として最も適切なものをAからCまでの中から1つ選びなさい。ただし、それぞれの語は1か所のみ用いるものとします。

[問題7] 目標 0:20

カッコウはいろいろな[　ア　]や伝承で活躍する鳥であるが、大体は「[　イ　]が肝心」という話で登場する。例えば、ある言い伝えでは、その年、カッコウの声をはじめて聞いたときの状態で1年の[　ウ　]が決まる。そのとき健康で満腹なら吉だが、病気だったり空腹だったりすると凶である。

　A 最初　　　　　B 迷信　　　　　C 運勢

[問題8] 目標 0:20

言葉が物や人を支配し、病気を治し、敵に害をもたらすという[　ア　]は、魔術の呪文やいろいろな[　イ　]の儀式に表れている。言葉がこのような[　ウ　]を発揮するには、発音や用法に細心の注意を払って正確に使わなければならない。

　A 効果　　　　　B 宗教　　　　　C 信念

[問題9] 目標 0:20

音の来る方向を判断する場合、人間の耳は左右についているので、[　ア　]を間違えやすい。それでも[　イ　]からの音を[　ウ　]から来たと間違えることは少ない。後ろは見えないので、そのような間違いは生存するためには危険だからであろう。

　A 背後　　　　　B 正面　　　　　C 前後

<hr>

III　文の補充〔WEBテスティングで出題〕

文中の空欄に入れる語句として最も適切なものをAからDまでの中から1つ選びなさい。

[問題10] 目標 0:20

最初の計算装置は人間の手である。指で数を表すことによって計算ができる。これは簡単に使うことができるが、[　　　]限界がある。

  A 紙とエンピツが発明されたときには

  B 小石を容器に入れて数を数えればよいので

  C 10以上の数を扱えないという点で

  D パスカルの計算機は足し算と引き算しかできず

[問題11] 目標 0:20

イヌイットの言語は北米大陸西部のアメリカ先住民の言語とは全く関係がない。最も近い部族は、やや似ている言語を話すアラスカのアレウト族と思われる。イヌイットとアレウト族の居住地は数千キロもはなれているけれども、[　　　]。

  A ふつう食べ物やその他の日用品を分け合って共同生活をしている

  B もし何かの機会に偶然遭遇しても、お互いの意思を伝えることができるだろう

  C 北極圏という世界でもっとも過酷な環境で生きていかなければならない

  D 植物はほとんど生育せず、狩猟や漁労により食料を獲得するしかない

[問題12] 目標 0:20

19世紀後半、開国を機に日本から陶磁器や浮世絵などが大量に西洋に輸出され、また、万国博覧会がヨーロッパ各地で開かれた。こうして日本の文化は欧米に「ジャポニスム」と呼ばれる日本ブームをもたらした。[　　　]。これは、一面ではジャポニスムの再来ともいえるが、芸術作品というより身近な生活文化が楽しまれているという面ではジャポニスムと異なる。

  A しかし、それは日本文化に対する表層的な関心に留まっている

  B その結果、当時の日本文化が欧米諸国の芸術文化に大きな影響を与えた

  C この日本発の現代文化は「クール・ジャパン」とも呼ばれている

  D 現在、和食、マンガ、アニメ、ゲームなどが世界で広く人気を得ている

[問題13] 目標1:00

タバコはアメリカ先住民によって栽培されていたが、1550年ころ、新大陸から帰ってきた船乗りたちによってスペインとポルトガルに持ち込まれた。【　a　】その後、1610年代に世界のほとんどの地域に広まった。【　b　】しかし、タバコはどこでも受け入れられたわけではない。【　c　】例えば、イギリスのジェームズ1世はタバコに懲罰的な税金をかけ、ロシアやトルコでは喫煙に刑罰が科された。【　d　】だが、すべて失敗に終わっている。

次の一文を挿入するのに最も適切な場所は、文中の【　a　】～【　d　】のうちのどこか。

　タバコを禁止しようとした地域もあった。

[問題14] 目標1:00

スマートフォンと若者のうつ病の増加には関係があるという研究がある。【　a　】新しい技術が生まれるとそれに対する様々な懸念も生まれるのは当然である。【　b　】古代ギリシャの哲学者ソクラテスは、文字で記録するという当時の新しい技術が記憶力に悪影響を与えると心配した。【　c　】トマス・ホッブズやトマス・ジェファーソンも、産業革命により社会の中心が田園地方から都市に移るにつれて、コミュニティや人間関係が崩れると危惧した。テレビやテレビゲームも知的レベルを低下させると言われた。【　d　】

次の一文を挿入するのに最も適切な場所は、文中の【　a　】～【　d　】のうちのどこか。

　実際、技術革新についての懸念は二千年以上も前からあった。

[問題15] 目標 3：00

火山は海溝とほぼ平行に分布している。これは、海溝が、海洋プレートが大陸プレートの下に沈み込む際に形成されることと関係している。プレートが沈み込んでいる地下深部では上部マントルの一部が溶けて高温の液体、マグマとなる。【　a　】マグマが地下5kmから10km程度まで来ると、マグマと周囲の岩石の比重が同程度となり、マグマは浮力を失って　①　しマグマ溜まりを作る。【　b　】そこに深部からのマグマの供給やプレートの押し合いなどによってさらにマグマが押し上げられることがある。【　c　】そうすると周りの岩石からの圧力が減ってマグマの体積が増えて比重が軽くなり、マグマはさらに上昇する。【　d　】このプロセスが加速度的に進行し、マグマが一気に上昇すると火口を押し開いて噴火が起き、火山が　②　される。このような現象が海溝沿いに点々と生じるため、火山は海溝にほぼ平行に分布することになる。

（1）つぎの一文を挿入するのに最も適切な場所は、文中の【　a　】～【　d　】のうちのどこか。

　　マグマは高温で周辺の岩石よりも比重が軽いため上昇してゆく。

（2）文中の空所①に入れるべきことばは、つぎのうちどれか。

　　A　上昇　　　　　　B　下降　　　　　　C　滞留　　　　　D　流動

（3）文中の空所②に入れるべきことばを、文中から2文字で抜き出しなさい。

このPOINTを押さえろ！

同じ語句、関連する語句に注目しよう

- 同じ語句、関連する語句のある選択肢が第1候補
- WEBテスティングで数題出される

例題＆短時間で解く方法

［例題］ 目標 0:30

　次の3つの文を完成させるためにAからEまでの中から最もつながりのよいものを1つずつ選びなさい。ただし、同じ選択肢を重複して使うことはありません。

1	[　　　　　　　]	、蒸発皿から蒸発する水の量を測定する。
2	[　　　　　　　]	、ゲリー・スタンヒルはこれを地球薄暮化と呼んだ。
3	[　　　　　　　]	、雲が上空を覆っていると放出される熱は少なくなる。

A	1950年代から地球表面に届く光の量は減少傾向にあり
B	夜の間に地球表面から熱が放出されるけれども
C	日中、雲があると雲が太陽光を反射し
D	水の蒸発には気温よりむしろ湿度、日光、風速が影響し
E	蒸発計は農地に必要な水の量を推定するための装置であり

 時間をかけない解き方

1 [　　　　]、蒸発皿から蒸発する水の量を測定する。

Step1 同じ語句、関連語句のある選択肢を見つける

「蒸発皿」「水の量を測定する」に対して、**E**に「蒸発計」「水の量を推定する」が見つかる。

●「蒸発する水」に対して、**D**に「水の蒸発」という語句があるが、ほかの部分（「気温」「湿度、日光、風速が影響」）と問題文との関連性がない。

Step2 **Eを空欄に代入して読んでみて、意味が通るかどうか判断する**

[蒸発計は農地に必要な水の量を推定するための装置であり]、蒸発皿から蒸発する水の量を測定する ⇒ 蒸発計に蒸発皿があって、そこから蒸発する水の量を測定して、それにより農地に必要な水の量を推定するということがわかる ⇒ 正解

答え **E**

2 [　　　]、ゲリー・スタンヒルはこれを地球薄暮化と呼んだ。

Step1 **同じ語句、関連語句のある選択肢を見つける**

「地球薄暮化」に対して、**A**に「地球表面」「光の量は減少」が見つかる。

●Bに「夜」「地球表面」という語句があるが、「熱が放出」とあるので、Aより「薄暮」との関連が薄いと判断する。

Step2 **Aを空欄に代入して読んでみて、意味が通るかどうか判断する**

[1950年代から地球表面に届く光の量は減少傾向にあり]、ゲリー・スタンヒルはこれを地球薄暮化と呼んだ。⇒ 光の量が減少するということは薄暗くなるので、「薄暮化」と対応する ⇒ 正解

答え **A**

3 [　　　]、雲が上空を覆っていると放出される熱は少なくなる

Step1 **同じ語句、関連語句のある選択肢を見つける**

「放出される熱」に対して、**B**に「熱が放出」があり、「雲が上空を覆っている」に対して、**C**に「雲がある」がある ⇒ どちらが関連性が強いか判断できないので、両方とも検討する

Step2 **Bを空欄に代入して読んでみて、意味が通るかどうか判断する**

[夜の間に地球表面から熱が放出されるけれども]、雲が上空を覆っていると放出される熱は少なくなる。⇒「熱が放出される」と「放出される熱は少なくなる」とは逆方向の意味の文なので「けれども」でつながれているのは正しい ⇒ 正解

Step3 **Cを空欄に代入して読んでみて、意味が通るかどうか判断する**

[日中、雲があると雲が太陽光を反射し]、雲が上空を覆っていると放出される熱は少なくなる。⇒ 雲が「太陽光を反射」すると太陽光が地表に届かないので、地表の温度自体が低くなるのはわかるが、地表から「放出される熱は少なくなる」こととは無関係なのでつながらない ⇒ 不正解

答え **B**

3章 言語能力問題

練 習 問 題 —— 3文完成

以下の３つの文を完成させるためにＡからＥまでの中から最もつながりのよいものを１つずつ選びなさい。ただし、同じ選択肢を重複して使うことはありません。

［問題１］目標 0:30

１ キーウィ鳥の歩き方はぎこちないが、【　　　　　】。

２ キーウィ鳥は大きな足で地面をドンとたたき、【　　　　　】。

３ 長く尖ったくちばしの先端に鼻孔があり、【　　　　　】。

 Ａ 嗅覚が発達している　　　　　　　Ｂ 驚いて出てきた虫を食べる

 Ｃ 正式な名称はアプタリクスである　Ｄ 昼は眠り、夜に活動する

 Ｅ 追いかけられると非常に素早い

［問題２］目標 0:30

１【　　　　　】、言語も原始的な言語から完全に発達した言語に進化したと想像できる。

２【　　　　　】、そのころにはすでに人類は言語を獲得していたと推測される。

３【　　　　　】、道具の製作とともに言語が発生した可能性が高いように思われる。

 Ａ 大きな獲物を狩るには言葉による連携が必要だったと考えられるので

 Ｂ ネアンデルタール人が約４万年前に絶滅していたとすれば

 Ｃ 言語の起源については蓋然的な推測にならざるをえないけれども

 Ｄ 直立二足歩行によって頭蓋骨の形態が変わったために大きな脳を収納でき

 Ｅ 人類が原始的な石器から芸術的な洞窟壁画を作るに至る過程の中で

［問題３］目標 0:30

１ ギリシャ建築の伝統はローマ人によって継承され、【　　　　　】。

２ ギリシャ建築では大理石や石灰岩が使われていたが、【　　　　　】。

３ パルテノン神殿がギリシャの神アテナのために建設されたように、【　　　　　】。

 Ａ 古代ギリシャの建築のほとんどは神々を称えることを目的としていた

 Ｂ 古代ギリシャではドリス様式とイオニア様式の柱が好まれた

C アーチやドームを作る技術が考案され、新しい建築様式が成立した

D 多くの建物でギリシャ以来の伝統的なコリント様式が採用された

E ローマ人はコンクリートのような新しい材料も使うようになった

[問題4] 標0:30

1 悲しいことが起きると涙腺を支配している副交感神経の活動が高まり、【　　　】。

2 目の表面には1分間に1ミリリットルの千分の1程度の少量の涙が常に流れ、【　　　】。

3 涙の組成はどのようなときに出た涙かによって異なり、悲しくて泣いたときの涙の成分は【　　　】。

　A 水のように見えるが、実際には油層、涙液層、ムチン層の3層構造となっている

　B 血液から作られているけれども、涙腺で赤血球が除去されるため涙は透明になる

　C 目の表面が涙で薄くおおわれることにより、目の乾燥や細菌感染が防止されている

　D タマネギを切ったときに出る涙やアレルギー反応のせいで出る涙とは違っている

　E 涙点から排出できる量よりも多くの涙が分泌されるため涙が目からあふれる

[問題5] 標0:30

1【　　　】、その取り組みのひとつとして、非効率な石炭火力発電の段階的廃止がある。

2【　　　】、低コストで安定的に電力を供給できる重要な燃料になっている。

3【　　　】、蒸気の温度・圧力を上げてゆくと発電効率も上がる。

　A 石炭火力発電で排出されるCO_2を地中に貯めたり再利用する技術が研究され

　B エネルギーの安定供給と同時に脱炭素化を図ることが日本の課題であり

　C 石炭火力発電で現在主に利用されているのは蒸気タービンのみで発電する方式で

　D 石炭は地政学的リスクが化石燃料の中ではもっとも低く、熱量あたりの単価も安いため

　E 大手電力の発電所を中心に高効率石炭火力発電への置き換えが進んでいるのに対し

10 長文読解

このPOINTを押さえろ！

設問に関連する語句を本文から探す

- ペーパーテストでは1000字前後、テストセンターやWEBテスティングでは400字前後の文が出題される。
- ペーパーテストとテストセンターの設問は似ている。
- WEBテスティングは独特の問題もある。

例題＆短時間で解く方法

［例題］ 目標 7：00

次の文章を読んで、設問に答えなさい。

　人権と民主主義という理念において、建国以来アメリカほど変わらない国はない。それは本来、近代世界の ［　1　］ な理想だったが、アメリカはどの国より挫折を知らず、一貫してその実現に努めてきた。まさにその点でこの国は青年に似ているのであって、生涯に恥と悔恨の思いでを持っていない。この世に悪があることを認めない国、と『アメリカ病』の著者ミシェル・クロジェ氏は嘆いたが、それはこの国が ［　2　］ に若いということなのである。

　若いといえば、アメリカはまた ［　3　］ にも大国でありながら青年期にいる。この十年、日本を筆頭に多くの先進国が消費不況に苦しむなかで、この国だけは旺盛な購買意欲を見せている。膨大な貿易赤字をものともせず、日本からも中国からも最大の輸入国でありつづけている。生活を物質的に豊かにし、それによって社会の階段を昇ろうとする点で、アメリカ人はいまも青春の夢を追っている。

228

考えればこれは奇跡的な話であって、現代文明が大きく転換する過程で、例外的に起こった現象と見るほかない。なぜなら世界がポスト工業社会に入り、商品消費よりサービス消費へと移るなかで、先進国の購買意欲はむしろ落ちるのが当然だからである。日本の現状は極端だとしても、箪笥にものが溢れ、ごみの捨て場に困り、環境と資源枯渇が心配になるのは、文明国に共通の傾向だろう。

（中略）

評論家で『幻想の超大国』を書いた、デヴィットハルバースタム氏によれば、かつては自動車がステータス・シンボルの代表的な物差しであって、シボレーからキャディラックにいたる細かな段階があったという。今日も住宅地には目に見える階層制があって、消費者は出世とともに家を買い替える。先ごろ、テレビが防壁で囲まれた金持ちの団地の様子を伝えていたが、そこに住んで、脱落するまいと努める若い夫婦の姿には涙ぐましいものがあった。

昔は日本にも「三種の神器」と呼ばれ、国民が争って買うステータス・シンボルがあった。だがあれはむしろ平等の象徴であり、人は隣と同じになるために同じ商品を買っていたにすぎない。その点、アメリカでは消費も優越のための競争であるから、意欲が衰える飽和状態がくるとは考えにくい。この国の消費の若さは、文化の構造に根ざしているのである。

日本がこのアメリカになれる可能性はないし、またその必要もない。将来の日本は若干の移民を受け入れながら、基本的には老熟した「寡民小国」に落ち着くことになろう。高度の知的産業、文化産業、海外投資の収益と対人サービスで経済を支え、省資源、環境保護を誇りとして生きるほかあるまい。

だが文明がこの新しい平衡状態に達するには、当然まだ時間がかかる。移行段階を生き延びるには輸出が不可欠であって、そのためにはあの若い隣国の健在を祈るほかない。ドルの行く手に不安は多くとも、当分のあいだ、日本は対米投資を増強するほかないはずである。

（山崎正和「アメリカを問い直す」）

3章 言語能力問題

（1）文中の空所　1　、　2　、　3　に入れることばの組み合わせとして最も適切なものは、次のうちどれか。

	1	2	3
A	道徳的	経済的	普遍的
B	道徳的	普遍的	経済的
C	普遍的	道徳的	経済的
D	普遍的	経済的	道徳的
E	経済的	普遍的	道徳的

（2）文中の下線部 この国の消費の若さ にあてはまるものは、次のうちどれか。

ア 箪笥にものが溢れ、ごみの捨て場に困ること

イ 出世とともに家を買い替えること

ウ 隣と同じになるために同じ商品を買うこと

　　A アだけ　　B イだけ　　C ウだけ　　D アとイ　　E アとウ　　F イとウ

（3）文中の下線部 この新しい平衡状態 に含まれるものは、次のうちどれか。

ア 欧米化

イ 人口減少

ウ 海外投資

　　A アだけ　　B イだけ　　C ウだけ　　D アとイ　　E アとウ　　F イとウ

（4）アメリカについて文中に述べられているものは、次のうちどれか。

ア 常に人権と民主主義を実現しようとしてきた

イ アメリカ人は若いときの夢を実現しようとする

ウ 消費も競争である

　　A アだけ　　B イだけ　　C ウだけ　　D アとイ　　E アとウ　　F イとウ

(5)文中に述べられていることと合致するものは、次のうちどれか。

　ア 今では住宅地が代表的なステータス・シンボルである

　イ ポスト工業社会では消費意欲は減退するのが普通である

　ウ 「三種の神器」は平等の象徴だった

A アだけ　　**B** イだけ　　**C** ウだけ　　**D** アとイ　　**E** アとウ　　**F** イとウ

時間をかけない解き方

(1)前後の文との関連から決める。　□1□　の前後には「人権と民主主義という理念」「理想」という語句がある。「道徳的」「経済的」「普遍的」の3つのことばのうち、「理念」「理想」に最も関連のあることばは「普遍的」である。同様に考えて、　□2□　の前には「この世に悪がある」⇒「道徳的」。　□3□　の後には「消費不況」⇒「経済的」。　**答え C**

(2)「この国」とはアメリカ、「消費の若さ」とは「旺盛な購買意欲」があること(第2段落参照)。したがって、アメリカの旺盛な購買意欲を示す選択肢を選べばよいのでイが正解(第4段落)。アは購買意欲が落ちた先進国の場合(第3段落)、ウは日本の話題なので誤り。　**答え B**

(3)「平衡状態」とは、バランスがとれて安定した状態のことなので、この文脈では前段落の「老熟した『寡民小国』に落ち着くこと」を指す。『寡』は少ないという意味だから、『寡民』とは国民が少ないこと　⇒　イは正解。『寡民小国』の後の文の中に「海外投資」も含まれている　⇒　ウも正解。アは「アメリカになれる可能性はないし、またその必要もない」とあるので誤り。　**答え F**

(4)アは第1段落に記述がある。ウも第5段落に記述がある。イは「アメリカ人はいまも青春の夢を追っている」(第2段落)とあるが、この「青春の夢」は「生活を物質的に豊かに」したいということなので、「若いときの夢」という意味ではない。　**答え E**

(5)アは「代表的な」ステータス・シンボルかどうかはわからない。イは第3段落に、ウは第5段落にそれぞれ記述されている。　**答え F**

練 習 問 題 ──長文読解

〔ペーパーテストで出題〕

[問題１] 目標 7:00

次の文章を読んで、設問に答えなさい。

　わたしたちの世代は、「腹がたつ」だけではなくて、「堪忍袋の緒が切れる」とか「はらわたが煮えくりかえる」といいました。永井荷風の『断腸亭日乗』ではないけれど、「断腸の思い」とか「腸を断つ」といいました。

　これらの気持ちは、腸が──腸は「はら」と読みますが──ことばのなかにきちんと入っていた。たとえば堪忍袋があって、そこに怒りを納めたりしていた。いったん袋のなかに入れて、落ち着くのを待っていた。

　そして、その世代は「腹がたつ」と、本当におなかが痛くなったものです。「頭にくる」と本当に頭が痛くなった。

　では、「むかつく」という若い人たちは、いったいどこが痛くなるんだろう。痛くなるところがないんではないか。私は胃腸系が弱いから、怒ったり、むしゃくしゃすると、本当におなかが痛くなります。胃がしくしくしてくるんです。

　￣￣￣￣￣、今の若い人たちはそうならないんではないか。頭がガンガンする感じもないのか。これはわたしの予想で、当たってるかどうかわかりません。つまり、「腹がたつ」と本当に腹が痛むんです。「頭にくる」と本当に頭が痛くなるんです。そして、「むかつく」が本当におなかがむかつくのでないならば、からだのどこも痛まないんではないか、と訊きたくなります。

　怒るときには、こちらにも痛むところがあるわけです。怒ったら、相手に対していいたいことはいうし、それを聞いている相手も痛む。相手も怒っておなかを痛めていると思うから、喧嘩した後で共感しあったり、慰めあったりする場面も出てくるわけです。

　「むかつく」にはそういうものがなく、からだのなかに入る前に「キレてる」から、怒った後も何もない。その場かぎりで終わる。「瞬間の吐き気」だけで終わってしまう。非常に瞬間的で、時間経過がない。要するに、今のことばでいうと、アナログにつながっていくのではなく、デジタルに瞬時に起こり、終わってしまう。

232　　　　　　　　　　　　（立川昭二『からだことば』早川書房）

（1）文中の空所 ☐☐☐ に入れることばとして最も適切なものは、次のうちどれか。

A そして　　B では　　C 言い換えると　　D でも　　E たとえば

（2）文中の下線部 そういうもの にあてはまるものは、次のうちどれか。

ア 相手に対して怒りを感じる
イ 怒られている人もおなかが痛くなる
ウ 喧嘩した後で共感しあう

A アだけ　　B イだけ　　C ウだけ　　D アとイ　　E アとウ　　F イとウ

（3）筆者の世代が「腹がたつ」と起こることとして筆者が述べているものは、次のうちどれか。

ア 本当におなかが痛くなる
イ 本当に頭が痛くなる
ウ 堪忍袋に怒りを納める

A アだけ　　B イだけ　　C ウだけ　　D アとイ　　E アとウ　　F イとウ

（4）若い人たちが「むかつく」と起こることとして筆者が推測しているものは、次のうちどれか。

ア 本当に腹が痛む
イ 本当におなかがむかむかする
ウ からだのどこにも変化はない

A アだけ　　B イだけ　　C ウだけ　　D アとイ　　E アとウ　　F イとウ

（5）文中に述べられていることと合致するものは、次のうちどれか。

　ア 「腸を断つ」というのは「腹がたつ」ということである
　イ 胃腸系が弱い人の場合、怒ったり、むしゃくしゃすると、本当におなかが
　　　痛くなる
　ウ 「むかつく」というのはデジタル的な感情である

　A アだけ　　B イだけ　　C ウだけ　　D アとイ　　E アとウ　　F イとウ

[問題2] 目標3:00
次の文章を読んで、設問に答えなさい。

　商品の「ディスプレー」は現在、美しく商品を陳列することを意味するが、このような意味は1890年以前にはなかったし、第1次世界大戦までは業者の間でも使われていなかった。　a　商品を陳列すること自体はあったとしても、それは非常に　ア　で単にウィンドウに商品を一緒に詰め込むか、天気が良ければ路上に商品を積み上げるだけだった。　b　現在使われている　イ　での「ディスプレー」を最初に提唱したのは、アメリカの童話作家で「オズの魔法使い」の作者、L.フランク・ボームだった。　c　単に商品を並べるだけではなく、光と色の中に商品を置き、商品を生き生きと見えるようにするべきだと主張したのである。　d　ボームの父は石油事業で財をなしたが、ボームは生産、労働を好まず、消費と余暇を賛美し、欲望を率直に表してよいと考えていた。

（1）文中の空所　ア　に入れるべきことばは、つぎのうちどれか。

　A 芸術的　　　　B 開放的　　　　C 原始的　　　　D 人間的

234

（2）文中の空所 イ に入れるべきことばを、文中から2文字で抜き出しなさい。

（3）次の一文を挿入するのに最も適切な場所は、文中の a ～ d のうちどれか。

ボームは、ディスプレーについて新しい考え方を宣言した。

A a **B** b **C** c **D** d

（4）文中で述べられていることから判断して、つぎのア、イの正誤を答えなさい。
　ア 商品を積み上げるだけでは、ディスプレーとは言えない
　イ ボームは質素な生活を高く評価した

　　　A アもイも正しい　　　**B** アは正しいがイは誤り
　　　C アは誤りだがイは正しい　**D** アもイも誤り

[問題3] 目標3:00

次の文章を読んで、設問に答えなさい。

　人間と他の種の違いはどこにあるか。言語や問題解決の方法の複雑さだろうか。根本的な意味では、言語も問題解決の方法も、人間は他の種より以上に発達しているわけでもないし、それ以下でもない。発達しているかどうか自体は重要ではない。人間が発達した複雑な ⬚ を使うのと同様に、クモは複雑な巣を織り、アリは迷路のようなコロニーの中でさまざまな情報を交換し、ビーバーは複雑な構造のダムを作り、チンパンジーは発達した問題解決戦略を持っている。人間は、チンパンジーが解決できる問題を解決できないこともある。しかし、人間と人間以外の種との間には重大な違いがある。それは、人間だけが自分の表現を分析することができるということである。人間には ― 子供でさえ ― 単に言語を使用するだけではなく、文法学者になる潜在能力がある。対照的に、クモやアリやビー

バーは、おそらくチンパンジーも、自分の持っている知識を認識の対象にすることはできない。

（1）文中の空所に入れるべきことばを、文中から2文字で抜き出しなさい。

（2）文中下線の部分と置き換えられることばを、文中から7文字以内で抜き出しなさい。

（3）チンパンジーについて述べられていることは、次のうちどれか。

　ア　根本的な意味で言語を持っているとはいえない
　イ　問題解決については人間よりすぐれていることがある

　A アとイの両方　　**B** アだけ　　**C** イだけ　　**D** アとイのどちらでもない

構造的 4章
把握力検査とは？

構造的 把握力検査

● SPI3から新たに「構造的把握力検査」が加わっています。これはENG(英語能力検査)同様にオプションですから、SPIに必ず含まれているものではありません。簡単に概要を説明します。

● ここでいう「構造」とは文の「構造」のことです。例えば、文の構造として「感想を述べた文」というのがあるとして、それは「要望を述べた文」と区別されます。また、「主張する者の立場の違い」「行動の理由か結果か」など、さまざまな角度からの構造が問題になります。さらに数学の問題では「求め方の違い」などの識別が問われます。

● 問題の形式は2タイプあり、一つは4つの選択肢の中から構造に共通性のある2つの文の組み合わせを選ぶ問題、もう一つは5つの選択肢を構造に共通性のある2つのグループに分類する問題です。このような問題に対処するためには、多角的かつ柔軟に文を吟味することが重要になります。一見共通性しか見当たらない文どうしでも、角度を変えれば相違点が見えてくるものです。例えば、店に対する苦情という共通点がある文どうしなら、苦情の対象が何か、つまり店員に対する苦情か、商品に関する苦情か、あるいは店の建物に関する苦情かといった違いを見抜くことで相違が浮き上がってきます。
なお、制限時間は合計で約20分となっています。

● 非言語系

では、例題を見ていきましょう。まずは、非言語系の問題です。ここでは、4つの選択肢の中から構造に共通性のあるものを2つ選ぶタイプの例題を紹介します。構造的把握力検査では、「問題の構造」がわかればよいので、数学の問題でも、実際に計算まで行う必要はありません。

[例題1] 次のア～エの中から、問題の構造が似ているものを2つ選び、下記の
目標 **1:00** 選択肢A～Fで答えなさい。

ア　ある日の遊園地の入場者は1100人で、大人は子どもより400人多い。子
　　どもは何人か。

イ　今月のPさんのお小遣いは5000円で、Qさんの2.5倍であった。Qさんの
　　今月のお小遣いはいくらか。

ウ　私と妹の年齢の差は3歳であり、和は25歳である。私の年齢はいくつか。

エ　家にある庭の縦の長さは110cmで、周囲の長さは560cmである。横の長さ
　　はいくらか。

A　アとイ　　　　B　アとウ　　　　C　アとエ
D　イとウ　　　　E　イとエ　　　　F　ウとエ

 時間をかけない解き方

ア　子どもをx人とおくと、大人は$(x+400)$人、$x+(x+400)=1100$人

イ　Qさんのお小遣いをx円とおくと、$2.5x=5000$円

ウ　私の年齢をx歳とおくと、妹は$(x-3)$歳、和は$x+(x-3)=25$歳

エ　横の長さを$x$cmとおくと、周囲の長さは（縦＋横）×2だから、
　　$2(x+110)=560$cm

アとウは、$x+(x\pm\square)=\bigcirc$　という方程式になり、構造の類似がある。
よって、正解は**B（アとウ）**

答え　**B**

[例題2] 次のア～エの中から、問題の構造が似ているものを2つ選び、下記の選択肢A～Fで答えなさい。

目標 **1:00**

ア　20人のクラスから2人の代表委員を選ぶ。組み合わせは何通りあるか。

イ　1枚のコインを4回投げる。表が2回出る場合は何通りあるか。

ウ　男子が4人、女子が5人いる。この中から男子2人と女子2人を選ぶとすると、組み合わせは何通りあるか。

エ　1から6までの数字が書かれたカードが1枚ずつある。この中から3枚を選んで3桁の数字を作るとすると、何通りあるか。

A アとイ	B アとウ	C アとエ
D イとウ	E イとエ	F ウとエ

時間をかけない解き方

ア　20人の中から2人を選ぶ組み合わせ、$_{20}C_2$

イ　4回のうち表が2回出る組み合わせ、$_4C_2$

ウ　男子4人の中から2人選ぶ組み合わせ$_4C_2$と、女子5人の中から2人選ぶ組み合わせ$_5C_2$、それぞれの組み合わせが同時に起こるので、$_4C_2 \times _5C_2$

エ　6枚の中から3枚選んで並べる順列、$_6P_3$

アとイは、「組み合わせ」の公式1つで求めることができるという共通性がある。よって、正解は**A（アとイ）**

答え　**A**

[例題3] 次のア～エの中から、問題の構造が似ているものを２つ選び、下記の
選択肢A～Fで答えなさい。

目標**1:00**

ア　父と母の年齢の比は９：８で、年齢の和は85歳である。２人の年齢の差は
　　何歳か。

イ　PさんとQさんが２人で合計500ページの本を読む。Pさんの方がQさん
　　より120ページ多く読むとすると、Pさんが読むのは何ページか。

ウ　全部で38人のクラスで、男子の方が女子より６人多いとき、男子の人数は
　　何人か。

エ　隣の家に住むPさんはQさんより４歳年上である。Pさんの年齢がQさんの
　　年齢の1.2倍になるのはQさんが何歳のときか。

A アとイ	**B** アとウ	**C** アとエ
D イとウ	**E** イとエ	**F** ウとエ

 時間をかけない解き方

ア　父x歳、母y歳とすると、$x：y＝9：8$、$x＋y＝85$歳

イ　読んだ分をPさんはxページ、Qさんはyページとすると、
　　$x＋y＝500$、$x＝y＋120$

ウ　男子x人、女子y人とすると、$x＋y＝38$、$x＝y＋6$

エ　Pさんがx歳、Qさんがy歳とすると、$x＝y＋4$、$x＝1.2y$

イと**ウ**は、$x＋y＝□$、$x＝y＋□$という２つの式の連立方程式になるとい
う共通性がある。よって、正解は**D（イとウ）**

答え **D**

[例題4] 次のア〜エのうち、問題の構造が似ているものの組み合わせを1つ選び、下記の選択肢A〜Fで答えなさい。

目標 1:00

ア　52枚のトランプから同時に3枚取り出したとき、3枚ともスペードになる確率はいくらか。

イ　サイコロを3回投げるとき、少なくとも1回は1が出る確率はいくらか。

ウ　コインを3回投げて3回とも表が出る確率はいくらか。

エ　赤玉3個、青玉2個、白玉1個の入った箱から1個取り出して色を記録し、元に戻す。この作業を3回繰り返したとき、すべて白玉になる確率はいくらか。

A アとイ	**B** アとウ	**C** アとエ
D イとウ	**E** イとエ	**F** ウとエ

 時間をかけない解き方

いずれの問題も3回（枚、個）取り出すときの確率を求めるが、ウとエは各回とも確率が同じ。アは1枚取り出すたびに元が減っていくので、3回の確率が異なる。イは「少なくとも」とあるので、逆（1が出ない確率）を求めて1から引く。

ア　求める式　$\dfrac{13}{52} \times \dfrac{12}{51} \times \dfrac{11}{50}$　　または　$\dfrac{_{13}C_3}{_{52}C_3}$

イ　求める式　$1 - \left(\dfrac{5}{6}\right)^3$

ウ　求める式　$\left(\dfrac{1}{2}\right)^3$

エ　求める式　$\left(\dfrac{1}{6}\right)^3$

よって、正解はF（ウとエ）

答え　F

[例題5] 次のア～エのうち、問題の構造が似ているものの組み合わせを1つ選
目標1:00 び、下記の選択肢A～Fで答えなさい。

ア　赤ワインと白ワインを7：3で仕入れた。白ワインが21本だとすると、赤ワインは何本仕入れたか。

イ　姉と妹の所持金は6：4で、姉のほうが2400円多い。妹の所持金はいくらか。

ウ　牛肉と豚肉が3：2の割合の合い挽き肉でハンバーグを作る。合計200gのハンバーグだと、牛肉は何g必要か。

エ　1本のロープを5：3に切り分けると、長いほうが75cmになった。短いほうは何cmになるか。

A　アとイ　　　　B　アとウ　　　　C　アとエ
D　イとウ　　　　E　イとエ　　　　F　ウとエ

 時間をかけない解き方

いずれも2つの比から一方の値を求める問題。判明している数値が、イは両者の差、ウは両者の合計である。アとエは、一方の数値が判明していて、もう一方の値を求める問題。

ア　赤ワインをx本とすると、$x：21＝7：3$
イ　妹の所持金をx円とすると、$(x＋2400)：x＝6：4$
ウ　牛肉をxgとすると、$x：(200－x)＝3：2$
エ　短いほうのロープを$x$cmとすると、$75：x＝5：3$

よって、正解は**C（アとエ）**

答え　C

243

[例題6] 次のア〜エのうち、問題の構造が似ているものの組み合わせを1つ選
 び、下記の選択肢A〜Fで答えなさい。

ア　あるサークルの会員のうち36%が女性で、その人数は18人であった。この
　　サークル会員は全員で何人か。

イ　菓子メーカーPの製品は12種類あり、その3分の2がQ工場で生産され、
　　そのうちの半分がクッキーである。Q工場で生産されるクッキーは何種類か。

ウ　ホテルが改築工事をして客室を1割増やして全部で286室になった。改築
　　前の客室数は何部屋だったか。

エ　人口2350人のR村にはS地区とT地区があり、S地区には全村の32%の
　　人が住んでいる。T地区の人口は何人か。

A アとイ	**B** アとウ	**C** アとエ
D イとウ	**E** イとエ	**F** ウとエ

時間をかけない解き方

いずれも割合に関わる問題。アとウは、比べる数とその割合からもとの数を
求める。イとエは、もとの数と比べる数の割合からその数を求めるが、イは
2度割合を掛けて求める。

ア　求める式　$18 \div \dfrac{36}{100}$

イ　求める式　$12 \times \dfrac{2}{3} \times \dfrac{1}{2}$

ウ　求める式　$286 \div \dfrac{110}{100}$

エ　求める式　$2350 \times \dfrac{(100-32)}{100}$

よって、正解は**B（アとウ）**

答え　**B**

[例題7] 次のア〜エのうち、問題の構造が似ているものの組み合わせを1つ選び、下記の選択肢A〜Fで答えなさい。

目標 1:00

ア　家具を分割払いで購入し、1回目に全体の20%を支払い、残りを5回の均等払いにした。3回目の支払いが済んだ時点で残りはどれだけか。

イ　1冊の本を3日で読んだ。1日目に $\frac{3}{7}$、2日目に残りの $\frac{3}{4}$ を読んだとすると、3日目に読んだのはどれだけか。

ウ　1人ですると6時間かかる仕事を2人で2時間やった。残りはこの仕事全体のどれだけか。

エ　バラの花を、6割がピンク、残りの7割が赤、さらにその残りが白になるように仕入れた。白のバラが全体に占める割合はどれだけか。

A	アとイ	B	アとウ	C	アとエ
D	イとウ	E	イとエ	F	ウとエ

 ## 時間をかけない解き方

いずれも全体を1とおいて、残りの割合を求める問題。イとエは、2つ目が1つ目の割合の残りをもとにした割合で、その2つを1から引いて残りを求める。アは、1回目の残りを均等に分けて、回数分を1から引く。ウは仕事算で、1時間当たりの仕事量の2人分、2時間分を求めて1から引く。

ア　$1 - \left(\dfrac{20}{100} + \dfrac{80}{100} \div 5 \times 2 \right)$

イ　$1 - \left[\dfrac{3}{7} + \left(1 - \dfrac{3}{7} \right) \times \dfrac{3}{4} \right]$

ウ　$1 - \dfrac{1}{6} \times 2 \times 2$

エ　$1 - \left[\dfrac{6}{10} + \left(1 - \dfrac{6}{10} \right) \times \dfrac{7}{10} \right]$

よって、正解は**E（イとエ）**

答え　E

　続いては、言語系の問題です。５つの選択肢を「関係性の違い」によって２つに分類するタイプの例題を紹介します。

［例題１］ 次のア～オを指示に従ってＰ（２つ）とＱ（３つ）に分けるとき、Ｐに分類されるものはどれか。Ａ～Ｊの中から１つ選びなさい。
目標 1:00
　　　　（指示）ア～オは、２つのことがらの関係についての記述である。その関係性の違いによって、ＰとＱの２グループに分けなさい。

ア　夏休みなので、プールは混雑しているだろう。

イ　前回の数学のテストがよくなかったので、今回はきちんと勉強した。

ウ　部活に遅刻してしまったので、先生は怒っているに違いない。

エ　天気予報で雨の確率が０％だったので、布団を干して外出した。

オ　もし「本能寺の変」で織田信長が討たれなければ、時代は変わっていたかもしれない。

A アとイ	**B** アとウ	**C** アとエ	**D** アとオ
E イとウ	**F** イとエ	**G** イとオ	**H** ウとエ
I ウとオ	**J** エとオ		

時間をかけない解き方

Ｐ（イ、エ）　… 理由とそれにより実際に生じた結果
Ｑ（ア、ウ、オ）… 理由・条件とそれに基づく推測
よって、正解は**Ｆ（イとエ）**

答え　**Ｆ**

[例題2] 次のア～オを指示に従ってP（2つ）とQ（3つ）に分けるとき、Pに分
目標 1:00 類されるものはどれか。A～Jの中から1つ選びなさい。
　　　　　（指示）ア～オは、2つのことがらの関係についての記述である。その
　　　　　関係性の違いによって、PとQの2グループに分けなさい。

ア　明日の朝ごはんは、パンにしよう。

イ　甥は僕のことを覚えていないかもしれない。

ウ　このコンクールの優勝者は新聞に名前が載るはずだ。

エ　つぎの日曜日は全員でキャンプに行くことに決めた。

オ　明日の朝は課題をする時間があるだろう。

A アとイ　　　B アとウ　　　C アとエ　　　D アとオ
E イとウ　　　F イとエ　　　G イとオ　　　H ウとエ
I ウとオ　　　J エとオ

 時間をかけない解き方

アとエは「自分が何かをしたい」あるいは「何かをするつもりだ」という意思を
表しているのに対して、イ・ウ・オは「自分が何をしたい」というのではなく、
「客観的に見てこうだろう」という推測を示している。

P（ア、エ）　　… あることがらについての意思決定を示す文
Q（イ、ウ、オ）… あることがらについての推測を示す文
よって、正解はC（アとエ）

答え C

4章 構造的把握力検査とは？

[例題3] 次のア～オを指示に従ってP（2つ）とQ（3つ）に分けるとき、Pに分類されるものはどれか。A～Jの中から1つ選びなさい。

目標 **1:00**

（指示）ア～オは、2つの文からなっている。その関係性の違いによって、PとQの2グループに分けなさい。

ア　英語の教科書をカバンに入れた。移動中に勉強するので。

イ　朝ごはんを食べられなかった。寝坊をしたので。

ウ　こたつの電源を切らずに家を出てしまった。バタバタしていたので。

エ　今日は仕事を早く終わらせた。美容院に行くので。

オ　目的地に着くまでに予想以上に時間がかかってしまった。道が渋滞していたので。

A　アとイ	B　アとウ	C　アとエ	D　アとオ
E　イとウ	F　イとエ	G　イとオ	H　ウとエ
I　ウとオ	J　エとオ		

時間をかけない解き方

すべて「～～た。……ので」という文だが、アとエは「勉強する」「行く」となっているのに対して、イ・ウ・オは「寝坊をした」「バタバタしていた」「渋滞していた」と過去を示す文になっていることに注目する。

P（ア、エ）　… 後文は前文の目的で、これから行うこと
Q（イ、ウ、オ）… 後文は前文の原因で、すでに起きたこと
よって、正解は**C（アとエ）**

答え　C

[例題4] 次のア〜オを、文の構造によってP（2つ）とQ（3つ）の2つのグループに分けたとき、Pのグループに分類される組み合わせをA〜Jの中から1つ選びなさい。

目標 1:00

感動の仕方（種類）によって、PとQの2グループに分けなさい。

ア　宿泊は大正時代から続く老舗旅館で、立派な建物だったなあ。

イ　部屋は広く、畳の上に寝そべって、とてもリラックスできたなあ。

ウ　露天風呂からは海が一望でき、実に気持ちよかったなあ。

エ　夕食は新鮮な海の幸がふんだんに並んでいて、美味しかったなあ。

オ　ロビーには、有名な画家の絵が何枚も飾ってあったなあ。

A アとイ	B アとウ	C アとエ	D アとオ
E イとウ	F イとエ	G イとオ	H ウとエ
I ウとオ	J エとオ		

 時間をかけない解き方

アとオは「立派な建物だった」「飾ってあった」という客観的事実に対する感想だが、イ・ウ・エは「リラックスできた」「気持ちよかった」「美味しかった」という自分自身の身体で体験したことに対する感想である。

P（ア、オ）　　… 事実に対する感想
Q（イ、ウ、エ）… 経験したことに対する感想
よって、正解はD（アとオ）

答え　D

[例題5] 次のア〜オを、文の構造によってP（2つ）とQ（3つ）の2つのグループに分けたとき、Pのグループに分類される組み合わせをA〜Jの中から1つ選びなさい。

目標 1:00

文章の構造によって、PとQの2グループに分けなさい。

ア　このまま気温が高い日が続いていけば、来週には桜の開花が宣言されることだろう。

イ　衆参ダブル選挙になると、与党が圧勝する可能性が高い。

ウ　駅の近くに新しく駐輪場ができたので、放置自転車の数は減るはずだ。

エ　牛肉の関税が引き下げられると、牛丼の価格が安くなるかもしれない。

オ　外国人観光客が大幅に増えたため、外国語での対応が必要になるだろう。

A アとイ	B アとウ	C アとエ	D アとオ
E イとウ	F イとエ	G イとオ	H ウとエ
I ウとオ	J エとオ		

時間をかけない解き方

P（ウ、オ）　… 未来の予想の根拠が、すでに起こった過去のことがら
Q（ア、イ、エ）… 未来の予想の根拠が、これから起こる未来のことがら
よって、正解はI（**ウとオ**）

答　え　　I

[例題6] 次のア〜オを、文の構造によってP（2つ）とQ（3つ）の2つのグループに分けたとき、Pのグループに分類される組み合わせをA〜Jの中から1つ選びなさい。

目標 **1:00**

Xに対するYの反応の仕方によって、PとQの2グループに分けなさい。

ア　X「家の鍵を失くした」
　　Y「鞄の中もよく探したの？」

イ　X「財布を失くした」
　　Y「駅の忘れ物センターに問い合わせてみたら？」

ウ　X「定期券を失くした」
　　Y「ICカードなら再発行してもらえば？」

エ　X「携帯電話を失くした」
　　Y「君の携帯に電話してみようか？」

オ　X「キャッシュカードを失くした」
　　Y「銀行口座を止める手続はしたの？」

A アとイ	**B** アとウ	**C** アとエ	**D** アとオ
E イとウ	**F** イとエ	**G** イとオ	**H** ウとエ
I ウとオ	**J** エとオ		

時間をかけない解き方

P（ウ、オ）　… 失くしたことを前提にしたうえでの助言
Q（ア、イ、エ）… 失くしたものを見つけるための助言
よって、正解は I（**ウとオ**）

答　え ┃ **I**

[例題7] 次のア〜オは命題である。その真偽の関係によってP（2つ）とQ（3つ）に分けるとき、Pに分類されるものはどれか。A〜Jの中から1つ選びなさい。

目標 1:00

ア　怠け者は成功できない
イ　成功できない人間は怠け者だ
ウ　成功できる人間は怠け者ではない
エ　働き者は成功できる
オ　成功できる人間は働き者だ

A アとイ　　B アとウ　　C アとエ　　D アとオ　　E イとウ
F イとエ　　G イとオ　　H ウとエ　　I ウとオ　　J エとオ

 時間をかけない解き方

ア〜オの文を「AならばBだ」の形式につないだときに正しいといえるもの（真）と、いえないもの（偽）に分けなさいというのが問題の趣旨。

＊ア〜オの文の「内容」（例えば、「怠け者は成功できない」）が正しいかどうかを答える問題ではない。それは各自の主観的な判断によるので、問題として成立しない。

『ア「怠け者は成功できない」ならばイ「成功できない人間は怠け者だ」』が正しいかどうかを**対偶の法則**（下記参照）を利用して判断する。ア「怠け者は成功できない」から正しく導き出せること（真）は、その対偶（逆にして否定する形）「成功できないではない（＝成功できる）のは怠け者ではない」。これはウなので、アとウが真の関係で、アとイは真の関係ではない（偽）。さらに「怠け者ではない」は「働き者」ということだから、オもアと真の関係。ア、ウ、オが3つのグループQなので、イとエが2つのグループPになる。

　ちなみに、イ「成功できない人間は怠け者だ」と真の関係にあるのは、その対偶「怠け者ではない人（＝働き者）は成功できる」なので、エになっている。

対偶の法則とは ──
ある命題「AならばB」に対してその命題の対偶「BでないならばAでない」（逆にして否定にした形）は必ず正しい、という論理学の法則。

答え　**F**

性格検査

5章

性格検査 対策のポイント

現在使われている「SPI3」の性格検査について、25年以上にわたり学生を指導してきた就職塾・阪東100本塾の阪東恭一氏に、設問の分析をしてもらいました。

SPI3性格検査とは

SPI2からSPI3にバージョンアップした際、言語・非言語の能力問題については、かつて使われていたSPI2とほとんど変わりませんでした。大きく変わったのは性格検査の部分です。SPI3を提供しているリクルートマネジメントソリューションズは「企業側の要望もあり」開発したとしています。

適性検査の開発には、検査の実施とその統計的分析を行い、そこから得られたデータの信頼性と妥当性を検証する、という方法をとります。

さまざまな受検者に適用される検査項目を開発するというのは、大変に手間のかかる作業になります。その分、何十年もかけて開発・改良されてきたこの就職試験用の適性検査は、選考にあたっての利用価値が高い＝企業からの信頼度が高いということなのです。

SPIを採用する企業は、SPIによる性格判定をより重視し、面接での質問にも反映させるようになっています。

SPI3適性検査の測定領域

SPI3性格検査では、従来のSPI2で測定された「情緒的側面」「行動的側面」「意欲的側面」「職務適応性」という4つの測定領域に、「社会関係的側面」と「組織適応性」という2つの測定領域が追加されました(性格を測定する「情緒的側面」「行動的側面」「意欲的側面」「社会関係的側面」に対応する設問の例は、258ページ以降を参照)。

企業側に提供されるSPI3の報告書には、次のような項目があります。

■ 受検者の性格
（1）情緒的側面　（2）行動的側面
（3）意欲的側面　（4）社会関係的側面※
■ 受検者の能力
（1）言語能力　　（2）非言語能力
■ 人物イメージ　　■ チェックポイント
■ 職務適応性　　■ 組織適応性※　※SPI3で追加された項目

　受検者の性格は「情緒的側面」「行動的側面」「意欲的側面」「社会関係的側面」の4つの領域から測定します。「情緒的側面」は、行動に現れにくい気持ちの動きの基本的な特徴を6つの尺度から測定します。「行動的側面」は、行動として表面に現れやすい特徴を5つの尺度から測定します。「意欲的側面」は、目標の高さや活動エネルギーの大きさの特徴を2つの尺度から測定します。「社会関係的側面」は、上司や先輩・同僚・後輩などとの人間関係や、企業全体や配属部署など組織との関わりの中で（とくに、難題に直面したときに）現れやすい特徴を5つの尺度から測定します。

　測定される受検者の能力検査については、本書の1章や2・3章冒頭の概論に詳しく述べられているので、そちらを参照してください。

　人物イメージは、性格の4領域から割り出される受検者の特徴から「人物の全体像」「どんな仕事で力を発揮しやすいか」「難題に直面したときに現れやすい特徴」の3つに関してコメントをまとめたものです。

　チェックポイントは、受検者の「弱みの面」から見た特徴をまとめたものです。職務適応性は、「性格」と「能力」の測定領域から、さまざまな職務への適応性を割り出して、5段階の評価で判定するものです。

　組織適応性は、受検者の「組織への適応のしやすさ」や「どのような組織になじみやすいか」を5段階の評価で測定するものです。

　このように、6つの測定領域や能力検査の結果から、受検者の適性に関する報告書がまとめられ、人事担当の手元に届けられるのです。

「社会関係的側面」「組織適応性」が追加された背景とは

　SPI 3でこれら2つの測定領域が追加された背景には、近年問題となっている、入社して1～数年程度の若手社員の退職が増えていることがあります。企業にとっては、多額の費用をかけて選考・採用し、これから育成しようとしている若手社員に辞められてしまうことは、大きな損失です。「それをいかに食い止めるか」が各企業の人事担当の大きな課題になっているのです。

　従来のSPI 2では、受検者の職務への適応性を測定していましたが「若手社員の定着」を考慮に入れた場合に、受検者の「社会関係的側面」と「組織適応性」を測定する必要が出てきたのです。

　企業側の要望に応えるべく登場したSPI 3ですが、じつは受検者にとってもメリットがあると考えられます。それは、この適性検査によって受検者・企業側、お互いのミスマッチの発生を少なからず抑えることができるからです。

構成面での変更点——4つに増えた選択肢

　SPI 3性格検査の構成上の特徴は、①第1部から第3部までの三部構成であること、②設問の内容などが実施する企業によって異なること、③選択肢の数が2つから4つに増えたことが挙げられます。

　第1部から第3部までの三部構成であることは共通ですが、設問の内容と制限時間は企業によって異なり、問題数300問程度・制限時間40分前後となっています。また、選択肢については、SPI 2までは「YES or NO」「A or B」の2択であったものが、下記のような4択に増え、これによって、受検者の性格適性をより細かく分類できるようになりました。

パターン1
（第1部・第3部）

A：Aに近い
A'：どちらかといえばAに近い
B'：どちらかといえばBに近い
B：Bに近い

パターン2
（第2部）

1：あてはまらない
2：どちらかといえばあてはまらない
3：どちらかといえばあてはまる
4：あてはまる

300問ほどもある設問に対して、1問数秒という限られた時間内で答えなければならないので、迷っている暇はありません。能力検査とは異なり、「問題が解けない！」という心配はないのですが、逆に事前準備はどうすればよいか、対策を立てにくい検査項目だといえるでしょう。

性格検査への対策は?

一般的に、企業が求める人材には、ある程度の特徴があります。

①人前で話すことや、初対面の人と仲よくなることが得意な人のほうがよい

②体を動かすことが好きであり、機敏な動きをするほうがよい

③常に細かくチェックして、絶えず確認しながら、慎重に行動するほうがよい

④大きな目標を立てて、粘り強く努力し、さらに競争心が強い人のほうがよい

⑤精神的に強く、安定している人のほうがよい(つまり、精神的に弱く、不安定なのはよくない)

※最近では、次の項目も追加されます。

⑥人間関係や組織の風土に適応しやすい人のほうがよい

ただし、これらは、あくまでも企業が求める理想的な人物像ですから、ある程度わきまえたうえで「正直」に答えていくのが基本です。

また、SPI3の特徴として、似たような設問が繰り返されます。これは、自分をよく見せようと工夫して答えた受検者に対して「前回はどう答えたかな？」と忘れて別の答えを選んでしまうように仕向けているのです。つまり、せっかく工夫してついた「嘘」がばれることになり、報告書の応答態度に関する評価欄に「この受検者は自分をよく見せようと回答を操作している」などと書かれてしまうので、あまり背伸びをして答えないよう、注意しましょう。

ただし、多少の間違いは「ヒューマンエラー」とみなされるので、そんなに気にする必要はありません。

最後になりますが、2～3社で体験しておけば慣れるので、第一志望の会社の前に受けておくことをおすすめします。また、本書の設問例が出るとは限らないので、注意してください。

情緒的側面 敏感性
神経質か・鈍感か

例題 次の質問はあなたの行動や考えにどの程度あてはまるか。最も近い選択肢を選びなさい。

1：あてはまらない
2：どちらかといえば あてはまらない
3：どちらかといえば あてはまる
4：あてはまる

（1）他人からまじめすぎると言われることがある

（2）他人の（自分に対する）評判がとても気になってしまう

（3）電車の中などで、隣の座席や近くにいる人の聞いている音楽や携帯通話が気になる

（4）スケジュールどおりにいかないと、いらついてしまうことが多い

（5）つまらないことでも気をもむことが多い

上の質問からあなたの性格はこう判断される！

1や2 が多い人 ➡ 敏感性が低い性格

敏感性が低いことの長所を活かして、面接ではこうアピールしよう

●他人の「態度」に過剰に反応しない／毅然として、情緒も安定している

→やや他人の意見に耳を傾けないなどの一面があるが、ゼミやサークルでは決断を求められる場面が多く、あまりに過敏だと、決断できない場合がある。物事をはっきり言えるので、面接官の印象はいいはず。

PRの例「アメリカンフットボール部の主将として、周囲の反対を押し切って1年生の正選手起用を決めた。それによってリーグ昇格を果たすことができた」

3や4 が多い人 ➡ 敏感性が高い性格

敏感性が高いことの長所を活かして、面接ではこうアピールしよう

●他人の「反応」や「態度」に敏感で、優しい

→ほかに「慎重な一面がある」「感受性が高いほうだ」などの質問があるが、3や4が多くても気にすることはない。しかし、面接が圧迫風の場合、本当に神経質な人は「頭の中が真っ白」になるので要注意。

PRの例「テニスサークルの副幹事長として、幹事長の目が届かない部分の補佐をした。合宿などでは、遅刻しそうな人に事前にメールを入れた。また、携帯が邪魔なときは、全体の合意を得て休憩以外『回収』し、活動に集中させた」

情緒的側面 自責性

まじめか・楽天的か

> **例題** 次の質問はあなたの行動や考えにどの程度あてはまるか。最も近い選択肢を選びなさい。
>
> (1) 何か起こったとき、自分のせいだと思ってしまう
> (2) 取り越し苦労をすることが多い
> (3) よく後悔するほうだ

> 1：あてはまらない
> 2：どちらかといえばあてはまらない
> 3：どちらかといえばあてはまる
> 4：あてはまる

上の質問からあなたの性格はこう判断される！

1や**2**が多い人 ➡ 自責性が低い性格

> 自責性が低いことの長所を活かして、面接ではこうアピールしよう

● **楽天的／いつも明るい／行動力や決断力がある／活発であるなど**

→ 文化祭やサークルの打ち上げで仲間たちと楽しく盛り上がった体験／移動・移転先での生活について感じたこと／マイペースだと指摘されたときのことなどを話すとよい

PRの例「父の転勤に伴って、海外から国内の地方まで、いろいろな場所で生活してきた。新しい土地ではまず、そこの文化・習慣などをすぐに調べて、なるべく地元の人たちと接するように心がけた」

3や**4**が多い人 ➡ 自責性が高い性格

> 自責性が高いことの長所を活かして、面接ではこうアピールしよう

● **自分に厳しいが他人には優しい／まじめである／細かいこともおろそかにしないなど**

→ くよくよ悩んだり、悩むことで成長したと思う体験／まじめだと言われたときの経験を話すとよい

PRの例「まじめすぎると友人から言われるが、自分はそのほうが細かいところに気がついてよいと思っている。ただ、細かすぎたり、小さなことでくよくよしたりしないようにと、注意はしている」

情緒的側面 気分性

気分にムラがある？

例題 次の質問はあなたの行動や考えにどの程度あてはまるか。最も近い選択肢を選びなさい。

（1）周りの意見に左右されやすい

（2）どちらかというと、熱しやすく冷めやすい

（3）感情的になりやすいほうだ

| 1 ：あてはまらない |
| 2 ：どちらかといえば あてはまらない |
| 3 ：どちらかといえば あてはまる |
| 4 ：あてはまる |

上の質問からあなたの性格はこう判断される！

1や2が多い人 ➡ 気分性が低い性格

気分性が低いことの長所を活かして、面接ではこうアピールしよう

● **冷静／しっかり者と言われる／意志が強い／人の意見に左右されないなど**

→文化祭・サークル・ゼミ・アルバイト先などで「取り仕切った」経験／在学中に取り組んだ研究や勉強についての体験などを話すとよい

PRの例「好きな専攻だったので、とにかく研究に集中した。学部生レベルの研究なので、企業ですぐ役に立つとは思っていないが、研究に対する心構えだけは学べたと思う」

「アルバイト先では年末年始やクリスマス、そのほかにもイベントがある時期には店長から必ず出勤を依頼された。実際、かなり大変だったが、信頼にこたえたくてがんばった」

3や4が多い人 ➡ 気分性が高い性格

気分性が高いことの長所を活かして、面接ではこうアピールしよう

● **感情が豊か／面白みがあるなど**

→周りがしらけたときに、自分のひと言で盛り上がったときの経験／楽しい話をできたときのことなどを話すとよい

PRの例「サークルでも、とくに幹部などにはなっていないが、何かひとつ貢献しておきたくて、宴会の幹事を務めた。細かい設定や管理など、大変なこともあったが、何よりも人を楽しませることが面白く、これも大事な役割なのだなと勉強になった」

情緒的側面 独自性

個性が強い？　弱い？

> **例題** 次の質問はあなたの行動や考えにどの程度あてはまるか。最も近い選択肢を選びなさい。
>
> （1）人間関係がわずらわしいと思うことが多いほうだ
> （2）人に反対されても、あまり気にしない
> （3）自分の意見をもっている
> （4）人は人、自分は自分だと思う
> （5）外出するときは、ひとりのことが多い

> 1：あてはまらない
> 2：どちらかといえば
> 　　あてはまらない
> 3：どちらかといえば
> 　　あてはまる
> 4：あてはまる

上の質問からあなたの性格はこう判断される！

1や2 が多い人 ➡ 独自性が低い性格

独自性が低いことの長所を活かして、面接ではこうアピールしよう

●**協調性がある／みんなとうまくやっていける**

→チームワークが必要になるような場で、自分がとった役割について／人の相談にのったときのことなどを話すとよい

PRの例「大学ではソフトボール部でがんばった。じつは、選手としてはさっぱり振るわなかったが、チームワークのバランスをとるという役割で貢献した。後輩や先輩の上手な愚痴の聞き役だったかなとも思う」

3や4 が多い人 ➡ 独自性が高い性格

独自性が高いことの長所を活かして、面接ではこうアピールしよう

●**ユニーク／個性的／独自の考えをもっている**

→学生生活の場面で、自分のアイディアが取り上げられたときのこと／人とは異なった観点に立てることなどを話すとよい

PRの例「サークルの運営では、新しいアイディアを出すことが得意だった。比較的、よく自分のアイディアが通ったほうだと思う。一方で、わがままにならないように、常に心がけていた」

情緒的側面 自信性
自分に自信があるかどうか

例題 次の質問はあなたの行動や考えにどの程度あてはまるか。最も近い選択肢を選びなさい。

（1）人前で意見を発表するのは得意なほうだ
（2）人に注意されると腹が立つ
（3）人を説得する自信がある
（4）気が強い人だと言われることが多い
（5）自分の意見をはっきり言う

```
1：あてはまらない
2：どちらかといえば
　　あてはまらない
3：どちらかといえば
　　あてはまる
4：あてはまる
```

上の質問からあなたの性格はこう判断される！

1や2が多い人 ➡ 自信性が低い性格
自信性が低いことの長所を活かして、面接ではこうアピールしよう

●**控えめ／他人に優しいなど**
　→人に優しいと言われたときのこと／一歩下がったところから、物事を見つめ、的確な判断ができたときのことなどを話すとよい

PRの例「ゼミでは、人生相談担当と言われている。人の意見をじっくりと聞くことが得意だ。私自身も、さまざまな人の話からたくさんのことを学ぶことができた」
「人の話を参考に、一歩下がったところから、物事を判断するのが得意だ」

3や4が多い人 ➡ 自信性が高い性格
自信性が高いことの長所を活かして、面接ではこうアピールしよう

●**しっかりした意見をもっている／堂々としている／物怖じしない**
　→大勢の人の前で意見を発表した体験／アルバイト先で、社会人と堂々とわたり合えたことなどを話すとよい

PRの例「スピーチのコンテストで、600人くらいの前で話をした。緊張はしたが、その日に向けて準備したことや、そのほかたくさんの苦労が実った！　と感じられた。度胸がついたと思う」

情緒的側面 高揚性

興奮しやすい？ それとも冷静？

例題 次の質問はあなたの行動や考えにどの程度あてはまるか。最も近い選択肢を選びなさい。	1：あてはまらない
	2：どちらかといえば あてはまらない
（1）文化祭などのイベントが好きだ	3：どちらかといえば あてはまる
（2）お調子者だと言われることが、たまにある	
（3）カッとなることがよくあるほうだ	4：あてはまる

上の質問からあなたの性格はこう判断される！

1や2が多い人 → 高揚性が低い性格

高揚性が低いことの長所を活かして、面接ではこうアピールしよう

●いつも冷静／信頼される存在／精神的に安定している

→研究・作業・アルバイト先などでバックアップする役についたときのことなどを話すとよい

PRの例「年配の方からものを頼まれることが多く、社会性を学ぶ貴重な機会を多くもてたと思う」

3や4が多い人 → 高揚性が高い性格

高揚性が高いことの長所を活かして、面接ではこうアピールしよう

●明るい／目立つ存在など

→何人もいる中でまっさきに名前を覚えてもらえた体験／イベントになると頼られたり、必ず声をかけられたという経験などを話すとよい

PRの例「イベントになると、必ず何かの役割を担当した。軽率な行動をとらないよう注意しながら、役割を楽しんで遂行できたと思う」

[ワンポイントメモ] 各質問でチェックされる項目について

似たような性質のものがあるように見えますが、じつは比較的相互に独立した要因と考えられています。一つひとつ丁寧に自分のことを考え、検討してみましょう。友人にチェックしてもらうのも効果的です。

263

社会的内向性

行動的 側面

人見知りなほうかどうか

例題 次の質問はあなたの行動や考えにどの程度あてはまるか。最も近い選択肢を選びなさい。

（1）A：どちらかというと初対面の人は苦手だ
　　B：初対面の人でも、気軽に話しかけることができる
（2）A：サークルなどのコンパに出るのは気が進まない
　　B：サークルなどのコンパに出るのは好きだ
（3）A：ゼミなどでみんなの前で自分の意見を述べるのは苦手だ
　　B：ゼミなどでみんなの前で自分の意見を述べるのは苦手ではない

A：Aに近い
A'：どちらかといえば
　　Aに近い
B'：どちらかといえば
　　Bに近い
B：Bに近い

上の質問からあなたの性格はこう判断される！

AやA'が多い人 ➡ 社会的内向性が高い性格

社会的内向性が高いことの長所を活かして、面接ではこうアピールしよう

●**自分の意見をはっきり言わないが、決まったことに対して従える**

→「控えめな人間だが、協調性がある」ことをアピールしよう。日本人の「特性」であり、強く自己主張をするばかりがいいことではない。チームワークを尊重する面を「売り」にするとよい。

PRの例「私はどちらかといえば内向的だが、縁の下の力持ちとして地道に働ける。社会人になったら、積極的にコミュニケーションをとっていきたいと思う」

BやB'が多い人 ➡ 社会的内向性が低い性格

社会的内向性が低いことの長所を活かして、面接ではこうアピールしよう

●**「内向性が低い」＝「外交的」（営業職には不可欠な要素）**

→自分の意見をはっきり言えるので、上司に自分のスタンスが伝わりやすい。また、外交的な性格は、商社や流通業界など「話上手」が不可欠な職場では有利。ただし、チームワークを尊重する面もしっかり伝えておくことが大事。

PRの例「外交的な性格を活かして、営業や接客でがんばりたい。また、会社のイベントではその場を盛り上げ、会社の士気の向上に役立ちたい」

行動的側面 内省性
物事を深く考えられるかどうか

例題 次の質問はあなたの行動や考えにどの程度あてはまるか。最も近い選択肢を選びなさい。

（1）A：どちらかというと理屈っぽいほうだ
　　　B：どちらかというと行動派だ
（2）A：決断が遅い
　　　B：すぐに決断する
（3）A：計画を立ててから行動するのが好きだ
　　　B：思ったことをすぐ行動に移すのが好きだ

A ： Aに近い
A'： どちらかといえば
　　 Aに近い
B'： どちらかといえば
　　 Bに近い
B ： Bに近い

上の質問からあなたの性格はこう判断される！

AやA'が多い人 ➡ 内省性が高い性格

内省性が高いことの長所を活かして、面接ではこうアピールしよう

● **いろいろと考えることが好き／細かいところにも目が行き届く**
　→論理的に物事を展開させた経験／気遣いが功を奏した経験などを話すとよい

PRの例「研究の発表では、いかにうまく相手に伝えられるかを念頭に置いて、研究内容の発表原稿を煮詰めた。自分自身を追い込みすぎないように、また、理屈に走りすぎないように気をつけた」

BやB'が多い人 ➡ 内省性が低い性格

内省性が低いことの長所を活かして、面接ではこうアピールしよう

● **決断が早い／さばさばしている／行動的／フットワークが軽い**
　→思い立ってすぐ行動した大胆な経験／行動派を象徴するような体験などを話すとよい

PRの例「ある大会で優勝したマラソン選手が『楽しんで走りました』とインタビューに答えていたのを見て、地元で行われるハーフマラソン大会を調べて出場した。完走したときの爽快感は今でも忘れられない」

行動的側面 身体活動性

活発かどうか

例題 次の質問はあなたの行動や考えにどの程度あてはまるか。最も近い選択肢を選びなさい。

(1) A：休日は外出することが多い
　　B：休日は家で過ごすことが多い

(2) A：どちらかというと、活動的なほうだ
　　B：どちらかというと、のんびりしているほうだ

(3) A：体を動かすことが好きだ
　　B：じっとしているほうが好きだ

選択肢
A：Aに近い
A'：どちらかといえばAに近い
B'：どちらかといえばBに近い
B：Bに近い

上の質問からあなたの性格はこう判断される！

AやA'が多い人 ➡ 身体活動性が高い性格

身体活動性が高いことの長所を活かして、面接ではこうアピールしよう

●積極的／活発／動作やレスポンス(反応)が早い／キビキビしている

→いつでも、だれよりも早く行動に移せること／スポーツで活躍した体験などを話すとよい

PRの例「アルバイト先では『手伝いを頼むと、君がいちばん初めに返事をして手伝いにきてくれるね』と言われる」

BやB'が多い人 ➡ 身体活動性が低い性格

身体活動性が低いことの長所を活かして、面接ではこうアピールしよう

●落ち着いている／しっかりしている

→「落ち着いている」と言われたときの経験／「しっかりしている」と感心されたことのある経験などを話すとよい

PRの例「ボランティア活動の中で、年上の人から『若いのに落ち着いてるね』と言われたことがある。落ち着きだけでなく、若者らしくキビキビ動くように心がけている」

行動的側面 持続性

胆力があるか・コンスタントにできるか

例題 次の質問はあなたの行動や考えにどの程度あてはまるか。最も近い選択肢を選びなさい。

(1) A：物事に関して、粘るほうだ
B：物事に関して、あっさりしているほうだ
(2) A：一度始めたことは最後までやり抜く
B：選択肢は常に複数もっている
(3) A：どちらかというと努力家だと思う
B：どちらかというと臨機応変型だと思う

A：Aに近い
A'：どちらかといえばAに近い
B'：どちらかといえばBに近い
B：Bに近い

上の質問からあなたの性格はこう判断される！

AやA'が多い人 ➡ 持続性が高い性格

持続性が高いことの長所を活かして、面接ではこうアピールしよう

●**粘り強さ／初志貫徹／最後までやり抜く／物事にこだわりをもてる**
　→最後までやり遂げたことについて／こだわりのあることなどについて話すとよい

PRの例「ケーキ屋でアルバイトをしていた。3年間同じ職場で働いていた。ほかの職場にも興味はあったのだが、ひとつのアルバイトを続ける中での発見もたくさんあったと思う」

BやB'が多い人 ➡ 持続性が低い性格

持続性が低いことの長所を活かして、面接ではこうアピールしよう

●**臨機応変に対応できる／柔軟／発想の転換がうまい**
　→行き詰まったときに、自分が発想を転換させることで、周りの人が助かったときのことなどを話すとよい

PRの例「共同研究では、自分の意見をもちつつ、むしろ研究員の相反するこだわりを調整することに努めた。ちょっとした発想の転換で、まとまりをもつようになれた」

慎重性

決断や行動は慎重か・迅速か

例題 次の質問はあなたの行動や考えにどの程度あてはまるか。最も近い選択肢を選びなさい。		A：Aに近い A'：どちらかといえば 　　Aに近い B'：どちらかといえば 　　Bに近い B：Bに近い

（1）A：見通しがつかないと不安だ
　　 B：見通しがつかなくても気にならない
（2）A：行動する前に考え直すことが多い
　　 B：衝動的に行動することが多い
（3）A：旅行は計画を立ててから行く
　　 B：気ままな旅行が好きだ

上の質問からあなたの性格はこう判断される！

AやA'が多い人 ➡ 慎重性が高い性格

慎重性が高いことの長所を活かして、面接ではこうアピールしよう

●**計画的に物事を推し進める／冷静／客観的で過信しない**

　→計画的に物事を進めて成功した経験／あわてふためかずに行動して功を奏した経験などを話すとよい

PRの例「サークルの合宿はいつもトラブルの連続だったが、冷静に行動して、ことなきを得たことが多かった。多少計画のペースを鈍らせることになっても、冷静に行動することが必要だと感じた」

BやB'が多い人 ➡ 慎重性が低い性格

慎重性が低いことの長所を活かして、面接ではこうアピールしよう

●**物事に対して柔軟／決断が迅速**

　→迅速な決断が功を奏した経験／柔軟に対処ができ、認められた経験などを話すとよい

PRの例「イベントのアルバイトをしていた。多少マニュアルと異なっても、トラブルが起きたり苦情が出たりした場合は上司に届け、お客さまへのサービスを第一に考えた」

達成意欲

意欲的側面

目標に向かって、どのような姿勢でのぞむか

例題 次の質問はあなたの行動や考えにどの程度あてはまるか。最も近い選択肢を選びなさい。

（1）A：挑戦していく仕事がしたい
　　　B：堅実な仕事がしたい

（2）A：野心家と言われる
　　　B：欲がないと言われる

（3）A：何か大きなことをやってみたい
　　　B：人並みをクリアしていればよい

A：Aに近い
A'：どちらかといえばAに近い
B'：どちらかといえばBに近い
B：Bに近い

上の質問からあなたの性格はこう判断される！

A や A' が多い人 → 達成意欲が高い性格

達成意欲が高いことの長所を活かして、面接ではこうアピールしよう

●**負けず嫌い／がんばり屋／チャレンジ精神にあふれている**

　→苦境に立たされたときに、そのピンチを切り抜けた経験／思い切って、大きなことにチャレンジした経験などを話すとよい

PRの例「大学の交換留学のシステムを利用して、アメリカへ短期留学に行った。2年次であったが、向こうでは3年生クラスの勉強をした。学生時代を利用して、大きなことにチャレンジできたことがよかったと思う」

B や B' が多い人 → 達成意欲が低い性格

達成意欲が低いことの長所を活かして、面接ではこうアピールしよう

●**与えられた仕事を着実にこなす／物事の過程を重視して、真剣に取り組む**

　→確実に仕事をこなしたときのことなどを話すとよい

PRの例「初めての留学では、とにかく授業をこなすことで精いっぱいだった。単位をとれるかどうか、最初はとても不安だったが、一つひとつこなしていくことで、いつのまにか課題を達成することができた」

意欲的側面 活動意欲

エネルギッシュかどうか

例題 次の質問はあなたの行動や考えにどの程度あてはまるか。最も近い選択肢を選びなさい。

（1）A：どちらかというとオフェンス向きだ
　　 B：どちらかというと、ディフェンス向きだ
（2）A：自分からすすんで行動するほうだ
　　 B：人のあとからついて行動するほうだ
（3）A：あれこれ考える前に行動する
　　 B：考えてから行動する

A：Aに近い
A'：どちらかといえば
　　Aに近い
B'：どちらかといえば
　　Bに近い
B：Bに近い

上の質問からあなたの性格はこう判断される！

AやA'が多い人 ➡ 活動意欲が高い性格

活動意欲が高いことの長所を活かして、面接ではこうアピールしよう

●バイタリティーがある／いつも元気／決断力がある／キビキビしている

→幾人かいる中でまっさきに名前を覚えてもらえた体験／あることにチャレンジし、達成した経験などを話すとよい

PRの例 「ある学生論文の懸賞に応募した。講義やアルバイトの合間を縫って研究を続けることは大変だったが、なんとか入選することができた」

BやB'が多い人 ➡ 活動意欲が低い性格

活動意欲が低いことの長所を活かして、面接ではこうアピールしよう

●安全を重んじる／秩序を守るなど

→自分の意見を相手が受け取りやすいかたちで表現できたときのことなどを話すとよい

PRの例 「アルバイト先で、慎重に荷物を取り扱うあまり、先輩からやる気がないと思われて叱られたことがある。しかし、丁寧にコミュニケーションを図ることで解決した。現在は、先輩から言われたことと、自分の得意なことの双方を考慮しつつ、がんばっている」

社会関係的側面（全般）　従順性／回避性／批判性／自己尊重性／懐疑思考性

例題 次の質問はあなたの行動や考えにどの程度あてはまるか。最も近い選択肢を選びなさい。

（1）A：人の意見を受け入れる
　　　B：自分の意見を主張する
（2）A：丁寧な指導を受けたい
　　　B：好きなようにやらせてほしい
（3）A：チームワークを第一に考える
　　　B：成果を出すことを第一に考える
（4）A：人の反応が気になる
　　　B：人がどう思うかは重要ではない

A：Aに近い
A'：どちらかといえばAに近い
B'：どちらかといえばBに近い
B：Bに近い

上の質問からあなたの性格はこう判断される！

AやA'が多い人 ➡ 周りに頼る傾向が強い性格

その長所を活かして、面接ではこうアピールしよう

● 厳しい状況に対しては、周囲と協力して解決する

● 先頭に立つほうではないが協調性は高い

PRの例「ゼミの仲間と議論をするときは、いきなり発言するのではなく、まずはみんなの意見を聞くように心がけていた。みんなもそれを知っているので、議論が紛糾したときは、よく調停役を任された」

BやB'が多い人 ➡ 人には頼らない傾向が強い性格

その長所を活かして、面接ではこうアピールしよう

● 厳しい状況に対しては、自分1人でも立ち向かう

● 今までリーダーになることが多かった

PRの例「困難な課題に立ち向かうのが好きで、ゼミでもサークルでも、気づくとリーダーに推されていた」

[ワンポイントメモ] A'やB'が多い人は

　上の例では「AやA'が多い人」と「BやB'が多い人」という分け方をしていますが、「A'やB'が多い人」は、状況に応じて「リーダー」にも「裏方」にもなれるとアピールすることもできます。

編集協力・DTP：knowm（和田士朗　大澤雄一）

本書に関する正誤等の最新情報は、下記のアドレスで確認することができます。
https://www.seibidoshuppan.co.jp/support/

上記ＵＲＬに記載されていない箇所で正誤についてお気づきの場合は、書名・発行日・質問事項・ページ数・氏名・郵便番号・住所・ファクシミリ番号を明記の上、郵送またはファクシミリで成美堂出版までお問い合わせください。

　※電話でのお問い合わせはお受けできません。

　※本書の正誤に関するご質問以外にはお答えできません。また受検指導などは行っておりません。

　※ご質問の到着確認後、10日前後に回答を普通郵便またはファクシミリで発送いたします。

ご質問の受付期限は、2025年4月末到着分までとさせていただきます。ご了承ください。

最新最強のSPIクリア問題集　'26年版

2024年5月20日発行

編　著	成美堂出版編集部
発行者	深見公子
発行所	成美堂出版
	〒162-8445　東京都新宿区新小川町1-7
	電話(03)5206-8151　FAX(03)5206-8159
印　刷	大盛印刷株式会社

©SEIBIDO SHUPPAN 2024 PRINTED IN JAPAN
ISBN978-4-415-23831-9

最新最強の
SPI
クリア問題集

別冊**1**

模擬試験①

ペーパーテスティング／
テストセンター形式

➡ 矢印の方向に引くと別冊１が取り外せます。

別冊 1
模擬試験①

検査Ⅰ（言語能力問題）の問題数は40問、制限時間
は30分です。

検査Ⅱ（非言語能力問題）の問題数は30問、制限時
間は40分です。

いずれも、実際の試験と同じ問題数・制限時間（ペー
パーテスティングの場合）になっているので、時間
は必ず守ってください。

ただし、検査Ⅰの長文読解は、実際の試験では大問
が3つ出題されます。

答えは別冊3の96〜109ページにあります。

模擬試験①にチャレンジする際は、この別冊の巻末
にあるマークシートをコピーしてお使いください。

検査 I（言語能力問題）

● 以下の各問題について、選択肢の中から正しいと思うものを、1つだけ選んでください。
● 問題数は40問、制限時間は30分です。時間は必ず守ってください。
● 答えは別冊3の96〜100ページにあります。

[1]〜[7]では、最初に太字で示された二語の関係を考えて、これと同じ関係を
表す対を作るとき、AからEまでの語の中から適切なものを1つ選びなさい。

[1]北：方角

綿：
- A 絹
- B 服
- C コート
- D ウール
- E 繊維

[2]インド：カナダ

リュックサック：
- A 荷物
- B 巾着
- C ハイキング
- D 背中
- E ポケット

[3]半紙：紙

黒：
- A 白
- B 鉄
- C 色
- D 黒海
- E 墨

[4]レール：鉄

鉛筆：
- A 黒鉛
- B スズ
- C タングステン
- D 窒素
- E インク

[5]パイロット：操縦

板前：
- A 修業
- B 職人
- C 調理
- D 出前
- E 若者

[6]タンス：収納

絵具：
- A チューブ
- B 画板
- C 色鉛筆
- D 絵画
- E 画家

1

[7]無料：有料

楽勝：
- **A** 大勝
- **B** 圧勝
- **C** 辛勝
- **D** 優勝
- **E** 敗退

[8]〜[17]では、各問のはじめに挙げた言葉と意味が最も合うものを1つずつ選びなさい。

[8]ひそかに企てた悪事
- **A** 陰謀
- **B** 企図
- **C** 愚考
- **D** 旧悪
- **E** 黙考

[9]地位や身分が低いこと
- **A** 卑近
- **B** 卑屈
- **C** 卑賤
- **D** 卑俗
- **E** 卑劣

[10]遠慮すること
- **A** 忌憚
- **B** 驕傲
- **C** 不為
- **D** 顧慮
- **E** 無粋

[11]人づてに聞くこと
- **A** 通報
- **B** 伝承
- **C** 聴聞
- **D** 報知
- **E** 脈絡

[12]自分を理解して付き合ってくれる人
- **A** 親交
- **B** 朋友
- **C** 仲介
- **D** 親睦
- **E** 知己

[13]既に世間に多くありふれていること
- **A** 日常
- **B** 凡庸
- **C** 平凡
- **D** 陳腐
- **E** 大量

[14] でっちあげること

 A 捏造

 B 贋作

 C 仮構

 D 嘘字

 E 操作

[15] 場に応じて適切に対応する力

 A 賢顔

 B 賢才

 C 機知

 D 知的

 E 察知

[16] おおまかな見当

 A 採算

 B 目算

 C 推量

 D 概算

 E 計画

[17] うんざりすること

 A 吐息

 B 嘆息

 C 面倒

 D 気褄

 E 辟易

別冊1 模擬試験①

[18]～[23] では、下線部の語と最も近い用法で使われているものを1つずつ選びなさい。

[18] 事態を重く<u>見た</u>

 A 刑事は彼が犯人だと<u>見た</u>

 B こどもの面倒を<u>見た</u>

 C <u>見</u>ため通りの性格

 D 車の調子を<u>見た</u>

 E <u>見</u>たことのない顔

[19] 株<u>価</u>の急騰

 A 彼のコーヒー

 B 平家の没落

 C エアコンの<u>温度</u>

 D 手の内を見せる

 E 星空の<u>下</u>

[20] 兄に助け<u>られた</u>

 A はっきりと思い出さ<u>れた</u>

 B プラチナチケットがと<u>れた</u>

 C 温厚な父に怒<u>られた</u>

 D 先生が来<u>られた</u>

 E 我ながらよく覚え<u>られた</u>

[21] 本<u>らしい</u>本を読んでいない

 A 彼も本を読みたい<u>らしい</u>

 B 彼の態度は男<u>らしい</u>

 C 明日は雨が降る<u>らしい</u>

 D イヌを飼っている<u>らしい</u>

 E 彼女も来る<u>らしい</u>

[22]態度が<u>かわる</u>

    A 当番を<u>かわる</u>

    B 顔色が<u>かわる</u>

    C 電気が熱に<u>かわる</u>

    D メンバーが入れ<u>かわる</u>

    E ダムに<u>かわる</u>治水技術

[23]<u>先</u>のことを考える

    A 枝の<u>先</u>に小鳥が止まる

    B <u>先</u>様の意向しだいだ

    C <u>先</u>の楽しみな若者だ

    D 列の<u>先</u>に並んだ

    E ひと足<u>先</u>に帰ります

[24]、[25]では、AからEの語句を空欄[1]から[5]に入れて意味の通る文を完成させたとき、[　]に当てはまるものは次のうちどれか。

[24]電話や電報が発明されて[　1　][　2　][　3　][　4　]
[　5　]ことが多かった。

   [4]に入るものを選びなさい。

    A 情報が手紙の配達から

    B 言葉と一緒に使われる

    C 切り離される前、

    D コミュニケーションという言葉は

    E 道や川や橋など運輸関連の

[25]アステカ人がスペイン人を[　1　][　2　][　3　][　4　]
[　5　]ということがあった。

   [3]に入るものを選びなさい

4

A 神話が作られた背景には

B その神話を作ったスペイン人が

C 正当性について疑問に駆られていた

D 神として認識していたという

E メキシコに対する侵略の

[26]～[30]では、文章の意味や言葉の使い方から考えて、次の文の空欄に入れるのに最も適したものをAからEまでの中から1つ選びなさい。

別冊1 模擬試験①

[26]巷_{ちまた}の（　　　）を信じてはいけない

A 俗説

B 仮説

C 伝説

D 学説

E 定説

[27]泣きながら窮状を（　　　）訴える

A 淡々と

B 飄々_{ひょうひょう}と

C 悠々と

D 切々と

E 脈々と

[28]うそ偽りのない（　　　）を述べる

A 現実

B 理論

C 実話

D 真理

E 真実

[29]成功する（　　　）は大きい

A 概算

B 公算

C 採算

D 試算

E 目算

[30]国民栄誉賞の受賞は（　　　）の幸せだ

A 言外

B 論外

C 法外

D 望外

E 心外

次の文章を読んで、[31]から[35]までの5問に答えなさい。

　体を覆い隠すという習慣は、食事や排泄の作法とともに「文明」の代名詞であるかのように扱われているが、身体を覆い隠すという行為は、ときにもっともスキャンダラスな行為ともなりうる。

　われわれはふつう頸から下を服で被い、顔は剥き出しにしている。ところが顔は覆面や仮面で隠し、頸から下は素裸というぐあいに、覆う部分を逆にすると、とたんにわれわれは「慎み」を欠いた存在になる。

　聞くところによると、英国のある町では、顔をすっぽり覆って外を歩くと罰せられるのだそうだが、顔を覆い隠すことがなぜそんなに不穏な空気をかもすものか？　衣服で覆われた身体はわれわれを安心させるのに、逆に、布や面で覆われた顔がわれわれを不安にするのはいったいどういうわけか？

　顔を顔でなくすことによってスキャンダルをひき起こす、もう1つの方法がある。表情を停止するというやり方である。動かぬ顔、これもまたひとをひじょうに不安にさせる。顔面からかき消された顔。顔の不在はなぜこのように不気味なのか？

　　　　　　　　　、そもそも人称をもたない顔というものが存在するだろうか。顔というものはおそらく、いつも「だれか」の顔であるはずだ。しかしいつも「だれか」のものであるその顔は、その「だれか」が所有できないものである。理由はしごく単純で、自分の顔は当の自分には見えないからである。

　顔は、よりにもよって（？）、その顔がまさにそのひとの顔であるその当人によって所有されえない。〈わたし〉とわたしの顔は内面的に連結されてはいない。自分の顔の可視性は他者の顔の可視性を迂回して解釈されるしかないものなのだ。

　そうすると、顔の隠蔽と顔の硬直、つまりあの顔の不在とは、わたしと他者がたがいに映しあう鏡のような関係に入ることの不可能性のことである。言いかえるとそれは、顔を「だれかの」顔としている、あるいは顔を「なにかの」表現としている、そういう意味作用のシステムを他者と共有することの拒否、つまりは、わたしと他者が鏡のようにたがいを映しあう、そういう滑らかな交通関係に入ることの拒絶を意味している。その意味で、顔の不在とは、顔が理解可能性の〈外〉へと超出してしまうことである。だからこそ覆われた顔は不気味なのである。

（鷲田清一『最後のモード』人文書院）

[31] 文中の空所 ☐ に入れる言葉として最も適切なものは、次のうちどれか。

A さしあたり　B ところで　C つまり　　D 例えば　　　E しかし

[32] 文中下線の部分スキャンダラスな行為にあてはまるものは、次のうちどれか。

　ア　顔を剥き出しにする

　イ　顔を覆面や仮面で隠す

　ウ　表情を動かさない

A アだけ　　B イだけ　　C ウだけ　　D アとイ　　E アとウ　　F イとウ

[33] 文中下線の部分鏡のような関係にあてはまるものは、次のうちどれか。

　ア　顔の隠蔽と顔の硬直との関係

　イ　「だれかの」顔と「なにかの」表現との関係

　ウ　わたしと他者との滑らかな交通関係

A アだけ　　B イだけ　　C ウだけ　　D アとイ　　E アとウ　　F イとウ

[34] 顔を覆い隠すことが不穏な空気をかもす理由として筆者が述べているものは、次のうちどれか。

　ア　自分の顔は当の自分には見えないから

　イ　〈わたし〉とわたしの顔は内面的に連結されてはいないから

　ウ　相手がだれであるか、どのように感じているかわからないから

A アだけ　　B イだけ　　C ウだけ　　D アとイ　　E アとウ　　F イとウ

[35] 文中に述べられていることと合致するものは、次のうちどれか。

　ア　衣服は、食事や排泄の作法と同じく、文明の一部だと思われている

　イ　自分の顔は自分では所有できない

　ウ　化粧によって素顔を隠すことは相手に不安を与える

A アだけ　　B イだけ　　C ウだけ　　D アとイ　　E アとウ　　F イとウ

次の文を読んで、[36]から[40]までの５問に答えなさい。

　医療という分野では、これまでプロフェッショナル・フリーダム（専門家の自由）ということが重視され、個々の医療行為は基本的に医師の裁量にゆだねられるべきものとされてきた。このことは、同時に、医師の判断に他者が口をはさむべきではない、という考えを強め、　　１　　、ともすれば「ブラックボックスとしての医療」ともいうべき状況、つまり医療という領域が、一般の目からはその中身をうかがい知ることができないような閉鎖的な領域としてある、という傾向を生んできた。

　こうした背景には、医療という営みは、近代科学としての医学を基盤とするきわめて客観的な営みであり、同じような症状や疾患に対する診療行為は、多少の差はあっても基本的に同様のものである、との了解があった。ところが、七〇年代前後からの研究の蓄積のなかで、診療行為のパターンに地域によってきわめて大きなバラツキがあることや、慣習的におこなわれてきている診療行為のなかにほとんど実質的な効果がないもの、場合によっては有害なものが存在することなどが明らかにされるようになった。こうしたなかで、医療サービスや個々の医療技術の有効性や安全性を、個々の医師の勘や経験にゆだねるのではなく、きちんと評価していくことの必要性が強く認識されるようになったのである。

　もちろん事態はそう簡単なものではない。もともと医療の分野において標準化が遅れたのはなぜだろうか。その一つの背景は、医療という営みが、　　２　　というもっとも複雑なシステムを対象とする分野であり、近代科学の最終的なフロンティアとして位置することと関係する。とりわけ慢性疾患の場合には、メンタルな要素を含め無限に多くの要因が、複雑かつ長期に作用した帰結として生じるものであり、感染症の場合のような決定的療法あるいは根治技術がほとんどの場合に存在しないことが、標準化の遅れと大きく関連している（逆にいえば、何らかのブレークスルー＊によって決定的療法が登場したならば、技術は通常その方向におのずと標準化していくものなのである）。

　したがって、その意味では研究開発こそ標準化への近道ということになるが、しかしそうした根治技術が慢性疾患についてただちに登場することを期待するのは困難である。そこでいわば次善の策として、実証的なデータを集約し、さまざまな療法をおこなった場合の患者の病状の改善などを統計的に把握しながら、最

適な診療のガイドラインをつくっていく作業が重要となってくる。

　＊ブレークスルー：大きな進歩、新発見　　　（高久史麿『医の現在』岩波新書）

[36]文中の空所 ___1___ に入れる言葉として最も適切なものは、次のうちどれか。

　A 一方　　　　**B** むしろ　　　**C** しかし　　　**D** すなわち　　**E** その結果

[37]文中の空所 ___2___ に入れる言葉として最も適切なものは、次のうちどれか。

　A 医療技術　　　　　　**B** 医師の勘や経験　　　　**C** 近代科学
　D 生命　　　　　　　　**E** 疾患

[38]診療行為について文中に述べられていることと合致するものは、次のうちどれか。

　ア　診察した医師以外の医師も専門家として意見を述べる自由が重視された
　イ　近代科学としての医学を基盤としている
　ウ　ほとんど実質的な効果がないものもあった

　A アだけ　　**B** イだけ　　**C** ウだけ　　**D** アとイ　　**E** アとウ　　**F** イとウ

[39]医療の標準化について文中に述べられていることと合致するものは、次のうちどれか。

　ア　医療の標準化が進んだのは、医学が最先端の科学だからである
　イ　研究開発により決定的療法が登場すれば、その方向に自然に標準化していく
　ウ　実証的なデータを集約しながら、最適な診療のガイドラインをつくるのがもっともよい方法である

　A アだけ　　**B** イだけ　　**C** ウだけ　　**D** アとイ　　**E** アとウ　　**F** イとウ

[40]文中に述べられていることと合致するものは、次のうちどれか。

　ア　医療という領域は一般人にはわかりにくくなりがちである
　イ　感染症には根治技術がほとんどの場合に存在しない
　ウ　医療サービスの有効性を、個々の医師の勘や経験にゆだねるべきではない

　A アだけ　　**B** イだけ　　**C** ウだけ　　**D** アとイ　　**E** アとウ　　**F** イとウ

検査Ⅱ（非言語能力問題）

● 以下の各問題について、選択肢の中から正しいと思うものを、1つだけ選んでください。
● 問題数は30問、制限時間は40分です。時間は必ず守ってください。
● 答えは別冊3の101〜109ページにあります。

仕入れ値1200円の商品に600円の利益を加えて定価をつけた。次の[1]と[2]に答えなさい。

[1]この商品を定価の3割引で売ったとき、商品1個当たりの利益はいくらになるか。

A 60円　　B 80円　　C 100円　　D 120円　　E 140円
F 160円　　G 180円　　H 200円　　I 220円　　J AからIのいずれでもない

[2]別の商品には550円の利益を加えて定価をつけた。この商品を定価の3割引で売ったところ、利益は商品1個当たり175円になった。このとき、この商品はいくらで仕入れたか。

A 500円　　B 650円　　C 700円　　D 770円　　E 800円
F 890円　　G 1100円　　H 1200円　　I 1300円　　J AからIのいずれでもない

ある鉄道の子ども料金は、正規の大人料金の半額である。また、大人が11人以上で乗車する場合に団体割引があり、10人を超えた分だけ10%割引が適用される。なお、子ども料金には団体割引はない。次の[3]と[4]に答えなさい。

[3]正規の大人料金が900円のところへ、大人6人と子ども5人で乗車するときの料金の総額はいくらか。

A 7560円　　　　　B 7650円　　　　　C 7850円
D 8100円　　　　　E 8550円　　　　　F 9150円
G 9560円　　　　　H 9900円　　　　　I AからHのいずれでもない

[4]正規の大人料金が1200円のところへ、大人13人と子ども18人で乗車するときの料金の総額はいくらか。

A 15600円 　　　 B 19530円 　　　 C 22800円

D 23760円 　　　 E 24840円 　　　 F 25110円

G 26040円 　　　 H 37200円 　　　 I AからHのいずれでもない

ある百貨店では毎年5日間の北海道物産展を開催している。下表は、今年の各曜日の売上目標、売上高、対前年同日比を示したものである。次の[5]～[7]に答えなさい。

	売上目標額	売上高	対前年同比
金曜日	560万円	496万円	99.2%
土曜日		714万円	105.0%
日曜日		645万円	110.3%
月曜日	270万円	224万円	87.5%
火曜日	240万円	221万円	85.0%

[5]金曜日の売上目標額に対する売上高の達成率は何%か（必要なときは、最後に小数点以下第2位を四捨五入すること）。

A 65.2% 　　　 B 70.8% 　　　 C 78.5%

D 83.4% 　　　 E 88.6% 　　　 F 90.4%

G 92.5% 　　　 H 98.8% 　　　 I AからHのいずれでもない

[6]5日間の売上目標額の合計は2500万円で、土曜日の売上目標額は日曜日の売上目標額の1.2倍の額に設定されていた。土曜日の売上目標額はいくらか。

A 550万円 　　　 B 600万円 　　　 C 650万円

D 700万円 　　　 E 720万円 　　　 F 780万円

G 810万円 　　　 H 880万円 　　　 I AからHのいずれでもない

別冊1　模擬試験①

[7]前年の月曜日と火曜日の売上高を比べると、どちらがどれだけ高いか。

A 月曜日が40万円高い   B 月曜日が24万円高い

C 月曜日が12万円高い   D 月曜日が 4 万円高い

E 火曜日が 4 万円高い   F 火曜日が12万円高い

G 火曜日が24万円高い   H 同じである

I A から H のいずれでもない

1 つの絵に対して青、赤、緑の三色で彩色することになり、青で全体の $\frac{5}{8}$ 、赤で全体の $\frac{1}{7}$ を塗ることが決定している。このとき、次の[8]と[9]に答えなさい。

[8]残りを緑で塗ると決定しているとき、緑を塗る面積は全体の何%か。必要なときは、最後に小数点以下第 1 位を四捨五入すること。

A 17%   B 19%   C 21%   D 23%

E 25%   F 27%   G 29%   H 31%

[9]実際に絵が完成すると、赤の部分は予定通り $\frac{1}{7}$ であったが、青は予定の割合に対して $\frac{1}{5}$ 多くなっていた。この場合、緑が塗られた面積は全体の何%か。必要なときは、最後に小数点以下第 2 位を四捨五入すること。

A 8.5%   B 9.2%   C 10.7%   D 12.0%

E 13.5%   F 14.0%   G 14.5%   H 14.7%

次の文を読んで、[10]と[11]の各問に答えなさい。

ある会議の参加者について、P、Q、Rがそれぞれ、以下のような発言をした。

P：会議には女性が参加した

Q：会議には男性が5人参加した

R：会議には女性または男性が参加した

ただし、上記の発言は必ずしも正しいとは限らない。

[10]次のうち、正しいといえるものはどれか。

ア：Pが正しければ、Qも必ず正しい

イ：Qが正しければ、Rも必ず正しい

ウ：Rが正しければ、Pも必ず正しい

A アのみ　　　　　B イのみ　　　　　C ウのみ　　　　　D アとイの両方

E アとウの両方　　F イとウの両方　　G すべて必ず正しい

H すべて必ずしも正しいとはいえない

[11]次のうち、正しいといえるものはどれか。

カ：Pが正しければ、Rも必ず正しい

キ：Qが正しければ、Pも必ず正しい

ク：Rが正しければ、Qも必ず正しい

A カのみ　　　　　B キのみ　　　　　C クのみ　　　　　D カとキの両方

E カとクの両方　　F キとクの両方　　G すべて必ず正しい

H すべて必ずしも正しいとはいえない

ある地域の120世帯を調べたところ、単身世帯が48世帯あり、65歳以上の高齢者のいる世帯が54世帯あることがわかった。次の[12]〜[14]に答えなさい。

[12] 2人以上の世帯のうち、65歳以上の高齢者のいる世帯は少なくとも何世帯あるか。

A 6世帯　　　B 8世帯　　　C 10世帯　　　D 12世帯　　　E 18世帯
F 20世帯　　　G 22世帯　　　H AからGのいずれでもない

[13] 65歳以上の単身世帯が31世帯だとすると、高齢者を含まない2人以上の世帯は何世帯あるか。

A 17世帯　　　B 22世帯　　　C 29世帯　　　D 36世帯　　　E 49世帯
F 52世帯　　　G 67世帯　　　H AからGのいずれでもない

[14] 65歳以上の高齢者を含む2人以上の世帯が全世帯の25%を占めるとすると、高齢者を含まない単身世帯は何世帯あるか。

A 16世帯　　　B 20世帯　　　C 24世帯　　　D 30世帯　　　E 36世帯
F 40世帯　　　G 42世帯　　　H AからGのいずれでもない

ある時計店には、時計が350個置いてあり、そのうちの40%が腕時計である。次の[15]と[16]に答えなさい。

[15] 腕時計以外の時計のうち、30%は掛時計であった。掛時計はいくつあるか。

A 14個　　　B 21個　　　C 28個　　　D 35個
E 42個　　　F 49個　　　G 56個　　　H 63個

[16]腕時計をさらに50個増やした場合、腕時計は時計全体の何%になるか。

A 40.0%　　　B 42.5%　　　C 45.0%　　　D 47.5%

E 50.0%　　　F 52.5%　　　G 55.0%　　　H 57.5%

あるメーカーでは、P、Q、R、Sの4つの製品をアジアの国々に輸出している。表1は、製品ごとの輸出先の割合を示したものである。また、表2は、製品ごとの全製品に占める割合を示している。次の[17]〜[20]に答えなさい。

〈表1〉

製品 / 輸出先	P	Q	R	S
中　国	32%	24%	20%	39%
韓　国	23%	48%	45%	21%
ベトナム	10%	12%	10%	15%
その他	35%	16%	25%	25%
計	100%	100%	100%	100%

〈表2〉

製　品	P	Q	R	S
割　合	35%	25%	30%	10%

[17]製品Qの韓国への輸出数が、4製品の全輸出数に占める割合は何%か（必要なときは、最後に小数点以下第1位を四捨五入すること）。

A 3%　　　B 8%　　　C 12%　　　D 15%

E 18%　　　F 21%　　　G 22%　　　H 25%

I 27%　　　J AからIのいずれでもない

別冊1 模擬試験①

[18] ベトナムに輸出される４製品の合計が、４製品の全輸出数に占める割合は何％か（必要なときは、最後に小数点以下第１位を四捨五入すること）。

A　4 ％　　　　B　6 ％　　　　C　9 ％　　　　D　11%
E　16%　　　　F　25%　　　　G　27%　　　　H　30%
Ｉ　35%　　　　J　AからＩのいずれでもない

[19] 製品Ｐの「その他」への輸出数は、製品Ｓの「その他」への輸出数の何倍か（必要なときは、最後に小数点以下第２位を四捨五入すること）。

A　1.5倍　　　B　1.8倍　　　C　2.4倍　　　D　2.7倍
E　3.0倍　　　F　3.6倍　　　G　4.2倍　　　H　4.9倍
Ｉ　6.0倍　　　J　AからＩのいずれでもない

[20] 製品Ｒの中国への輸出数が1.5倍に増えた。製品Ｒの中国以外への輸出数に変動がない場合、製品Ｒの中国への輸出数が製品Ｒの輸出数全体に占める割合はいくらになるか（必要なときは、最後に小数点以下第２位を四捨五入すること）。

A　22.5%　　　B　25.0%　　　C　27.3%　　　D　30.0%
E　33.3%　　　F　35.0%　　　G　40.0%　　　H　42.8%
Ｉ　45.0%　　　J　AからＩのいずれでもない

それぞれ味の違うキャンディーが5個、クッキーが3個入っている袋がある。
[21]、[22]に答えなさい。

[21]キャンディーを2個、クッキーを2個選ぶ選び方は何通りか。

   A 15通り　　　**B** 20通り　　　**C** 25通り　　　**D** 30通り
   E 35通り　　　**F** 40通り　　　**G** 45通り　　　**H** 50通り

[22]合計5個選ぶ選び方は何通りあるか。ただし、キャンディー、クッキーとも
　　に少なくとも1つは選ぶものとする。

   A 55通り　　　**B** 60通り　　　**C** 65通り　　　**D** 70通り
   E 75通り　　　**F** 80通り　　　**G** 85通り　　　**H** 90通り

別冊1 模擬試験①

0から5までの数字が書かれたカードが1枚ずつある。次の[23]と[24]に答えな
さい。

[23]そのカードで4桁の整数を作るとき、何通りできるか。

   A 120通り　　　**B** 300通り　　　**C** 360通り　　　**D** 625通り
   E 750通り　　　**F** 775通り　　　**G** 800通り　　　**H** 820通り

[24]百の位が2と決まっているとき、4桁の偶数は全部で何通りできるか。

   A 9通り　　　**B** 12通り　　　**C** 16通り　　　**D** 21通り
   E 30通り　　　**F** 32通り　　　**G** 38通り　　　**H** 42通り

ある印刷会社のチラシの印刷料金は以下のようになっている。このとき、次の[25]と[26]に答えなさい。

1枚目〜100枚目まで	1枚5円	101枚目〜500枚目まで	1枚3円	501枚目〜	1枚2円

[25]チラシを500枚注文したときの料金はいくらか。

A 1500円　　B 1600円　　C 1700円　　D 1800円

E 1900円　　F 2000円　　G 2100円　　H 2200円

[26]チラシを1000枚以上注文すると、全体の金額から3割引になる。1500枚注文したときの料金はいくらか。

A 2480円　　B 2590円　　C 2600円　　D 2720円

E 2800円　　F 2820円　　G 2880円　　H 2900円

ある映画館で週末に「なつかしの映画祭り」が開催され、土曜日に5本、日曜日に6本の映画が上映される。次の[27]と[28]に答えなさい。

[27]土曜日に2本、日曜日に3本を鑑賞しようとすると、組み合わせは何通りあるか。

A 120通り　　　　B 186通り　　　　C 200通り

D 225通り　　　　E 348通り　　　　F 462通り

G 480通り　　　　H 625通り　　　　I AからHのいずれでもない

[28] 土曜日に２本以上、土・日合わせて５本を鑑賞しようとすると、組み合わせは何通りあるか。ただし、日曜日も少なくとも１本は鑑賞することとする。

A 150通り		**B** 195通り		**C** 230通り	
D 350通り		**E** 380通り		**F** 480通り	
G 525通り		**H** 625通り		**I** AからHのいずれでもない	

あるドラッグストアではX、Y、Zの３人の薬剤師がおり、月曜日から日曜日までの各曜日に１人ずつ勤務している。勤務状況は次のとおりである。以下の[29]と[30]に答えなさい。

別冊1 模擬試験①

 Ⅰ）３人とも２日連続して勤務することはない
 Ⅱ）Xは月曜日に出勤し、週３日勤務している
 Ⅲ）Yは週２日勤務している
 Ⅳ）Zは水曜日に勤務している

[29] Zが金曜日に勤務するとき、Yの勤務日の組み合わせとして確実に正しいといえるのはどれか。AからGまでの中から１つ選びなさい。

 A 月曜日と水曜日
 B 火曜日と木曜日
 C 水曜日と金曜日
 D 木曜日と土曜日
 E 金曜日と日曜日
 F 月曜日と土曜日
 G 火曜日と日曜日

[30] Yの出勤日と出勤日の間を2日以上あけるとき、水曜日以外のZの勤務日として確実に正しいといえるのはどれか。AからGまでの中から1つ選びなさい。

  A 月曜日だけ
  B 火曜日だけ
  C 木曜日だけ
  D 金曜日だけ
  E 土曜日だけ
  F 日曜日だけ
  G AからFのいずれでもない

模擬試験①（別冊１）にチャレンジする際に、コピーしてお使いください。

検査Ⅰ（言語能力問題）→ 別冊１の１〜９ページ

[1] Ⓐ Ⓑ Ⓒ Ⓓ Ⓔ	[21] Ⓐ Ⓑ Ⓒ Ⓓ Ⓔ
[2] Ⓐ Ⓑ Ⓒ Ⓓ Ⓔ	[22] Ⓐ Ⓑ Ⓒ Ⓓ Ⓔ
[3] Ⓐ Ⓑ Ⓒ Ⓓ Ⓔ	[23] Ⓐ Ⓑ Ⓒ Ⓓ Ⓔ
[4] Ⓐ Ⓑ Ⓒ Ⓓ Ⓔ	[24] Ⓐ Ⓑ Ⓒ Ⓓ Ⓔ
[5] Ⓐ Ⓑ Ⓒ Ⓓ Ⓔ	[25] Ⓐ Ⓑ Ⓒ Ⓓ Ⓔ
[6] Ⓐ Ⓑ Ⓒ Ⓓ Ⓔ	[26] Ⓐ Ⓑ Ⓒ Ⓓ Ⓔ
[7] Ⓐ Ⓑ Ⓒ Ⓓ Ⓔ	[27] Ⓐ Ⓑ Ⓒ Ⓓ Ⓔ
[8] Ⓐ Ⓑ Ⓒ Ⓓ Ⓔ	[28] Ⓐ Ⓑ Ⓒ Ⓓ Ⓔ
[9] Ⓐ Ⓑ Ⓒ Ⓓ Ⓔ	[29] Ⓐ Ⓑ Ⓒ Ⓓ Ⓔ
[10] Ⓐ Ⓑ Ⓒ Ⓓ Ⓔ	[30] Ⓐ Ⓑ Ⓒ Ⓓ Ⓔ
[11] Ⓐ Ⓑ Ⓒ Ⓓ Ⓔ	[31] Ⓐ Ⓑ Ⓒ Ⓓ Ⓔ
[12] Ⓐ Ⓑ Ⓒ Ⓓ Ⓔ	[32] Ⓐ Ⓑ Ⓒ Ⓓ Ⓔ Ⓕ
[13] Ⓐ Ⓑ Ⓒ Ⓓ Ⓔ	[33] Ⓐ Ⓑ Ⓒ Ⓓ Ⓔ Ⓕ
[14] Ⓐ Ⓑ Ⓒ Ⓓ Ⓔ	[34] Ⓐ Ⓑ Ⓒ Ⓓ Ⓔ Ⓕ
[15] Ⓐ Ⓑ Ⓒ Ⓓ Ⓔ	[35] Ⓐ Ⓑ Ⓒ Ⓓ Ⓔ Ⓕ
[16] Ⓐ Ⓑ Ⓒ Ⓓ Ⓔ	[36] Ⓐ Ⓑ Ⓒ Ⓓ Ⓔ
[17] Ⓐ Ⓑ Ⓒ Ⓓ Ⓔ	[37] Ⓐ Ⓑ Ⓒ Ⓓ Ⓔ
[18] Ⓐ Ⓑ Ⓒ Ⓓ Ⓔ	[38] Ⓐ Ⓑ Ⓒ Ⓓ Ⓔ Ⓕ
[19] Ⓐ Ⓑ Ⓒ Ⓓ Ⓔ	[39] Ⓐ Ⓑ Ⓒ Ⓓ Ⓔ Ⓕ
[20] Ⓐ Ⓑ Ⓒ Ⓓ Ⓔ	[40] Ⓐ Ⓑ Ⓒ Ⓓ Ⓔ Ⓕ

検査Ⅱ（非言語能力問題）→ 別冊１の10〜20ページ

[1] Ⓐ Ⓑ Ⓒ Ⓓ Ⓔ Ⓕ Ⓖ Ⓗ Ⓘ Ⓙ	[16] Ⓐ Ⓑ Ⓒ Ⓓ Ⓔ Ⓕ Ⓖ Ⓗ
[2] Ⓐ Ⓑ Ⓒ Ⓓ Ⓔ Ⓕ Ⓖ Ⓗ Ⓘ Ⓙ	[17] Ⓐ Ⓑ Ⓒ Ⓓ Ⓔ Ⓕ Ⓖ Ⓗ Ⓘ Ⓙ
[3] Ⓐ Ⓑ Ⓒ Ⓓ Ⓔ Ⓕ Ⓖ Ⓗ Ⓘ	[18] Ⓐ Ⓑ Ⓒ Ⓓ Ⓔ Ⓕ Ⓖ Ⓗ Ⓘ Ⓙ
[4] Ⓐ Ⓑ Ⓒ Ⓓ Ⓔ Ⓕ Ⓖ Ⓗ Ⓘ	[19] Ⓐ Ⓑ Ⓒ Ⓓ Ⓔ Ⓕ Ⓖ Ⓗ Ⓘ Ⓙ
[5] Ⓐ Ⓑ Ⓒ Ⓓ Ⓔ Ⓕ Ⓖ Ⓗ Ⓘ	[20] Ⓐ Ⓑ Ⓒ Ⓓ Ⓔ Ⓕ Ⓖ Ⓗ Ⓘ Ⓙ
[6] Ⓐ Ⓑ Ⓒ Ⓓ Ⓔ Ⓕ Ⓖ Ⓗ Ⓘ	[21] Ⓐ Ⓑ Ⓒ Ⓓ Ⓔ Ⓕ Ⓖ Ⓗ
[7] Ⓐ Ⓑ Ⓒ Ⓓ Ⓔ Ⓕ Ⓖ Ⓗ Ⓘ	[22] Ⓐ Ⓑ Ⓒ Ⓓ Ⓔ Ⓕ Ⓖ Ⓗ
[8] Ⓐ Ⓑ Ⓒ Ⓓ Ⓔ Ⓕ Ⓖ Ⓗ	[23] Ⓐ Ⓑ Ⓒ Ⓓ Ⓔ Ⓕ Ⓖ Ⓗ
[9] Ⓐ Ⓑ Ⓒ Ⓓ Ⓔ Ⓕ Ⓖ Ⓗ	[24] Ⓐ Ⓑ Ⓒ Ⓓ Ⓔ Ⓕ Ⓖ Ⓗ
[10] Ⓐ Ⓑ Ⓒ Ⓓ Ⓔ Ⓕ Ⓖ Ⓗ	[25] Ⓐ Ⓑ Ⓒ Ⓓ Ⓔ Ⓕ Ⓖ Ⓗ
[11] Ⓐ Ⓑ Ⓒ Ⓓ Ⓔ Ⓕ Ⓖ Ⓗ	[26] Ⓐ Ⓑ Ⓒ Ⓓ Ⓔ Ⓕ Ⓖ Ⓗ
[12] Ⓐ Ⓑ Ⓒ Ⓓ Ⓔ Ⓕ Ⓖ Ⓗ	[27] Ⓐ Ⓑ Ⓒ Ⓓ Ⓔ Ⓕ Ⓖ Ⓗ Ⓘ
[13] Ⓐ Ⓑ Ⓒ Ⓓ Ⓔ Ⓕ Ⓖ Ⓗ	[28] Ⓐ Ⓑ Ⓒ Ⓓ Ⓔ Ⓕ Ⓖ Ⓗ Ⓘ
[14] Ⓐ Ⓑ Ⓒ Ⓓ Ⓔ Ⓕ Ⓖ Ⓗ	[29] Ⓐ Ⓑ Ⓒ Ⓓ Ⓔ Ⓕ Ⓖ
[15] Ⓐ Ⓑ Ⓒ Ⓓ Ⓔ Ⓕ Ⓖ Ⓗ	[30] Ⓐ Ⓑ Ⓒ Ⓓ Ⓔ Ⓕ Ⓖ

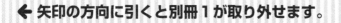
← 矢印の方向に引くと別冊１が取り外せます。

最新最強の
SPI
クリア問題集

別冊**2**

模擬試験②

WEBテスティング形式

→ 矢印の方向に引くと別冊2が取り外せます。

基礎能力検査（言語）の問題数は40問、制限時間は
　　15分です。
　　　基礎能力検査（非言語）の問題数は20問、制限時間
　　は20分です。
　　　実際の試験の制限時間については、１章「実施方法別
　　の相違点・共通点」（本冊16〜17ページ）を参照して
　　ください。また、実際の試験では言語問題、非言語
　　問題あわせて約35分のひとつのテストとなります。
　　　答えは別冊３の110〜120ページにあります。
　　　模擬試験②にチャレンジする際は、この別冊の巻末
　　にある解答用紙をコピーしてお使いください。

基礎能力検査(言語)

● 以下の各問題について、選択肢の中から正しいと思うものを、1つだけ選んでください。
● 問題数は40問、制限時間は15分です。
● 答えは別冊3の110〜115ページにあります。

---

[1]〜[15]では、以下の5つの熟語の成り立ち方として当てはまるものをA
〜Dから1つずつ選びなさい。

[1] 安穏 〔 〕
[2] 炊飯 〔 〕
[3] 慶弔 〔 〕
[4] 枯渇 〔 〕
[5] 暫定 〔 〕

A 似た意味の漢字を重ねる
B 反対の意味をもつ漢字を重ねる
C 前の漢字が後の漢字を修飾する
D A〜Cのどれにもあてはまらない

回答欄	A	B	C	D
1	○	○	○	○
2	○	○	○	○
3	○	○	○	○
4	○	○	○	○
5	○	○	○	○

---

[6] 仰天 〔 〕
[7] 黙認 〔 〕
[8] 捕獲 〔 〕
[9] 棄権 〔 〕
[10] 円高 〔 〕

A 主語と述語の関係にある
B 動詞の後に目的語をおく
C 前の漢字が後の漢字を修飾する
D A〜Cのどれにもあてはまらない

回答欄	A	B	C	D
6	○	○	○	○
7	○	○	○	○
8	○	○	○	○
9	○	○	○	○
10	○	○	○	○

別冊2 模擬試験②

1

[11] 貸借 〔　　〕
[12] 朗読 〔　　〕
[13] 愛護 〔　　〕
[14] 享楽 〔　　〕
[15] 介在 〔　　〕

A　前の漢字が後の漢字を修飾する
B　反対の意味をもつ漢字を重ねる
C　動詞の後に目的語をおく
D　A～Cのどれにもあてはまらない

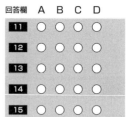

[16]～[24]では、以下の3つの文を完成させるためにAからEまでの中から最もつながりのよいものを1つずつ選びなさい。ただし、同じ選択肢を重複して使うことはありません。

[16] 黄熱はサル、ヒト、蚊が宿主であり、〔　　　　〕。
[17] 毒性が亢進（こうしん）する中毒期に入ると、〔　　　　〕。
[18] 感染しても多くは無症状であるが、〔　　　〕。

A　発熱、頭痛、吐き気などの症状が現れる場合がある
B　患者の半数は7～10日以内に死亡する
C　蚊が媒介する疾病である
D　感染の初期では診断はむずかしい
E　皮膚と目が黄色くなるためである

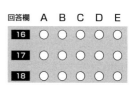

[19] 熱帯雨林は地表層、低木層、小高木層、大高木層、巨大高木層の５層から
なり、〔　　　　〕。

[20] 熱帯雨林がブラジル、東南アジア、西アフリカなどの赤道近くに位置する
のに対し、〔　　　　〕。

[21] 木々の葉が多層的に重なり日光の２％しか地表に届かないため、〔　　　　〕。

> **A** 有機物の分解が早く養分は地中に蓄積しにくい
> **B** 温帯雨林はカナダの太平洋沿岸、日本などの海岸沿いに見られる
> **C** 動植物の半数以上の種が各層に適応して生息している
> **D** 雨が多く湿度が高いため森林火災はふつう発生しない
> **E** 地表近くで生育できる植物は少なく、比較的歩きやすい

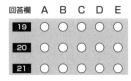

別冊2 模擬試験②

[22] 〔　　　　〕、言語の起源を探求するという目的には役立たない。

[23] 〔　　　　〕、個々人の言語獲得の過程の中でくり返されると考える理由はない。

[24] 〔　　　　〕、動物の研究から人間の言語の起源を探ることはむずかしい。

> **A** 人類最初の言語という意味での原始的な言語が存在していれば
> **B** 動物の意志伝達の方法と人間の言語とのへだたりは非常に大きいので
> **C** 聖書は言語の多様性を人間のおごりに対する神の罰であると説明し
> **D** 幼児における言語発達の研究は興味深く価値があるけれども
> **E** はるか昔に長い時間をかけて人類が言語を獲得していった過程が

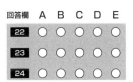

[25]～[27]では、文中のア～エの空欄にA～Dの語句を入れて文を完成させるとき、最も適切な組み合わせを答えなさい。

[25] 作曲家から[　ア　][　イ　][　ウ　][　エ　]とはかぎらない。

A 感情や意味が
B 楽曲に込められた
C 聴衆に提供された
D 演奏家に正しく把握される

回答欄　A　B　C　D
ア ○ ○ ○ ○
イ ○ ○ ○ ○
ウ ○ ○ ○ ○
エ ○ ○ ○ ○

[26] 田植えと稲刈りのために[　ア　][　イ　][　ウ　][　エ　]要因のひとつであると言われている。

A 日本人に植え付けた
B 集約的な労働と共同作業を行う
C 共同体への帰属意識を
D 必要があったことが

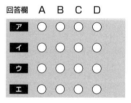

回答欄　A　B　C　D
ア ○ ○ ○ ○
イ ○ ○ ○ ○
ウ ○ ○ ○ ○
エ ○ ○ ○ ○

[27] 発光ダイオード(LED)は[　ア　][　イ　][　ウ　][　エ　]ことにより発光する。

A 2種類の半導体が
B 接合面で電気が
C 組み合わされ
D 光に直接変化する

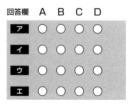

回答欄　A　B　C　D
ア ○ ○ ○ ○
イ ○ ○ ○ ○
ウ ○ ○ ○ ○
エ ○ ○ ○ ○

> [28]〜[30]では、文中のア〜ウの空欄に入れる語として最も適切なものをAからCまでの中から1つずつ選びなさい。ただし、それぞれの語は1か所のみ用いるものとします。

[28] 現代社会に潜むさまざまな生活上のリスクに対して〔 ア 〕の必要性が叫ばれているが、しばしば、〔 イ 〕の役割を担う国や団体などがその〔 ウ 〕を逃れるために、この言葉を強調するケースがある。

A 支援
B 責任
C 自助

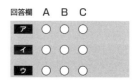

別冊2　模擬試験②

[29] ＡＩ（人工知能）が発達することによって、知的労働の価値が〔 ア 〕し、感情労働の価値が〔 イ 〕するといわれている。知識や論理的思考力を売りにする人材はＡＩに〔 ウ 〕される一方で、人に共感や癒しを与えたり、モチベーションを喚起したりする資質や能力が求められるようになる。

A 低下
B 代替
C 向上

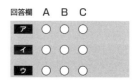

[30] 歴史研究の基礎となる史料には一次史料と二次史料がある。一次史料は「そのとき」「その場で」「その人が」の三要素を満たす〔 ア 〕を指し、二次史料はその三要素を満たさない史料を指す。前者には個人の行動記録である〔 イ 〕や親類縁者や関係者へのメッセージである〔 ウ 〕などがある。

A 書簡
B 文献
C 日記

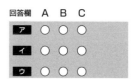

以下の文章を読んで設問に答えなさい。この問題は３問組です。

　ヨーロッパにおいて現在、労働時間はだいたい週40時間前後であるが、1840年のイギリスでは週69時間、中世では日の出から日没までであった。[　a　]これは過酷な長時間労働のように思える。しかし、日の出と日没の時間は季節により変わるので、労働時間もそれにより変わる。[　b　]16世紀のアントワープでは、建設労働者の労働時間は夏には12時間になるが、冬には７時間になった。[　c　]日の出から日没までの時間の中には朝食、昼食、昼寝、夕食の時間や、地域によっては午前と午後の休憩時間が含まれていた。仕事は休憩によりたびたび中断され、〔　　　〕の時間になると、仕事がどんなに中途半端でどんなに急ぎであっても、労働者は直ちに仕事をやめてしまうと16世紀のイングランドの司教は嘆いている。[　d　]中世のイングランドでは年のうち３分の１、フランスでは半分、スペインでは５ヶ月が休みになった。

---

[31] 次の一文を挿入するのに最も適切な場所は、文中の[　a　]〜[　d　]のうちどれか。

宗教的な祝祭日や共同体の行事による休日も多かった。

| A [a] | B [b] | C [c] | D [d] |

回答欄　A B C D
〇 〇 〇 〇

6

[32] 文中の空所〔　〕に入れるべきことばを、文中から2文字で抜き出しなさい。

回答欄

[33] 文中で述べられていることから判断して、次のア、イの正誤を答えなさい。

ア　中世では1年中過酷な長時間労働が行われていた
イ　日の出と日没の定義は時代により異なっている

A アもイも正しい
B アは正しいがイは誤り
C アは誤りだがイは正しい
D アもイも誤り

回答欄　A B C D

別冊2 模擬試験②

以下の文章を読んで設問に答えなさい。この問題は３問組です。

　無作為に選んだチェスの対局の一局面を５秒間１回だけ見せて、駒の位置をどれくらい覚えているかを調べる実験があった。チェスの初心者は４つくらいの駒の位置しか思い出せなかったが、プロ棋士はほぼすべて25個の駒の位置を覚えていた。駒の位置についての記憶が後でテストされることを知らされていたかどうかは無関係だった。記憶する必要がなくても同じように覚えているのである。しかし、駒が〔　　　〕並べられた盤面を見せられた場合、プロでも初心者と同じ程度しか思い出せなかった。俳優も長い台本を覚えることができる。このとき俳優はセリフを一語一語覚えようとしているのではなく、台本から登場人物の性格や心理を理解しようとする。セリフがある場面の登場人物の心理を表す特有の意味を獲得したとき、<u>その過程の副産物</u>としていつの間にかセリフが頭に入っているのである。これらのことは、記憶は意味を見つけ出す過程から生じているということを示唆している。

[34] 文中の空所〔　　　〕に入れるべきことばとして最も適切なものは、次のうちどれか。

A でたらめに
B きちんと
C たくさん
D いくつか

回答欄　A　B　C　D
　　　　○　○　○　○

8

[35] 文中下線の部分 その過程の副産物 と同じ意味で使われていることばを、文中から2文字で抜き出しなさい。

回答欄

---

[36] 文中で述べられていることから判断して、次のア、イの正誤を答えなさい。

ア　覚えようと努力することによって多くのことを記憶できる

イ　無意味な単語の羅列を覚えるのは俳優でもむずかしい

A　アもイも正しい
B　アは正しいがイは誤り
C　アは誤りだがイは正しい
D　アもイも誤り

回答欄　A　B　C　D

別冊2 模擬試験②

9

[37] 外部から刺激を受けると不眠や腹痛などのストレス反応が出ることがある。
そうすると不必要な刺激を避ける行動が好まれるはずだが、お神輿やジェッ
トコースターが好きな人も多いのを見ると、〔　　　　〕ことも確かである。

> A 人間関係に悩んでいる人が多い
> B 刺激が積極的に求められる
> C ストレスを避けることはできない
> D 気分転換をする必要がある

[38] それまで絵画は人物や風景をリアルに描写できることに価値があった。し
かし、写真が発明され、〔　　　　〕結果、「絵画は死んだ」とさえ言われた。

> A 画家が写真にはできないことを模索した
> B 絵画が再び宗教的機能を果たし始めた
> C 人や物の形を正確に記録できるようになった
> D 風景や人物を絵画の題材にすることはできなくなった

[39] 印刷機の発明以来、文化的な楽しみは読書が独占していたが、19世紀末、映画やレコードが生まれ、徐々に娯楽として広まっていき、〔　　　　〕。

> **A** 録音技術は映画に大きな影響を与えた
> **B** 技術革新が娯楽に応用されるようになった
> **C** 労働者階級に余暇の時間が増えていった
> **D** 読書は娯楽の一つにすぎなくなった

回答欄　A　B　C　D
　　　　○　○　○　○

[40] 1の位、10の位のような位で数値を表す方法が考え出されるとともにゼロも発生したが、最初、ゼロは記号のない空白によって表され、〔　　　　〕。たとえば古代バビロニアで101を表記する場合、10の位は空欄になった。

> **A** 数としてのゼロの概念はインドで初めて確立された
> **B** 数字の代わりにXやVのような文字が使われた
> **C** 何もない空虚を示すだけでなく、無限も意味した
> **D** ひとつの独立した数としては認識されていなかった

回答欄　A　B　C　D
　　　　○　○　○　○

11

基礎能力検査（非言語）

● 以下の各問題について、選択肢の中から正しいと思うものを、1つだけ選んでください。
● 問題数は20問、制限時間は20分です。
● 答えは別冊3の115〜120ページにあります。

---

[1]〜[9]では、空欄に当てはまる数値を求めなさい。

---

[1] 1／5は4／〔　　　〕の65％である。

回答欄

---

[2] 1本1700円で、3本セットなら4800円になる商品がある。この商品を最も安くなるように8本購入した。このとき1本当たりの購入価格は〔　　　〕円である。

回答欄

---

[3] あるイベントの3日間の参加者は2096人だった。3日目の参加者数が1日目の1.6倍で、2日目の1.4倍だったとすると、2日目の参加者は〔　　　〕人である。

回答欄

[4] 4つの正の整数P、Q、R、Sについて、以下のことがわかっている。

ア P＋Q＋R＋S＝20
イ P＝2Q
ウ R＝3S

　　このとき、Pは〔　　　〕である。

回答欄

[5] あるチェーン店のK、L、M、N、Oの5店舗の先月と今月の売上の順位について、以下のことがわかっている。

ア Kの順位は2つ上がり、Lの順位は変わらなかった
イ NとOの順位はどちらも3つ下がった

　　このとき、今月のMの順位は〔　　　〕位である。

回答欄

[6] 募金箱の中に硬貨が2600円分入っていた。硬貨の種類と枚数について、以下のことがわかっている。

ア　硬貨は10円と50円玉の2種類だった
イ　硬貨の合計枚数は90枚以下だった

　　このとき、50円硬貨は最も少なくて〔　　　〕枚である。

回答欄

[7] Pは2900円、Qは2300円持っている。PとQがそれぞれ同じ土産物を買ったところ、Pの残額はQの残額の1.5倍になった。このとき、買った土産物の代金は〔　　　〕円である。

[8] ある農作物を9月は4500個出荷し、10月には5500個出荷した。この農作物の9月、10月を合わせた1個当たりの価格が218円で、10月の価格は1個当たり200円だったとすると、9月の価格は1個当たり〔　　　〕円である。

[9] あるデータ入力の作業をしている。作業の31%が終わったところで、当初のデータの24%にあたるデータが追加された。このとき、すでに入力済みのデータは追加分も含めたデータ全体の〔　　　〕%である（必要なときは、最後の小数点以下第1位を四捨五入すること）。

[10]～[12]では、以下について、ア、イの情報のうち、どれがあれば《問い》の答えが導けるかを考え、A～Eまでの中から正しいものを1つ選びなさい。

[10] 2つサイコロを振ったところ、出た目の差は3だった。
《問い》出た目の積はいくつか。

ア 奇数の目が出た
イ 出た目の和は7だった

  A アだけでわかるが、イだけではわからない
  B イだけでわかるが、アだけではわからない
  C アとイの両方でわかるが、片方だけではわからない
  D アだけでも、イだけでもわかる
  E アとイの両方あってもわからない

別冊2 模擬試験②

---

[11] 180km先の目的地まで車で走ったところ、途中のX地点までの平均時速は40km/時、X地点から目的地までの平均時速は60km/時だった。X地点で1時間休息した。
《問い》X地点までは何時間かかったか。

ア 目的地に到着するまで5時間かかった
イ X地点までの距離はX地点から目的地まで距離の2倍だった

  A アだけでわかるが、イだけではわからない
  B イだけでわかるが、アだけではわからない
  C アとイの両方でわかるが、片方だけではわからない
  D アだけでも、イだけでもわかる
  E アとイの両方あってもわからない

15

[12] X店から1200円の弁当と、Y店から1500円の弁当を合わせて10個購入した。ただし、どちらも少なくとも2個は購入したものとする。

《問い》弁当の購入額は合計でいくらか。

ア　X店の弁当の合計額は9000円以上である

イ　Y店の弁当の合計額は5000円以下である

　A　アだけでわかるが、イだけではわからない
　B　イだけでわかるが、アだけではわからない
　C　アとイの両方でわかるが、片方だけではわからない
　D　アだけでも、イだけでもわかる
　E　アとイの両方あってもわからない

---

[13]～[15]では、空欄に当てはまる数値を求めなさい。

---

[13] 1から12までの数字が1つずつ書かれたカードの中から1枚取り出したとき、そのカードの数字が、3でも4でも<u>割り切れない確率</u>は〔　　　〕／〔　　　〕である。約分した分数で答えなさい。

16

[14] テニスサークルの男性5人、女性4人の中から男女1人ずつの混合ペアを
2組選ぶことになった。このとき、ペアの組み合わせは〔　　　〕通りである。

回答欄

[15] 3本の当たりくじの入ったくじXと、5本の当たりくじの入ったくじYがあ
る。15人がXを引き、Xに外れた人のみがYを引いた。このとき、X、Y
の両方に外れる確率は〔　　　〕／〔　　　〕である。ただし、くじはいずれ
もくじを引く人数分しかないものとする。約分した分数で答えなさい。

回答欄

映画祭でP、Q、R、Sの4本の映画が上映され、240人の観客が午前と午後に1本ずつ好きな映画を鑑賞した。表はその内訳を示したものである。

		午　後			
		P	Q	R	S
午前	P	11人	24人	19人	15人
	Q	17人	13人	14人	18人
	R	15人	17人	9人	13人
	S	16人	21人	12人	6人

[16] 午前と午後で異なる映画を鑑賞した人が全体に占める割合は〔　　　　〕%である（必要なときは、最後の小数点以下第2位を四捨五入すること）。

回答欄

[17] 次のア、イ、ウのうち正しいものはどれか。A～Fまでの中から1つ選び
なさい。

ア 午前にSを鑑賞した人は午前にRを鑑賞した人より少ない
イ 午前と午後を合わせて、Qを鑑賞した人は全体の50%以上である
ウ 午前にP、午後にQを鑑賞した人は、午前にS、午後にRを鑑賞した人の2
倍である

    A アだけ
    B イだけ
    C ウだけ
    D アとイの両方
    E アとウの両方
    F イとウの両方

別冊2 模擬試験②

回答欄 A B C D E F

［18］ チーズケーキ、アップルパイ、ガトーショコラの３つのうち２つを組み合わせたケーキセットが60セットある。チーズケーキが入っているのは48セット、アップルパイが<u>入っていない</u>のは22セットだったとすると、ガトーショコラが入っているのは〔　　　〕セットである。

回答欄

［19］ 社員100人を対象に、研修会ＰとＱの参加経験を調べた。その結果、Ｑに参加した社員はＰに参加した社員の３倍で、どちらにも参加した社員は19人、どちらにも参加していない社員は23人だった。このとき、Ｑに参加した社員は〔　　　〕人である。

回答欄

［20］ あるフィットネスクラブの会員88人の男女比は７：４で、市内に住む会員は67人だった。市内に住む女性会員は<u>少なくとも</u>〔　　　〕人である。

回答欄

模擬試験②（別冊２）にチャレンジする際に、コピーしてお使いください。

基礎能力検査(言語) → 別冊2の1～11ページ

	A	B	C	D
[1]	○	○	○	○
[2]	○	○	○	○
[3]	○	○	○	○
[4]	○	○	○	○
[5]	○	○	○	○

	A	B	C	D
[6]	○	○	○	○
[7]	○	○	○	○
[8]	○	○	○	○
[9]	○	○	○	○
[10]	○	○	○	○

	A	B	C	D
[11]	○	○	○	○
[12]	○	○	○	○
[13]	○	○	○	○
[14]	○	○	○	○
[15]	○	○	○	○

	A	B	C	D	E
[16]	○	○	○	○	○
[17]	○	○	○	○	○
[18]	○	○	○	○	○

	A	B	C	D	E
[19]	○	○	○	○	○
[20]	○	○	○	○	○
[21]	○	○	○	○	○

	A	B	C	D	E
[22]	○	○	○	○	○
[23]	○	○	○	○	○
[24]	○	○	○	○	○

[25]		A	B	C	D
	ア	○	○	○	○
	イ	○	○	○	○
	ウ	○	○	○	○
	エ	○	○	○	○

[26]		A	B	C	D
	ア	○	○	○	○
	イ	○	○	○	○
	ウ	○	○	○	○
	エ	○	○	○	○

[27]		A	B	C	D
	ア	○	○	○	○
	イ	○	○	○	○
	ウ	○	○	○	○
	エ	○	○	○	○

[28]		A	B	C
	ア	○	○	○
	イ	○	○	○
	ウ	○	○	○

[29]		A	B	C
	ア	○	○	○
	イ	○	○	○
	ウ	○	○	○

[30]		A	B	C
	ア	○	○	○
	イ	○	○	○
	ウ	○	○	○

	A	B	C	D
[31]	○	○	○	○
[32]				

	A	B	C	D
[33]	○	○	○	○
[34]	○	○	○	○
[35]				

	A	B	C	D
[36]	○	○	○	○
[37]	○	○	○	○
[38]	○	○	○	○
[39]	○	○	○	○
[40]	○	○	○	○

基礎能力検査(非言語) → 別冊2の12～20ページ

[1] 〔　　　〕
[2] 〔　　　〕
[3] 〔　　　〕
[4] 〔　　　〕
[5] 〔　　　〕
[6] 〔　　　〕
[7] 〔　　　〕
[8] 〔　　　〕

[9] 〔　　　〕

	A	B	C	D	E
[10]	○	○	○	○	○
[11]	○	○	○	○	○
[12]	○	○	○	○	○

[13] 〔　　／　　〕

[14] 〔　　　〕
[15] 〔　　／　　〕
[16] 〔　　　〕

	A	B	C	D	E	F
[17]	○	○	○	○	○	○

[18] 〔　　　〕
[19] 〔　　　〕
[20] 〔　　　〕

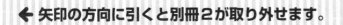
← 矢印の方向に引くと別冊２が取り外せます。

最新最強の
SPI
クリア問題集

解答・解説集

→ 矢印の方向に引くと別冊3が取り外せます。

別冊3
もくじ

2章 非言語能力問題

3章 言語能力問題

別冊1 模擬試験①

別冊2 模擬試験②

2章の解答・解説

非言語能力問題

1 練習問題 整数問題（問題　本冊38〜39ページ）

[問題1](1) 答え…76

19で割り切れる（＝19の倍数）2桁の整数は、
19、38、57、76、95
このうち、15で割ると1余るのは、76だけ。

●簡単見極め法
15の倍数の一の位は0か5だから15
で割ると1余る数の一の位は1か6。
19の倍数の中で一の位が1か6になる
2桁の数字を探せばよい。

[問題1](2) 答え…19

$P > Q$　　　　$P + Q = 26$　　…　①　　　　　$P - Q = 12$　　…　②
①＋②＝$(P + Q) + (P - Q) = 26 + 12 \Rightarrow 2P = 38 \Rightarrow P = 19$

[問題1](3) 答え…53

※公倍数……2つ以上の整数に共通する倍数のこと
（例）2と3の公倍数は、6、12、18など。
3の倍数は、$200 \div 3 = 66 \cdots 2 \rightarrow 66$個
そのうち5の倍数でもあるのは3と5の公倍数だから、それを除けばよい。
3と5の公倍数15は、$200 \div 15 = 13 \cdots 5 \rightarrow 13$個　　　　　よって、$66 - 13 = 53$個

[問題1](4) 答え…2

イ　$3R = P$　から、Pは3の倍数だから、3、6、9のどれか。
この場合、ア、イを満たすP、R、Qの値を表にすると

P	3	6	9
R	1	2	3
Q	10×	6×	2○

QとPが同じ数

P、Q、Rすべてが1〜9までの数字で、すべて異なるのは、Qが2の場合だけ。

[問題1](5) 答え…14

ア　$X + Y = 29$　から、2の倍数のXは必ず偶数なので、
　Yは$(29 - 2 =)27$以下の奇数。　　偶数＋奇数＝奇数
3の倍数で奇数になるのは、3、9、15、21、27で、XとYの値を表にすると

Y	3	9	15	21	27
X	26	20	14	8	2

上のYの値で、「イ　$X + Z = 35$」が成り立つZが7の倍数になるかを確認すると

X	26	20	14	8	2
Z	9×	15×	21○	27×	33×

Zが7の倍数になるのは、X＝14のときだけ。

別冊3　解答・解説集

1

[問題1](6) 答え…9

アより、〈6の倍数〉+1　　イより、〈7の倍数〉+1
よって、〈6と7の公倍数〉+1
〈6と7の公倍数〉は、最小公倍数が6×7＝42　だから、205以上295以下であれば、210、252、294
＋1で一の位が5になるのは、294だけなので、295。よって、＊に入る数字は9

[問題2](1) 答え…B

積が12になる1桁の正の整数の組み合わせは（3、4）または（2、6）
ア　Xは偶数である ⇒ Xは2、4、6のどれかである。よって、アだけではわからない。
イ　Yは奇数である ⇒ Yは3に決定。よって、Xも4に決定するので、和は7となる。→ イだけでわかる。

[問題2](2) 答え…A

ア　5★5＝10 ⇒ ★は「＋」しかあり得ない → アだけでわかる。
イ　2★2＝4 ⇒ ★は「＋」も「×」もあり得る（2＋2＝4と2×2＝4）→ イだけではわからない。
　　よって、アだけでわかるが、イだけではわからない

[問題2](3) 答え…C

ア　P＝3Q　より、　P＝3、Q＝1かP＝6、Q＝2　の2通りが考えられる
　　→ アだけではわからない。
イ　Q＝1、Q＝3、Q＝5　の3通り → イだけではわからない。
　　アとイを合わせると　Q＝1　だけ。よって、アとイの両方でわかるが、片方だけではわからない

2　練習問題 比・平均・分配・年齢（問題　本冊42〜43ページ）

[問題1](1) 答え…20

$P = Q - 8 \Rightarrow Q = P + 8 \cdots$ ①　　$P + 4 = \dfrac{3}{4}(Q + 4) \cdots$ ②

①を②に代入し、　$\underline{P + 4 = \dfrac{3}{4}(P + 8 + 4)} \Rightarrow 4P + 16 = 3P + 36 \Rightarrow P = 20$

両方に4をかける

[問題1](2) 答え…105

コーラ：サイダー → 7：8
コーラの本数をxとすると、$x : 96 = 7 : 8 \rightarrow 8x = 7 \times 96 \rightarrow x = 84$
コーラ：ジュース → 4：5
ジュースの本数をyとすると、$84 : y = 4 : 5 \rightarrow 4y = 84 \times 5 \rightarrow y = 105$

[問題1](3) 答え…13

2着買った人の数が一番多くなるのは、3着以上買った人の古着の総数が最小になるとき。したがって、3着以上古着を買った9人がそれぞれ最少の3着ずつ買ったときを考える。3×9＝27着（←3着以上買った全員が最少の3着ずつの場合）。
1着か2着を買った人の古着の数は、92－27＝65着
1着の人と2着の人の人数の比が3：1だから、枚数の比は3：2　　よって、
2着買った人の古着の数は、$65 \times \dfrac{2}{5} = 26$着　となるので、人数は26÷2＝13人

[問題1](4) 答え…15

もらったお菓子の個数は、多い順にX＞Y＞Zとなる。設問より、
X＋Y＋Z＝30…①　　イより、　X－Y＝Z ⇒ X－Y－Z＝0…②

$$
\begin{array}{r}
X + Y + Z = 30 \cdots ① \\
+)\quad X - Y - Z = 0 \cdots ② \\
\hline
2X \qquad\qquad = 30 \rightarrow \quad X = 15
\end{array}
$$

[問題1](5) 答え…18

設問、ア、イから考えられる数値を書き出すと

1日目	17	18	…
2日目	34	36	…
3日目	18○	15×	…

よって、18個

イに反する

[問題1](6) 答え…254

アより、（P＋Q＋R）÷3＝248 → P＋Q＋R＝744
イより、PとRの差は10なので、仮に中間価格のQを平均価格として考えてみる。
Q＝248とすると、P＝253、R＝243となり、これを軸にPの最大値を探ると

P	Q	R	合計
253	248	243	744
254	246	244	744
255	244	245	

＋1　＋1　Q＞Rに反する

P＝255になると、P＞Q＞Rが成り立たなくなる。よって、最大値は254

[問題2](1) 答え…B

XとYのどちらが年長かわかっていない点に注意

Xをx歳、Yをy歳とおくと、$x - y = 12 \cdots ①$　または　$y - x = 12 \cdots ②$
ア　$x + y = 56$ → ①か②かが不明なので、アだけではわからない
イ　6年後のXの年齢がYの年齢の0.7倍になるということは、XとYの年齢の関係は、$x < y$である。よって、②に決まる。
xを求めると、②より　$y = x + 12 \cdots ②'$
②'をイに代入すると、$x + 6 = 0.7(x + 12 + 6) \rightarrow x = 22$
よって、イだけでわかるが、アだけではわからない

[問題2](2) 答え…E

ア 国語 ＋ 数学 ＋ 英語 ＝ 64 × 3 ＝ 192 → アだけではわからない

イ 数学 ＝ 国語 － 17 → イだけではわからない

アとイを合わせて、 国語 ＋ 国語 － 17 ＋ 英語 ＝ 192 → 国語 も 英語 も不明なので、わからない　よって、アとイの両方あってもわからない

[問題2](3) 答え…C

計算せずに判断できる解き方。

P ＋ Q ＋ R ＝ 40 … ①

ア R ＝ 4 Q 　…② → Pの情報がないので、アだけではわからないと判断できる

イ P ＝ R － 5 …③ → Qの情報がないので、イだけではわからないと判断できる

アとイを合わせると、P、Q、Rの情報がすべて揃う

よって、アとイの両方でわかるが、片方だけではわからない

※①に③を代入　R － 5 ＋ Q ＋ R ＝ 40 ⇒ Q ＋ 2 R ＝ 45

　　　　　　　　　　　　　　⇒ 両辺に4をかけて、4 Q ＋ 8 R ＝ 180…④

　④に②を代入　R ＋ 8 R ＝ 180 ⇒ R ＝ 20（⇒ P ＝ 15、Q ＝ 5）

3 練習問題 **仕事算**（問題　本冊46～47ページ）

[問題1](1) 答え…D

Mの1日の仕事量は、$\dfrac{1}{9}$　Nの1日の仕事量は、$\dfrac{1}{12}$　　2人で仕事をして終わるまでにかかる日数を x 日とおき、方程式を立てる。　$\dfrac{1}{9}x + \dfrac{1}{12}x = 1$

両辺に9と12の最小公倍数36をかけて、　　$4x + 3x = 36 ⇒ 7x = 36$

$⇒ x = \dfrac{36}{7} = 5\dfrac{1}{7}$　　よって、$5\dfrac{1}{7}$ 日かかるので、終わるのは6日目

[問題1](2) 答え…C

2人で仕事をして終わるまでにかかる日数を x とおくと、

Mは最初から最後まで休まなかったので x 日、Nは2日休んだので $(x - 2)$ 日。

1日の仕事量は（1）と同じなので、

$$\dfrac{1}{9}x + \dfrac{1}{12}(x - 2) = 1 \quad 4x + 3(x - 2) = 36 \quad 4x + 3x - 6 = 36$$

$⇒ 7x = 42 ⇒ x = 6$　　　　　　　　　　　　よって、終わるのは6日目

[問題2](1) 答え…D

全体の仕事量を1とすると、1時間当たりのPの仕事量は、$\dfrac{1}{5}$

最初にPが2時間稼働したので、その間の仕事量は、$\dfrac{1}{5} × 2 = \dfrac{2}{5}$

4

したがって、残りの仕事量は、$1 - \dfrac{2}{5} = \dfrac{3}{5}$　　$\dfrac{3}{5}$をQは2時間で終わらせたので、

Qの1時間当たりの仕事量は、　　$\dfrac{3}{5} \div 2 = \dfrac{3}{5} \times \dfrac{1}{2} = \dfrac{3}{10}$

Qが印刷を完了させるのにかかる時間をxとおくと、$\dfrac{3}{10}x = 1$となる。

$x = \dfrac{10}{3} = 3\dfrac{1}{3}$　　$\dfrac{1}{3}$（時間）$\times 60 = 20$（分）　　　　よって、3時間20分かかる

別解　上記のようにQの1時間当たりの仕事量を求めたら、全体の仕事量＝1を
その1時間当たりの仕事量で割る。$1 \div \dfrac{3}{10} = \dfrac{10}{3} = 3\dfrac{1}{3}$

[問題2] (2) **答え…C**

（1）より、1時間当たりのPの仕事量は、$\dfrac{1}{5}$　　Qの仕事量は、$\dfrac{3}{10}$

PとQが2台で印刷を完了させるのにかかる時間をx時間とおくと、

$\dfrac{1}{5}x + \dfrac{3}{10}x = 1$　　両辺に10をかけて、$2x + 3x = 10 \Rightarrow 5x = 10 \Rightarrow x = 2$

よって、2時間かかる

別解　PとQの2台合わせた1時間当たりの仕事量は、$\dfrac{1}{5} + \dfrac{3}{10} = \dfrac{2}{10} + \dfrac{3}{10} = \dfrac{5}{10} = \dfrac{1}{2}$

全体の仕事量＝1をその1時間当たりの仕事量で割る。$1 \div \dfrac{1}{2} = 1 \times \dfrac{2}{1} = 2$

[問題3] (1) **答え…C**

全体の仕事量を1とすると、終わらせるのに30分かかるので、1分当たりの仕事
量は、$\dfrac{1}{30}$　　それを4人で行うので、1人の1分間の仕事量は、$\dfrac{1}{30} \div 4 = \dfrac{1}{30} \times \dfrac{1}{4} =$

$\dfrac{1}{120}$　　1人1分間の仕事量は$\dfrac{1}{120}$で、それを6人でするので、$\dfrac{1}{120} \times 6 = \dfrac{1}{20}$　　終わ

るまでにかかる時間をx分とおき、方程式を立てると、$\dfrac{1}{20}x = 1 \Rightarrow x = 20$（分）

別解　この場合の仕事は〈全体の仕事量＝人数×時間〉と表すこともできるの
で、　4（人）×30（分）＝120
120の仕事を6人で行うので、終わらせるために必要な時間をx分とおくと、
　6（人）×x（分）＝120 $\Rightarrow x = 20$（分）
または、xを用いずに、$120 \div 6 = 20$（分）でもよい。

[問題3] (2) **答え…B**

（1）より、1人1分あたりの仕事量は$\dfrac{1}{120}$、それを5人で10分間したので、

5

$$\frac{1}{120} \times 5 \times 10 = \frac{5}{12} \qquad 残りの仕事量は、 1 - \frac{5}{12} = \frac{7}{12}$$

それを20分で行うのに必要な人数を x 人として方程式を立てると、

$$\frac{1}{120} \times x \times 20 = \frac{7}{12}$$

両辺に120をかけて、 $20x = 70 \Rightarrow x = 3.5$ $\qquad\qquad$ よって、4人必要になる

別解（1）より、この仕事量は120と表すことができる。5人で10分間した分の仕事量は、 $5 \times 10 = 50$ 残りの仕事量は、 $120 - 50 = 70$ で、これを20分で終わらせるために必要な人数を x 人とおくと、 $\quad x（人） \times 20（分） = 70 \Rightarrow x = 3.5（人）$ または、 x を用いずに、 $70 \div 20 = 3.5（人）$ でもよい。 $\quad$ よって、4人必要になる

[問題4] 答え…6.25

全体の仕事量を1とすると、1時間の仕事量は $\quad$ Pは $\frac{1}{15}$、Qは $\frac{1}{12}$

残りのデータ入力にかかる時間を x 時間とすると $\quad \frac{1}{15} \times 5 + \frac{1}{12} \times 3 + \frac{1}{15}x = 1$

両辺に60をかけて、 $\overset{4}{\cancel{60}} \times \frac{5}{\cancel{15}} + \overset{5}{\cancel{60}} \times \frac{3}{\cancel{12}} + \overset{4}{\cancel{60}} \times \frac{1}{\cancel{15}}x = 60$

$\Rightarrow 20 + 15 + 4x = 60 \Rightarrow 4x = 25 \Rightarrow x = 6.25$

[問題5] 答え…B

3週間の仕事量全体を1、1週目の仕事量を x、2週目の仕事量を y、3週目の仕事量を z とおくと

ア $\quad x + y = \frac{7}{10}\cdots①$ 、 $z = 1 - \frac{7}{10} = \frac{3}{10}$

$\quad \rightarrow x$、y の内訳がわからない $\rightarrow$ アだけではわからない

イ $\quad z = \frac{2}{3} \times y \cdots②$ 、 $z = \frac{3}{10}\cdots③$

③を②に代入 $\quad \frac{2}{3} \times y = \frac{3}{10} \Rightarrow y = \frac{3}{10} \div \frac{2}{3} = \frac{9}{20}\cdots④$

$x + y + z = 1$ に③④を代入すれば、 x も求められる $\rightarrow$ イだけでわかる

※ちなみに、 x は $\frac{1}{4}$ で、最も仕事量の多いのは y の2週目となる。

$\qquad\qquad$ よって、イだけでわかるが、アだけではわからない

4 練習問題 **単価・個数・総額**（問題 本冊50〜51ページ）

[問題1]（1）答え…D

求める子どもの人数を x 人とおくと、大人の人数は $(8 - x)$ 人になる。
入場料の合計額の方程式を立てると次のようになる。

6

$$1500(8 - x) + 800x = 8500 \Rightarrow 12000 - 1500x + 800x = 8500$$
$$\Rightarrow -700x = -3500 \Rightarrow x = 5$$

よって、5人

[問題1] (2) 答え…C

求める大人の人数を x 人とおくと、子どもの人数は $2x$ 人になる。
入場料の合計額の方程式を立てると次のようになる。

$$1500x + 800 \times 2x = 12400 \Rightarrow 1500x + 1600x = 12400$$
$$\Rightarrow 3100x = 12400 \Rightarrow x = 4$$

よって、4人

[問題2] (1) 答え…D

2本入りの箱を x 箱とおき、3本入りの箱を y 箱とする。

箱の数の式　　　　　$x + y = 150$ …………①
ワインの本数の式　$2x + 3y = 380$ ……②

①×2－②
$$\begin{array}{r} 2x + 2y = 300 \\ -)\ 2x + 3y = 380 \\ \hline -y = -80 \Rightarrow y = 80 \end{array}$$

よって、80箱

[問題2] (2) 答え…F

(1) と同じく、2本入りの箱を x 箱とおき、3本入りの箱を y 箱とする。
赤ワインは2本入りに1本、3本入りに2本含まれるから、$x + 2y = 175$ …①
白ワインは2本入りに1本、3本入りに1本含まれるから、$x + \ \ y = 135$ …②

①－②×2
$$\begin{array}{r} x + 2y = 175 \\ -)\ 2x + 2y = 270 \\ \hline -x \ \ \ \ \ \ \ = -95 \Rightarrow x = 95 \end{array}$$

よって、95箱

[問題3] (1) 答え…D

求めるサンドイッチの個数を x 個とすると、クロワッサンはその4倍だから $4x$ 個となる。残るマフィンの個数を y 個として、クロワッサン、サンドイッチ、マフィンの個数と売り上げの方程式を立てると、

個数の式　　　　$4x + x + y = 300 \Rightarrow 5x + y = 300$ ……①
売り上げの式　$120 \times 4x + 320x + 240y = 50000 \Rightarrow 800x + 240y = 50000$
　⇒ 両辺を40で割って、$20x + 6y = 1250$ ……②

①×6－②
$$\begin{array}{r} 30x + 6y = 1800 \\ -)\ 20x + 6y = 1250 \\ \hline 10x \ \ \ \ \ \ \ = 550 \Rightarrow x = 55 \end{array}$$

よって、55個

[問題3] (2) 答え…B

求めるのはクロワッサンの売り上げ。クロワッサンの個数を x 個とし、サンドイッチの個数を y 個とする。マフィンはサンドイッチの2倍売れたので、その個数は $2y$ 個となる。

個数の式　　　$x + y + 2y = 410 \Rightarrow x + 3y = 410$ ……①

売り上げの式　$120x + 320y + 240 \times 2y = 80000 \Rightarrow 120x + 800y = 80000$
$\Rightarrow$ 両辺を40で割って、$3x + 20y = 2000\cdots\cdots$②

①×20－②×3　　　　$20x + 60y = 8200$
　　　　　　　　$-)\ \ 9x + 60y = 6000$

$\overline{\qquad\qquad 11x \qquad\quad = 2200} \Rightarrow x = 200$ 　　　　　　　よって、200個

クロワッサンの売り上げは単価×個数で求められるから、$120 \times 200 = 24000$(円)

[問題4](1) 答え…450

求める緑茶の重量をxgとおくと、$\dfrac{360}{100} \times x + 130 \times 2 = 2000 - 120$

$\Rightarrow 3.6x + 260 = 1880 \Rightarrow 3.6x = 1620 \Rightarrow x = 450$　　　よって、緑茶の重さは450g

[問題4](2) 答え…18

仕入れたゼリーの個数は、8個入りを30箱だから、$8 \times 30 = 240$(個)
仕入れ値の合計は、$700 \times 30 = 21000$(円)
売上は、仕入れ値＋利益　だから、$21000 + 19800 = 40800$(円)
箱売りした数をx箱、ばら売りした数をy個とおくと、個数は、$8x + y = 240\cdots$①
売上は、$1200x + 200y = 40800 \Rightarrow$ 両辺を200で割って、$6x + y = 204\cdots$②

①と②から、　　　$8x + y = 240$
　　　　　　$-)\ 6x + y = 204$

$\overline{\qquad\quad 2x \qquad\quad = 36} \Rightarrow x = 18$箱

5　練習問題 損益算 (問題　本冊54〜57ページ)

[問題1](1) 答え…H

200個売った利益が6400円なので、1個当たりの利益は、$6400 \div 200 = 32$(円)
仕入れ値(原価)＝定価－利益より、$300 - 32 = 268$(円)

[問題1](2) 答え…H

商品Yの1個当たりの仕入れ値をy円、商品Zの1個当たりの仕入れ値をz円とする。商品YとZ、各15個仕入れて15000円なので、$15y + 15z = 15000$(円)
整理すると、$y + z = 1000$　…①
商品Yには仕入れ値の20%の利益を見込んでいるので、定価は$1.2y$円。
商品Zには仕入れ値の40%の利益を見込んでいるので、定価は$1.4z$円。
定価$1.2y$円の商品Y15個と、定価$1.4z$円の商品Z15個がすべて売り切れて、
19800円になったので、$15 \times 1.2y + 15 \times 1.4z = 19800$　$18y + 21z = 19800\cdots$②

①×21－②　　　　$21y + 21z = 21000$
　　　　　　$-)\ 18y + 21z = 19800$

$\overline{\qquad\quad 3y \qquad\quad = 1200} \quad y = 400$(円)　定価は$400 \times 1.2 = 480$(円)

[問題2](1) 答え…E

商品Xの仕入れ値を1とおくと、

4割の利益を乗せた定価は、$\left(1+\dfrac{4}{10}\right)=1.4$ と表せる。

定価から15%割引した実際の売値は、$1.4\times\left(1-\dfrac{15}{100}\right)=1.4\times0.85=1.19$

売値－仕入れ値＝利益 だから、$1.19-1=0.19$　　　　　　　　　　　よって、19%

[問題2](2) 答え…F

商品Yの仕入れ値を1とおき、求める利益率を $\dfrac{x}{100}$ とおくと、

定価は、$1+\dfrac{x}{100}$ と表すことができる。また、定価の3割引は、

$$\left(1+\dfrac{x}{100}\right)\times\left(1-\dfrac{3}{10}\right)=\left(1+\dfrac{x}{100}\right)\times\dfrac{7}{10}=\dfrac{7}{10}+\dfrac{7x}{1000}$$

「利益が出る」ということは、この3割引の販売価格が仕入れ値1より大きくなる

ということだから、次の不等式が成り立つ。$\dfrac{7}{10}+\dfrac{7x}{1000}>1$

　⇒両辺に1000をかけて、$700+7x>1000$　⇒　$7x>300$　⇒　$x>42.85\cdots$
よって、最低でも43%の利益率が必要になる。

[問題3](1) 答え…D

定価を x とおくと、3割引した販売価格(売値)は、$x\times\left(1-\dfrac{3}{10}\right)=\dfrac{7}{10}x$

売値－仕入れ値＝利益 だから、$\dfrac{7}{10}x-1700=400$

$7x-17000=4000$　→　$7x=21000$　→　$x=3000$（円）

[問題3](2) 答え…C

定価を x とおくと、1割引した販売価格(売値)は、$x\times\left(1-\dfrac{1}{10}\right)=\dfrac{9}{10}x$

仕入れ値は、定価の3割引に利益の400円を除いた額だから、$\dfrac{7}{10}x-400$

売値－仕入れ値＝利益 だから、$\dfrac{9}{10}x-\left(\dfrac{7}{10}x-400\right)=1120$

$\dfrac{2}{10}x+400=1120$　→　$2x=11200-4000=7200$　→　$x=3600$（円）

[問題4](1) 答え…3575

仕入れ値を x とおく。定価 は、5720円　　売値 は、$5720\times\left(1-\dfrac{25}{100}\right)=4290$

定価で売ったときの 利益 は、$5720-x$　割引をして売ったときの 利益 は、$4290-x$

割引をして売ったときの利益は定価で売ったときの利益の$\frac{1}{3}$なので、

$$4290 - x = \frac{1}{3}(5720 - x) \Rightarrow x = 3575\text{円}$$

[問題4](2) 答え…50

仕入れ値を1とおく。 利益 は、$\frac{2}{10}$ 売値 は、$1 + \frac{2}{10} = \frac{12}{10}$

この売値が 定価 の2割引なので、 定価 は、$\frac{12}{10} \div \left(1 - \frac{2}{10}\right) = 1.2 \div 0.8 = 1.5$

$\Rightarrow (1.5 - 1) \times 100 = 50\%$

別解 定価をxとおくと、$(1 - 0.2)x = 1.2 \Rightarrow x = 1.5$

[問題4](3) 答え…10

「仕入れ値の26%にあたる715円の利益」より、 仕入れ値 は、$715 \div \frac{26}{100} = 2750\text{円}$

売値 は、$2750 + 715 = 3465\text{円}$ 割引額 は、$3850 - 3465 = 385\text{円}$

割引額 の 定価 に対する割合は、$385 \div 3850 = \frac{1}{10} \rightarrow 10\%$

別解 割引率をxとおくと、$3850 \times \left(1 - \frac{x}{100}\right) - 2750 = 715 \Rightarrow x = 10\%$

[問題4](4) 答え…400

売り上げは、$600 \times 20 + 600 \times \left(1 - \frac{30}{100}\right) \times 30 = 12000 + 12600 = 24600\text{円}$

仕入れ値の合計は、$24600 - 4600 = 20000\text{円}$ 　1個あたりは、$20000 \div 50 = 400\text{円}$

[問題4](5) 答え…19.6

仕入れ値を1とおくと 定価は、1.3 定価の20%引きは、$1.3 \times (1 - 0.2) = 1.04$

売上の合計は、$1.3 \times 60 + 1.04 \times 40 = 119.6$ 1個あたりは、$119.6 \div 100 = 1.196$

1個あたりの利益は、$1.196 - 1 = 0.196 \rightarrow 19.6\%$

[問題5](1) 答え…D

定価をx円とおくと、売価は$x \times (1 - 0.4) = 0.6x$円

ア 仕入れ値は600円だった

　$\Rightarrow$ 設問より、利益は「仕入れ値の15%」だから、$600 \times 0.15 = 90$円の利益

売値−仕入れ値＝利益 だから、$0.6x - 600 = 90$ の方程式が立つので、アだけでわかる ※方程式を解くと、$0.6x = 690 \rightarrow x = 1150$（円）

イ 得られた利益は90円だった $\Rightarrow$ 設問より、利益は「仕入れ値の15%」だから、仕入れ値は、$90 \div 0.15 = 600$円

売値−仕入れ値＝利益 だから、$0.6x - 600 = 90$ の方程式が立つので、イだけでわかる。よって、アだけでも、イだけでもわかる

仕入れ値をx、定価をyとおく。

ア $(1-0.2)y-x=78 \Rightarrow 0.8y-x=78\cdots$① → アだけではわからない

イ $(y-x)-(0.8y-x)=182 \Rightarrow 0.2\,y=182\cdots$②

    ⇒ 定価はわかるが仕入れ値はわからない → イだけではわからない

②を①に代入すれば、xを求めることができる。

                       よって、アとイの両方でわかるが、片方だけではわからない

※②を①に代入すると、$728-x=78 \Rightarrow x=650$

6 練習問題 速さ・時間・距離（問題　本冊60〜63ページ）

[問題1](1) 答え…E

到着時刻を求めるには、所要時間を求めて、出発時刻に加えればよい。

時間＝距離÷速さ の公式を使って、$1.6 \div 4 = 0.4$（時間）

時間を分に直す場合、時間×60で求められるので、$0.4 \times 60 = 24$（分）

出発時刻が8時だから、到着時刻は8時24分

[問題1](2) 答え…A

甲が出発してからx時間後に追いつかれるとすると、x時間進む甲と5分遅れで

進む乙の移動距離が等しいことから、$4x = 8 \times \left(x - \dfrac{5}{60}\right)$が成り立つ。

$$4x = 8x - \frac{40}{60} \qquad 4x = \frac{4}{6} \qquad x = \frac{1}{6}\text{（時間）}$$

$\dfrac{1}{6} \times 60 = 10$（分）。8時に出発して10分後に追いつかれるので、8時10分

[問題1](3) 答え…C

甲は、1.6kmの距離を4km/時の速さで進むので$1.6 \div 4 = 0.4$（時間）。分に直して、

  $0.4 \times 60 = 24$（分）より、Q地点まで24分かかる。

乙は、1.6kmの距離を8km/時の速さで進むので$1.6 \div 8 = 0.2$（時間）。

  $0.2 \times 60 = 12$（分）より、Q地点まで12分かかる。$24 - 12 = 12$（分）の差があり、

甲が8時に出発したので、乙が出発するのは、8時12分

[問題2](1) 答え…D

ＸＹ町間の距離は18km、時間は出発が8時50分で到着が9時30分だから40分。

時間の単位に直すと、$\dfrac{40}{60}$時間

速さ＝距離÷時間 の公式を使って、$18 \div \dfrac{40}{60} = 18 \times \dfrac{\overset{3}{\cancel{60}}}{\underset{2}{\cancel{40}}} = 18 \times \dfrac{3}{2} = 9 \times 3 = 27$（km/時）

Y町からZ町までの所要時間は45分。時速36kmで45分間進んだのだから、

$$36 \times \frac{45}{60} = 36 \times \frac{3}{4} = 27 \,(\text{km})$$

Step1 甲がバスに追い越される時刻を求める

Y町から12kmの地点までにバスが到達するのにかかる時間は、

時間＝距離÷速さ の公式を使って、$12 \div 36 = \frac{12}{36} = \frac{1}{3}$（時間） $\frac{1}{3} \times 60 = 20$（分）

バスがY町を出発するのは9時40分だから、追い越し地点に到達するのは10時

Step2 甲がバスに追い越されるまでに走った時間を求め、そこから平均時速を求める。甲は、Y町を9時28分に出発し10時に追い越されるので、その間の時間は32分。

速さ＝距離÷時間 の公式より、$12 \div \frac{32}{60} = 12 \times \frac{60}{32} = 12^3 \times \frac{15}{8_2} = 3 \times \frac{15}{2} = 22.5 \,(\text{km/時})$

Pの歩く速さをxm/分とおく。Pの歩いた距離＝Qの歩いた距離だから、

距離＝速さ×時間 の公式より、$x \times (10 + 15) = 70 \times 15 \rightarrow x = 42$

1周720mの池5周分の距離は、720m × 5 ＝ 3600m ＝ 3.6km

PとQの速さは 速さ＝距離÷時間 より、Pは、$3.6\text{km} \div \frac{15}{60}$時間 ＝ 14.4km/時

Qは、$3.6\text{km} \div \frac{13.5}{60}$時間 ＝ 16km/時　その差は、$16 - 14.4 = 1.6$km/時

家から駅までの距離は 距離＝速さ×時間 より、$3.5\text{km/時} \times \frac{12}{60}$時 ＝ $\frac{7}{10}$km

時間は、12分を5分短縮させるので、実際にかけられる時間は、$12 - 5 = 7$分 ＝ $\frac{7}{60}$時。歩く速さは 速さ＝距離÷時間 より、$\frac{7}{10}\text{km} \div \frac{7}{60}$時 ＝ 6 km/時

求める時間をx分とおくと、家から映画館までの距離は 距離＝速さ×時間 より、歩く場合は$60(x + 5)$m、自転車の場合は$180(x - 15)$mと表せるので、つぎの方程式が成り立つ。

$60(x + 5) = 180(x - 15) \Rightarrow 60x + 300 = 180x - 2700 \Rightarrow 120x = 3000 \Rightarrow x = 25$（分）

上り坂の距離をx(km)とおくと、残りは　$18 - x$ (km)

$\boxed{\text{時間＝距離÷速さ}}$ で方程式を立てると、$\dfrac{x}{12} + \dfrac{18-x}{20} = 1 \Rightarrow x = 3\,\text{km}$

[問題3](6) 答え…1.9

家から図書館までの距離を $x\,(\text{km})$ とおく。$\boxed{\text{時間＝距離÷速さ}}$ で方程式を立てる

と、$\dfrac{x}{9.5} + \dfrac{x}{3.8} = \dfrac{42}{60} \Rightarrow x + 2.5x = 6.65 \Rightarrow 3.5x = 6.65 \Rightarrow x = 1.9\text{km}$

両辺に9.5をかける

[問題3](7) 答え…28

走ったのは $2.8\text{km} \times \dfrac{3}{4} = 2.1\text{km}$　　　残りは $2.8 - 2.1 = 0.7\text{km}$

$\boxed{\text{走った時間}}$ は、$2.1\text{km} \div 7\,\text{km/時} = \dfrac{3}{10}$ 時　$\dfrac{3}{10} \times 60 = 18$分

$\boxed{\text{歩いた時間}}$ は、$0.7\text{km} \div 4.2\text{km/時} = \dfrac{1}{6}$ 時　$\dfrac{1}{6} \times 60 = 10$分　18分 $+ 10$分 $= 28$分

[問題3](8) 答え…84

トンネルを通過する場合の距離
＝〈トンネルの長さ＋列車の長さ〉
単位をkmにそろえて、$1.5 + 0.18 = 1.68\text{km}$
通過にかかった時間は $\boxed{\text{時間＝距離÷速さ}}$ より、

$1.68\text{km} \div 72\text{km/時} = \dfrac{168}{7200}$ 時　$\dfrac{168}{7200} \times 60 \times 60$

秒に直すと、$\dfrac{168}{7200}$ 時 $\times 60 \times 60 = 84$秒

●覚えておきたい公式
トンネル・橋などを通過
　距離＝トンネルなどの長さ＋電車の長さ
移動する物（Ａ・Ｂ）の追い越し
　距離＝Ａの長さ＋Ｂの長さ
　速度＝Ａの速度－Ｂの速度
移動する物（Ａ・Ｂ）のすれ違い
　距離＝Ａの長さ＋Ｂの長さ
　速度＝Ａの速度＋Ｂの速度

$\boxed{\text{別解}}$ 速度の単位を秒速に直す $\Rightarrow 72 \times \dfrac{1000}{3600} = 20\,(\text{m/秒})$

時間 $= 1680\text{m} \div 20\text{m/秒} = 84\,(秒)$

[問題3](9) 答え…9

移動するＡ・Ｂのすれ違いを式に表すと、移動距離＝〈Ａの長さ＋Ｂの長さ〉、
速度＝〈Ａの速度＋Ｂの速度〉である。
$\boxed{\text{距離}} = 240 + 120 = 360\,(\text{m})$、$\boxed{\text{速さ}} = 86 + 58 = 144\,(\text{km/時})$

速さの単位に合わせて、$\dfrac{360}{1000}\text{km} \div 144\text{km/時} = \dfrac{1}{400}$ 時

秒に直すと、$\dfrac{1}{400}$ 時 $\times 60 \times 60 = 9$ 秒

$\boxed{\text{別解}}$ 速さの単位を秒速に直す $\Rightarrow 144 \times \dfrac{1000}{3600} = 40\,(\text{m/秒})$

時間 $= 360\text{m} \div 40\text{m/秒} = 9\,(秒)$

[問題3](10) 答え…135

移動するＡ・Ｂの追い越しを式に表すと、移動距離＝〈Ａの長さ＋Ｂの長さ〉、

速度＝〈Aの速度－Bの速度〉 快速電車の長さをxmとおく。

$\boxed{距離}＝225＋x（m）$、$\boxed{速さ}＝108－60＝48（km/時）$

速さの単位を秒速mに直す $\Rightarrow 48 \times \dfrac{1000}{3600} = \dfrac{40}{3}$

$\boxed{距離＝速さ×時間}$ より、$225＋x（m）＝\dfrac{40}{3}$m/秒$\times 27$秒$＝360$m $\Rightarrow x＝135（m）$

[問題3](11) 答え…**240**

速さの単位をm/分に直す。

〈ボートの速さ〉 21.6km/時 $\Rightarrow$ 21600m/60分 ＝360m/分

〈川の流れ〉　　 2m/秒 $\Rightarrow$ 2×60m/分 ＝120m/分

川上りの1分間に進む距離は $\boxed{船の速さ－川の流れの速度}$ だから、

$360－120＝240$m/分

> ●流水算の公式
> 川上りの速度　　 ＝静水時の船の速さ－川の流れの速度
> 川下りの速度　　 ＝静水時の船の速さ＋川の流れの速度
> 川の流れの速度　 ＝（下りの速さ－上りの速さ）÷2
> 静水時の船の速度 ＝（下りの速さ＋上りの速さ）÷2

7 練習問題 場合の数 （問題　本冊66～69ページ）

> **組み合わせの求め方**
> N個の中からR個を選ぶことを**組み合わせ**という。
> 9個の中から4個を選ぶ場合の数は、次の式で求められる。
>
> $$_9C_4 = \frac{9 \times 8 \times 7 \times 6}{4 \times 3 \times 2 \times 1} = \frac{9 \times \overset{2}{8} \times 7 \times 6}{4 \times 3 \times 2 \times 1} = 126$$
>
> 分子：順列Pの公式と同じ（Nから順に1つずつ小さい数をR個掛ける）
> 分母：Rから順に1つずつ小さい数をR個掛ける
>
> **組み合わせの公式**
> 異なるn個のものから、並べ方は考えないで r 個選び出す場合の数
>
> $$_nC_r = \frac{n(n-1)(n-2)\cdots\cdots(n-r+1)}{r(r-1)(r-2)\times\cdots\cdots\times 1}$$

[問題1](1) 答え…**F**

順番を決めるので「9人の中から4人を選んで並べる」順列。順列の公式を使う。

$$_9P_4 = 9 \times 8 \times 7 \times 6 = 3024（通り）$$

[問題1](2) 答え…**A**

順番は考えない選び方なので「9人の中から4人を選ぶ」組み合わせ。組み合わせの公式を使う。

$$_9C_4 = \frac{9 \times 8 \times 7 \times 6}{4 \times 3 \times 2 \times 1} = \frac{9 \times \overset{2}{8} \times 7 \times 6}{4 \times 3 \times 2 \times 1} = 126（通り）$$

[問題2](1) 答え…**C**

樹形図を描いて求める。

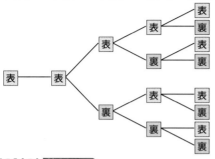

全部で8通り。
式で求めると、
1回目と2回目で表が出るのは
1通り。3、4、5回目は、
裏と表の2通りずつあるので、
$1 \times 2 \times 2 \times 2 = 8$（通り）

[問題2]（2） 答え…D

5回のうち3回で表が出る場合とは、（1）のような表、裏の組み合わせで考えると、表 裏 表 裏 表 のように5個の中から3個選んだものが表になるということ。したがって、「5個の中から3個を選ぶ」組み合わせの公式で求められる。

$$_5C_3 = \frac{5 \times 4 \times 3}{3 \times 2 \times 1} = \frac{5 \times \overset{2}{\cancel{4}} \times \cancel{3}}{\cancel{3} \times \cancel{2} \times 1} = 10（通り）$$

$_5C_3 = \dfrac{5 \times 4 \times 3}{3 \times 2 \times 1} = \dfrac{5 \times 4}{2 \times 1}$ となり、$_5C_2 = \dfrac{5 \times 4}{2 \times 1}$ と等しい。$_nC_r = {}_nC_{(n-r)}$ が成り立つ。

[問題3]（1） 答え…B

3か国のうち1か国はシンガポールになるので、残り4か国から2か国を選ぶ。

よって、$_4C_2 = \dfrac{4 \times 3}{2 \times 1} = 6$（通り）

[問題3]（2） 答え…D

5か国の中から3か国を選ぶ組み合わせは、$_5C_3 = \dfrac{5 \times 4 \times 3}{3 \times 2 \times 1} = 10$（通り）

そのうち、シンガポールもマレーシアも含まれない組み合わせは、残りの3か国（ベトナム、タイ、カンボジア）の組み合わせ1通りだけ。よって、$10 - 1 = 9$（通り）

別解 3か国のうち1か国はシンガポールかマレーシアが含まれるということだから、シンガポールが含まれるのは（1）より6通り。マレーシアが含まれるのも同じく6通り。ただし、それぞれには、シンガポールとマレーシアの2か国が含まれる組み合わせがあるので、その重複分は除かなければならない。シンガポールとマレーシアの2か国が含まれるのは、残りの1か国がベトナム、タイ、カンボジアのいずれかの場合なので、3通り。よって、$6 + 6 - 3 = 9$（通り）

図解
（1）シンガポールが含まれる場合の樹形図

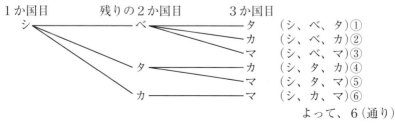

（2）マレーシアが含まれる場合の樹形図

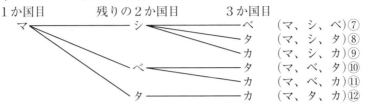

③と⑦、⑤と⑧、⑥と⑨が同じ組み合わせになるので、重複分3つを省き、

$$12-3=9（通り）$$

[問題4]（1） 答え…C

設問の〈図1〉は円形のテーブルだが、座席に数字が振られており、回転移動がないので円順列ではない（円順列については右ページ参照）。①〜⑥の席と、与えられた条件を表にすると、下のようになる。

①	②	③	④	⑤	⑥
P	空				

③〜⑥の4席にQ、R、S、Tの4人が座るので、$_4P_4 = 4 \times 3 \times 2 \times 1 = 24$（通り）

[問題4]（2） 答え…H

QとRが「向かい合わせに座る」場合とは、2人が①⑥、②⑤、③④のいずれかに座り、残りの4つの席にP、S、Tの3人が座る場合である。
①⑥の場合、QとRの座り方は下の表ⓐまたはⓑのようになる。

ⓐ

①	②	③	④	⑤	⑥
Q					R

ⓑ

①	②	③	④	⑤	⑥
R					Q

②③④⑤に、P、S、T、空席 のどれかが入るので、
$_4P_4 = 4 \times 3 \times 2 \times 1 = 24$（通り） それがⓐⓑの2通りあるので、$24 \times 2 = 48$（通り）
②⑤の場合は、①③④⑥に、③④の場合は、①②⑤⑥に、同様に「P、S、T、空席」のどれかが入るので、それぞれ48通りある。したがって、$48 \times 3 = 144$（通り）

人数より席のほうが多いので、必ず空席ができる。この空席の確保を忘れないこと

[問題5]（1） 答え…B

2色の場合は、6色の中から2色を選んで並べる順列を繰り返すことになるが、例えば、〈赤・青〉の順番と〈青・赤〉の順番も、回転させると同じになるため区別がなくなる。したがって、6色の中から2色を選ぶだけの組み合わせと同じことになる。

$$_6C_2 = \frac{6 \times 5}{2 \times 1} = 15（通り）$$

[問題5]（2） 答え…G

6色の場合は、赤、青、黄、緑、黒、白6色すべて使用する順列だが、次ページ

の図のように、回転させたときに同じ配色になる重複分を除外しなければならない。つまり、1番最初がどの部分になるかにかかわらず、赤、青、黄、緑、黒、白の順番になるものは、1通りとみなされる。

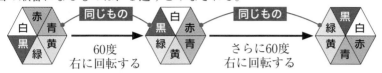

赤 、青 、黄 、緑 、黒 、白
白 、赤 、青 、黄 、緑 、黒
黒 、白 、赤 、青 、黄 、緑
緑 、黒 、白 、赤 、青 、黄
黄 、緑 、黒 、白 、赤 、青
青 、黄 、緑 、黒 、白 、赤

この6通りは
1通りと
みなされる。

円順列の公式
（2）のように、n個のものを全部使って円周に並べる場合のことを円順列といい、次の式で求められる。
$_nP_n \div n = {}_{(n-1)}P_{(n-1)}$
$= (n-1)!$

これは、他の順列でも同様に6通りが1通りとなるため、6で割ればよい。
$_6P_6 \div 6 = 6 \times 5 \times 4 \times 3 \times 2 \times 1 \div 6 = 120$（通り）

[問題6]（1）答え…168

8人の中から班長を1人選ぶのは、$_8C_1 = 8$通り

残りの7人から副班長2人を選ぶのは、$_7C_2 = \dfrac{7 \times 6}{2 \times 1} = 21$通り

よって求める組み合わせは、$8 \times 21 = 168$通り

[問題6]（2）答え…60

Zの1つは、6つの中からの1つだから、$_6C_1 = 6$通り

つぎにYの2つは、残りの5つの中からの2つだから、$_5C_2 = \dfrac{5 \times 4}{2 \times 1} = 10$通り

さらにXは、残りの3つの中から3つ選ぶので、$_3C_3 = 1$通り。

よって求める組み合わせは、$1 \times 6 \times 10 = 60$通り

別解 Xから順に選ぶ。$_6C_3 \times {}_3C_2 = 20 \times 3 = 60$通り

[問題6]（3）答え…35

Pに乗る3人を7人の中から選ぶ。Qは残りの4人の中から4人を選ぶ。

$_7C_3 \times {}_4C_4 = \dfrac{7 \times 6 \times 5}{3 \times 2 \times 1} \times 1 = 35$通り

[問題6]（4）答え…20

夫の当番の3日を6日の中から選ぶ。妻は残りの3日に決まる

$_6C_3 \times {}_3C_3 = \dfrac{6 \times 5 \times 4}{3 \times 2 \times 1} \times 1 = 20$通り

[問題6]（5）答え…30

グラス5個と皿3枚からそれぞれ2つ選ぶ。

$_5C_2 \times {}_3C_2 = \dfrac{5 \times 4}{2 \times 1} \times \dfrac{3 \times 2}{2 \times 1} = 10 \times 3 = 30$通り

[問題6](6) 答え…**70**

主将を除く8人から4人選ぶ。$_8C_4 = \dfrac{8 \times 7 \times 6 \times 5}{4 \times 3 \times 2 \times 1} = 70$通り

[問題6](7) 答え…**126**

タイル9枚の中で、白タイル4枚をどこに配置するかを決めると、残りが黒タイルに決まる。$_9C_4 \times {}_5C_5 = \dfrac{9 \times 8 \times 7 \times 6}{4 \times 3 \times 2 \times 1} \times 1 = 126$通り

[問題6](8) 答え…**45**

「クラシックとジャズを少なくとも各1曲、全部で3曲選ぶ」ということは、
①「クラシック2曲とジャズ1曲」＋②「クラシック1曲とジャズ2曲」。
①クラシック2曲の選び方×ジャズ1曲の選び方

$\qquad \rightarrow {}_5C_2 \times {}_3C_1 = \dfrac{5 \times 4}{2 \times 1} \times 3 = 30$通り

②クラシック1曲の選び方×ジャズ2曲の選び方

$\qquad \rightarrow {}_5C_1 \times {}_3C_2 = 5 \times \dfrac{3 \times 2}{2 \times 1} = 15$通り

よって求める組み合わせは、$30 + 15 = 45$通り

[問題6](9) 答え…**45**

6人から2人選び、残りの4人から2人選ぶ。ただし、2人のペアを選ぶ順序は考慮しなくてよいため、$_2P_2 = 2$で割る。

$$_6C_2 \times {}_4C_2 = \dfrac{6 \times 5}{2 \times 1} \times \dfrac{4 \times 3}{2 \times 1} = 15 \times 6 = 90 \quad 90 \div 2 = 45$$通り

[問題6](10) 答え…**21**

つぎの①、②のケースが考えられる。
①Pが同じ種類を2個 → 「しし」「たた」「おお」の3通り

し：しゃけ、た：たらこ、お：おかか

※Qは「同じ種類」と「別の種類」という2つの場合がある。
Qが残り4個から同じ種類を2個
→ Pとは違う同じ種類の2通り（例：Pが「しし」のとき、「たた」「おお」）
Qが残り4個から別の種類を2個
→ 1通り（例：Pが「しし」のとき、「たお」＝「おた」）
RはPとQの残りなので、1通り
①の組み合わせは、$3 \times (2 + 1) \times 1 = 9$通り
②Pが別の種類を2個 → $_3C_2 = 3$通り（「した」「たお」「しお」）
Qが残り3種類4個から同じ種類を2個
→ 1通り（例：Pが「した」のとき、「おお」）
Qが残り3種類4個から別の種類を2個
→ $_3C_2 = 3$通り（例：Pが「した」のとき、「した」「たお」「しお」）

RはPとQの残りなので、**1通り**

②の組み合わせは、$3 \times (1 + 3) \times 1 = 12$通り

よって求める組み合わせは、①＋②＝9＋12＝**21通り**

[問題6](11) 答え…8

つぎの①～③のケースが考えられる。

①1色 「ピンク3本」の1通りだけ

②2色 「白2本」の場合、残りの1本は「赤」か「ピンク」の2通り

「赤2本」「ピンク2本」の場合も同様に2通りずつで、**計6通り**

③3色 「白・赤・ピンク」の1通り

よって求める組み合わせは、1＋6＋1＝**8通り**

[問題6](12) 答え…9

$2x - y \geqq 7$であれば、yは1から6までの整数だから、最小の$y = 1$とすれば、$2x \geqq 8$となるので、xは4以上でなければならない。$x = 6$、5、4で検証すると、全部で9通り（下の表参照）

x	6					5			4
$2x$	12					10			8
y	1	2	3	4	5	1	2	3	1
$2x-y$	11	10	9	8	7	9	8	7	7

8 練習問題 確率（問題 本冊72～75ページ）

[問題1](1) 答え…B

すべての場合の数n…5枚の中から2枚選ぶので、 $n = {}_5C_2 = \dfrac{5 \times 4}{2 \times 1} = 10$（通り）

「2枚とも奇数」になる場合の数a $= {}_3C_2 = \dfrac{3 \times 2}{2 \times 1} = 3$（通り）

確率 $P = \dfrac{a}{n} = \dfrac{3}{10}$　5枚の中に奇数は1、3、5の3枚だから、3枚の中から2枚選ぶ

別解 5枚のカードのうち、奇数は3枚（1、3、5）だから、

1回目に奇数になる確率は、$\dfrac{3}{5}$

一度引いたカードは元に戻さないので、2回目の段階で箱に入っているカードは4枚。そのうち奇数は1回目に1枚引かれているので残り2枚だから、

2回目に奇数になる確率は、$\dfrac{2}{4} = \dfrac{1}{2}$

1回目、2回目は連続して同時に起こることなので、$\dfrac{3}{5} \times \dfrac{1}{2} = \dfrac{3}{10}$

[問題1](2) 答え…E

すべての場合の数n…5枚から1枚選ぶ作業を3回するので、

$n = 5 \times 5 \times 5 = 125$（通り）

「偶数、奇数、偶数」になる場合の数 $a = 2 \times 3 \times 2 = 12$（通り）

確率 $P = \dfrac{a}{n} = \dfrac{12}{125}$

5枚の中に偶数は2と4の2枚、奇数は（1）の通り3枚

別解 一度引いたカードを元に戻すので、3回とも5枚のカードから1枚引くことになる。したがって、1回目は偶数2枚（2、4）を引く確率だから、$\dfrac{2}{5}$

2回目に奇数になる確率は、$\dfrac{3}{5}$、3回目に偶数になる確率は、$\dfrac{2}{5}$

1回目、2回目、3回目は連続して同時に起こることなので、$\dfrac{2}{5} \times \dfrac{3}{5} \times \dfrac{2}{5} = \dfrac{12}{125}$

[問題2]（1）答え…A

ここは $5 \times 7 \times 13$ のままでもOK。確率の分母になるので、約分することもあるため、掛け算は後回しでよい

すべての場合の数 n…15人から3人選ぶので、

$$n = {}_{15}C_3 = \frac{15 \times 14 \times 13}{3 \times 2 \times 1} = 5 \times 7 \times 13 (= 455)$$

「3人とも4人部屋」になる場合の数 $a = {}_4C_3 = \dfrac{4 \times 3 \times 2}{3 \times 2 \times 1} = 4$

確率 $P = \dfrac{a}{n} = \dfrac{4}{455}$

4人部屋に入る4人のうちの3人になるので、4人から3人を選ぶ

別解 くじを引く学生をP、Q、Rとする。

Pが4人部屋に入る確率…4人部屋に入るくじの数は4、くじの合計数は15なので、$\dfrac{4}{15}$

Qが4人部屋に入る確率…4人部屋に入るくじの数は3、くじの合計数は14なので、$\dfrac{3}{14}$

Rが4人部屋に入る確率…4人部屋に入るくじの数は2、くじの合計数は13なので、$\dfrac{2}{13}$

よって、$\dfrac{4}{15} \times \dfrac{3}{14} \times \dfrac{2}{13} = \dfrac{4}{455}$

[問題2]（2）答え…F

すべての場合の数 n は（1）と同じ。

5人部屋に入る5人のうちの2人

「3人部屋1人と5人部屋2人に入る」場合の数 $a = {}_3C_1 \times {}_5C_2 = 3 \times \dfrac{5 \times 4}{2 \times 1} = 30$

確率 $P = \dfrac{a}{n} = \dfrac{30}{5 \times 7 \times 13} = \dfrac{\overset{6}{30}}{5 \times 7 \times 13} = \dfrac{6}{91}$

3人部屋に入る3人のうちの1人

別解 最初にくじを引く3人の学生を、P、Q、Rとする。
3人部屋と5人部屋に入るのは、〈3人部屋1人〉-〈5人部屋2人〉で表すと、
①〈P〉-〈Q・R〉、②〈Q〉-〈P・R〉、③〈R〉-〈P・Q〉の3通り（つまり、3人の中から3人部屋に入る1人を選ぶので、${}_3C_1 = 3$ 通り）。

①の場合　Pが3人部屋…$\dfrac{3}{15}$、Qが5人部屋…$\dfrac{5}{14}$、Rが5人部屋…$\dfrac{4}{13}$

よって、$\dfrac{3}{15} \times \dfrac{5}{14} \times \dfrac{4}{13} = \dfrac{\cancel{3}}{\cancel{15}_7} \times \dfrac{\cancel{5}}{\cancel{14}} \times \dfrac{\cancel{4}^2}{13} = \dfrac{2}{91}$

②、③の場合も同様にそれぞれ、$\dfrac{2}{91}$ になるので、$\dfrac{2}{91} \times 3 = \dfrac{6}{91}$

[問題3] (1) 答え…C

剣玉を2回続けて行う場合、結果は次の樹形図で表せる（玉が剣に刺さる＝成功 ＝〇、失敗＝✕で表す）。

1回目　　2回目
成功率0.5　成功率0.7

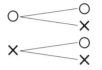

① 2回とも成功
② 1回目成功、2回目失敗 ＝ 1回だけ成功
③ 1回目失敗、2回目成功 ＝ 1回だけ成功
④ 2回とも失敗

「2回とも剣に刺さる」場合は①のみ。よって成功する確率は、$0.5 \times 0.7 = 0.35$

[問題3] (2) 答え…E

「玉が剣に刺さる（＝成功）のがどちらか1回」の場合は、(1) の②と③。
②の確率…$0.5 \times (1 - 0.7) = 0.15$　　③の確率…$(1 - 0.5) \times 0.7 = 0.35$
②＋③＝$0.15 + 0.35 = 0.5$

失敗する確率＝（1－成功する確率）

[問題4] (1) 答え…3／4

2つの数字の積が偶数になるのは〈奇数×偶数〉〈偶数×偶数〉の場合。逆に奇数になるのは〈奇数×奇数〉の場合だけだから、逆の確率を求めて1から引く。
奇数は、1、3、5の3通り。〈奇数×奇数〉になるのは、$3 \times 3 = 9$ 通り
サイコロを2回振って出る目のすべての場合の数は、$6 \times 6 = 36$ だから、

$$\dfrac{9}{36} = \dfrac{1}{4} \qquad \text{よって求める確率は、} 1 - \dfrac{1}{4} = \dfrac{3}{4}$$

[問題4] (2) 答え…10／19

1から19までの整数のうち、3で割り切れる3の倍数は、$19 \div 3 = 6$（余り1）で
→ 6個、4で割り切れる4の倍数は、$19 \div 4 = 4$（余り3）で → 4個
この中には3と4の公倍数12が1個あるので、それを引くと、$6 + 4 - 1 = 9$ 個
よって、3か4で割り切れる確率は、$\dfrac{9}{19}$

問われているのは「3でも4でも割り切れない確率」だから、$1 - \dfrac{9}{19} = \dfrac{10}{19}$

[問題4] (3) 答え…3／16

50円玉① 50円玉② 100円玉③ 100円玉④ とすると、合計が200円になる組み合せは、①②③、①②④、③④ の3通り。すべての場合の数は、50円玉、100円玉2枚ずつのそれぞれ裏と表の2通りあるため、$2^2 \times 2^2 = 16$

だから、求める確率は、$\dfrac{3}{16}$

別冊3 解答・解説集

2つの数字の和が奇数になるのは、〈奇数＋偶数〉の場合。

7個の玉のうち、奇数は4個、偶数は3個だから、2個の数字の和が奇数になるのは全部で $4 \times 3 = 12$ 通り

7個の中から2個取り出すので、すべての場合の数は、$_7C_2 = 21$　だから、

$$求める確率は、\frac{12}{21} = \frac{4}{7}$$

別解　2個の玉を1個ずつで考え、「①1個目に奇数、2個目に偶数の場合」と「②1個目に偶数、2個目に奇数の場合」に場合分けして求める。

$$① \ \frac{4}{7} \times \frac{3}{6} = \frac{2}{7} \quad ② \ \frac{3}{7} \times \frac{4}{6} = \frac{2}{7} \quad ①＋② = \frac{4}{7}$$

「商品PかXのどちらか一方が入っている」のは、①PとY、②QとXの場合。

福袋の総数が80個なので、

$$① \ \frac{50}{80} \times \frac{20}{80} = \frac{5}{32} \quad ② \ \frac{30}{80} \times \frac{60}{80} = \frac{9}{32} \quad ①＋② = \frac{5}{32} + \frac{9}{32} = \frac{14}{32} = \frac{7}{16}$$

10枚のくじで当たりくじを引く確率が $\frac{1}{5}$ であれば、当たりくじの枚数は $10 \times \frac{1}{5} = 2$ 枚（外れくじは8枚）。同時に2枚引き、1枚が当たりでもう1枚が外れになる場合の数は、$_2C_1 \times _8C_1 = 2 \times 8 = 16$

すべての場合の数は、$_{10}C_2 = 45$　だから、求める確率は、$\frac{16}{45}$

別解　2枚のくじを1枚ずつで考え、「①1枚目に当たり、2枚目に外れる場合」と「②1枚目に外れ、2枚目に当たる場合」に場合分けして求める。

$$① \ \frac{2}{10} \times \frac{8}{9} = \frac{8}{45} \quad ② \ \frac{8}{10} \times \frac{2}{9} = \frac{8}{45} \quad ①＋② = \frac{16}{45}$$

順列 $_nP_r$ の求め方は本冊P.65参照

PとQは隣り合うので1まとめに考えると、PQ、R、S、T、U の5組の並び順を考えればよいので、$_5P_5$　しかし、PQは「P／Q」と「Q／P」の2通りがあるので、$_5P_5 \times 2$　すべての場合の数は、$_6P_6$　だから

求める確率は、$\dfrac{_5P_5 \times 2}{_6P_6} = \dfrac{5 \times 4 \times 3 \times 2 \times 1 \times 2}{6 \times 5 \times 4 \times 3 \times 2 \times 1} = \dfrac{2}{6} = \dfrac{1}{3}$

8本から1本ずつ4人が引くので、すべての場合の数は、

$$_8C_4 = \frac{8 \times 7 \times 6 \times 5}{4 \times 3 \times 2 \times 1} = 2 \times 7 \times 5$$

4人とも外れくじを引くのは6本の外れくじから4本引くことだから、

$${}_6C_4 = {}_6C_2 = \dfrac{6 \times 5}{2 \times 1} = 3 \times 5 \qquad$$ よって求める確率は、 $\dfrac{3 \times 5}{2 \times 7 \times 5} = \dfrac{3}{14}$

別解 当たりを引かない確率を1人ずつ考えて、 $\dfrac{6}{8} \times \dfrac{5}{7} \times \dfrac{4}{6} \times \dfrac{3}{5} = \dfrac{3}{14}$

[問題4] (9) 答え…5／32

金色カードは全体の $\dfrac{3}{8}$ でそのうち「当たり」は25%だから、 $\dfrac{3}{8} \times \dfrac{25}{100} = \dfrac{3}{32}$

銀色カードは全体の $\dfrac{5}{8}$ でそのうち「当たり」は10%だから、 $\dfrac{5}{8} \times \dfrac{10}{100} = \dfrac{1}{16}$

金色：銀色＝3：5。全体を1とすると、
金色は $\dfrac{3}{3+5} = \dfrac{3}{8}$ 、銀色は $\dfrac{5}{8}$

よって、「当たり」になる確率は、 $\dfrac{3}{32} + \dfrac{1}{16} = \dfrac{5}{32}$

[問題4] (10) 答え…1／84

9枚のくじのうち3人掛けテーブルのくじは3枚なので、

すべての場合の数は、 ${}_9C_3 = \dfrac{9 \times 8 \times 7}{3 \times 2 \times 1} = 84$

そのうち（6人掛けを⑥、3人掛けを❸とすると）、⑥❸❸⑥⑥⑥⑥⑥❸の順にな

るのは1通り。よって求める確率は、 $\dfrac{1}{84}$

別解 9枚のくじを1人ずつ引くとして、3人掛けが□に囲んだ順番で、それ以
外は6人掛け。

$$\underset{①}{\dfrac{6}{9}} \times \underset{②}{\boxed{\dfrac{3}{8}}} \times \underset{③}{\boxed{\dfrac{2}{7}}} \times \underset{④}{\dfrac{5}{6}} \times \underset{⑤}{\dfrac{4}{5}} \times \underset{⑥}{\dfrac{3}{4}} \times \underset{⑦}{\dfrac{2}{3}} \times \underset{⑧}{\dfrac{1}{2}} \times \underset{⑨}{\boxed{\dfrac{1}{1}}} = \dfrac{1}{84}$$

[問題4] (11) 答え…2／9

最初に、3着から1着が売れる確率は、 $\dfrac{3}{3}$

さらに、1回目に1着補充して、最初の2着から1着が売れる確率は、 $\dfrac{2}{3}$

さらに、2回目に1着補充して、最初の1着から1着が売れる確率は、 $\dfrac{1}{3}$

よって、3回目に1着補充したときに、最初の3着のうち1着も残っていない確
率は、 $\dfrac{3}{3} \times \dfrac{2}{3} \times \dfrac{1}{3} = \dfrac{2}{9}$

9 練習問題 **割引料金と清算**（問題 本冊78〜79ページ）

[問題1] (1) 答え…H

乗車した大人が20人を超えているので、超えた分の10人について、20%の団体割
引が適用される。 $4000 \times 20 + 4000 \times (1 - 0.2) \times 10 = 80000 + 32000 = 112000$（円）

[問題1](2) 答え…D

乗車した大人が20人、子どもが15人なので、子どもの超えた分の5人について、15%の団体割引が適用される。

大　人：$5000 \times 20 = 100000$（円）

子ども：$2500 \times 10 + 2500 \times (1 - 0.15) \times 5 = 35625$（円）

$$100000 + 35625 = 135625（円）$$

[問題2](1) 答え…B　**(2)** 答え…E

TがUに支払った金額をx円とすると、

$4700 + x = 3400 + 2x$　　　$x = 1300$円……（1）

Uが立て替えた金額をy円とすると、　$(y + 4700 + 3400) \div 3 = 4700 + 1300$

$(y + 8100) \div 3 = 6000$　　　$y + 8100 = 18000$　　　$y = 9900$円……（2）

[問題3](1) 答え…D

4名でドリンク1杯が無料になるクーポンを4枚利用しているので、ドリンク代はかからない。したがって、合計金額は、

日替わりランチ×2＋パスタ×2＋デザート×4　で求められる。

$980 \times 2 + 850 \times 2 + 300 \times 4 = 1960 + 1700 + 1200 = 4860$（円）

[問題3](2) 答え…F

パスタを注文した人をx人とおく。注文の状況を整理すると、

クーポン1枚がドリンク200円の割引

	日替わり	パスタ	ドリンクのみ	デザートのみ	ドリンク＋デザート	クーポン	合計
単価	980	850	200	300	500	−200	
人数	$9-x$	x	4	2	3	5	
合計	$980(9-x)$	$850x$	800	600	1500	−1000	9940

式にすると、$980(9 - x) + 850x + 800 + 600 + 1500 - 1000 = 9940$

$8820 - 980x + 850x + 1900 = 9940$　　　$-130x = -780 \Rightarrow x = 6$

よって、パスタを注文したのは6人

[問題4](1) 答え…14000

定価をxとおくと、Pは、$x \times \left(1 - \dfrac{2}{10}\right) = \dfrac{8}{10}x$、Qは、$x \times \left(1 - \dfrac{5}{10}\right) = \dfrac{5}{10}x$

QはPより4200円安く買ったので、$\dfrac{8}{10}x - \dfrac{5}{10}x = 4200 \Rightarrow \dfrac{3}{10}x = 4200 \Rightarrow x = 14000$円

別解 割引の差が$5 - 2 = 3$割で、それが4200円だから、

$$全体 = 部分 \div 割合 より、4200 \div \dfrac{3}{10} = 14000円$$

[問題4](2) 答え…18400

食事代もプレゼント代も支払っていないZの支払額8300円が3人の均等割りした額になる。

食事代の総額は、Xの「自分の均等割り額」と「それを超えて立て替えた額（YとZから受け取った額）」の合計になるので、$8300 + 1800 + 8300 = 18400$ 円

10 練習問題 分割払いと割合 （問題　本冊82〜87ページ）

[問題1]（1） 答え…G

購入価格の総額を「1」とする。頭金を差し引いた残額は、全体の $\dfrac{4}{5}$　これに手数料である残額の $\dfrac{1}{10}$ を加えた金額 $\left(1 + \dfrac{1}{10}\right)$ を6回の分割払いにするので、

$$\frac{4}{5} \times \left(1 + \frac{1}{10}\right) \div 6 = \frac{4}{5} \times \frac{11}{10} \times \frac{1}{6} = \frac{\cancel{4}}{5} \times \frac{11}{\cancel{10}_{5}} \times \frac{1}{\cancel{6}_{3}} = \frac{11}{75}$$

[問題1]（2） 答え…G　　頭金を差し引いた残額を x とすると、

$$\left(1 + \frac{1}{10}\right)x \div 6 = \frac{1}{6} \qquad \frac{11}{10}x \times \frac{1}{6} = \frac{1}{6} \qquad \frac{11}{10}x = 1 \qquad x = \frac{10}{11}$$

よって、頭金として支払うのは、購入価格の　$1 - \dfrac{10}{11} = \dfrac{1}{11}$

[問題2]（1） 答え…D

全体（100%）・28800冊		
その他		雑誌
		30%・①
	文芸	
	②%1944冊	

①「雑誌」の数は 全体×割合 で求められるので、$28800 \times \dfrac{30}{100} = 8640$（冊）

②「文芸雑誌」の割合は 部分（＝文芸雑誌）÷全体（＝雑誌全体①）×100 で求められるので、
　$1944 \div 8640 \times 100 = 22.5$（％）

別解 全体×割合＝部分 の公式を利用して、求める「割合」を x とおき、方程式を立てて解く。
　$8640 \times x = 1944 \Rightarrow x = 1944 \div 8640 \Rightarrow x = 0.225 \Rightarrow 0.225 \times 100 = 22.5$（％）

[問題2]（2） 答え…D

全体（100%）・28800冊		
その他		雑誌
（100−30）%・③		
実用書		
25%・④冊		

③「雑誌以外」の割合は、全体（100％）−雑誌の割合（30％）＝70％

「雑誌以外」の数は 全体×割合 で求められるので、$28800 \times \dfrac{70}{100} = 20160$（冊）

別解 全体の数（28800）から、（1）で求めた雑誌の数（8640）を引く。

$28800 - 8640 = 20160（冊）$

④「実用書」の数は $\boxed{\text{全体×割合}}$ で求められるので、$20160 \times \dfrac{25}{100} = 5040（冊）$

●短時間で解くには…

③と④を1つの式にする。$\overset{72}{\cancel{28800}} \times \dfrac{70}{\cancel{100}} \times \dfrac{25}{\cancel{100}} = 72 \times 70 = 5040（冊）$

[問題2]（3） 答え…A

もとの全体・28800冊			
実用書	その他	雑誌	処分

処分後の全体100%・⑤冊

実用書	その他	雑誌

18%・5040冊

処分したのは雑誌であることに注意

⑥冊＝x

⑤ $\boxed{\text{部分（実用書の数）÷割合＝全体}}$ の公式を利用して、処分後の蔵書全体の数を求める。 $5040 \div \dfrac{18}{100} = 5040 \times \dfrac{100}{18} = 28000（冊）$

⑥［処分した数＝もとの全体の数－処分後の全体の数］だから、

$28800 - 28000 = 800（冊）$

別解 処分した雑誌の数をx（冊）とおき、$\boxed{\text{全体×割合＝部分（実用書の数）}}$ の公式で方程式を立てて解く。

$(28800 - x) \times \dfrac{18}{100} = 5040$　両辺に100を掛けて、

$(28800 - x) \times 18 = 504000 \Rightarrow 518400 - 18x = 504000$

$\Rightarrow 18x = 518400 - 504000 \Rightarrow 18x = 14400 \Rightarrow x = 800（冊）$

[問題3]（1） 答え…E

割合を図に表して考える。

Step1 文字数から2種類の単語の割合を考える

s が使用されている単語の数をx語とおくと、20％が1単語の中で2文字、残り80％が1単語の中で1文字なので、単語数の割合を図に表すと次のようになる。

《単語数の割合》

全体x語

ⓐ　　　　　　　　　　　　　　ⓑ

(20%⇒s 2字)→0.2x語　　　(80%⇒s 1字)→0.8x語

Step2 文字数から方程式を立てる

ⓐとⓑに含まれるsの文字数は次のようになる

ⓐは1単語に2字だから、$0.2x（語） \times 2（字）= 0.4x（字）$

ⓑは1単語に1字だから、$0.8x（語） \times 1（字）= 0.8x（字）$

これを図に表すと次のようになる。

《文字数の割合》

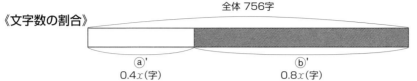

全体 756字

ⓐ'（字）
0.4𝑥（字）

ⓑ'（字）
0.8𝑥（字）

〈ⓐ'に含まれる s の字数〉＋〈ⓑ'に含まれる s の字数〉＝〈s の全体の字数〉だから、次の方程式が成り立つ。　$0.4x + 0.8x = 756$

これを解くと、$12x = 7560$　　$x = 630$（語）

[問題3]（2）答え…G

Step1　文字数から3種類の単語の割合を考える

t が使用されている単語の数を y 語とおくと、5 ％が1単語の中で3文字、15 ％が1単語の中で2文字、残り80 ％が1単語の中で1文字だから、単語数の割合を図に表すと次のようになる。

《単語数の割合》

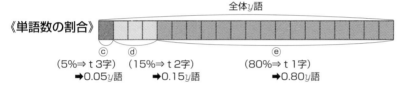

全体y語

ⓒ　　　ⓓ
（5%⇒t3字）　（15%⇒t2字）
➡0.05y語　　➡0.15y語

ⓔ
（80%⇒t1字）
➡0.80y語

Step2　文字数から方程式を立てる

ⓒ、ⓓ、ⓔに含まれる t の文字数は次のようになる。

ⓒは1単語に3字だから、$0.05y$（語）$\times 3$（字）$= 0.15y$（字）

ⓓは1単語に2字だから、$0.15y$（語）$\times 2$（字）$= 0.30y$（字）

ⓔは1単語に1字だから、$0.80y$（語）$\times 1$（字）$= 0.80y$（字）

これを図に表すと次のようになる。

《文字数の割合》

全体 875字

ⓒ'
0.15y（字）

ⓓ'
0.30y（字）

ⓔ'
0.80y（字）

〈ⓒ'に含まれる t の字数〉＋〈ⓓ'に含まれる t の字数〉＋〈ⓔ'に含まれる t の字数〉＝〈t の全体の字数〉だから、次の方程式が成り立つ。

$0.15y + 0.30y + 0.80y = 875$　これを解くと、$125y = 87500$　　$y = 700$（語）

[問題4]（1）答え…55

大人を100 ％とすると、高校生は$100\% \times \left(1 - \dfrac{40}{100}\right) = 60\%$、

中学生以下は$60\% \times \left(1 - \dfrac{25}{100}\right) = 45\%$　　　よって、大人より$100 - 45 = 55\%$安い

平日料金を100%とすると休日前は、$100 \times \left(1 + \dfrac{40}{100}\right) = 140\%$　会員の休日前は、

$140 \times \left(1 - \dfrac{20}{100}\right) = 112\%$　　　　　　　　　よって、平日の$112 - 100 = 12\%$増し

子どもの人数は、$\boxed{\text{全体＝部分÷割合}}$ より、$16 \div \dfrac{40}{100} = 40$人

大人の人数をxとおくと、$x : 40 = 3 : 5 \rightarrow 5x = 40 \times 3 \rightarrow x = 24$人

男性の人数をx、女性の人数をyとおくと、

　$x : y = 4 : 3 \rightarrow 3x = 4y \rightarrow 3x - 4y = 0 \cdots ①$
　$x : y + 2 = 5 : 4 \rightarrow 4x = 5(y + 2) \rightarrow 4x - 5y = 10 \cdots ②$
$① \times 5 - ② \times 4$

$$\begin{array}{r} 15x - 20y = 0 \\ -)\ 16x - 20y = 40 \\ \hline -x \quad\quad\ = -40 \rightarrow x = 40人 \end{array}$$

$\boxed{\text{別解}}$ 男性の人数をxとおくと、女性の人数は$\dfrac{3}{4}x$　女性が2人増えた後は、

$$x : \frac{3}{4}x + 2 = 5 : 4 \rightarrow 4x = 5\left(\frac{3}{4}x + 2\right) \rightarrow x = 40人$$

求める値をxとおくと、$\dfrac{3}{8} \times 18 = \dfrac{9}{20}x \Rightarrow \dfrac{9}{20}x = \dfrac{27}{4} \Rightarrow x = 15$杯

勝ち試合数は、$\boxed{\text{部分＝全体×割合}}$ より、$8 \times \dfrac{62.5}{100} = 5$　さらに4試合やって2

勝が加わるので、勝ち試合数は、$5 + 2 = 7$。総試合数は、$8 + 4 = 12$

　このときの勝率は、$\boxed{\text{割合％＝部分÷全体×100}}$ より、$7 \div 12 \times 100 = 58.33\cdots\%$

30歳代女性の割合は、$40\% \times \dfrac{27}{100} = 10.8\%$

Qの飲んだ量は、$\dfrac{5}{12} \times \dfrac{8}{10} = \dfrac{1}{3}$

Rの量は、$1 - (\text{Pの量} + \text{Qの量})$だから、$1 - \left(\dfrac{5}{12} + \dfrac{1}{3}\right) = 1 - \dfrac{9}{12} = \dfrac{3}{12} = \dfrac{1}{4}$

「Rの飲んだ量はPの〔　　　〕倍」とは、RのPに対する割合なので、「R÷P」で求めることができる。　$\dfrac{1}{4}\div\dfrac{5}{12}=\dfrac{1}{\cancel{4}}\times\dfrac{\cancel{12}^{3}}{5}=\dfrac{3}{5}=0.6$

[問題5]（1）答え…D

ア　国内から来た人は国外から来た人の4倍
　　⇒　国外から来た人をx人とおくと、国内から来た人は$4x$人となり、
　　　　$x+4x=4000$の式が立つ。よって、アだけでわかる。
イ　国内から来た人は、国外から来た人より2400人多かった
　　⇒　国外から来た人をx人とおくと、国内から来た人は$x+2400$人となり、
　　　　$x+x+2400=4000$の式が立つ。よって、イだけでわかる。
　　　　　　　　　　　　　　　　　　よって、アだけでも、イだけでもわかる

[問題5]（2）答え…A

行楽客の人数を、1日目x人、2日目y人、3日目z人とおく。
ア　3日目は1日目の1.8倍で、全体の36%
　　⇒　$z=1.8x=36\%$ → $x=36\div1.8=20\%$（xは全体の20%）
　　1日目と3日目が判明したので、2日目も判明する → アだけでわかる
　　※ちなみに、$y=100-(36+20)=44\%$　で、最も少ないのは1日目
イ　2日目と3日目を合わせて、3日間合計の8割だった
　　⇒　$y+z=80\%$ ⇒ $x=20\%$ ⇒ yとzの内訳が不明 → イだけではわからない
　　　　　　　　　　　　　　　　よって、アだけでわかるが、イだけではわからない

[問題6]（1）答え…C

500tの55%のうちの20%だから、$500\times\dfrac{55}{100}\times\dfrac{20}{100}=55$（t）

[問題6]（2）答え…E

「まだ150t分納められるスペースがある」ということは、$500-150=350$（t）はすでに納品されている。そのうちの「40%がキリマンジャロ」だから、
$$350\times\frac{40}{100}=140\,(\,t\,)$$
「残りの150tはキリマンジャロとブルーマウンテンとグアテマラで3：2：1の割合」だから、キリマンジャロは、
$$\frac{3}{3+2+1}=\frac{3}{6}=\frac{1}{2}を占めるので、150\times\frac{1}{2}=75\,(\,t\,)$$
よって、最終的にキリマンジャロは、$140+75=215$（t）
これが500t全体に占める割合だから、　$\boxed{割合\%＝部分÷全体\times100}$　の公式より、
$$215\div500\times100=43\,(\%)$$

[問題7]（1）答え…G

PとQの負担額が占める割合の合計は、　$\dfrac{2}{5}+\dfrac{1}{3}=\dfrac{6}{15}+\dfrac{5}{15}=\dfrac{11}{15}$

したがって、$11\div15\times100=73.33\cdots$　　　　　　　　　よって、73.3%

別冊3　解答・解説集

29

PとQの負担額を除いた残りは、$1 - \dfrac{11}{15} = \dfrac{4}{15}$ で、その分を募集する。ここで、

Rが募集額の$\dfrac{3}{8}$を負担するので、Rの負担分は、$\dfrac{4}{15} \times \dfrac{3}{8} = \dfrac{1}{5} \times \dfrac{1}{2} = \dfrac{1}{10}$

PとQとRの負担額を除いた残りは、$1 - \left(\dfrac{11}{15} + \dfrac{1}{10}\right) = 1 - \dfrac{125}{150} = \dfrac{25}{150} = \dfrac{1}{6}$

したがって、$1 \div 6 \times 100 = 16.66\cdots$ よって、16.7％

[問題8]（1）**答え…E**
各条件を式で表すと、A：B＝10：9…①　C：D＝10：8…②　B：C＝10：9.5…③
①と③より、A：C＝10：（9×0.95）＝10：8.55…④
②と④より、A：D＝10：（8.55×0.8）＝10：6.84＝1：0.684
よって、Dの作業量はAの作業量の68.4％

[問題8]（2）**答え…B**
D：A＝0.684：1を1：xと表すには、「0.684」と「1」を0.684で割ればよい。
D：A＝0.684：1＝0.684÷0.684：1÷0.684＝1：1.461988…
よって、Aの作業量はDの作業量の約146.2％

[問題9]（1）**答え…E**
工場Aの生産台数は、総生産台数の60％。製品pはそのうちの25％なので、
60％×25％＝0.6×0.25＝0.15　より、15％
工場Bの生産台数は、総生産台数の40％。製品pはそのうちの40％なので、
40％×40％＝0.4×0.4＝0.16　より、16％
製品pの生産台数の、総生産台数に占める割合は、15＋16＝31（％）

[問題9]（2）**答え…D**
製品sは工場Aでのみ生産されている。工場Aの生産台数は、総生産台数の60％。製品sはそのうちの15％。不良品の割合はさらにそのうちの5％なので、総生産台数100000台のときの製品sの不良品の台数は、
100000×0.6×0.15×0.05＝450（台）

11　練習問題　推論①（順序）（問題　本冊90～95ページ）

[問1]（1）**答え…Q、R、U**（2）**答え…1位、2位、3位、6位**
Step1 条件を整理する
Ⅰ）P≠Q≠R≠S≠T≠U　Ⅱ）P－S　Ⅲ）Q□□T　Ⅳ）Rは3位以内
Step2 Q□□Tのあり得る順位を先に固定する

1位	2位	3位	4位	5位	6位
Q			T		
	Q			T	
		Q			T

Step3 P－Sを埋める ⇒ Rを3位以内に入れる ⇒ 残りにUを入れる

	1位	2位	3位	4位	5位	6位
	Q	P	S	T			←Rを3位以内に入れられない
	Q	*R*	U	T	P	S	
	Q	U	*R*	T	P	S	
	R	Q	P	S	T	U	
	P	S	Q			T	←Rを3位以内に入れられない
	R	U	Q	P	S	T	
	U	*R*	Q	P	S	T	

Step4 設問を検討する

（1）2位になる可能性のあるのはQ、R、U

（2）Uの順位として可能性のあるのは、1位、2位、3位、6位

[問題2]（1）答え…A （2）答え…E

条件にしたがって各人の出勤時刻を図にすると、次のとおりになる。

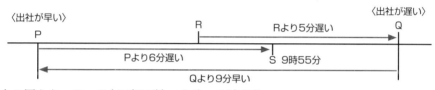

上の図から　P＝S（9時55分）－6分＝9時49分

　　　　　　Q＝P＋9分＝9時58分

　　　　　　R＝Q－5分＝9時53分

（1）ア 午前9時50分にはすでに出勤していた人がいる ⇒ Pが出勤していた

　　　　　　　　　　　　　　　　　　　　　　　　　　　　　　　⇒ 正しい

　　イ 遅刻した人はいない ⇒ 全員10時前に出勤　　　　　　　　⇒ 正しい

（2）A 4人のうちQが一番早く出勤した　　　　　　　　　　　　⇒ 誤り

　　B 4人のうちPが一番遅く出勤した　　　　　　　　　　　　⇒ 誤り

　　C PはRより5分早く出勤した

　　　　⇒ P（9時49分）、R（9時53分）＝PはRより4分早い　⇒ 誤り

　　D RはSより2分遅く出勤した

　　　　⇒ R（9時53分）、S（9時55分）＝RはSより2分早い　⇒ 誤り

　　E SはQよりも3分早く出勤した ⇒S（9時55分）、Q（9時58分） ⇒ 正しい

　　F Qは遅刻した ⇒ Qは9時58分に出勤 ⇒ 遅刻していない　　⇒ 誤り

[問題3]（1）答え…A （2）答え…D

（1）①条件を整理する。

1	2	3	4	5
Ⅰ）P*－R*				
Ⅱ）Q*－□－S*				

「＊」は入れ替え可能という意味にする。「P＊－R＊」はP－RにもR－Pにもなるということ。一定の規則を示す印をつけることがコツ（忘れ防止）

②長い順序の位置を先に決める。

　　Ⅱのほうが長い → Ⅱの位置を先に決める

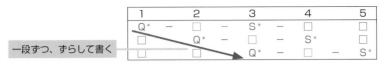

一段ずつ、ずらして書く

③残りの空所に、残りの順序を入れる。

1		2		3		4		5	
Q*	−	□	−	S*	−	P*	−	R*	…❶
□		Q*	−	□	−	S*	−	□	…×
P*	−	R*	−	Q*	−	□	−	S*	…❷

P*−R*の入る場所がないので排除

以上より、あり得る順序は❶か❷ →「*」は入れ替え可能であることに注意して、必ずしも誤りとはいえない(＝あり得る)順序を判断する。

　ア：Pの部屋は1号室である　→ ❷であり得る → 正解
　イ：Qの部屋は2号室である　→ あり得ない
　ウ：3号室は空室である　　　→ あり得ない

（2）A〜Hの選択肢にしたがってカ、キ、クの条件を追加し、ひとつの順序に決まるかどうか調べる。

A カのみ → ❶❷に「Rは1号室」の条件を加える。

1		2		3		4		5	
R	−	P	−	Q*	−	□	−	S*	…❷

Q*−□−S*は入れ替え可能。
Q−□−Sにも
S−□−Qにもなる

⇒ ❷になるが、QSが入れ替え可能 → 決まらない

B キのみ → ❶❷に「Sの部屋は3号室」の条件を加える。

1		2		3		4		5	
Q	−	□	−	S	−	P*	−	R*	…❶
P*	−	R*	−	S	−	□	−	Q	…❷

⇒ ❶か❷か決まらない

C クのみ → ❶❷に「4号室は空室」を加える。

1		2		3		4		5	
P*	−	R*	−	Q*	−	□	−	S*	…❷

⇒ ❷になるが、PRとQSが入れ替え可能 → 決まらない

D カとキの両方→カ(選択肢Aの順序)にキ「Sの部屋は3号室」の条件を加える。

1		2		3		4		5	
R	−	P	−	S	−	□	−	Q	…❷

⇒ 全体の順序が決まった → 正解

ちなみに、E「カとクの両方」は、カにクの条件を加えても、カのままなので、SQが入れ替え可能で決まらない。また、F「キとクの両方」は、❷になるがPRが入れ替え可能で決まらない。

[問題4] 答え…6

①条件を整理する。

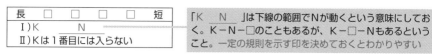

「K　　N　　」は下線の範囲でNが動くという意味にしておく。K－N－□のこともあるが、K－□－Nもあるということ。一定の規則を示す印を決めておくとわかりやすい

②同じ要素が複数の条件に含まれる場合、順序を限定しやすいので、その要素の位置を先に決める。KがⅠにもⅡにも入っている → Kの位置を先に決める

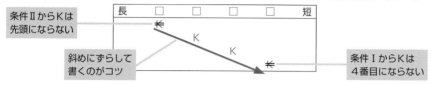

条件Ⅱからは先頭にならない

斜めにずらして書くのがコツ

条件ⅠからKは4番目にならない

③残りの空所に、残りの順序を入れる。

→空所に　N　を入れる

KNの順序は決まった

…❶
…❷

④設問を検討する。残りはLとM

→ 一番長いのがLの場合 ❶は L　K　N　M か M　N の2通り

❷は L　M　K　N の1通り → 計3通り

→ 一番長いのがMの場合、LとMが入れ替わるだけなので、同様に計3通り

→ 全部で6通り

[問題5]（1）答え…D （2）答え…A

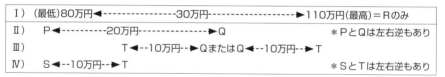

Ⅰ)　(最低)80万円◀-----------------30万円----------------▶110万円(最高)＝Rのみ

Ⅱ)　P◀----------20万円-------------▶Q　　　　　　＊PとQは左右逆もあり

Ⅲ)　　　　　T◀--10万円--▶QまたはQ◀--10万円--▶T

Ⅳ)　S◀--10万円--▶T　　　　　　　　　＊SとTは左右逆もあり

P、Q、S、Tをつなぐ。上図より、まずPとQの関係を検証してみる。
※最高額、最低額、各差額が10万円単位なので、必ず10万円単位となる
P＜Qの場合は、最高額110万円はRのみで、最低額80万円までの間にP－QとTを入れるにはP＝80万円、Q＝100万円、T＝90万円しかない。
ⅣよりS＝100万円または80万円。整理すると、
①P＝S＝80万円、T＝90万円、Q＝100万円、R＝110万円
②P＝80万円、T＝90万円、Q＝S＝100万円、R＝110万円
Q＜Pの場合は、最高額110万円はRのみで、最低額80万円までの間にQ－PとTを入れるにはQ＝80万円、P＝100万円、T＝90万円しかない。
ⅣよりS＝100万円または80万円。整理すると、
③Q＝S＝80万円、T＝90万円、P＝100万円、R＝110万円
④Q＝80万円、T＝90万円、P＝S＝100万円、R＝110万円
設問に当てはめると、

①～④より、必ずT＝90万円。したがって、S＝80万円か100万円

別冊3 解答・解説集

（1）ア：Qの見積額は80万円である ⇒ Qは80万円もあるが、100万円もあり得る ⇒ どちらともいえない

　　イ：Tの見積額は90万円である ⇒ どの場合でも90万円 ⇒ 正しい

（2）カ：SはPより高かった ⇒ ②しかない ⇒ 決定

　　キ：QはSと同額だった ⇒ ②か③か、決まらない

　　ク：SはTより高かった ⇒ ②か④か、決まらない

[問題6]（1） 答え…2

条件を整理する ⇒ アはQ－P、イはR－□－S（Sは最後ではない）

イを5人の行列の中に入れると、あり得るケースは右の2つ。

	先				後
①	R		S		
②		R		S	

アを①と②に当てはめて考えてみると、②には入るところがない。

よって、①のR－□－S－Q－Pとなる ⇒ Tが入る場所は2番目しかない。

[問題6]（2） 答え…2

条件を整理する ⇒ アはL－□－□－K、イはN－□－M、ウはP－□－O

アを6学年の列の中に入れると、あり得るケースは右の3つ。

学年	1	2	3	4	5	6
①	L			K		
②		L			K	
③			L			K

①と③はイのN－□－Mを当てはめてみると、ウのP－□－Oが入る場所がない。

②にイを当てはめてみると、右のようになる
⇒ 空いた場所にウのP－□－O が入る。

学年	1	2	3	4	5	6
①A	N	L	M		K	
②B		L		N	K	M

AとBのどちらにしても、Lの入る場所は2年生。

[問題6]（3） 答え…2

条件を整理する。

ア　Pは1回目3位で、2回目は1位だった

	1位	2位	3位	4位
1回目			P	
2回目	P			

イ　QとRは2回目で順位が2つ下がる

	1位	2位	3位	4位
1回目	QかR	RかQ	Q→R	Q→R
2回目			QかR	RかQ

アとイを組み合わせる ⇒ Sの順位は残りの順位 ⇒1回目4位、2回目2位

	1位	2位	3位	4位
1回目	QかR	RかQ	P	S
2回目	P	S	QかR	RかQ

[問題6]（4） 答え…3

条件を整理する。ア「WはXとZの平均」とは、WはXとZの間に来るということ
⇒ アはX－W－Z　または　Z－W－X。イは□Y□□。

成績の上から1位から4位までの列でYを2位に入れて、残りにアの条件を入れると右表の通り
⇒ ①と②のどちらにせよ、Wは3位

順位	1	2	3	4
①	X	Y	W	Z
②	Z	Y	W	X

[問題7](1) 答え…E

[問い]に解答するための条件を見つける問題。

Step1 ア「Rの2人後にTがゴール」とすれば、「4番目にゴールしたのはだれか」を解答できるかを検討する
⇒ R－□－Tとすれば、あり得る順序は右の①②③。
⇒ 4番目にゴールした人は確定しない

①	R		T	
②		R		T
③			R	T

Step2 イ「Sの次にQがゴールした」とすれば、「4番目にゴールしたのはだれか」を解答できるかを検討する
⇒ S－Qとすれば、あり得る順序は右の④⑤⑥⑦。
⇒ 4番目にゴールした人は確定しない

④	S	Q		
⑤		S	Q	
⑥			S	Q
⑦			S	Q

Step3 ア、イ単独では決まらなかった場合 → ア＋イで「4番目にゴールしたのはだれか」を解答できるかを検討する ⇒ アとイの条件を組み合わせる
⇒ アの方が考える順序が少ない（3通り）ので、アを元にして、SQを埋める。

⑧	R		T S Q	
⑨		R	T	
⑩	S Q		R	T

⇒ ⑨はSQの入る場所がないが、⑧と⑩はどちらもあり得る ⇒ 残りの位置にP
⇒ アとイの両方あっても4番目にゴールしたのはSかPか確定しない

[問題7](2) 答え…C

Step1 ア「PとSの部屋の間には2部屋ある」とすれば、3番目の部屋に住んでいるのはだれか解答できるかどうかを検討する
⇒ P－□－□－Sとすれば、あり得る順序は右の①か②
⇒ 3番目の部屋に住んでいるのはだれかわからない

①	P		S	
②		P		S

Step2 イ「QとTの部屋の間には2部屋ある」とすれば、3番目の部屋に住んでいるのはだれか解答できるかどうかを検討する
⇒ Q－□－□－Tとすれば、あり得る順序は右の③か④
⇒ 3番目の部屋に住んでいるのはだれかわからない

③	Q		T	
④		Q		T

Step3 ア、イ単独では決まらなかった場合
→ ア＋イで3番目の部屋に住んでいるのはだれか解答できるかどうかを検討する ⇒ アとイの条件を空欄に当てはめていく
⇒ ⑤でも⑥でも、3番目の部屋は残りのRと解答できる

⑤	P	Q		S T
⑥	Q	P		T S

↓

⑤	P	Q	R	S T
⑥	Q	P	R	T S

※PとS、QとTの位置が左右逆の場合でも同様。

[問題1]（1） 答え…G **（2）** 答え…B

対応表を作り、条件・データを書き込んで○×を入れる。

	P	Q	R	S	T	ヨコの条件
赤玉		×	○	×		「赤玉は連続して出ない」
白玉		○	×	○		＝赤玉○の両側は×
タテの条件	「赤玉か白玉のどちらか」 ＝赤玉が○ならば白玉は×　赤玉が×ならば白玉は○ 　白玉が○ならば赤玉は×　白玉が×ならば赤玉は○					

（1）ア　Qは赤玉を出した ⇒ 誤り

　　　イ　Sは白玉を出した ⇒ 正しい

（2）カ、キ、クの条件を入れてみて、すべてが確定するかどうかやってみる

　　　カ　赤玉は2個出た ⇒ 赤玉がPかTか不明

　　　キ　白玉は2個出た ⇒ 白玉はQとSで確定

　　　　　⇒ 残りのPとTは赤玉になる ⇒ すべて確定

　　　ク　白玉は3個出た ⇒ 白玉がPかTか不明

[問題2]（1） 答え…F **（2）** 答え…G **（3）** 答え…F

対応表を作り、条件・データを書き込んで○×を入れる。

（1）PはX支店に、RはY支店に配属 ⇒ タテヨコの条件と比べて、○×を入れる。

P＝Qから　　　　　　　R≠Sから

	P	＝	Q		R	≠	S		T	≠	U	ヨコの条件
X	○		○		×						?	○は3つ　P＝Q
Y	×		×		○		×					○は2つ　R≠S
Z	×		×		×							○は1つ　T≠U
タテの条件	配属されるのは1支店＝縦の○は1つ、残りに×をつける											

前ページの表で設問を検討する。

ア　PとUは同じ支店に配属 ⇒ PはX支店で、UのX支店の欄は○も×もあり

　　　　　　　　　　　　　　　得るので、アはどちらともいえない

イ　QとRは同じ支店に配属 ⇒ QはX支店で、RはY支店なので、イは誤り

（2）RはX支店、TはY支店に配属 ⇒（1）と同様に○×を入れる。

①P＝Qが○にならないと、横の○は3つにならない

	P	＝	Q		R	≠	S		T	≠	U	ヨコの条件
X	○		○		○		×		×		×	○は3つ　R≠S
Y	×		×		×		○		○		×	○は2つ　T≠U
Z	×		×		×		×		×		○	○は1つ　P＝Q
タテの条件	配属されるのは1支店＝縦の○は1つ、残りに×をつける											

上の表で設問を検討する。

③横の○が2つ必要　　　　　　　　　　　②横の○が1つ必要

カ　QとUは同じ支店に配属 ⇒ QはX支店で、UはZ支店なので、カは誤り

キ　SとTは同じ支店に配属 ⇒ SはY支店、TもY支店なので、キは正しい

（3）決定問題。サ、シ、スを1つずつ検討する。

サ　QをX支店に配属する ⇒ 空欄部分は不明

	P ≒ Q		R ≠ S		T ≠ U		ヨコの条件
X	O	O					Oは3つ
Y	×	×					Oは2つ、残りは×
Z	×	×					Oは1つ、残りは×
タテの条件	縦のOは1つ、残りに×をつける						

P＝QがOにならないと、横のOは3つにならない

シ　SをY支店に配属する ⇒ 空欄部分は不明

	P ≒ Q		R ≠ S		T ≠ U		ヨコの条件
X	O	O		×			Oは3つ
Y	×	×	×	O			Oは2つ、残りは×
Z	×	×		×			Oは1つ、残りは×
タテの条件	縦のOは1つ、残りに×をつける						

P＝QがOにならないと、横のOは3つにならない

R≠SなのでRとSでOが2つになることはない ⇒ 必ずTにOが入る

ス　UをZ支店に配属する ⇒ 空欄部分は不明

	P ≒ Q		R ≠ S		T ≠ U		ヨコの条件
X	O	O			×	×	Oは3つ
Y	×	×			O	×	Oは2つ、残りは×
Z	×	×	×	×	×	O	Oは1つ、残りは×
タテの条件	縦のOは1つ、残りに×をつける						

1つの条件では決まらない

⇒ 2つの条件の組み合わせを検討する

⇒ 最も空欄部分が少ないのはスなので、スとサ、スとシの組み合わせを考える

スとサの組み合わせ

⇒ スとサの表を重ねてみると、R≠SのXとYの欄が埋まらない ⇒ 不正解

スとシの組み合わせ

⇒ スとシの表を重ねてみると、空欄部分が矛盾なく埋まる ⇒ 正解

	P ≒ Q		R ≠ S		T ≠ U		ヨコの条件
X	O	O	O	×	×	×	Oは3つ
Y	×	×	×	O	O	×	Oは2つ、残りは×
Z	×	×	×	×	×	O	Oは1つ、残りは×
タテの条件	縦のOは1つ、残りに×をつける						

[問題3]（1）答え…P、Q、R　（2）答え…P、R、S

（1）対応表を作り、条件・データを書き込んで〇×を入れる

　①Pが自転車で通勤することがあり得るかどうかを検討する

　　⇒ Qは電車かバスで通勤 ⇒ Qが電車ならRはバス、QがバスならRは電車

Pは自転車通勤とする

Qが電車ならば、条件からRは電車ではないのでバス
Qがバスならば、条件からRはバスではないので電車

	P	Q	R	S	T	
電車	×	×／○	○／×			2人
バス	×	○／×	×／○			2人
自転車	○	×	×	×	×	1人

P、Q、Rの通勤手段が違うということは、
Pが○ならば━→Qは×━━━→Rは×
　　　Pは×←Qが○ならば━→Rは×
　　　Pは×←Qは×←━Rが○ならば

⇒ S、Tは電車かバス ⇒ 矛盾なく空欄が埋まる
⇒ Pが自転車で通勤することはあり得る

②QまたはRが自転車で通勤することがあるかどうかを検討する
⇒ 残りは電車かバスで通勤 ⇒ 結局Pについて検討した場合と同じ
⇒ 矛盾なく空欄が埋まる ⇒ Q、Rが自転車で通勤することはあり得る

③Sが自転車で通勤することがあるかどうか検討する
⇒ 残りのP、Q、R、Tは電車かバスで通勤
- Pが電車の場合 ⇒ Qは電車ではない＝Qはバス
⇒ Qがバスならば、Rはバスではない（自転車でもない）＝電車
⇒ しかしPが電車○ならば、Rは電車×という条件に反する
⇒ Sが自転車はあり得ない

条件に反する

	P	Q	R	S	T	
電車	○	×	○	×		2人
バス	×	○	×	×		2人
自転車	×	×	×	○	×	1人

P、Q、Rの通勤手段が違うということは、
Pが○ならば━→Qは×━━━→Rは×
　　　Pは×←Qが○ならば━→Rは×
　　　Pは×←Qは×←━Rが○ならば

Sは自転車通勤とする

- Pがバスの場合 ⇒ 電車とバスが入れ替わるだけで上記と同じ
⇒ Sが自転車はあり得ない

④Tが自転車で通勤することがあるかどうか検討する
⇒ 残りは電車かバスで通勤 ⇒ 結局Sについて検討した場合と同じ
⇒ 条件に反する ⇒ Tが自転車はあり得ない
⇒ よって、可能性があるのはP、Q、R

簡単な別解　P≠Q≠Rということは3人は異なる通勤手段で通勤しているということになる。⇒ P、Q、Rのうち必ず1人は自転車 ⇒ 自転車は1人しかいないのでS、Tは自転車ではない

（2）バスの欄のQに○、Sに×を入れる ⇒ 条件を見て空欄を埋める

	P	Q	R	S	T	
電車		×			×	2人
バス	×	○	×	×	○	2人
自転車		×			×	1人

PとQ、QとRの通勤手段が違うということは、
Pが○ならば━→Qは×
　　　Pは×←Qが○ならば
　　　　　　　Qが○ならば━→Rは×
　　　　　　　Qは×←━Rが○ならば

⇒ 自転車で通勤している可能性があるのはP、R、S

[問題4] 答え…B

XとYの引き出しに3本ずつボールペンを分けた場合に考えられるパターンは
つぎの2つだけ。
（a）1つの引き出しに同色のボールペンが2本入っている場合
（b）1つの引き出しに同色のボールペンは2本入っていない場合
= 3色が1本ずつの場合

		1色目（赤青黒のどれか）		2色目（1色目以外のどれか）		3色目（最後の1色）		ヨコの条件
		1本目	2本目	1本目	2本目	1本目	2本目	
（a）	1つ目の引き出し（XかY）	○	○	○	✕	✕	✕	○は合計3つある
	もう1つの引き出し（残り）	✕	✕	✕	○	○	○	
（b）	1つ目の引き出し	○	✕	○	✕	○	✕	
	もう1つの引き出し	✕	○	✕	○	✕	○	
	タテの条件	1つ目の引き出しに入っている（○）ならば、もう1つの引き出しには入っていない（✕）						

表を作って判断する。
ア（b）の場合がある ⇒ 必ず正しいとはいえない
イ（a）の場合になる ⇒ 必ず正しい
ウ（a）の場合、例えば1色目の2本目を「もう1つの引き出し」に移動し、
　3色目の1本目を「1つ目の引き出し」に移動すると、すべて違う色になる
　　⇒ 必ず正しいとはいえない

[問題5]（1）答え…B（2）答え…G

（1）**Step1** 人、年齢、旅行先の3要素表を作り、条件・データを入れる
　　　⇒ 条件と見比べて○✕を入れる

国内はPQなのでRSTは国内ではない

20代は○が計3つで、海外（欧米ア）に○が2つなので、国内に○が1つ

30代は○が計2つ。R＝米で海外に1つ○があるので、国内に1つ○

	温	遊	欧	米	ア	計3人 20	計2人 30	
								各地1人ずつ
P			✕	✕	✕			
Q			✕	✕	✕			
R	✕	✕	✕	○	✕	✕	○	
S	✕	✕		✕				
T	✕	✕		✕				
20 計3人	1つに○		2つに○					
30 計2人	1つに○		✕ ○ ✕ 1つに○					
	○は計2つ		○は計3つ					

PQは国内なので海外ではない

欧米アで○が合計3つあり、そのうち、米はR＝30代で確定

Step2 「海外」「20代」に注目して、空欄を埋める
　　　欧米アのうち、R＝米＝30代 ⇒ ST＝欧ア＝20代

	各地1人ずつ					計3人	計2人
	温	遊	欧	米	ア	20	30
P			×	×	×		
Q			×	×	×		
R	×	×	×	○	×	×	○
S	×	×		×		○	×
T	×	×		×		○	×
20			○	×	○		
計3人	1つに○		2つに○				
30			×	○	×		
計2人	1つに○		1つに○				
	○は計2つ		○は計3つ				

R＝米＝30代で確定なので、残る海外の欧アは、ＳＴ＝20代。ＰＱが30代か20代かは不明

Step3 設問を検討する ⇒ アは正しいが、イはどちらともいえない

（2）表に追加条件を加えて〇✕を入れる

　　　条件Ⅴ：Ｓは20代なので、Ｑも20代

　　　条件Ⅳ：30代＝国内の温泉地　30代はＰかＲ

　　　　　⇒ Ｒは米 ⇒ 国内の温泉地はＰ ⇒ 条件Ⅱから国内の遊園地はＱ

温泉地をあげたのは30代。30代はＰかＲで、Ｒは米なので、温泉地はＰ

	各地1人ずつ					計3人	計2人
	温	遊	欧	米	ア	20	30
P	○	×	×	×	×	×	○
Q	×	○	×	×	×	○	×
R	×	×	×	○	×	×	○
S	×	×		×		○	×
T	×	×		×		○	×
20	×	×	○	×	○		
計3人	1つに○		2つに○				
30	○	×	×	○	×		
計2人	1つに○		1つに○				
	○は計2つ		○は計3つ				

Ｑが20代と確定したので、Ｐは30代しかあり得ない

設問を検討する ⇒ カは誤りだが、キは正しい

[問題6]（1）答え…G　（2）答え…A

条件を整理して表を作ると次のようになる。

	テント	食料	会計	ヨコの条件
P	× ×			○○になる欄がひとつ
Q		× ×		
R				1日目○ → 2日目× または 1日目× ← 2日目○

ＳとＴは1日目は同じ仕事、2日目は別の仕事を担当する

	1日目	2日目			
S	○	○	×		
T	○	×	○		
1日の担当者数→		2人	2人	1人	

①Ｐが会計を担当したとする ⇒ Ｑは2日とも会計ではない ⇒ Ｑは2日ともテント担当になる ⇒ 2日とも同じ仕事を担当したのはＰのみという条件に反する ⇒ Ｐの会計担当はあり得ない

	テント	食料	会計	ヨコの条件
P	× ×	× ×	○ ○	○○になる欄がひとつ
Q	○ ○	× ×	× ×	条件Ⅲに反する
1日の担当者数→	2人	2人	1人	

②Pが食料を担当した場合　S・Tは1日目同じ仕事 ⇒ S・Tが食料とすると Pも食料なので3人になり条件に反する ⇒ S・Tが会計とすると会計は1人 なので条件に反する ⇒ S・Tの1日目はテント担当に決定（＝食料・会計で はない）⇒ Q・Rの1日目はテントではない（テント担当は2人）⇒ 1日目は Qが会計、Rが食料に決定 ⇒ S・Tの2日目はテントではない（2日とも同 じ仕事はPのみ）⇒ 2日目のテントはQ・Rに決定

			テント	食料	会計	ヨコの条件
P			× ×	○ ○	× ×	○○になる欄がひとつ
Q			× ○	× ×	○ ×	
R			× ○	○ ×	× ×	1日目○ → 2日目×
	1日目	2日目				または
S	○	×	○ ×	× ?	× ?	1日目× ← 2日目○
T	○	×	○ ×	× ?	× ?	
1日の担当者数→			2人	2人	1人	

③2日目のS・Tの担当は食料か会計のどちらか不確定
以上から設問を検討する。
(1)ア：1日目にPが担当した係は、2日目にRが担当した係である
　　　　1日目Pは食料、2日目Rはテント ⇒ 誤り
　　イ：1日目にSが担当した係は、2日目にQが担当した係である
　　　　1日目Sはテント、2日目Qもテント ⇒ 正しい

(2)2日目のS・Tが決まれば全員確定
　　　　カ：1日目にRが担当したのは、2日目にSが担当した仕事である
　　　　　　1日目Rは食料 ⇒ 2日目Sが食料 ⇒ 2日目Tは会計 ⇒ 全員確定
　　　　キ：1日目にTが担当したのは、2日目にQが担当した仕事である
　　　　　　1日目Tはテント ⇒ 2日目Qもテント ⇒ 2日目のS・Tは不明
　　　　ク：1日目にPとRは同じ仕事を担当した
　　　　　　1日目P・Rは食料 ⇒ 2日目のS・Tは不明

[問題7]（1）答え…E

[問い]に解答するための条件を見つける問題。

Step1 ア「Qは賛成」とすれば「Pは賛成したか」を解答できるかどうかを検討す る。条件を整理する ⇒ 「実行することになった」とあるので、3人以上が賛成し ている。

⇒ この条件でア「Q賛成」とすれば対応表は
　　右の通り。

	P	Q	R	S	T	ヨコの条件
賛成		○				○≧3

⇒ Pが賛成かどうかは不明（Pがどちらでもも R、S、Tのうち2人の賛成で実行 になる）。

Step2 イ「Rは反対」とすれば「Pは賛成したか」を解答できるかどうかを検討する
⇒ この条件でイ「R反対」とすれば対応表は
　右の通り。

	P	Q	R	S	T	ヨコの条件
賛成			×			○≧3

⇒ Pが賛成かどうかは不明（Pがどちらでも Q、S、Tの3人が賛成すれば実行
　になる）。

Step3 ア、イ単独では決まらなかった場合 ⇒ ア＋イで「Pは賛成したか」を解答
できるかどうかを検討する。
⇒「Q賛成」「R反対」とすれば対応表は右の
　通り。

	P	Q	R	S	T	ヨコの条件
賛成		○	×			○≧3

⇒ Pが賛成かどうかは不明（Pがどちらでも、S、Tの2人が賛成すれば実行に
　なる）⇒ アとイの両方あってもPが賛成かどうかは不明。

[問題7](2) 答え…C

[問い]に解答するための条件を見つける問題。

Step1 ア「Lの大学には付属高校あり」とすれば「NがP大かQ大か」を解答でき
るかを検討する。条件を整理する ⇒「少なくとも1人はP大」「P大に付属高校
なし」の条件で、ア「Lの大学には付属高校あり」とすれば
⇒ LはQ大に確定するが、NがP
　大かQ大かは不明。対応表は
　右の通り。

	L(付属あり)	M	N	ヨコの条件
P大(付属なし)		×		○は最低1個
Q大		○		

Step2 イ「L、Mは同じ大学」とすれば「NがP大かQ大か」を解答できるかを検
討する。条件を整理する
⇒ LMは同じ大学とすれば対応表は右
　のケース①②の2つがあり得る。
設問から「少なくとも1人はP大」でな
いといけない

ケース①		L	M	N	ヨコの条件
	P大(付属なし)	○	○	?	○は最低1個
	Q大	×	×	?	

ケース②		L	M	N	ヨコの条件
	P大(付属なし)	×	×	○	○は最低1個
	Q大	○	○	×	

⇒ ②のようにL、MがQ大なら、NはP大とわかる
⇒ しかし、①のようにL、MがP大だとNがP大、Q大のどちらかはわからない
⇒ ①か②かはわからないので、イだけではわからない

Step3 ア、イ単独では決まらなかった場合 ⇒ ア＋イで「NがP大かQ大か」を
解答できるかどうかを検討する。条件を整理する。「Lの大学に付属高校あり」
「L、Mは同じ大学」とすれば
⇒ L、MはQ大。対応表は右の通
　り。

	L(付属あり)	M	N	ヨコの条件
P大(付属なし)	×	×	○	○は最低1個
Q大	○	○	×	

L、MがQ大なら、少なくとも1人はP大でないといけないので、NはP大に決
まる ⇒ アとイの両方でわかる。

[問題7]（3） 答え…B

[問い]に解答するための条件を見つける問題。

Step1 ア「Wはコーヒー、Xはジュース」とすればZの注文を解答できるかどうかを検討する。条件を整理する。

コーヒーは2人、紅茶とジュースは1人ずつの条件でア「Wはコーヒー、Xはジュース」とすれば、右の対応表になる。

	コーヒー	紅茶	ジュース	ヨコの条件
W	○	×	×	
X	×	×	○	
Y			×	○は1個
Z	?	?	×	
タテの条件	○は2個	○は1個	○は1個	

Zの注文は不確定 ⇒ アだけではわからない

Step2 イ「Xはジュース、Yは紅茶」とすればZの注文を解答できるかどうかを検討する。条件を整理する。

イ「Xはジュース、Yは紅茶」を対応表に入れる。

	コーヒー	紅茶	ジュース	ヨコの条件
W	○	×	×	
X	×	×	○	
Y	×	○	×	○は1個
Z	○	×	×	
タテの条件	○は2個	○は1個	○は1個	

XもYもコーヒーではなく、コーヒーは2人いるから、その2人はWとZ
⇒ Zの注文はコーヒーに確定 ⇒ イだけでわかる

---

13 練習問題 推論③（内訳）（問題 本冊106〜111ページ）

[問題1]（1） 答え…D （2） 答え…A

合計20kgという条件に、条件Ⅰ）、Ⅱ）を加えて、K、L、Mの内訳の表を作ると次のようになる。

> 条件Ⅱ）からKが1個ならばLの個数は2個以上になる

> Kが1個、Lが2個の場合、KとL合わせて8kgになる。合計20kgなのでMの重さは12kg。1個1kgなので12個。後は同じように計算する

	K（2kg）＜L（3kg）		M（1kg）	合計重量	
K＝1個の場合	1個×2kg	2個×3kg	12個×1kg		①
		3個×3kg	9個×1kg	20kg	②
		4個×3kg	6個×1kg		③
		5個×3kg	3個×1kg		④
		~~6個×3kg~~	~~0個×1kg~~		
K＝2個の場合	2個×2kg	3個×3kg	7個×1kg		⑤
		4個×3kg	4個×1kg	20kg	⑥
		5個×3kg	1個×1kg		⑦
		~~6個×3kg~~			
K＝3個の場合	3個×2kg	4個×3kg	2個×1kg	20kg	⑧
~~K＝4個の場合~~	~~4個×2kg~~	~~5個×3kg~~			

> 合計20kgなので、Lは6個以上にならない

> Kは4個以上だと、Lは5個以上になるため、合計20kgの条件に反する

> K1個、L6個になるとそれだけで合計20kgになり、Mは0個になるが、これは条件Ⅰ）に反する。したがって、Lは6個以上にならない

表から設問(1)と(2)を解く。

(1)推論ア、イ、ウをそれぞれ検証すると、
  ア Kの個数が2個 ⇒ ⑤・⑥・⑦の場合がある
    ⇒ Mの個数7個はあり得る(必ずしも誤りとはいえない)
  イ Lの個数が5個 ⇒ ④・⑦の場合がある
    ⇒ Kの個数1個はあり得る(必ずしも誤りとはいえない)
  ウ Mの個数が2個 ⇒ ⑧の場合のみ ⇒ Lの個数3個はあり得ない

(2)推論カ、キ、クをそれぞれ検証すると、
  カ Lの個数とMの個数が同じならば、Kは2個である
    ⇒ LとMの個数が同じなのは⑥のみ ⇒ ⑥の場合、Kは2個⇒正しい
  キ KがMより多ければ、Lは4個である ⇒ KがMより多いのは⑦・⑧
    ⇒ ⑦の場合、Lは5個なので誤っている ⎤
                  ⎬⇒「Lは4個」は必ず
    ⇒ ⑧の場合、Lは4個なので正しい ⎦ 正しいとはいえない
  ク MがLより多ければ、Kは1個である ⇒ MがLより多いのは①・②・
    ③・⑤ ⇒ ⑤があるのでKが2個の場合もある ⇒「Kは1個」は必ず正
    しいとはいえない

[問題2](1) 答え…A
式に表すと、Ⅰ)①+②+③>④+⑤+⑥   Ⅱ)③+⑤+⑦=②+④+⑥
ここでⅡ)より、②〜⑦は同じ重さであることがわかる(どれか1つ重さが異なれ
ば「等式」は成立しないため)。したがって、重さが異なるのは①。また、Ⅰ)より、
①だけ重いことがわかる。

[問題2](2) 答え…D
式に表すと、Ⅲ)①+②+③<④+⑥+⑦   Ⅳ)①+③+⑦>④+⑤+⑥
A：重さの異なる1個が他より「軽い」場合は、Ⅲでは①か②か③のどれか、Ⅳで
  は④か⑤か⑥のどれかが軽い(他は同じ重さ)。
B：重さの異なる1個が他より「重い」場合は、Ⅲでは④か⑥か⑦のどれか、Ⅳで
  は①か③か⑦のどれかが重い(他は同じ重さ)。
Aの場合、④・⑥・⑦、①・③・⑦は同じ重さ → 軽いのは、②か⑤
Bの場合、①・②・③、④・⑤・⑥は同じ重さ → 重いのは、⑦
それぞれ検証すると、②だけが軽い場合は、Ⅳ)の不等式が成立しない。⑤だけ
が軽い場合は、Ⅲ)の不等式が成立しない。⑦だけが重い場合は、Ⅲ)もⅣ)も成
立する。よって、⑦は他より重い。

[問題3](1) 答え…5月、6月、7月 (2) 答え…6月、7月、8月
(1)について条件を整理 ⇒ 内訳表を作る。
①最も早く5回目が来る場合 = はじめからできるだけ多くの回数を消化する

44

1~4回	2回		1~4回			
4月	**5月**	6月	7月	8月	9月	計
1・2・3・4回	5・6回	7回	8回	9回	~~0回~~	9回
1・2・3回	4・5回	6回	7回	8回	9回	

条件に反する

②最も遅く5回目が来る場合 ＝ はじめはできるだけ回数を少なくする

1~4回	2回		1~4回			
4月	5月	6月	**7月**	8月	9月	計
1回	2・3回	4回	5回	6・7・8回	7・8・9回	9回

①・②から、最も早くて5月、最も遅くて7月⇒5回目があり得るのは、5・6・7月

（2）について条件を整理 ⇒ 内訳表を作る。

③最も早く9回目が来る場合 ＝ はじめからできるだけ多くの回数を消化する

1~4回	2回		1~4回			
4月	5月	**6月**	7月	8月	9月	計
1・2・3・4回	5・6回	7・8・9・10回	11回	12回	13回	13回

④最も遅く9回目が来る場合 ＝ 最後にできるだけ回数を多くする

1~4回	2回			1~4回		
4月	5月	6月	7月	**8月**	9月	計
1回	2・3回	4回	5回	6・7・8・**9**回	10・11・12・13回	13回

③・④から、最も早くて6月、遅くて8月⇒9回目があり得るのは、6・7・8月

[問題4] 答え…4650

売れた束の数がわからないと売上はわからないので、束の数で内訳表を作る ⇒ 3本の束をAとし、5本の束をBとする ⇒ Aの束の数に最小数（1）から入れていくと下表の通り。

Aの束の数	A…1束3本	B…1束5本		計
1	1×3本＝3本	50－3＝47本	1束5本なので47本では2本余りが出て5本の束にできない	
2	2×3本＝6本	50－6＝44本	4本余りが出て5本の束にできない	
	Aの束は1束3本なので、束の数が5の倍数でなければならない ←	Aの本数は5の倍数でなければならない ←	1束5本にするには[50－Aの本数]を5の倍数にしなければならない	
5	5×3本＝15本	50－15＝35本 → 7束になる		50本
10	10×3本＝30本	50－30＝20本 → 4束になる		50本
15	15×3本＝45本	50－45＝5本 → 1束になる		50本
20	20×3本＝60本			

別冊3 解答・解説集

45

⇒ 条件イ「3本1束より5本1束のほうがたくさん売れた」という場合は、3本1束(A)が5、5本1束(B)が7の場合のみ
⇒ 売上合計は 5×300円 + 7×450円 = 4650円

別解 3本の束の数をXとし、5本の束の数をYとする。

条件アから 3X + 5Y = 50。変形して、$X = \dfrac{50 - 5Y}{3} = \dfrac{5(10 - Y)}{3}$

Xは正の整数なので、(10 − Y)は3の倍数 ⇒ Yも正の整数なので、Yは1、4、7のどれか ⇒ Yが1ならばXは15、Yが4ならばXは10、Yが7ならばXは5
⇒ 条件イからX<Yなので、Y = 7、X = 5に決まる
⇒ 売上合計は、5×300円 + 7×450円 = 4650円

[問題5](1) 答え…A
Step1 アだけでわかるかを検討する
合計10個買って、ア「リンゴXの購入金額は1500円以上」とすれば、「購入金額は合計でいくらか」を解答できるかを検討する ⇒ 全部で10個、リンゴXの購入金額は1500円以上とすれば、Xは9個以上買わないといけない(1500÷180=8.33…)
⇒ Yも最低1個買っているので、Xは9個買ったことに確定 ⇒ 合計金額も確定
⇒ アだけでわかる
Step2 イだけでわかるかを検討する
合計10個買って、イ「リンゴYの購入金額は500円以下」とすれば、「購入金額は合計でいくらか」を解答できるかを検討する ⇒ 全部で10個、リンゴYの購入金額は500円以下とすれば、Yは1個(250円)か2個(500円)買ったことになる ⇒ 購入したYの数が不確定なので、合計金額も不確定 ⇒ イだけではわからない

[問題5](2) 答え…A
Step1 情報を整理する ⇒ 乗った人数をP、降りた人数をQとおく。

はじめの乗客数	X駅での乗降数	Y駅での乗降数	合計
18人	+5人 −3人	+ □P□ 人 − □Q□ 人	20人
= 20人		= □0□ 人	20人
初めの乗客18人にX駅で差し引き2人増えたので20人になった		Y駅で乗降しても20人のままだったので、Y駅での乗降は差し引き0人	

Step2 アだけでQがわかるかを検討する
「X駅で乗った人数はY駅で乗った人数と同じ」ならば、P = 5 ⇒ 5 − Q = 0なので、Q = 5とわかる ⇒ アだけでわかる
Step3 イだけでQがわかるかを検討する
「Y駅で乗った人数はY駅で降りた人数と同じ」ならば、P = Q ⇒ P = Qはどんな数でも可能 ⇒ イだけではわからない

> Yでの乗降数は差し引き0人

[問題6](1) 答え…月曜、金曜 (2) 答え…Q、S、T、U
(1)条件を整理して表を作る。

Ⅰ）Q－P　Ⅱ）S－R　Ⅲ）水曜はT、Uではない　また(1)より土曜＝T
Uの位置が不確定なので、Uのあり得る位置を先に決める
⇒ 下の①か⑤の位置しかない ⇒ 残りの曜日はQ－PとS－Rの組が入る

	月	火	水	木	金	土	
①	U		Q－P	S－R		T	
			S－R	Q－P			
⑧		U				T	Q－P、S－Rが月曜に入らない
③			U			T	水曜はUではない
④				U		T	Q－P、S－Rが金曜に入らない
⑤	Q－P	S－R		U	T		
	S－R	Q－P					

●速解法
Uの位置を全部書く必要はない。Uを火曜に入れれば月曜に入るものがなく、条件からUは水曜ではなく、Uを木曜に入れれば金曜に入るものがないのは明白。

（2）条件を整理して表を作る。
Ⅰ）Q－P　Ⅱ）S－R　Ⅲ）水曜はT、Uではない　また(2)より土曜＝
T、Uではない。条件Ⅰ)Ⅱ)と(2)から土曜日はPかR
土曜日がPの場合 ⇒ S－Rのあり得る位置を決める ⇒ 残りにTかU ⇒ ①
か②＝火曜はUかTかS

	月	火	水	木	金	土	
①	T/U	U/T	S－R		Q－P		
②	T/U	S－R		U/T			
③		S－R	T/U	U/T			TかUが水

土曜日がRの場合 ⇒ Q－Pのあり得る位置を決める ⇒ 残りにTかU ⇒ ④
か⑤＝火曜はUかTかQ

	月	火	水	木	金	土	
④	T/U	U/T	Q－P		S－R		
⑤	T/U	Q－P		U/T			
⑥		Q－P	T/U	U/T			TかUが水

●速解法　Q－PとS－Rが入れ替わるだけなので、1つ表を書けばわかる。

①②④⑤より、考えられるのはQ、S、T、U

[問題7]（1）答え…9

内訳表を作る ⇒ 連動するのはウーロン茶とワイン（ウーロン茶×2＝ワイン）
⇒ 左端にウーロン茶、その隣にワイン、残りの欄にビール、右端に合計を記入
⇒ ウーロン茶を最少数の7から計算していくと下表のようになる。

条件	ウーロン茶×2＝ワイン			ビール	合計
7杯以上	7	×2＝	14	30－（ウ7＋ワ14）＝9	30杯
	8	×2＝	16	30－（ウ8＋ワ16）＝6（＜7）	
	⇒ ウ8杯以上ではビ6杯以下になり、条件イに反する				

⇒ ウーロン茶は7杯しかあり得ないので、ビールは9杯に確定する。

[問題7]（2）答え…1

イ「中カップと小カップは隣り合わない」で、なおかつ、ウ「同じ大きさのカップ

別冊3　解答・解説集

は隣り合っていない」とすると、以下のような並びになるしかない。

…「大」──「中か小」──┐┌「大」──「中か小」──┐┌「大」──「中か小」…

どの部分をとっても、2つに1つは「大カップ」が並ぶ

合計10個のうち2つに1つは大 ⇒ 大は10÷2＝5個
⇒ 条件アより中は5－1＝4個 ⇒ 小は10－（5＋4）＝1個に確定する

[問題8]（1） 答え…C

Step1 合計3200円で、ア「全部で10本買った」とすれば、「500円の花は何本買ったか」を解答できるかどうかを検討する ⇒ 全部で10本、合計で3200円になる組み合わせを考える。端数50円のあるのは350円だけなので、350円の花は偶数個になることを手掛かりに書き出すと、つぎの表のようになる。

350円	残額	500円	200円
2本　700円	2500円	3本　1500円	5本　1000円
4本　1400円	1800円	2本　1000円	4本　800円
6本　2100円	1100円	1本　500円	3本　600円

⇒ 上記の3通りが考えられるが確定しない ⇒ アだけではわからない

Step2 合計3200円で、イ「350円の花は2本買った」とすれば、「500円の花は何本買ったか」を解答できるかどうかを検討する ⇒ 350×2＝700円　残りは、3200－700＝2500円 ⇒ 2500円の内訳表を作る。

500円	残高	200円	
1本　500円	2000円	10本　2000円	○
2本　1000円	1500円	200で割り切れない	×
3本　1500円	1000円	5本　1000円	○
4本　2000円	500円	200で割り切れない	×

⇒ 500円の花は1本か3本か確定しない ⇒ イだけではわからない

Step3 ア、イ単独では決まらなかった場合 ⇒ ア＋イで「500円の花は何本買ったか」を解答できるかどうかを検討する ⇒ ア、イの両方の条件を満たすのは上の2表から、200円5本、350円2本、500円3本の場合のみ

⇒ よって、アとイの両方でわかるが、片方だけではわからない

[問題8]（2） 答え…A

Step1 合計10個で、ア「ミカンは柿より4個多い」とすれば、「ミカンは何個買ったか」を解答できるかどうかを検討する
⇒ 内訳表を作る

柿	＋4 ＝	ミカン	計10個
1個	＋4 ＝	5個	6個(計10個にならない)×
2個	＋4 ＝	6個	8個(計10個にならない)×
3個	＋4 ＝	7個	10個
これ以上は計10個を超える			

⇒ ミカンは7個とわかる
⇒ アだけでわかる

Step2 合計10個で、イ「買ったミカンと柿の数の平均は5である」とすれば、「ミカンは何個買ったか」を解答できるかどうかを検討する

⇒「ミカンと柿の数の平均は5」ということは、ミカンと柿を合計して2で割ると5ということ ⇒（ミカン＋柿）／2＝5　両辺に2を掛けて、ミカン＋柿＝10

⇒ 内訳表を作れば次の通りだが、
　イだけではミカンの個数がわか
　らないのは明らか。

柿	＋	ミカン	＝	10個
1個		9個(10－1)		10個
2個		8個(10－2)		10個
3個		7個(10－3)		10個
以下略				

⇒ ミカンは9個から1個までどれか確定しない

別解 ミカンをx個　柿をy個とおくと、$x+y=10$…①
ア「ミカンは柿より4個多く買った」→ $x=y+4$ …②
①と②で連立方程式にすれば、ミカンの個数xを求めることができる。
イ「買ったミカンと柿の数の平均は5」→ $(x+y)÷2=5$
→ $x+y=10$　①と同じ式になるので、同じ式どうしでは連立方程式が成立しないため、解くことはできない。

[問題8]（3）答え…E

[問い]に解答するための条件を見つける問題。

Step1 「緑、赤、青が合わせて24枚」で、ア「緑は赤より多い」とすれば、「緑は何枚あるか」を解答できるかどうかを検討する
⇒ 内訳表を作る
⇒ 緑の枚数は2でも3でも合計24枚に
　なる ⇒ 確定しないことがわかる
⇒ アだけではわからない

赤	＜	緑	青	合計
1		2	21(24－3)	
1		3	20(24－4)	24
以下略				

Step2 イ「緑と青は合わせて15枚」とすれば、「緑は何枚あるか」を解答できるかどうかを検討する
⇒ 内訳表を作る
⇒ 緑の枚数は14でも13でも合計24枚に
　なる ⇒ 確定しないことがわかる
⇒ イだけではわからない

青	＋	緑	＝15	赤	合計
1		14		9(24－15)	
2		13		9(24－15)	24
以下略					

Step3 ア、イ単独では決まらなかった場合 → ア＋イで「緑は何枚あるか」を解答できるかどうかを検討する
⇒ アとイの条件を組み合わせて内訳表
　を作る
⇒ 緑の枚数は確定しないことがわかる
⇒ アとイの両方でもわからない

青	緑	＞	赤	合計
1	14		9	
2	13		9	
3	12		9	24
以下略				

[問い]に解答するための条件を見つける問題。内訳表を作る

Step1 当然の前提として、もなかの数は1個、2個のような整数。その場合、ア「黒餡は白餡の2.5倍」とすれば、「もなかは合わせて何個か」を解答できるかを検討する ⇒ 内訳表を作れば下の通りだが、アだけではわからないのは明らか。

白	×2.5 =	黒	合計
1個	2.5個(小数になるのはおかしい)		×
2個	5個		7個
3個	7.5個(小数になるのはおかしい)		×
4個	10個		14個
白の個数は偶数のみ 以下略	以下、5の倍数になる		以下、7の倍数になる

Step2 イ「黒は白より6個多い」とすれば、「もなかは合わせて何個か」を解答できるかを検討する
⇒ 内訳表を作れば右の通りだが、イだけではわからないのは明らか。

白	+6= 黒	合計
1個	7個	8個
2個	8個	10個
3個	9個	12個
4個	10個	14個
以下略		

Step3 ア、イ単独では決まらなかった ⇒ ア+イで「もなかは合わせて何個か」を解答できるかどうかを検討する ⇒ アの場合、白の個数は偶数だけなので、白偶数だけでイの条件を組み合わせて内訳表を作るとつぎの通り

アの条件				イの条件		
白	×2.5= 黒	合計		白	+6= 黒	合計
2個	5個	7個		2個	8個	10個
4個	10個	14個		4個	10個	14個
6個	15個	21個		6個	12個	18個

> 白6個以上で、アとイの条件両方を満たす白と黒の組み合わせはあり得ない(白6個の場合、アの条件より、白6個×2.5=黒15個で、黒は白より9個多くなり、イの条件が成り立たない)。よって、以降は検討不要

⇒ アとイの両方を満たす白と黒の組み合わせは白4個、黒10個の組み合わせのみ
⇒ アとイの両方を条件とすれば合計数(14個)がわかる

別解 黒餡もなかの数をx個、白餡もなかの数をy個とおく。求めるのは、$x+y$
ア「黒餡もなかの数は、白餡もなかの数の2.5倍」→ $x=2.5y$
　これだけでは求められない
イ「黒餡もなかの数は、白餡もなかの数より6枚多い」→ $x=y+6$
　これだけでは求められない
ア、イを合わせると、連立方程式になるので、$x+y$を求めることができる。
　$2.5y=y+6$ → $y=4$ → $x=4+6=10$ → $x+y=4+10=14$

14 練習問題 推論④（命題の正誤）（問題　本冊114～116ページ）

[問題1]（1） 答え…B **（2）** 答え…B

> ●ベン図を用いた解き方
> 情報量の多い文を小さい円、少ない文を大きい円にしてベン図を描く➡
> 「小円から大円への連結」が正しい推論
> 「QならばR」「RならばP」「QならばP」の3つの連結が正しい推論
> ●例えば、「Q：東京駅、R：東京都、P：日本」の3つでは、「東京駅に
> いれば東京都にいる」「東京都にいれば日本にいる」「東京駅にいれば日
> 本にいる」のように狭い方から広い方に連結するのが正しい推論になる
> ●逆に「日本にいれば東京都にいる」とは限らないように、広い方から狭
> い方に連結するのは必ずしも正しいとはいえない
> ●「東京駅にいる」という文ではどこにいるのか明確だが、「東京都にいる」「日本にいる」という文では
> あいまいになる。つまり、明確だと示せる範囲は狭く、あいまいだと示せる範囲は広くなってくる

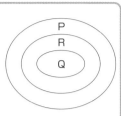

P、Q、Rの発言を整理する。
P「XはYに勝った」は②⑥⑦の場合
Q「Xはパー、Yはグーを出した」は　⑦の場合
R「XもYもチョキを出していない」は①③⑦⑨の場合
Qの⑦はPにもRにも含まれているが、⑦以外PとRには
共通する要素はない。これをベン図で示せば右の通り。
正しい推論はQならばP、QならばRだけ

X＼Y	グー	チョキ	パー
グー	①	②	③
チョキ	④	⑤	⑥
パー	⑦	⑧	⑨

別冊3　解答・解説集

[問題2]（1） 答え…E **（2）** 答え…C

3つの情報の中で、Rがいちばん詳しい情報であることは明らか。Pからは「1
日目に4番バス停を利用＋2日目に4番バス停を利用せず」ということがわかる。
Qからわかるのは「2日目に4番バス停を利用せず」ということだけ。詳しい情報
からあいまいな情報に連結するのが正しいので、R→P→Qとわかる。したがっ
て、Rが正しければPも必ず正しい（ウ）、Pが正しければQも必ず正しい（ア）、
Rが正しければQも必ず正しい（ク）。

> 別解

① PとQの情報を整理する
　➡ Pの情報はQの情報に含まれる
　　（右表参照）

P	1	2	3	4	5	6	7
1日目	○か×	○か×	○か×	○	○か×	○か×	○か×
2日目	○か×	○か×	○か×	×	○か×	○か×	○か×

Q	1	2	3	4	5	6	7
1日目	○か×	○か×	○か×	○か×	○か×	○か×	○か×
2日目	○か×	○か×	○か×	×	○か×	○か×	○か×

② PとRの情報を整理する
　➡ Rの情報はPの情報に含まれる
　　（右表参照）

R	1	2	3	4	5	6	7
1日目	○か×	○	○か×	○	○か×	○	○か×
2日目	○か×	×	○か×	×	○か×	×	○か×

P	1	2	3	4	5	6	7
1日目	○か×	○か×	○か×	○	○か×	○か×	○か×
2日目	○か×	○か×	○か×	×	○か×	○か×	○か×

③ ①と②をつなぐと「Rの情報はPの情報に含まれ、Pの情報はQの情報に含まれる」。これをベン図にすれば右の通り。狭い円から広い円につなぐのが正しい。

したがって、R➡P➡Qが正しい

[問題3]（1）答え…H

各情報を整理すると、

P　2桁の3の倍数…12、15、18、21、24、27、… ⇒ 奇数と偶数が含まれる

Q　2桁の4の倍数以外…10、11、13、14、15、17、18、19、21、22、23、…
　　　⇒ すべての奇数と4の倍数以外の偶数が含まれる

R　2で割ると1余る2桁の数
　　　⇒ 2桁の奇数…11、13、15、17、19、21、23、25、27、…

PとQでは、3と4の公倍数が共通しないが、15、18など共通するものもある。PとRでは、3の倍数で奇数が共通する。

QとRでは、QはRのすべての奇数を含む。

P、Q、Rの関係を図にすると、例えば次のようになる。

例えば、PとRに共通な数は15、PとQに共通な数は18

図からいえる正しい推論は、RはQに包含されることから「RならばQ」のみ。よって、正しい推論はない。

[問題3]（2）答え…C

（1）より、「ク　Rが正しければQも必ず正しい」のみ正しいといえる。

15 練習問題 推論⑤（その他の問題）（問題　本冊119〜129ページ）

[問題1]（1）答え…E （2）答え…A

①設問の条件から勝ち上がり図を作る

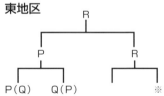

②トーナメント表に当てはめる

東地区

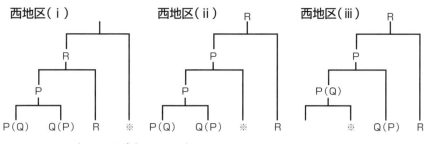

西地区（ⅰ）　　　　　　西地区（ⅱ）　　　　　　西地区（ⅲ）

※に入るのは残りのＳ１人。

（1）ア　Ｐは3試合戦った ⇒ 西地区(ⅱ)(ⅲ)の場合があり得るが、確実ではない
　　　イ　Ｒが優勝した
　　　　　⇒ 東地区、西地区(ⅰ)(ⅱ)(ⅲ)のどの場合でもあり得るが、確実ではない

（2）カ　ＱはＲと対戦しなかった ⇒ 正しい
　　　キ　Ｓは1試合しか戦っていない ⇒ Ｓの位置は※の所
　　　　　⇒ すべて1度戦っただけになっている ⇒ 正しい

[問題2]（1）**答え…D**（2）**答え…F**

（1）条件に基づいてＰ、Ｑ、Ｒの手を整理する。

パ＝パー、チ＝チョキ、グ＝グー。Ｑはチかグで決まり。Ｒはチでもグでも自由。引き分け＝ＱチＲチならＰチ、ＱチＲグならＰパ、ＱグＲグならＰグ、ＱグＲチならＰパ

3回とも違う手＝3回目がパなので1回目チかグ。それに応じて2回目はグかチ

1回目だけ違う＝2回目と3回目は同じ

	Ｐ	Ｑ	Ｒ	
1回目	パ／チ／グ	チ／グ	チでもグでも	引き分け
2回目	チ／グ	グ／チ	パ	引き分け
3回目	チ	パ	パ	Ｐ勝ち
		3回とも違う手	1回目だけ違う手	

引き分け＝Ｒパで決まり、ＱグならＰチ、ＱチならＰグ

　推論ア、イを検証する。
　ア　1回目でＱはグーを出した ⇒ あり得るが確実ではない＝どちらともいえない
　イ　2回目でＲはパーを出した ⇒ 必ず正しい
　よって、アはどちらともいえないが、イは正しい

（2）上の表から、推論カ、キを検証する。
　　　カ　3回ともＰはチョキを出した ⇒ あり得るが確実ではない＝どちらともいえない
　　　キ　2回目にＱとＲは同じ手を出した ⇒ Ｑはグーかチョキ、Ｒはパーなので誤り
　　　よって、カはどちらともいえないが、キは誤り

53

（1）対面表を作る（自分と自分は名刺交換をしないのでそのマスは斜線で消す）⇒ 条件を入れる

	P	Q	R	S	T
P		O	×		O
Q	O		×	×	O
R	×	×		○	
S		×			○
T	O	O	○	○	

- 「PがTと名刺交換をした＝TはPと名刺交換をした」なので、斜線に対して対称の位置にあるマスに同じく○を入れる
- 「PがRと名刺交換をしなかった＝RはPと名刺交換をしなかった」なので、斜線に対して対象の位置にあるマスに同じく×を入れる
- 「Qが名刺交換をしたことがあるのはPとTだけ＝RとSとは名刺交換をしていない」⇒ ○×を入れる

  上の表から判断すると、すべての人と名刺交換をした可能性があるのはTだけ。

（2）追加条件を表に加える

表から判断すると、名刺交換をしたことがあるかどうかはっきりしない人がいるのは、PとSとT（PとS、SとT）。

	P	Q	R	S	T
P		O	×	□	O
Q	O		×	×	O
R	×	×		O	O
S	□	×	O		□
T	O	O	O	□	

[問い]に解答するための条件を見つける問題。

Step1 ア「Qは全勝」とすれば「Pは何勝何敗か」を解答できるかどうかを検討する。

勝敗表を作ると以下の通り（Qが勝ちならQを相手にした人は負け → Qの横の欄が○なら、Qの縦の欄は×）だが、これだけではわからないのは明らか。

⇒ PがR、Sに勝ったかどうかはわからない

⇒ アだけではわからない

自分＼相手	P	Q	R	S
P		×		
Q	O		O	O
R		×		
S		×		

Step2 イ「Rは1勝2敗」とすれば「Pは何勝何敗か」を解答できるかどうかを検討する。

Rが誰に勝ち、誰に負けたかがわからないので、Pの勝敗もわからない。

⇒ イだけではわからない

自分＼相手	P	Q	R	S
P			?	
Q			?	
R	?	?		?
S			?	

Step3 ア、イ単独では決まらない ⇒ ア＋イで「Pは何勝何敗か」を解答できるかどうかを検討する。

勝敗表を作ると右の通り。

自分＼相手	P	Q	R	S
P		×	?	
Q	○		○	○
R	?	×		?
S		×	?	

⇒ Rは1勝しているが、Pに勝ったのかSに勝ったのかがわからない ⇒ Pの勝敗もわからない ⇒ アとイの両方があってもわからない

[問題5]（1）答え…D （2）答え…B

（1）「Rの部屋はQを含む2人の部屋と接している」＝Rは両端の部屋のどちらか

① Rが左端a

② Rが右端d

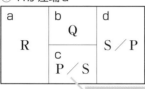 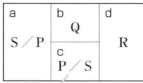

図から判断する。

QとP／Sの上下は逆でもよい

ア 必ず正しい　イ 必ず正しい　ウ ②の場合もあるので必ず正しいとはいえない

（2）「Wの部屋はZを含む2人の部屋と接している」＝Wはeかfのどちらか

①Wがeの場合 ⇒ Zはfかg ⇒ X Yは残り

①－1図

①－2図

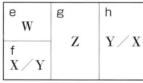

②Wがfの場合 ⇒ Zはeかg ⇒ X Yは残り

②－1図

②－2図

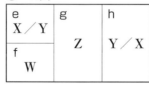

上の図から判断する。

カ ②－2図の場合は、「Xがhならば Yはe」は成り立つが、
　①－1・2図、②－1図の場合、 Yはeではない＝必ず正しいとはいえない

キ ①－2図 ⇒ 正しい

ク ①－2図か②－2図 ⇒ Xがhかどうかは不確定＝必ず正しいとはいえない

[問題6]（1）答え…V、Z （2）答え…X、Z

（1）問題の指示に従って配達順序を考えていく。
　　⇒ 空欄になる可能性のある店を探す

	U	V	W	X	Y	Z
①			②	③	⑤	④
		④'	←条件Ⅳに合う店がない			
①		③'	②	④'	⑤'	

配達しなかった
可能性のある店
はVとZ

（２）問題の指示に従って配達順序を考えていく。

⇒ 最初になる可能性のある店を探す

	U	V	W	X	Y	Z
		⑤	④	②	③	①
		⑤	④	①'	③	②'
条件Ⅱに合う店がない→	③'	⑤	④			
	④	⑤	③	②		①

最初に配達した
可能性のある店
はXとZ

[問題7] 答え…2

条件を整理すると、

ア　Lは1か3　　イ　L□MまたはM□L、L□□MまたはM□□L
ウ　N□□□または□□□N

ア、イ、ウの条件から、以下のいずれかに決まる。
いずれの場合もKは2号室。

		1	2	3	4
L＝1の場合		L	K	M	N
L＝3の場合		M	K	L	N

L＝3の場合も、Nが1号室に住むこ
とはない（NMLKまたはNKLMと
なり、MとLが隣り合ってしまうため）

[問題8] 答え…E

[問い]に解答するための条件を見つける問題。

Step1 P、Q、R、Sの順番に並んでいるとき、ア「PR間の距離は5km」と
すれば「PS間の距離」を解答できるかを検討する。図を作るとつぎの通りだが、
アだけではPS間の距離がわからないことは明らか。

Step2 P、Q、R、Sの順番に並んでいるとき、イ「QS間の距離は7km」と
すれば「PS間の距離」を解答できるかどうかを検討する。図を作るとつぎの通り
だが、イだけではPS間の距離がわからないことは明らか。

Step3 ア、イ単独では決まらない ⇒ ア＋イで「PS間の距離」を解答できるか
どうかを検討する。図を作るとつぎの通り。

56

PQ、QR、RS間の距離のどれもわからない ⇒ PS間の距離もわからない
⇒ アとイの両方があってもわからない

[問題9] 答え…1

Step1 条件ア「両側に野球部員はPのみ」に合わせて図を作る

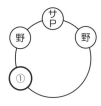

Step2 ①にはサッカー部員か野球部員かどちらかが入る ⇒ 場合分けをする

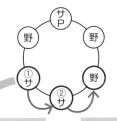

条件アから②に
はサッカー部員

サッカー部員3人の位
置は決まったので、残
りは野球部員しかない

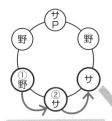

野球部員3人の位置は
決まったので、残りは
サッカー部員しかない

Step3 条件イ「QとYだけが同じ高校で真向かい」を加える
Qはサッカー部でYは野球部 ⇒ サッカー部と野球部が向かい合わせに
なっている場所を探す

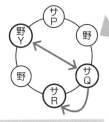

サッカー部員Pの位置は確定し、Qの位置は左右図のどちらか。どちら
の場合でも条件アより、残りのサッカー部員Rはここしかない

別冊3 解答・解説集

Step4 問いに答える
Rの真向かいに座っている人はどちらの場合もP ⇒ 背番号は1

[問題10]（1）答え…D

PとQの得点は同じ。 P＝Q…①
PとRの平均点は、QとSの平均点よりも5点高かったので、
　（P＋R）÷2＝（Q＋S）÷2＋5　　　P＋R＝Q＋S＋10
この式に①を代入すると、P＋R＝P＋S＋10　　　R＝S＋10…②
②より、イは正しい。アについては正しいか誤りか、①と②からは判断できない
ので、どちらともいえない。よって、正解はD

[問題10]（2）答え…E

「カ：PとSの得点は同じである」を式に表すと、P＝S
「キ：PとQはRよりも得点が高かった」を式に表すと、P＞R、Q＞R
だが、設問の条件である
　　P＝Q…①　　　R＝S＋10…②
からはP（＝Q）とR、Sの大小が判断できないので、カとキのいずれも、正しい
とも誤りともいえない。よって、正解はE

[問題11]（1）答え…7、8、9 （2）答え…1、2、3

条件Ⅱからp＞Qなので、条件Ⅰの「同じ数字を選んだ2人」は、
　　① PとRまたは
　　② QとRである ⇒ P＝Rの場合とQ＝Rの場合を考える。

（1）R＝7のとき、
　　① P＝Rの場合 ⇒ P＝R＝7 ⇒ Pは7
　　② Q＝Rの場合 ⇒ Q＝R＝7 ⇒ 条件Ⅱ「P＞Q」にQ＝7を代入すれば、
　　　　P＞7 ⇒ Pとしてあり得るのは8、9
　　①②より、R＝7のとき、Pとしてあり得るのは、7、8、9
（2）R＝3のとき、
　　① P＝Rの場合 ⇒ P＝R＝3 ⇒ 条件Ⅱ「P＞Q」にP＝3を代入すれば、
　　　　3＞Q ⇒ Qとしてあり得るのは2、1
　　② Q＝Rの場合 ⇒ Q＝R＝3 ⇒ Qは3
　　①②より、R＝3のとき、Qとしてあり得るのは、1、2、3

[問題12]（1）答え…F

P、Q、Rの重量を、仮に200g、200g、100gとする。
（1）推論アとイをそれぞれ検証すると、

ア：P、Rに含まれる薬品の量は、P…$200 \times \frac{7}{100} = 14$（g）　R…$100 \times \frac{15}{100} = 15$（g）

Sには（14＋15＝）29gが含まれるので、Sの濃度は

58

$29 \div (200 + 100) \times 100 \div 9.7（\%）$ となる。よって、アは誤り。

イ：Qに含まれる薬品の量は、$200 \times \dfrac{8}{100} = 16（g）$

Pには上の検証より14gが含まれるので、Tには$(14 + 16 =)30（g）$が含まれる。
一方、Rに含まれる薬品の量は、上記より15gであるから、その2倍は30gとなる。よって、イは正しい。

[問題12]（2） 答え…C

推論カ、キをそれぞれ検証すると、

カ：P、Q、Rに含まれる薬品の量は、（1）よりP…14g　Q…16g　R…15g
で合計45gであるから、Uの濃度は$45 \div (200 + 200 + 100) \times 100 = 9（\%）$　となり、
これはQの8%より高くなる。よって、カは正しい。

キ：RにP全体の重量と同量の水を加えても、含まれる薬品の量は元のRに含まれる量と変わらないから、Vの濃度は、$15 \div (100 + 200) \times 100 = 5（\%）$

Tの濃度は、（1）より薬品の量の合計が30g、水溶液全体の量が400gだから、
$30 \div 400 \times 100 = 7.5（\%）$となり、等しくならない。　　　　　よって、キは誤り。

[問題13]（1） 答え…D

掛け合わせて12になる1桁の数の組み合わせは、（2、6）（3、4）
この組み合わせから2桁の整数は、26、62、34、43　の4つができるが、その中で奇数になるのは43だけ。

　　　　　　　　　　　　　　よって、一の位の数と十の位の数を足すと、$3 + 4 = 7$

[問題13]（2） 答え…D

43の一の位の数から十の位の数を引くと、$3 - 4 = -1$

[問題14]（1） 答え…D

農場と農作物の関係を整理する。$P = X$…① または $P = Y$…② ／ $Q = Y$…③
農作物と肥料の関係を整理する。$X = M + N$…④ ／ $Y = N$…⑤
推論ア、イを検証する。

ア　$P = M$ ①④から可能性はあるが、②⑤の可能性もあるので断定はできない
イ　$Q = N$ ③⑤から$Q = Y = N$ ⇒ 必ず正しい

　　　　　　　　　　　よって、アはどちらともいえないが、イは正しい

[問題14]（2） 答え…C

（1）と同様に推論カ、キを検証する。
カ　$P = N$ ①④から$P = X = M + N$ ②⑤から$P = Y = N$ ⇒ 必ず正しい
キ　$Q = M$ ③⑤から、必ず誤り

　　　　　　　　　　　　よって、カは正しいが、キは誤り

[問題15](1) 答え…e、f

条件Ⅰ・Ⅱより、左端から3枚と右端から3枚のカードの合計は22になる。

1から7までの数字の組み合わせで22になるのは、6を除いた1、2、3、4、5、7の6枚で、それぞれの組み合わせは、右の通り。

	左端3枚(合計12) a／b／c	右端3枚(合計10) e／f／g
①	1、4、7	2、3、5
②	2、3、7	1、4、5
③	3、4、5	1、2、7

右端のカードが3であり得るのは、①の場合だけ。したがって、右端から3枚 e／f／g は、2／5／3または5／2／3となり、2の入る場所としてあり得るのは、右端から3枚のうち一番右端を除いた e 、f

[問題15](2) 答え…a、b、c、g

左端のカードのほうが右端のカードより1だけ大きいことがあり得るのは、(1)の表より次の3通り。 ①左4、右3 ②左2、右1 ③左3、右2

それぞれで、3が入る可能性のある場所は、

①の場合、3は右端 g（2／5／3 または 5／2／3）

②の場合、3は左端から3枚のうち一番左端を除いた2か所 b／c

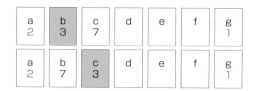

③の場合、3は左端 a（3／4／5 または 3／5／4）

16 練習問題 **集合**（問題 本冊134〜137ページ）

[問題1](1) 答え…H

アメリカと中国でカルノー表を作る。

求めるのは、〈ア✕中✕〉= d

b→dの順で求めると、

b = 660 − 145 = 515

d = 780 − 515 = 265（人）

アメリカ ＼ 中国	○	✕	
○	145	b =515	660
✕	c	d =265	540
	420	780	

別解 ベン図で解く。

問題文の条件を整理すると右のようになる。右のベン図で求める数値は斜線部分であるから、1200 −（660 + 275）= 265

アメリカと中国について

1200人

アメリカにだけ行ったことがある 660人

中国にだけ行ったことがある 420−145 =275人

両方に行ったことがある 145人

[問題1](2) 答え…F

アメリカとフランスでカルノー表を作る。

アメリカ×の540人の$\frac{1}{3}$がフランス○なので、〈ア×フ○〉= c $=540\times\frac{1}{3}=180$

	フランス ○	×	
アメリカ ○	a＝390	b	660
×	c＝180	d	540
	570	630	

求めるのは、〈ア○フ○〉= a

a $=570-c=570-180=390$（人）

別解 ベン図で解く。アメリカに行ったことがない人（540人）の3分の1、つまり、$540\times\frac{1}{3}=180$人がフランスにだけ行ったことがある。

フランスに行ったことがある人のうち、180人がアメリカに行ったことがないので、ベン図で表すと右図になる。

両方に行ったことがある人は、570－180＝390（人）

アメリカとフランスについて
1200人
アメリカに行ったことがある 660人
フランスに行ったことがある 570人
フランスにだけ行ったことがある 180人
360人

両方に行ったことがある
570－180＝390人

[問題1](3) 答え…F

(1)のカルノー表を加工して、右図のような一覧表を作る。

求めるのは3か国とも行ったことがない〈ア×中×フ×〉

アメリカ	中国		フランス	
○	○	a＝145	○	a①
			×	a②
○	×	b＝515	○	b①
			×	b②
×	○	c	○	c①
			×	c②
×	×	d＝265	○	d①
			×	d②

「中国にもフランスにも行ったことがある」=〈中○フ○〉= a① + c① = 150

「3か国とも行ったことがある」=〈ア○中○フ○〉= a① = 60　よって、c① = 90

また、(2)より、「アメリカにもフランスにも行ったことがある」

＝〈ア○フ○〉= a① + b① = 390　　a① = 60　だから、b① = 330

「フランスに行ったことがある」= a① + b① + c① + d① = 570に、a①、b①、c①を代入すると、

　60 + 330 + 90 + d① = 570 ⇒ d① = 570 － (60 + 330 + 90) = 90

　d① + d② = 265　だから、d② = 265 － d① = 265 － 90 = 175（人）

表に記入していくと…

アメリカ	中国		フランス	
○	○	a＝145	○	a①＝60
			×	a②
○	×	b＝515	○	b①＝330
			×	b②
×	○	c	○	c①＝90
			×	c②
×	×	d＝265	○	d①＝90
			×	d②＝175

b①＝390－a①
＝390－60＝330

c①＝150－a①
＝150－60＝90

d①＝570－(a①+b①+c①)＝90

d②＝265－d①＝265－90＝175

別解 ベン図で解く。

（1）と（2）の結果を利用しないと全体の数値が
どうなっているのかはわからない。そこで3か
国についてベン図を作ると右のようになる。

①3か国とも行ったことがある人…60人
②アメリカと中国の2か国に
　行ったことがある人…145－60＝ 85（人）
③アメリカとフランスの2か国に
　行ったことがある人…390－60＝330（人）
④中国とフランスの2か国に
　行ったことがある人…150－60＝ 90（人）
⑤アメリカにだけ行ったことが
　ある人…660－（85＋330＋60）＝185（人）
⑥中国にだけ行ったことが
　ある人…420－（85＋ 90＋60）＝185（人）
⑦フランスにだけ行ったことが
　ある人…570－（90＋330＋60）＝ 90（人）

求める答えは外側の斜線部分なので、
　1200－（60＋85＋330＋90＋185＋185＋90）＝
　　　　　　　　　　　　　　　　　175（人）

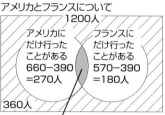

アメリカと中国について

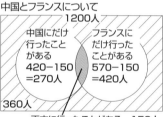

アメリカとフランスについて

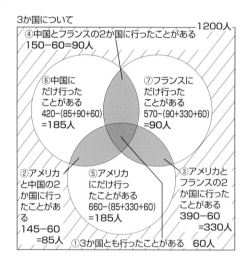

3か国について

[問題2]（1）答え…B

女性社員で英語の資格を持っている人が78人だから、女性社員で英語の資格を
持っていない人は、100－78＝22人

問題の表より、全体で英語の資格を持っていない人が64人だから、男性社員で英
語の資格を持っていない人は、64－22＝42人

女性社員で英語の資格を持っている78人のうちの$\frac{2}{3}$だから、$78 \times \frac{2}{3} = 52$人が英語もＰＣも資格を持っていることになる。

女性社員でＰＣの資格を持っているのは61人だから、英語の資格はないがＰＣの資格を持っているのは$61 - 52 = 9$人

⇒ カルノー表にすると…

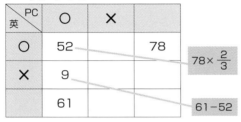

男性社員で英語の資格を持っている人は、全体から女性の英語の資格所持者数を引いて求められる。$186 - 78 = 108$人

男性社員でＰＣの資格を持っている人は、同じく $149 - 61 = 88$人

男性社員のカルノー表を作って、① ➡ ② ➡ ③の順に求める。

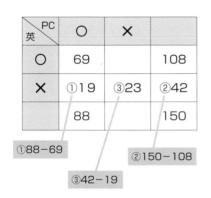

ＰＣの資格を持っている男性社員は88人。英語もＰＣも資格を持っている男性社員は69人。よって、英語の資格はないがＰＣの資格を持っている男性社員は88－69＝19人。男性社員の総数は150人。英語の資格を持っている男性社員は108人。よって、英語の資格を持っていない男性社員は150－108＝42人。したがって、英語もＰＣも資格を持っていない男性社員は42－19＝23人

別冊3 解答・解説集

カルノー表を作って解く。

	デザート			
		○	×	
サラダ ○	24 ➡	60	84	$84 \times \frac{2}{7} = 24$
×		14 ➡	36	$84 - 24 = 60$
	46	74	120	$120 - 46 = 74$

[問題3](2) 答え…405

カルノー表を作って解く。

$1500 \times \dfrac{15}{100} = 225$

$1500 \times \dfrac{12}{100} = 180$

$1500 \times \dfrac{70}{100} = 1050$

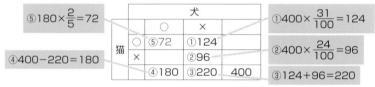

		食事 ○	食事 ×	
買い物	○	180	1050	
買い物	×	45 ➡ 405	450	
		225	1500	

[問題3](3) 答え…10

120人のうち、男：女 ＝ 1：2 だから、

男子は $120 \times \dfrac{1}{3} = 40$、女子は $120 \times \dfrac{2}{3} = 80$

女子で生物を選択したのが最少になるのは、男子40人全員が生物を選択した場合。

よって、女子で生物を選択したのは最も少なくて 50 － 40 ＝ 10人

[問題3](4) 答え…72

カルノー表を作り、①②③④⑤の順に求める。

⑤$180 \times \dfrac{2}{5} = 72$

④$400 - 220 = 180$

①$400 \times \dfrac{31}{100} = 124$

②$400 \times \dfrac{24}{100} = 96$

③$124 + 96 = 220$

		犬 ○	犬 ×	
猫	○	⑤72	①124	
猫	×		②96	
		④180	③220	400

猫と犬の両方飼育と犬だけ飼育の世帯の比率が2：3である場合、両方を合わせた全体の数は 2 ＋ 3 ＝ 5 となるので、猫と犬を飼っている世帯の数は、

⑤$180 \times \dfrac{2}{5} = 72$

[問題3](5) 答え…19

$28 + 36 - 45 = 19$

別解

カルノー表を作って解く。

いずれのチケットももらわなかった人はいないので、0人

$45 - 36 = 9$

		演奏会 ○	演奏会 ×	
演劇	○	19 ← 9	9	28
演劇	×		0	
		36	9	45

[問題3](6) 答え…96

右図で、2つの講座を受けたのは d、e、f

$a + b + c + d + e + f = 250 \cdots ①$

$X = a + d + f = 95 \cdots ②$

$Y = b + d + e = 113 \cdots ③$

$Z = c + e + f = 138 \cdots ④$

（②＋③＋④）－①…重なる部分

$a + b + c + 2d + 2e + 2f = 346$

$\underline{-)a + b + c + d + e + f = 250}$

$d + e + f = 96$

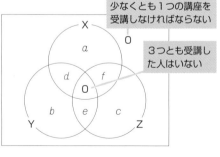

少なくとも1つの講座を受講しなければならない

3つとも受講した人はいない

簡単解法 3つとも×が0、3つとも○が0のとき、〈3つの集合の合計－全体＝（②＋③＋④）－①＝2つの集合の重複の合計〉

[問題3](7) 答え…**6**

右図で、3種類とも入ったのは g

$a+b+c+d+e+f+g=100$…①

マフラー $=a+d+f+g=40$…②

手袋 $=b+d+e+g=48$…③

靴下 $=c+e+f+g=46$…④

1種類だけ $=a+b+c=72$ …⑤

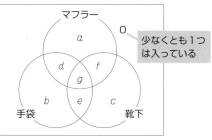

少なくとも1つは入っている

(②+③+④)−①

$$\begin{array}{r}a+b+c+2d+2e+2f+3g=134\\ -)\;a+b+c+\;\;d+\;\;e+\;\;f+\;\;g=100\\ \hline d+\;\;e+\;\;f+2g=34\cdots⑥\end{array}$$

①−⑤

$$\begin{array}{r}a+b+c+d+e+f+g=100\\ -)\;a+b+c\qquad\qquad\;\;=72\\ \hline d+e+f+g=28\cdots⑦\end{array}$$

⑥−⑦

$$\begin{array}{r}d+e+f+2g=34\\ -)\;d+e+f+\;\;g=28\\ \hline g=6\end{array}$$

別解 どの袋も少なくとも1種類は入っていて、かつ1種類しか入っていない袋が72だから、$100-72=28$袋は2種類または3種類が入っている。28袋すべてが2種類だとすると、商品の数は、2個$\times28$袋$=56$個。よって、商品は1種類の袋と2種類の袋の合計で、72個$+56$個$=128$個になる。しかし、3種類の商品の合計は、$40+48+46=134$個だから、$134-128=6$個多い。その6個を2種類入った28袋のうちの6袋に追加で入れることになる。よって、3種類入った福袋は6袋。

[問題4](1) 答え…**D**

2つの項目で、合計とそれぞれの人数が判明しているので、もう1つの情報が与えられれば、わかる。

ア〈水族館○博物館×〉の情報が与えられる ⇒ アだけでわかる

イ〈水族館×博物館×〉の情報が与えられる ⇒ イだけでわかる

よって、アだけでも、イだけでもわかる

ちなみに、カルノー表にすると、右のとおり、

ア

水\博	○	×	
○	20 ← 48		68
×			32
	32		100

イ

水\博	○	×	
○	20		68
×	12 ← 20		32
	32		100

[問題4](2) 答え…**C**

ア Xの正解者〈X○、Y○or×〉$=40\times80/100=32$人

XとYの正解者〈X○、Y○〉$=32\times75/100=24$人

⇒ 「XとYの正解者〈X○、Y○〉」はわかるが、「Yの正解者〈X○or× Y○〉」はわからない

イ XとYの不正解者〈X×、Y×〉$=2$

⇒ これだけでは、「Ｙの正解者〈Ｘ○or×Ｙ○〉」はわからない

アとイの両方を合わせると、
右図のように①→②→③の順で、
Ｙの正解者全体が判明する。

X＼Y	○	×	
○	24		32
×	②6	2	①8
	③30		40

アから判明

イから判明

よって、アとイの両方でわかるが、片方だけではわからない

17 練習問題 グラフの領域 （問題 本冊141〜143ページ）

[問題1] 答え…G

$0 < y < 2$ が表すのは、下図の領域。

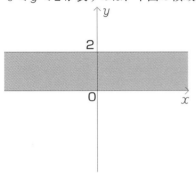

$x > 0$ が表すのは、下図の領域。

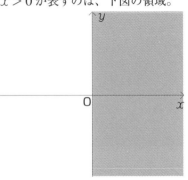

$y > x - 1$ が表すのは、下図の領域。

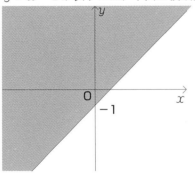

これらを合わせると、下のようになる。

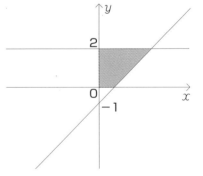

[問題2] 答え…B

$y < -x^2 + 2x + 3$ が表すのは、下図の領域。

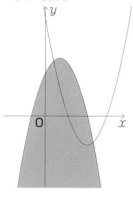

$y > x^2 - 6x + 7$ が表すのは、下図の領域。

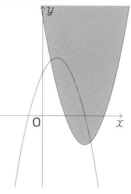

$y > 0$ が表すのは、下図の領域。

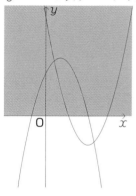

これらを合わせると、下図のようになる。よって、領域の数は1個。

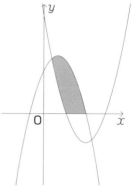

[問題3](1) 答え…E

点ニと点ホを通る直線は、
  $S + T = 25$
条件eでは、
  $S + T \leq 25$ として使う。

[問題3](2) 答え…I

点への座標は$(10、15)$なので、表される個数の合計は
  $10 + 15 = 25$
25になるのは、点ニ$(16、9)$と点ホ$(5、20)$である。

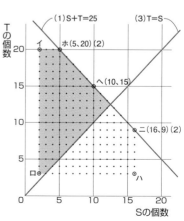

67

条件 f を図示すると、T = S の直線を引いて、その上の部分。

[問題4](1) 答え…I イーウ B Ⅱ ウーエ E Ⅲ エーオ A

ミカンをx軸、リンゴをy軸とする。各条件を式に表すと、

①$x + y \geq 6$　⇔　$y = -x + 6$　のグラフより上の範囲
②$x + y \leq 16$　⇔　$y = -x + 16$　のグラフより下の範囲
③$x \geq 3$　　　⇔　$x = 3$　　　　のグラフより右の範囲
④$y \leq 10$　　⇔　$y = 10$　　　のグラフより下の範囲
⑤$x - y \leq 4$　⇔　$y = x - 4$　　のグラフより上の範囲

グラフを描くと右図のようになる。
I　イーウを通るのは②の直線
Ⅱ　ウーエを通るのは⑤の直線
Ⅲ　エーオを通るのは①の直線

[問題4](2) 答え…A

$y \leq 7$ の条件を追加すると
領域の形は右図の
赤い部分のようになる。

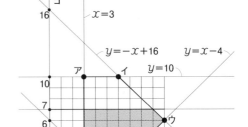

[問題4](3) 答え…D

それぞれ計算してみると、

	ミカン		リンゴ		
点ア	80×3	+	100×10	=	1240円
点イ	80×6	+	100×10	=	1480円
点ウ	80×10	+	100×6	=	1400円
点エ	80×5	+	100×1	=	500円
点オ	80×3	+	100×3	=	540円

18 練習問題 ブラックボックス（問題　本冊146～147ページ）

[問題1](1) 答え…E

回路に数字を入力して検証する。

アの場合

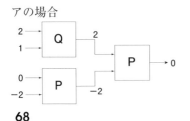

イの場合

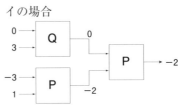

ウの場合

よって、組み合わせアと組み合わせウのときに出力 $y = 0$ になる。

[問題1] (2)　答え…B

回路に $x_1 = 0$ 、 $x_2 = 1$ を入力してみる。

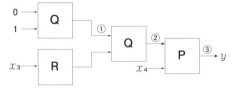

装置Qから出力されるのは入力した2つの数の積なので、出力①も出力②も0である。装置Pから出力されるのは入力した2つの数の和なので、
出力③は $y = x_4 + 0$ 。これが $y > 0$ なので、 $x_4 > 0$ となる。

[問題2] (1)　答え…F

数字を入力して検証する。

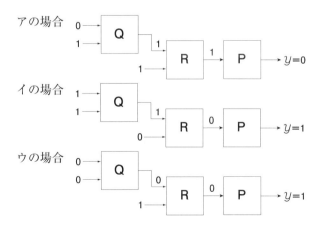

よって、組み合わせイと組み合わせウのときに出力 $y = 1$ になる。

数字を入力して検証する。

1回目の場合

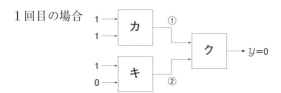

まず、入力が2つ同時に入ってきているので、装置Pは候補から外れる。カの出力①は装置がQでもRでも1である。ここで、クの出力が $y = 0$ なので、キの出力②は1ではなく0。したがって、キとクの装置はRであることがわかる。

2回目の場合

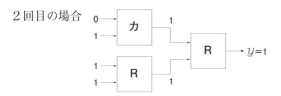

装置カは0と1を入力して1を出力しているので、Qであることがわかる。よって、装置Rをつないだのは、キとク。

19 練習問題 **図表の読み取り**（問題 本冊150〜161ページ）

[問題1](1) 答え…H

3月の総売上は1125万円、そのうち衣料品の占める割合は11%だから、公式〈部分＝全体×割合〉を使って求める。

$$1125 \times \frac{11}{100} = 123.75（万円）$$

小数第1位を四捨五入するので、第2位まで求める必要はないが

小数第1位が千円の位だから、そこを四捨五入して、124万円

[問題1](2) 答え…E

4月の〔食品〕と〔日用品〕の割合合計は、$47 + 28 = 75\%$…①
4月の〔衣料品〕、〔服飾雑貨〕、〔文具〕、〔本・雑誌〕、〔医薬品〕割合合計は、
$$12 + 3 + 6 + 2 + 2 = 25\%…②$$
求めるのは、①が②の何倍になっているかということだから、$75 \div 25 = 3（倍）$

総売上（全体）が同じだから、売上（部分）を求めなくても、割合の比だけで求めることができる

[問題1](3) 答え…F

ア 〔服飾雑貨〕の3月の売上は、$1125 \times \dfrac{5}{100} = 56.25$（万円）

同じく、4月の売上は、$1480 \times \dfrac{3}{100} = 44.4$（万円）

よって、4月の〔服飾雑貨〕の売上は減少している

イ 〔文具〕の3月の売上は、$1125 \times \dfrac{7}{100} = 78.75$（万円）

同じく、4月の売上は、$1480 \times \dfrac{6}{100} = 88.8$（万円）

よって、4月の〔文具〕の売上は増加している

ウ 〔医薬品〕は、3月・4月とも2％で割合が等しい。総売上が4月のほうが多いので、割合が等しければ4月のほうが多くなる。

よって、4月の〔医薬品〕の売上は増加している

[問題2](1) 答え…E

P店の価格は4500円、セール期間中は10％offだから、

$$4500 \times \left(1 - \dfrac{10}{100} \right) = 4050 \text{（円）}$$

3つの地域に1つずつだから合計3個、それに各地域の送料を含めると
$4050 \times 3 + (350 + 500 + 800) = 13800$（円）

[問題2](2) 答え…D

地域①に1、地域②に2、地域③に3で、合計 $1 + 2 + 3 = 6$（個）

P店の場合　セール期間中の価格は、（1）より4050円を6個で、各地域への送料を含めると　$4050 \times 6 + (350 + 500 \times 2 + 800 \times 3) = 28050$（円）

Q店の場合　会員割引は5％offだから、$5000 \times \left(1 - \dfrac{5}{100} \right) = 4750$（円）

送料はかからないので、$4750 \times 6 = 28500$（円）
P店のほうが安く、差額は、$28500 - 28050 = 450$（円）

[問題2](3) 答え…A

地域①、地域②、地域③に、各5個ずつだから、$5 \times 3 = 15$（個）

P店の場合　セール期間中の価格は、（1）より4050円を15個で、各地域への送料を含めると　$4050 \times 15 + (350 \times 5 + 500 \times 5 + 800 \times 5) = 69000$（円）

R店の場合　10個目までは4800円だから、$4800 \times 10 = 48000$（円）

11個目からは20％offだから、$4800 \times \left(1 - \dfrac{20}{100} \right) = 3840$（円）

それが5個だから、$3840 \times 5 = 19200$（円）
送料は一律250円だから、$250 \times 15 = 3750$（円）

合計すると、$48000 + 19200 + 3750 = 70950$（円）
P店のほうが安く、差額は、$70950 - 69000 = 1950$（円）

Q店の会員がQ店で購入するよりR店で購入する方が安くなる個数を x とおく。

Q店の会員の場合　　$4750 \times x \cdots$①

R店の場合　　　　$4800 \times 10 + 3840(x-10) + 250 \times x \cdots$②

①が②より高くなるので、$4750x > 48000 + 3840(x-10) + 250x$

これを解くと　　$x > 14.5\cdots$

　　　　　　よって、15個以上買えばQ店で購入するよりR店で購入する方が安くなる

表1だけで解ける。Pの25〜34歳と65歳以上の割合の合計は、全体の100％からそれ以外の年代の割合を引いたものだから、$100 - (12 + 9 + 18 + 15 + 11) = 35$（％）

25〜34歳と65歳以上の人口の比が2：3だから、25〜34歳は、$35 \times \dfrac{2}{5} = 14$（％）

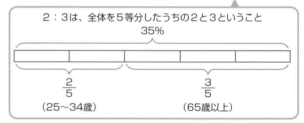

2：3は、全体を5等分したうちの2と3ということ

35％

$\dfrac{2}{5}$
（25〜34歳）

$\dfrac{3}{5}$
（65歳以上）

表1と表2を組み合わせて解く

Qの0〜14歳の人口が全体に占める割合は、$100 \times \dfrac{22}{100} \times \dfrac{14}{100} = 3.08$（％）

〈表2〉より、4つの自治体合計からQの占める割合をつかむ

P	Q	R	S	合　計
38%	22%	25%	15%	100%

つぎに〈表1〉から、Qの中での割合をつかむ

	P	Q	R	S
0〜14歳	12%	14%	13%	13%
15〜24歳	9%	10%	11%	10%
25〜34歳	(14%)	12%	12%	12%
35〜44歳	18%	16%	15%	14%
45〜54歳	15%	13%	12%	12%
55〜64歳	11%	12%	12%	13%
65歳以上	(21%)	23%	25%	26%
合　計	100%	100%	100%	100%

ア	Pの55〜64歳	$100 \times \dfrac{38}{100} \times \dfrac{11}{100} = 4.18(\%)$
イ	Rの25〜34歳	$100 \times \dfrac{25}{100} \times \dfrac{12}{100} = 3.00(\%)$
ウ	Sの65歳以上	$100 \times \dfrac{15}{100} \times \dfrac{26}{100} = 3.90(\%)$

よって、3.08%より多いのは、アとウ

[問題3](3) 答え…G

表1だけで解ける

Rの65歳以上人口は25%、Rの0〜14歳は13%、

よって、0〜14歳は、65歳以上の$\dfrac{13}{25}$

Rの65歳以上人口を100%とすると、0〜14歳は、$100 \times \dfrac{13}{25} = 52(\%)$

別解

Rの65歳以上人口を100%としたときの0〜14歳の割合をxとおくと、

$x : 100 = 13 : 25 \Rightarrow 25x = 1300 \Rightarrow x = 1300 \div 25 = 52(\%)$

[問題3](4) 答え…D

表1と表2を組み合わせて解く

Step1 S全体の人口を求める

〈表1〉より、Sの中での45〜54歳の人口の割合は12%だから、
S全体は、公式〈全体＝部分÷割合〉を使って、

$$63(万人) \div \dfrac{12}{100} = 63 \times \dfrac{100}{12} = 525(万人)$$

Step2 4つの自治体全体の人口を求める

〈表2〉より、4つの自治体のなかでSの占める割合は15%だから、
全体は、公式〈全体＝部分÷割合〉を使って、

$$525(万人) \div \dfrac{15}{100} = 525 \times \dfrac{100}{15} = 3500(万人)$$

速く解くポイント **Step1** と **Step2** を1つの式にまとめて解く

$$63(万人) \div \dfrac{12}{100} \div \dfrac{15}{100} = 63 \times \dfrac{100}{12} \times \dfrac{100}{15} = 3500(万人)$$

簡単解法

$$63 \times \dfrac{\overset{25}{\cancel{100}}}{\underset{3}{\cancel{12}}} \times \dfrac{\overset{20}{\cancel{100}}}{\underset{3}{\cancel{15}}} = 63 \times \dfrac{25}{3} \times \dfrac{20}{3} = 7 \times 25 \times 20 = 7 \times 5 \times 5 \times 20 = 35 \times 100 = 3500$$

25＝5×5と分解すると計算が楽に

[問題4](1) 答え…D

〔 ア 〕は「都道府県道」のうち、「道幅5.5m以上の道路の長さ」である。「道幅5.5m以上」の合計から、「都道府県道」以外の長さの合計を引けば求められる。

$320 - (8 + 49 + 176) = 320 - 233 = 87$

別解 「都道府県道」の全長に対する「道幅5.5m以上の道路の長さ」の割合から求める。

$\boxed{\text{部分}=\text{全体}×\text{割合}}$ より、$129 × \dfrac{67.4}{100} = 86.9\cdots$　　　　　　　　よって、87

[問題4](2) 答え…F

〔 イ 〕は「一般国道」の「道幅5.5m以上」の全長に対する割合である。

$\boxed{\text{割合（%）}=\text{部分}÷\text{全体}×100}$ より、$49 ÷ 55 × 100 = 89.09\cdots$　　よって、89.1%

[問題4](3) 答え…B

〈舗装されていない道路＝全長−舗装道合計〉で求められる。

よって、$1204 - 962 = 242$

全長に占める割合は、

$\boxed{\text{割合（%）}=\text{部分}÷\text{全体}×100}$ より、$242 ÷ 1204 × 100 = 20.09\cdots$　　よって、20.1%

速く解くポイント

概数で計算する〈242を240、1204を1200として計算する〉。

$240 ÷ 1200 × 100 = 20$ ⇒ 最も近い選択肢は　20.1%

別解 舗装道の全長に対する割合を求めて、100%から引いてもよい。

$962 ÷ 1204 × 100 = 79.90\cdots$　　$100 - 79.9 = 20.1（%）$

[問題4](4) 答え…E

日本の道路1kmあたりの自動車の台数は、〈自動車台数÷日本の道路全長〉で求められる。

$7256（万台）÷ 1204（千km）= 72560000 ÷ 1204000 = 60.26\cdots$　　　　　　よって、60台

単位に注意！　長さの単位は表の右上に表示されている

速く解くポイント

概数で計算する〈7256万台を7200万台、1204千kmを1200千kmとして計算する〉

$72000000 ÷ 1200000 = 720 ÷ 12 = 60$

この問題のように、数字の桁数が多い問題のときは、概数で計算すると計算時間が短縮できる。0が多く並ぶときは桁数で間違えやすいので、0の数を数えて確認しよう

[問題5](1) 答え…D

$\boxed{平均点＝合計点÷人数}$ で求められる。Pクラスの3科目全体の合計点を求め、人数で割る。(日本史合計点＋世界史合計点＋地理合計点)÷Pクラスの受験者合計人数

$(58.5 \times 20 + 51.5 \times 12 + 62.5 \times 8) \div 40 = (1170 + 618 + 500) \div 40 = 57.2$(点)

[問題5](2) 答え…E

日本史の4クラス全体の合計点を求め、人数で割る。

(P合計点＋Q合計点＋R合計点＋S合計点)÷(P人数＋Q人数＋R人数＋S人数)

$(\underline{58.5 \times 20} + 56.0 \times 15 + 57.5 \times 18 + 60.0 \times 17) \div (20 + 15 + 18 + 17)$

$= (\underline{1170} + 840 + 1035 + 1020) \div 70 = 58.07\cdots$ よって、58.1(点)

（1）で計算済み

[問題5](3) 答え…F

〔ア〕は〈Q・地理〉の平均点。

〈Q・地理〉の平均点を x とおき、$\boxed{合計点＝平均点×人数}$ で方程式を立てる。

$\underline{56.0 \times 15} + 48.0 \times 15 + 10x = 54.75 \times 40 \quad \Rightarrow \quad \underline{840} + 720 + 10x = 54.75 \times 40$

$\Rightarrow 1560 + 10x = 54.75 \times 40 \Rightarrow 10x = 2190 - 1560 = 630 \Rightarrow x = 63$(点)

（2）で計算済み

[問題5](4) 答え…G

〔イ〕は〈S・世界史〉の受験人数。

〈S・世界史〉人数を x とおくと、もう1つの空所〈S・地理〉は〈全人数－(日本史人数＋世界史人数)〉で表せるので、$40 - (17 + x) = 23 - x$

$\boxed{合計点＝平均点×人数}$ で方程式を立てる。 （2）で計算済み

$60.0 \times 17 + 56.0x + 70.0(23 - x) = 60.15 \times 40 \Rightarrow \underline{1020} + 56x + 1610 - 70x = 2406$

$\Rightarrow 56x - 70x = 2406 - 1020 - 1610 \Rightarrow 14x = 224 \Rightarrow x = 16$(人)

[問題6](1) 答え…D

大人5人なので、当日券5枚購入　$600 \times 5 = 3000$(円)

子ども12人なので、回数券(11人分)＋当日券1枚購入

　$4000 + 400 = 4400$(円)　　合計　$3000 + 4400 = 7400$(円)

[問題6](2) 答え…F

大人11人なので、回数券(11人分)購入　6000円

子ども21人なので回数券(11人分)＋当日券10枚購入

　$4000 + 400 \times 10 = 8000$(円)　　合計　$6000 + 8000 = 14000$(円)

[問題6](3) 答え…C

年間の料金なので、当日券、回数券のほか、年間パスポートも比較する。

大人2人はそれぞれ6回ずつだから、

回数券利用の場合、回数券(11回分)＋当日券1回 = 6600(円)

別冊3 解答・解説集

年間パスポートの場合は2人分になるので、5000 × 2 ＝ 10000（円）
よって、回数券＋当日券1回のほうが安くなるので、6600円
子ども2人で合わせて回数券を利用すると、
14 ＋ 8 ＝ 22回だから、回数券（11回分）× 2 ＝ 4000 × 2 ＝ 8000（円）
子ども2人を別々に考えると、
兄は14回だから年間パスポートが最も安くなるので、3500円
弟は8回なので当日券8回分で、400 × 8 ＝ 3200（円）のほうが年間パスポートよ
り安くなる。よって、3200円　　2人合わせて、3500 ＋ 3200 ＝ 6700（円）
回数券を2つ買うより、兄は年間パスポートを、弟は当日券を8回買うほうが安く
なるので、6700円　　合計すると、6600 ＋ 6700 ＝ 13300（円）

[問題7]（1）答え…16

P店…最終決定がP店以外はQ店1人だけだから、1人
Q店…最終決定がP店の人8人、R店は0人だから、合計8人
R店…最終決定がP店の人3人、Q店の人4人だから、合計7人
よって、1 ＋ 8 ＋ 7 ＝ 16人

[問題7]（2）答え…A

ア　最終決定が第一希望通りになった社員は、P店15人、Q店33人、R店29人、
　　合計77人。社員全体は、（15 ＋ 8 ＋ 3）＋（1 ＋ 33 ＋ 4）＋ 29 ＝ 93人
　　　77 ÷ 93 × 100 ＝ 82.7…％　　　　　よって、80％以上なので、正しい
イ　最終決定がP店だった社員は、15 ＋ 8 ＋ 3 ＝ 26人
　　そのうち第一志望がR店だったのは3人。3 ÷ 26 × 100 ＝ 11.5…
よって、10％以下にはならないので、誤り
ウ　第一志望がQ店だった社員は、8 ＋ 33 ＋ 0 ＝ ＝ 41人
　　最終決定がP店だったのは8人だから、8 ÷ 41 × 100 ＝ 19.5…
よって、20％以上にはならないので、誤り

[問題8]（1）答え…E

「8月26日から9月4日まで」だから10日間。
したがって、ⓐ〈7日間の基本料金〉＋ⓑ〈3日間分の追加料金〉
ⓐ…Mサイズの〈7日間の基本料金〉は4500円だが、8月中のレンタルなので、
注意事項Ⅱ）より500円割り増しになるので、4500 ＋ 500 ＝ 5000（円）
ⓑ…Mサイズの追加料金は1日700円だから、700 × 3 ＝ 2100（円）
　　　　　　　　　　　　　　　　よって、ⓐ＋ⓑ ＝ 5000 ＋ 2100 ＝ 7100（円）

[問題8]（2）答え…B

甲…「2月5日から2月10日まで」だから6日間。
よって〈Sサイズ7日間の基本料金〉＋〈Lサイズ7日間の基本料金〉がかかる。た
だし、2月中のレンタルだから、注意事項Ⅰ）より、それぞれ500円引きになる。
　4000 － 500 ＋ 5500 － 500 ＝ 8500（円）

乙…「3月8日から3月12日まで」だから5日間。
〈Mサイズ5日間の基本料金〉× 2 ＝ 3500 × 2 ＝ 7000(円)
よって、〈甲の支払い額〉－〈乙の支払い額〉＝ 8500 － 7000 ＝ 1500(円)

[問題8](3) 答え…A

ア「4月2日レンタル開始でSサイズの5日間」だから3000円。
「3月31日にキャンセル」だと2日前になるので30％のキャンセル料がかかるから、3000 × 0.3 ＝ 900(円)　よって、正しい。

イ「6月16日レンタル開始でMサイズの7日間」だから4500円。
「6月9日にキャンセル」だと7日前だから、キャンセル料は無料。
よって、誤り。

ウ「8月5日レンタル開始でLサイズの7日間」だから、通常のLサイズ7日間基本料金が500円の割り増しとなるので、5500 ＋ 500 ＝ 6000(円)
「8月2日にキャンセル」だと3日前になるので20％キャンセル料がかかるから、6000 × 0.2 ＝ 1200(円)　よって、誤り。

[問題9](1) 答え…C

理科の平均点を計算する。
$(0 × 2 + 20 × 2 + 40 × 5 + 60 × 5 + 80 × 4 + 100 × 2) ÷ 20$
$= (0 + 40 + 200 + 300 + 320 + 200) ÷ 20 = 1060 ÷ 20 = 53$(点)

[問題9](2) 答え…E

数学・国語・理科・社会の4教科の平均点は、各教科の平均点の合計を4で割ることで求められる。　$(52 + 53 + 53 + 56) ÷ 4 = 53.5$(点)

[問題9](3) 答え…E

元の表では80点がP人、100点がQ人だが、訂正後は80点がQ人、100点がP人となる。
まず、総得点÷総人数＝平均点なので、総得点＝平均点×総人数である。
20人に受けさせて英語の平均点が4点上がったということは、
20 × 4 ＝ 80で総得点は80点上がったことになる。
訂正前の点数は、80P ＋ 100Q　訂正後の点数は、100P ＋ 80Q
$(100P + 80Q) - (80P + 100Q) = 80$　　$20P - 20Q = 80$　　$P - Q = 4$……①
また、受けた人数の合計が20人なので、
$1 + 3 + 4 + 6 + P + Q = 20$　　$P + Q = 20 - 14 = 6$……②
①と②より、P ＝ 5人、Q ＝ 1人である。
訂正後の英語の総得点は、表中のPとQを入れ替えて、
$0 × 1 + 20 × 3 + 40 × 4 + 60 × 6 + 80 × 1 + 100 × 5 = 1160$
よって、訂正後の英語の平均点は、1160 ÷ 20 ＝ 58(点)

[問題10] 答え…A

まず、35歳以上の利用者数をx人とすると、18歳未満は$1.3x$人、18歳以上35歳未満は$1.5x$人となる。

ここで、18歳未満について見ると、15時〜18時に利用する人の割合は、

　（ア）$= 100 - (20 + 4 + 46) = 30$（％）

その人数は、$1.3x$人の中の30％なので、

　$1.3x \times 0.3 = 0.39x$（人）

18歳以上35歳未満について見ると、15時〜18時に利用する人の割合は、

　（イ）$= 100 - (18 + 12 + 45) = 25$（％）

その人数は、$1.5x$人の中の25％なので、$1.5x \times 0.25 = 0.375x$（人）

両者を比べると、（ア）の人数：（イ）の人数$= 0.39 : 0.375$　で（ア）のほうが多いことがわかる。

[問題11]（1）答え…1.8

「キャベツよりレタスのほうの仕入れが多かった店」は、R店だけ。

R店の仕入れ割合はキャベツが25.0％、レタスが45.5％だから、

　$45.5 \div 25.0 = 1.82$倍

[問題11]（2）答え…E

各店の仕入れ総量とトマトの割合は、以下の通り。

	P店	Q店	R店	S店
仕入れ総量	75.6kg	98.2kg	84.0kg	104.5kg
トマト	23.0％	26.0％	29.5％	19.5％

P、Q、R、Sのトマトの仕入れ量を計算すると、

P$\cdots 75.6 \times \dfrac{23.0}{100} = 17.388$kg

Q$\cdots 98.2 \times \dfrac{26.0}{100} = 25.532$ kg

R$\cdots 84.0 \times \dfrac{29.5}{100} = 24.78$ kg

S$\cdots 104.5 \times \dfrac{19.5}{100} = 20.3775$ kg

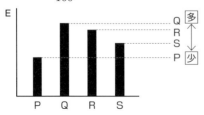

少ない順に並べると、P＜S＜R＜Q。よって、最も近いグラフはE

[問題1] 答え…B

$Z = c X + d Y$…①　$X = a W$…②　$Y = b W$…③

②と③を①の式に代入して、

$Z = c (a W) + d (b W) = a c W + b d W = (a c + b d) W \Rightarrow$ イが正しい

[問題2] 答え…D

$Z = b X + d Y$…① $\Rightarrow$ アは正しい　$X = a W$…②　$Y = c X$…③

③に②の式を代入して、

$Y = a c W$…④

②と④を①の式に代入して、

$Z = a b W + a c d W = a (b + c d) W \Rightarrow$ イも正しい

よって、アとイが正しい

[問題3] 答え…A

$Z = b X + d Y + e W$…①　$X = a W$…②　$Y = c W$…③

②と③を①の式に代入して、

$Z = b (a W) + d (c W) + e W$

$= a b W + c d W + e W = (a b + c d + e) W \Rightarrow$ アが正しい

[問題4]（1）答え…D

$Z = d X + f Y$…① $\Rightarrow$ アは正しい

また、

$X = b V + c W$…②　$W = a V$…③

②の式に③を代入して、

$X = b V + a c V$…④

また、

$Y = e W$…⑤、

⑤に③を代入して、

$Y = a e V$…⑥

④と⑥を①の式に代入して、

$Z = d (b V + a c V) + f (a e V) = b d V + a c d V + a e f V$

$= (b d + a c d + a e f) V \Rightarrow$ イも正しい　　　　よって、アとイが正しい

[問題4]（2）答え…B

（1）のZを表す正しい式の中で、ZがVと比率だけで表されているのはイの式である。したがって、イの式の比率の部分が、VからZに納入される比率を表すので、その式に各数値を代入して計算すると、

$b d + a c d + a e f$

$= 0.4 \times 0.6 + 0.5 \times 0.35 \times 0.6 + 0.5 \times 0.6 \times 0.35 = 0.24 + 0.105 + 0.105$

$= 0.45$

よって、45%

別冊3　解答・解説集

3章 言語能力問題 の解答・解説

1 練習問題 熟語の成り立ち（問題　本冊182〜183ページ）

[問題1] 答え…1 A　2 B　3 A　4 C　5 D

1 「成る」と「熟する」→ 似た意味を重ねる熟語
2 「利益」と「損害」→ 反対の意味を重ねる熟語
3 「素直」と「純朴」→ 似た意味を重ねる熟語
4 「入れる」「念を」→ 動詞の後に目的語をおく熟語
5 「水」の「深さ」→ 前の漢字が後の漢字を修飾する熟語 → A〜CにないのでD

[問題2] 答え…1 C　2 D　3 A　4 A　5 B

1 「船」が「出る」→ 主語と述語の関係にある熟語
2 「記録する」「画像を」→ 動詞の後に目的語をおく熟語 → A〜CにないのでD
3 「憶う」と「推測する」→ 似た意味の漢字を重ねる熟語
4 「強い」と「硬い」→ 似た意味の漢字を重ねる熟語
5 「軽」と「重」→ 反対の意味をもつ漢字を重ねる熟語

[問題3] 答え…1 D　2 D　3 A　4 C　5 B

1 「集まる」と「散る」→ 反対の意味をもつ漢字を重ねる熟語 → A〜CにないのでD
2 「告げる」と「知らせる」→ 似た意味の漢字を重ねる熟語 → A〜CにないのでD
3 「銅」の「像」→ 前の漢字が後の漢字を修飾する熟語
4 「懐かしむ」「古を」→ 動詞の後に目的語をおく熟語
5 「日」が「照る」→ 主語と述語の関係にある熟語

[問題4] 答え…1 B　2 C　3 A　4 D　5 D

1 「甘い」「言葉」→ 前の漢字が後の漢字を修飾する熟語
2 「地」が「震える」→ 主語と述語の関係にある熟語
3 「公」と「私」→ 反対の意味をもつ漢字を重ねる熟語
4 「造る」「形を」→ 動詞の後に目的語をおく熟語 → A〜CにないのでD
5 「習う」と「慣れる」→ 似た意味の漢字を重ねる熟語 → A〜CにないのでD

[問題5] 答え…1 C　2 B　3 D　4 A　5 A

1 「決める」「議（≒意見・提案）を」→ 動詞の後に目的語をおく熟語
2 「雷」が「鳴る」→ 主語と述語の関係にある熟語
3 「怠ける」と「惰る」→ 似た意味の漢字を重ねる熟語 → A〜CにないのでD
4 「呼ぶ」と「応える」→ 反対の意味をもつ漢字を重ねる熟語
5 「功績」と「罪」→ 反対の意味を重ねる熟語

[問題6] 答え…❶A ❷D ❸C ❹B ❺B

❶「抑える」と「揚げる」→ 反対の意味をもつ漢字を重ねる熟語
❷「比べる」「肩を」→ 動詞の後に目的語をおく熟語 → A〜Cにないので D
❸「気」が「絶える」→ 主語と述語の関係にある熟語
❹「祝い」の「宴」→ 前の漢字が後の漢字を修飾する熟語
❺「佳い」「作品」→ 前の漢字が後の漢字を修飾する熟語

[問題7] 答え…❶C ❷A ❸B ❹A ❺D

❶「免じる」「責任を」→ 動詞の後に目的語をおく熟語
❷「脅し」と「威し」→ 似た意味の漢字を重ねる熟語
❸「通用する」「貨幣」→ 前の漢字が後の漢字を修飾する熟語
❹「平らか」と「穏やか」→ 似た意味の漢字を重ねる熟語
❺「原因」と「結果」→ 反対の意味をもつ漢字を重ねる熟語 → A〜Cにないので D

---

2 練習問題 二語関係①6択問題 （問題 本冊187〜190ページ）

(1) 答え…F 「サイダーも野菜ジュースも飲み物の一種である」という並列関係。同じ関係になるのは、イ「耳鼻科も小児科も診療科の一種である」、ウ「そろばんも電卓も計算道具の一種である」。ちなみに、アは「家事の一種に掃除がある」という包含関係。

(2) 答え…A 「ヨーグルトは牛乳からつくられる」という原料関係。同じ関係になるのは、ア「豆腐は大豆からつくられる」だけ。イは両方とも豆腐の材料。ウも原料関係だが、「牛乳からバターがつくられる」なので左右が逆。

(3) 答え…B 「安全の反対は危険である」という反意語関係。同じ関係になるのは、イ「空虚の反対は充実である」だけ。ア 良好の反対は「不良」、悪化の反対は「好転」、ウ 簡潔の反対は「冗漫」または「冗長」、複雑の反対は「単純」または「簡単」。

(4) 答え…E 「ワインは葡萄酒のことである」、つまり「○○とは△△のことである」という同意語関係。同じ関係になるのは、ア「マグネットは磁石のことである」、ウ「サッカーは蹴球のことである」。イのペットの同意語は「愛玩動物」である。

(5) 答え…A 「家屋の一部に玄関がある」という包含関係（全体と部分）。同じ関係になるのは、ア「浴室の一部に浴槽がある」だけ。イは「レンズは眼鏡の一部である」という包含関係（全体と部分）だが、左右が逆。ウでは、飛行機ではなく「飛行場」であれば、「飛行場の一部に滑走路がある」と同じ関係が成り立つが、飛行機では成り立たない。

(6) 答え…B 「洋画の反対は邦画である」という反意語関係。同じ関係になるのは、イ「刑事の反対は民事である」だけ。アの和風の反対は「洋風」、古風の反対は

「今風」「現代風」など。ウは「洋服は衣服に含まれる」の関係（洋服の反対は「和服」、衣服の反対語はなし）。

(7) 答え…C 「香辛料は胡椒を含む」「香辛料の一つに胡椒がある」という包含関係。同じ関係になるのは、ウ「惑星の一つに火星がある」だけ。
アは「豚肉でとんかつを作る」の原料関係。イは「スプーンは食器に含まれる」という包含関係だが、左右が逆。

(8) 答え…B 「調理は厨房で行う」「調理をする場所は厨房である」という場所・職場関係。同じ関係になるのは、イ「相撲は土俵で行う」「相撲を取る場所は土俵である」だけ。

(9) 答え…F 「コーヒーは嗜好品に含まれる」「コーヒーは嗜好品の一つ」という包含関係。同じ関係になるのは、イ「茶畑は耕地に含まれる」、ウ「百分率は割合に含まれる」。アは「湖沼も河川も水域の一種である」という並列関係。

(10) 答え…D 「弓と矢は一対で使う」という並列関係。同じ関係になるのは、ア「太鼓とばちは一対で使う」、イ「ラケットとボールは一対で使う」。

(11) 答え…B 「被告の反対は原告である」という反意語関係。同じ関係になるのは、イ「当事者の反対は第三者である」だけ。アは「暖流は海流に含まれる」という包含関係で、暖流の反対は「寒流」。ウの多神教の反対は「一神教」である。

(12) 答え…C 「教師の仕事は教育である」という行為関係。同じ関係になるのは、ウ「宣教師の仕事は布教である」だけ。アの看護師の仕事は看護、イの調教師の仕事は調教である。

(13) 答え…E 「普遍の反対は特殊である」という反意語関係。同じ関係になるのは、ア「創造の反対は模倣である」、ウ「駿足の反対は鈍足である」。ちなみに、イの武道の反対は「文道」。

(14) 答え…B 「絵画も彫刻も芸術の一種である」という並列関係。同じ関係になるのは、イ「旅館もホテルも宿泊施設の一種である」だけ。

(15) 答え…E 「体温計は検温のために用いる」「体温計の用途は検温である」という用途関係。同じ関係になるのは、ア「顕微鏡は拡大のために用いる」、ウ「湿布は消炎（炎症を抑える）のために用いる」。

(16) 答え…B 「秋分の日は祝日に含まれる」という包含関係。同じ関係になるのは、イ「天災は災害に含まれる」だけ。アは「雨具は傘を含む」という包含関係だが、左右が逆。

(17) **答え…F** 「売るの反対は買うである」の関係。同じ関係になるのは、イ「狭量の反対は寛大である」、ウ「専任の反対は兼任である」。アの販売の反対は「購買・購入」である。

(18) **答え…E** 「電話は通信のために用いる」「電話の用途は通信である」という用途関係。同じ関係になるのは、ア「フィルターは濾過のために用いる」、ウ「カーテンは遮光のために用いる」。イのカメラの用途は「撮影」である。

(19) **答え…D** 「エディターが行うのは編集」という行為関係。同じ関係になるのは、ア「易者は占いを行う」、イ「国会議員は立法を行う」。ウは「スプーンは食事に使う」という用途関係。

(20) **答え…C** 「居間は部屋に含まれる」「居間は部屋の一種」という包含関係。同じ関係になるのは、ウ「パソコンはIT機器の一種」だけ。アは「ダンサーは舞踊を行う」という行為関係。イは「パンは小麦粉からつくられる」という原料関係。

(21) **答え…F** 「電報は通知に使う」という用途関係。同じ関係になるのは、イ「カメラは撮影に使う」、ウ「縦笛は演奏に使う」。アは「こしあんは小豆からつくられる」という原料関係。

(22) **答え…F** 「わかめは海藻に含まれる」という包含関係。同じ関係になるのは、イ「春は四季に含まれる」、ウ「植物は生物に含まれる」。アは「佃煮は海苔からつくられる」という原料関係。

(23) **答え…C** 「医者が行うのは診断」という行為関係。同じ関係になるのは、ウ「裁判官が行うのは司法」だけ。アは「はさみは文房具に含まれる」という包含関係。イは「味噌は大豆からつくられる」という原料関係。

(24) **答え…A** 「千代田区は東京都に含まれる」という包含関係。同じ関係になるのは、ア「椅子は家具に含まれる」だけ。イは「日本酒は米からつくられる」という原料関係。ウは「教師が行うのは授業」という行為関係。

※二語関係のパターンのまとめはP.121参照。

3 練習問題 **二語関係②5択問題** (問題　本冊194～197ページ)

(1) **答え…C** 「ボートは船舶の一種」という包含関係。同じ関係になるのは「ひのきは樹木の一種」。

(2) **答え…E** 「天気はくもりを含む」という包含関係。同じ関係になるのは、「文字は平仮名を含む」。

(3) **答え…B** 「はさみは裁断のために用いる」「はさみの用途は裁断である」という用途関係。同じ関係になるのは、「風呂敷は包装のために用いる」。

(4) **答え…E** 「ドアの一部分としてノブがある」という包含関係（全体と部分）。同じ関係になるのは、「足の一部分としてかかとがある」。

(5) **答え…A** 「刑事の仕事は捜査である」という行為関係。同じ関係になるのは、「医師の仕事は診察である」。

(6) **答え…B** 「紙はパルプからつくられる」「紙の原料はパルプである」という原料関係。同じ関係になるのは「レンガは粘土からつくられる」「レンガの原料は粘土である」。

(7) **答え…A** 「感覚は嗅覚を含む」という包含関係。同じ関係になるのは、「才能は文才を含む」。

(8) **答え…D** 「司書は図書館に勤務する」「司書の勤務先は図書館である」という場所・職場関係。同じ関係になるのは、「学芸員は博物館に勤務する」「学芸員の勤務先は博物館である」。

(9) **答え…A** 「樹木の一部分として幹がある」という包含関係（全体と部分）。同じ関係になるのは、「注射器の一部分として針がある」。

(10) **答え…D** 「運動の反対は静止である」という反意語関係。同じ関係になるのは、「享楽の反対は禁欲である」。

(11) **答え…E** 「ルビーもエメラルドも宝石の一種である」という並列関係。同じ関係になるのは、「大麦もとうもろこしも穀物の一種である」。

(12) **答え…C** 「タンパク質は栄養素の1つ」という包含関係。同じ関係になるのは、「障子は建具の1つ」。建具とは、部屋を区切る仕切りで開閉するものの総称。

(13) **答え…E** 「内臓は肝臓を含む」という包含関係。同じ関係になるのは、「発電所は火力発電所を含む」。

(14) **答え…B** 「石けんは洗浄のために用いる」という用途関係。同じ関係になるのは、「ライターは着火のために用いる」。

(15) **答え…D** 「破壊の反対は建設である」という反意語関係。同じ関係になるのは、「分析の反対は総合である」。その他の選択肢の反対語はつぎの通り。

A　結合 ⇔ 分離　B　統合 ⇔ 分裂　C　集合 ⇔ 解散　E　複合 ⇔ 単一

(16) 答え…E 「魚の一部分としてえらがある」という包含関係(全体と部分)。同じ関係になるのは、「腕時計の一部分として文字盤がある」。

(17) 答え…D 「(演劇や相撲などの)初日は最初の日で、最後の日は千秋楽である」の関係。同じ関係になるのは、「元日は(1年の)最初の日で、大晦日は最後の日である」。

(18) 答え…C 「食品が古くなって腐敗する」の関係。同じ関係になるのは、「建物は古くなって老朽(化)する」。

(19) 答え…B 「ポテトフライはじゃがいもからできている」という原料関係。同じ関係になるのは、B「寒天の原料はてんぐさ」。寒天でCのゼリーやEの杏仁豆腐を作る場合もあるが、「右の語の原料や材料が左の語」という関係になるので、当てはまらない。

(20) 答え…D 「富士山とエベレストはどちらも山の1つ」という並列関係。同じ関係になるのは、D「中学校と小学校はどちらも学校の1つ」。Cの「学習塾」は学校ではない。

(21) 答え…C 「歌舞伎は古典芸能に含まれる」は「左の語が右の語に含まれる」という包含関係。同じ関係になるのは、C「算数は教科に含まれる」。Bの足し算は「算数に含まれる」という逆の包含関係なので、当てはまらない。

(22) 答え…A 自負も矜持も「自分の業績や才能に誇りを持つこと」なので同意語関係。沿革は「物事の移り変わり」を意味するので、同じ関係になるのは、Aの変遷「時とともに移り変わること」。Bの改革は「よりよいものに改めること」、Cの沿線は「線路や幹線道路などに沿った土地」、Dの変化は「変わること」、Eの沿海は「海に沿った陸地」。

(23) 答え…C 有数と屈指は同意語関係。天然は「自然のままの状態」なので、同じ関係になるのは、Cの本然「もとからその通りであること」。Aの偶然は「思いがけないことが起こること」、Bの必然は「必ずそうなること」、Dの天運は「自然のめぐりあわせ」、Eの人造は「人間が製造すること」。

(24) 答え…B 「実践の反対は理論である」という反意語関係。同じ関係になるのは、「簡略の反対は煩雑である」。その他の選択肢の反対語はつぎの通り。
A　複数 ⇔ 単数　C　繁忙 ⇔ 閑散　D　粗野 ⇔ 優雅　E　簡易 ⇔ 煩雑

別冊3　解答・解説集

（1）答え…A 例文は形容動詞「ほのかだ」の連用形の活用語尾。Aも形容動詞「なごやかだ」の連用形の活用語尾。ほかは格助詞である。

（2）答え…C 例文とCは会話文などの引用を受ける格助詞。

（3）答え…E 例文とEは上の動詞を打ち消す助動詞。「ならぬ」「すまされぬ」に置き換えられる。

（4）答え…D 例文とDは「が」に置き換えられる助詞。

（5）答え…C 他の物事に似ていることを表す助動詞。

（6）答え…A 例文とAは様態を表し、ほかは伝聞を表す助動詞。

（7）答え…D 例文とDはすぐにもある動作が起こされる段階にあることを示す副助詞。Eは「ばかりに」の形で、それが原因で事態が悪い方向に進むことを表す。

（1）答え…B 被告…訴えられた側　　検察…犯罪を捜査し、証拠を集めて公訴を提起する
警察…国民の生命などの保護、犯罪の予防・捜査、被疑者の逮捕などを行う

（2）答え…D 寛大…心が広く、大らかなさま
雄大…大規模で堂々としているさま　　寛容…心が広く、ゆとりがあるさま

（3）答え…C 悪戯…いたずら　　欺瞞…あざむくこと、だますこと
計画…あることを行うため、前もって手順や方法を考えること。また、その案

（4）答え…A 頓作…読みは「とんさく」。機転がきくこと
謙称…謙遜した言い回し

（5）答え…C 処世…「処世術」で、巧みな世渡りの術　　世知…世渡りの知恵

（6）答え…D 知識…認識・理解すること。知っていること
広範…範囲が広いさま　　知己…親友、知人

（7）答え…A 訥弁…読みは「とつべん」　　能弁…弁舌が巧みなさま

（8）答え…D 演繹…一般的な原理から個別の命題を結論づけること

導入…導き入れること　　合従…大国に対抗するために結ぶ、小国間の攻守同盟
常套…決まったやり方

(9) 答え…B　鼻が高い…自慢できる、得意なさま
足を洗う…悪い生活を止める。仕事を辞める　　目が光る…厳重に監視する

(10) 答え…C　茫洋…広々として限りがないさま　　迂回…回り道をすること
快闊…広々として眺めがよいさま。心が広くこせつかないさま
頓狂…間が抜けて(出し抜けで)調子はずれであるさま

(11) 答え…B
静置…液体を加工する方法で、撹拌などせず静止した状態で置くこと

(12) 答え…A　漸次…徐々に　　随時…いつでも、その時々に
瞬時…ごくわずかな時間

(13) 答え…C　慣例…しきたり、ならわし　　性情…性質と状態(行状)

(14) 答え…C
「激昂」が最も合う。A「高揚」は気分が高まること。B「激怒」は激しく怒ること。
D「抑揚」は言葉などのイントネーションのこと。E「怒声」は怒って発する声。

---

6 練習問題 **短文の穴埋め**（問題　本冊208〜209ページ）

(1) 答え…C　「造詣」は学問・芸術・技術などについての深い知識や優れた技量
などを意味する。

(2) 答え…E　「露見」は悪事や秘密などがばれること。「発露」は感情や隠してい
たことが明らかになること。

(3) 答え…C　「警鐘を鳴らす」で危険を予告し、警戒を促すことを意味する慣用
句である。「鋼を鳴らす」で武威を示すこと。「警句」は短く巧みに真理をついた言
葉のこと。「不平を鳴らす」で不平を強く主張すること。

(4) 答え…D　「お鉢が回る」で順番が回ってくることを意味する慣用句。順番が
回ってきたのが望んでいたことの場合でも、望んでいないことの場合でも使う。

(5) 答え…A　「現存」は現在、実際にあること。「現存」は書物などに、「実存」は
人物に使う。

(6) 答え…B　「明白」は物事がはっきりしていて疑う余地のない状況を意味す
る。「明朗」は「明朗な会計」など、不正や隠し事がないこと。

(7) 答え…C 「猫の手も借りたい」で、多忙なさまを表現する慣用句。「猫の額」で、非常に狭いことのたとえ。

(8) 答え…B 助詞「だけ」+「に」で、「〜（な）ので」を強調する表現。

(9) 答え…C 「すっきり」は、難題や暗い雰囲気などが取り払われて、気持ちが晴れやかになることを表す。

(10) 答え…B 「仰々しい」は「大げさな」の意味。読みはそれぞれ、A 清々しい、C 忌々しい、D 甚だしい、E 麗しい。

(11) 答え…C 「態勢」は身構えや対応。「体勢」は身体の構えや姿勢。「大勢」は大体の形勢。

(12) 答え…E 「依然」は元のとおり。「俄然」はにわかに。

(13) 答え…B 事業などの計画に加わることを意味する「参画」が正しい。「協賛」は趣旨に賛成して助力すること。「賛同」は他人の意見に賛成すること。「加盟」は盟約に加入すること、組織・団体などに加わること。「企画」はあることを実現するために計画を立てること。

7 練習問題 文章整序（問題 本冊212〜215ページ）

[問題1] 答え…ア. B イ. D ウ. A エ. C

Step1 つなぎやすい所をつなぐ

- フルクトースが➡食品に**使われる**➡商業的な**理由**は
- コスト**に比べて**➡相対的に甘さが**強い**➡**こと**である

Step2 残りをつなぐ

フルクトースが［食品に使われる商業的な理由は
➡コストに比べて相対的に甘さが強い］ことである

[問題2] 答え…ア. C イ. D ウ. B エ. A

Step1 つなぎやすい所をつなぐ

- 現在の科学技術の問題点と**果たすべき**➡**責任**について考える分野である。
- 西欧において自然科学が**成立した**➡**歴史的背景**や自然科学の思想の
  ➡**特徴**を明らかにすることによって

Step2 残りをつなぐ

科学技術論とは［西欧において自然科学が成立した歴史的背景や自然科学の思想の特徴を明らかにすることに**よって**➡現在の科学技術の問題点と果たすべき］責任について考える分野である。

[問題3] 答え…ア. D イ. C ウ. B エ. A

Step1 つなぎやすい所をつなぐ

- 江戸時代の「身分制度」の➡身分のうち約85％を占めた
  ➡農民は耕作権をもつが
- 年貢も負担する本百姓と➡本百姓の田畑を小作する水呑百姓に➡分けられる

Step2 残りをつなぐ

江戸時代の身分制度の[身分のうち約85％を占めた農民は耕作権をもつが➡年貢も負担する本百姓と本百姓の田畑を小作する水呑百姓に]分けられる。

[問題4] 答え…ア. A イ. D ウ. B エ. C

Step1 つなぎやすい所をつなぐ

- 原発事故やヒト遺伝子の操作のような➡最先端の科学技術がもたらす
  ➡重大な社会的問題は
- それまで当たり前と思っていた➡日常的な物の見方を変えてしまう

Step2 残りをつなぐ

原発事故やヒト遺伝子の操作のような[最先端の科学技術がもたらす重大な社会的問題は➡それまで当たり前と思っていた日常的な物の見方を変えてしまう]ことがある。

[問題5] 答え…A （C E A D B）

Step1 つなぎやすい所をつなぐ

①養子になった➡子どもの心理的な問題の➡原因を説明する学説は
②そのほとんどは養子縁組により➡生じる喪失感の影響を⬅指摘している。

Step2 残りをつなぐ

養子になった子どもの心理的な問題の原因を説明する学説は➡数多くあるが

Step3 全体をまとめて確認する

養子になった子どもの心理的な問題の原因を説明する学説は数多くあるがそのほとんどは養子縁組により生じる喪失感の影響を指摘している。

[問題6] 答え…C （B C A E D）

Step1 つなぎやすい所をつなぐ

①安全な水が➡今すぐ手に入らない
②水の塩素滅菌処理を⬅推奨している。

Step2 残りをつなぐ

すぐに行えるので➡水の塩素滅菌処理を推奨している。
　⬆
発展途上国でも

Step3 全体をまとめて確認する

WHOは安全な水が今すぐ手に入らない➡発展途上国でもすぐに行えるので水の塩素滅菌処理を推奨している。

[問題7] 答え…C （A　C　E　D　B）

Step1　つなぎやすい所をつなぐ
①食べ物を与える**のは**←誤っている。　②犬は←生まれついているので

Step2　残りをつなぐ
①飼い**犬に**人間の➡**食べ物**を与えるのは誤っている。
②人間とは**違う**➡**食べ物**を食べるよう

Step3　全体をまとめて確認する
<u>犬は</u><u>生まれついているので</u>飼い犬に人間の食べ物を与えるのは**誤っている**。
　　　　　　　↑
　　　<u>人間とは違う食べ物を食べるよう</u>

[問題8] 答え…C （B　E　D　C　A）

Step1　つなぎやすい所をつなぐ
①地球に**火星ぐらいの**➡**大きな物体**が**衝突し**➡そのときに宇宙に**飛ばされた**
②岩石がその後**合体して**➡現在の月に**なった**

Step2　残りをつなぐ＋全体を確認する
月は地球に火星ぐらいの大きな物体が衝突しそのときに宇宙に**飛ばされた**➡岩石がその後合体して現在の月になった**という説がある**。

[問題9]（1）答え…C（2）答え…A

Step1　同一語句・関連語句のある選択肢をつなぐ
ウ　渡良瀬**遊水地**は栃木県の南端にある。➡イ　**遊水地**までの歩道は整備され、**案内板**が立っていた。➡エ　**案内板**の**地図**に旧谷中村の場所が示されている。　➡ア　**地図**にしたがって行くと、**石碑があった**。➡オ　そこが鉱毒により強制廃村にされた旧谷中村だった。

Step2　設問に答える
（1）イの次に来るのはエなのでC、（2）エの次に来るのはアなのでA

8　練習問題 空欄補充（問題　本冊218〜223ページ）

[問題1] 答え…E

ポイント　接続語の空欄補充問題は、空所の前後の文に注目する。

> 初期のイギリスの<u>法制度</u>は…他のゲルマン諸民族と**共通**であった
>
> ［　　　　　］
>
> イギリスでは6世紀末から…**独自の制度**が生み出された

空所の前には「共通」、後には「独自」とある
⇒「共通」はどれにもあること。「独自」は他と異なり、そのものだけにあること
⇒ したがって、「反対・対比」を示す接続語の「しかし」を選ぶ

[問題2] 答え…C

農村とはまったく異なる ──	
	→ 生活環境
都市という ▢ ──	

「農村とはまったく異なる」と「都市という ▢ 」が両方とも「生活環境」を修飾していると把握できれば、空所には「まったく異なる」と類似・関連した表現が入ることがわかる ⇒ 選択肢の中で「異なる」と一番関連性が強いのは「未知の」

[問題3] 答え…C

昆虫の視力		鮮明ではない
昆虫の複眼	近くにいる動くもの	とらえる
	↕	
	遠くにある物体の位置	▢ のは難しい

以上の対比から、空所には「とらえる」という意味の語句が入る ⇒ 選択肢から選ぶとAかBかCかD ⇒「昆虫の視力は…鮮明ではない」とあるが、見えないわけではないので、AとBは選びにくい ⇒ Dの「ひそかに」は文脈からはずれている ⇒ 消去法でCを選べばよい

[問題4] 答え…E

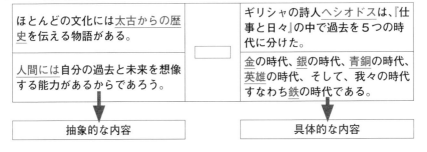

ほとんどの文化には太古からの歴史を伝える物語がある。	▢	ギリシャの詩人ヘシオドスは、『仕事と日々』の中で過去を5つの時代に分けた。
人間には自分の過去と未来を想像する能力があるからであろう。		金の時代、銀の時代、青銅の時代、英雄の時代、そして、我々の時代すなわち鉄の時代である。
↓		↓
抽象的な内容		具体的な内容

上の左の欄の2つの文は一般的・抽象的であるのに対して、右の欄の2つの文は個別的・具体的になっていることがポイント ⇒「例えば」が正解

[問題5] 答え…C

① 「近視眼的」とは、先の見通しを持たずに目先のことだけを考える様子。「複眼的」とは、いろいろな立場から考える様子。「今の状態は明日も続くと思っている」のだから、「近視眼」が適切。

② 「均等」とは、複数の物事の間で互いに平等で差がないこと。「均一」とは、いくつかの異なるものが質や量などの点で一様になっていること。「同一」とは、重ね合わせるとぴったり一致すること。「米の値段」についてなので、「平等」という意味の入る「均等」は不適切。「米の値段」という同じものについてなので、「均一」も不適切。「今の状態」=「明日（の状態）」と思っているのだから、「同一」が適切。

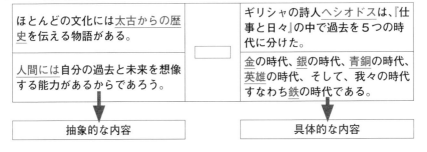

別冊3 解答・解説集

[問題6] 答え…E

①「リンゴと一定量の貨幣が…**交換**される」⇒ リンゴを売った人にお金が払われ、お金を払った人にリンゴが渡されるという意味になる ⇒「市場」という文脈に合う ⇒ 正解

「リンゴと一定量の貨幣が…**変換**される」だと、リンゴとお金が両方とも何かに変えられるという意味になるが、何に変えられたのかわからない文になる。

②リンゴと貨幣が「自発的に**交換**された」理由としては、両当事者に「**利益**」があったから。「**損失**」があれば交換しないはず。また「**損益**」には「**損失**」が含まれるのでおかしい。

[問題7] 答え…ア．B　イ．A　ウ．C

ア 「伝承」と並べられている➡選択肢の中から「伝承」に一番関連性がある語句を選ぶ。
イ 後の文に「はじめて…の状態で」ウが「決まる」とある➡「最初が肝心」。ウを決めて消去法でAとしてもよい。
ウ 「そのとき健康で満腹なら吉」とある➡「運勢」が決まる。

[問題8] 答え…ア．C　イ．B　ウ．A

ア 先にイ、ウを決めて、消去法でCを選ぶ。
イ 「儀式」に一番関連性がある語句を選ぶ➡「宗教」
ウ 「発揮」に一番関連性がある語句を選ぶ➡「効果」

[問題9] 答え…ア．C　イ．A　ウ．B

ア 「耳は左右についているので」とある➡これが原因で間違えるとすれば「前後」の間違いと推測できる。
イ・ウ 「生存するためには危険」な間違いは、本当は後ろから敵が近づいている音なのに前から来ていると思ってしまう間違い➡「背後」からの音を「正面」から来たと間違える。

[問題10] 答え…C

「これは」の「これ」は「人間の手の指」➡人間の手の指に一番関連性がある語句を選ぶ➡人間の手の指は両手で10本➡「10以上の数を扱えない」

[問題11] 答え…B

「居住地は数千キロもはなれているけれども」とある➡居住地が離れていることと逆接・反対になる語句が続く➡離れていればふつうは意思疎通が難しいのでその逆になる選択肢を選ぶ➡「お互いの意思を伝える」

[問題12] 答え…D

空欄の後ろの文の「これは」の「これ」は空欄部分➡空欄には「ジャポニスムの再来」「身近な生活文化」に関連する語句が入る➡選択肢の中では「和食、マンガ、アニメ、ゲーム」「世界で広く人気を得ている」が一番関連する。前の文とのつながりで考えると間違えやすいので注意。

「タバコを禁止」「地域」に関連する文の前後が第一候補➡第3文「しかし、タバコはどこでも受け入れられたわけではない」の前後➡bだと次に「しかし」と逆接になるのがおかしい➡cが正解。後ろの「例えば」とうまくつながる。

[問題14] 答え…b

「技術革新」「懸念」「二千年以上も前」に関連する文の前後が第一候補➡第3文「古代ギリシャの哲学者ソクラテスは…当時の新しい技術が記憶力に悪影響を与えると心配した」の前後、bかcのいずれか➡cだと次の文の「トマス・ホッブズやトマス・ジェファーソン」「産業革命」の時代が「二千年以上も前」と合わない➡bが正解。

[問題15] 答え…(1)a (2)C (3)形成

(1)「マグマ」「高温」「周辺の岩石」「比重」「上昇」に関連する文の前後が第一候補➡第3文に「高温」「マグマ」、第4文に「マグマ」「地下5kmから10km程度まで来る」「周囲の岩石」「比重」とある➡2つの文の間が第一候補➡aに入れて意味が通る。

(2)空所①の前後にある「浮力を失」う、「溜ま」るという語句と関連するのはC「滞留」である。

(3)(マグマの上昇で)「火口」ができて「噴火が起き」れば、「火山が」できる➡第2文に「形成」がある。

---

9 練習問題 **3文完成**（問題 本冊226～227ページ）

[問題1] 答え…1. E 2. B 3. A

1 「歩き方」「ぎこちない」に関連する語句を探す➡E「追いかけられる」「素早い」
2 「地面」「ドンとたた」くに関連する語句を探す➡B「驚いて出てきた」「虫」
3 「鼻孔」に関連する語句を探す➡A「嗅覚」

[問題2] 答え…1. E 2. A 3. C

1 「原始的な言語から」「発達した言語」「進化」に関連する語句・表現を探す
　➡E「原始的な石器から」「芸術的な洞窟壁画」「に至る」
2 「そのころにはすでに…言語を獲得」とあるので、「そのころ」というのは言語を獲得した後の時代➡言語獲得後のことを述べているのはA「言葉による連携が必要」な「大きな獲物を狩」っていた時代
3 「言語が発生」「可能性が高い」に関連する語句・表現を探す➡C「言語の起源」「蓋然的な推測」

[問題3] 答え…1. D 2. E 3. A

1 「ギリシャ建築の伝統」「継承」に関連する語句・表現を探す➡D「多くの建物で…採用」「ギリシャ以来の伝統的なコリント様式」
2 「大理石や石灰岩」「使われていた」に関連する語句・表現を探す➡E「コンクリート」「材料」「使う」。Cの「アーチ」「ドーム」も関連性はあるが、これは「作

別冊3 解答・解説集

93

る技術」なので「大理石」「石灰岩」のような「材料」と比べると関連性が薄い。
3 「神殿」「ギリシャの神アテナ」に関連する語句・表現を探す➡A「神々を称える」。また、「～ように」とあるので、前にある具体例を一般化する表現が続くと考えてもよい。

[問題4] 答え…1. E 2. C 3. D
1 「悲しい」「涙腺」に関連する語句を探す➡E「涙が目からあふれる」「涙点」が対応する
2 「目の表面」「少量の涙」に関連する語句を探す➡C「目の表面」「涙で薄くおおわれる」が対応する
3 「どのようなときに出た」に関連する語句を探す➡D「タマネギを切ったときに出る」「アレルギー反応のせいで出る」が対応
● 「涙の組成」「涙の成分」からA「水」、B「血液から作られ」るも関連するが、Aは「構造」、Bは「透明」という色についての文なので「組成」や「成分」と合わない

[問題5] 答え…1. B 2. D 3. C
1 「取り組み」「石炭火力発電の段階的廃止」に関連する語句を探す➡B「課題」「脱炭素化」
● 「非効率な石炭火力発電」からE「高効率石炭火力発電」も関連するが、「高効率石炭火力発電への置き換えが進んでいるのに対し」の後には反対の意味の文が続くはず。しかし、「非効率な石炭火力発電の段階的廃止」は同じ方向の文で反対の意味になっていないので、つながらない。
2 「低コスト」「安定的」に関連する語句を探す➡D「単価も安い」「リスクが…もっとも低く」
3 「蒸気」「発電効率」に関連する語句を探す➡C「蒸気タービン」「発電する」

10 練習問題 長文読解 (問題 本冊232～236ページ)

[問題1](1) 答え…D
接続語は前後の関係から判断する。前は「私は…本当におなかが痛くなります。胃がしくしくしてくるんです」。後ろは「今の若い人たちはそうならないんではないか」。前と後で反対の内容になっているので、逆接を示す接続語を入れる。

[問題1](2) 答え…F
「そういうものがなく」とあるので、「腹がたつ」「頭にくる」にはあるが「むかつく」にはないものを探す ⇒ 直後に「怒った後も何もない」「『瞬間の吐き気』だけで終わってしまう」とあるので、「むかつく」にないものは怒った後に生じること ⇒ 怒りの後に生じることを前文から探すと、イとウ。

[問題1](3) 答え…A
アは「その世代(=「わたしたちの世代」=筆者の世代)は『腹がたつ』と、本当におなかが痛くなった」(第3段落)とあるので正しい。イは「腹がたつ」場合ではなく「頭にくる」場合。ウは腹が立った=怒った後にそれを処理する行為であり、直結して起こることではない。

[問題1](4) 答え…C

アとイは「若い人たち」ではなく「わたしたちの世代」の場合。ウが正解（第5・7段落参照）。

[問題1](5) 答え…C

ア：そのような記述はない（ちなみに「断腸の思い」とは激しい悲しみ・苦しみのこと）。

イ：「胃腸系が弱い人の場合」に限らない（第3段落に「その世代は」とある）。

ウ：最終段落に「むかつく」について「デジタルに瞬時に起こり、終わってしまう」とある。正解。

[問題2](1) 答え…C

「ウィンドウに商品を一緒に詰め込む」「路上に商品を積み上げる」陳列方法を表現する語句としてはC「原始的」が最適。

[問題2](2) 答え…意味

第1文「『ディスプレー』は現在、美しく商品を陳列することを意味する」がヒント。

[問題2](3) 答え…C

空欄 c の後にディスプレーについての「新しい考え方」が示されている。

[問題2](4) 答え…B

ア 1～5行目参照。商品を詰め込んだり積み上げたりするだけでは美しく陳列したとは言えない。

イ「消費と余暇を賛美し、欲望を率直に表してよいと考えていた」とある。

[問題3](1) 答え…言語

「人間」が「使う」もので「発達した」「複雑な」ものを文中から探す。「言語や問題解決の方法の複雑さ」「言語を使用する」という文から、2文字だと「言語」か「方法」。後続の文ではクモの巣や迷路、ダムのような具体的なものが挙げられているので、「言語」が妥当。

[問題3](2) 答え…表現を分析する

「文法」「学者」に関連する語句を探す。「表現を分析する」「知識を認識の対象にする」が見つかる。7文字以内なのは「表現を分析する」

[問題3](3) 答え…C

ア「根本的な意味では」人間の言語は「他の種より以上に発達しているわけでもないし、それ以下でもない」とある。「他の種」にはチンパンジーも含まれるが、チンパンジーに「言語」があるかないかはこの文からは不明。

イ「人間は、チンパンジーが解決できる問題を解決できないこともある」とある。

検査Ⅰ（言語能力問題）（問題　別冊1の1～9ページ）

[1] 答え…E　「北は方角に含まれる」という包含関係なので「綿は（　　）に含まれる」となるものを選ぶ。よって、Eの繊維が正解。AとDは綿と同じ繊維の一種なので並列関係。BとCは「綿からつくられる」という原料関係。

[2] 答え…B　「インドとカナダ」はそれぞれ独立国で並列関係なので、リュックサックと並列関係になるものを選ぶ。よって、Bの巾着が正解。

[3] 答え…C　「半紙は紙の1つ」という包含関係なので、「黒は（　　）の1つ」となるものを選ぶ。よって、Cの色が正解。Aの白は同じ色の一種なので並列関係。

[4] 答え…A　「レールは鉄でできている」という原料関係なので「鉛筆は（　　）でできている」となるものを選ぶ。よって、Aの黒鉛が正解。Bのスズは食器などに、Cのタングステンは白熱電球のフィラメントなどに加工される金属。Dの窒素は地球の大気中に最も多い気体。Eのインクの原料は顔料や染料などさまざま。

[5] 答え…C　「パイロットが行うのは操縦」という行為関係なので「板前が行うのは（　　）」となるものを選ぶ。よって、Cの調理が正解。見習いのE若者の頃にはA修業やD出前をするかもしれないが、本来の仕事（行為）はCである。

[6] 答え…D　「タンスは収納に使うもの」という用途関係なので「絵具は（　　）に使うもの」となるものを選ぶ。よって、Dの絵画が正解。

[7] 答え…C　「無料と有料」は反意語関係なので「楽勝＝楽に勝つこと」の反意語を選ぶ。よって、Cの「辛勝＝辛うじて勝つこと」が正解。Aの大勝は「大差をつけて勝つこと」。Bの圧勝は「圧倒的に勝つこと」。Eの敗退は「負けて退くこと」なので、当てはまらない。ちなみに「惨敗」なら「楽勝」の反対語である。

[8] 答え…A　Bは、あることをしようともくろむこと。そのもくろみ。Cは、「自分の考え」の謙称。Dは、以前に犯した悪事。Eは、黙って考えること。

[9] 答え…C　Aは、身近にありふれているさま。Bは、必要以上に自分を卑しめること。Dは、品がないようす。Eは、品性や行動が卑しいこと。

[10] 答え…A Bは、おごりたかぶること。Cは、ためにならないこと。Dは、しっかり考えに入れて心を配ること。Eは、面白みのわからないさま。読みはA「きたん」、B「きょうごう」、C「ふため」、D「こりょ」、E「ぶすい」。

[11] 答え…B Aは、告げ知らせること。Bには、古くからの言い伝え・制度など(を受け継いでいくこと)の意味もある。Cは、(演説などを)耳を傾けて聞くこと。Dは、知らせること。Eは、必然的なつながり。

[12] 答え…E Aは、親しく付き合うこと。親しい付き合い。Bは、友達。Cは、直に接触のない両者の間を取り持つこと。Dは、親しみ合って仲よくすること。

[13] 答え…D 「既に世間に多く」という点から、最も意味が合うのはD。Bは、平凡で取り柄のないこと。

[14] 答え…A Bは、偽物を作ること。その偽物。Cは、ないことを仮にあるとすること。Dは、字画を誤った字。誤用した字。Eは、都合のよいように手を加えること。

[15] 答え…C Aは、利口ぶった顔つき。Bは、すぐれた才知(を持っている人)。Dは、知識や知性に富むさま。知識や知性に関するさま。Eは、推し量って知ること。

[16] 答え…B Aは、収支の釣り合い(を計算すること)。Cは、推し量ること。Dは、だいたいの金額や数量を計算すること。

[17] 答え…E Eは「へきえき」と読む。相手の勢いに尻込みする、という意味もある。Bは、なげいてためいきをつくこと。Cは、手間などがかかってわずらわしいさま。Dは「きづま」と読み、人の機嫌・気持ちのこと。

[18] 答え…A 設問の「見た」は、視覚的なことよりも「考えた」「とらえた」などのニュアンスを含むものである。したがって、正解はAとなる。

[19] 答え…B 設問の「の」は、前の語を主語、後の語をその述語としてつないでいる。したがって、Bが正解となる。

[20] 答え…C 設問の「れた」は、受け身の助動詞「れる」「られる」。Aは自発、BとEは可能、Cは受け身、Dは尊敬を表している。

[21] 答え…B 設問の「らしい」は、「いかにもそうだと言える要素を備えたようす」を表す接尾語。他は推量や伝聞を表す助動詞。

[22] **答え…B** 設問とBの「かわる」は「変化」の意味。ほかは、A：交代、C：変換、D：交替、E：代替。

[23] **答え…C** 設問とCの「先」は「将来」の意味。よって、正解はC。Aは「長く尖ったものの先端」。Bは「何らかの交渉をもつ相手」。Dは「先頭」。Eは「時間的に前」。

[24] **答え…E** ①つなぎやすい所をつなぐ、②全体をまとめて確認する　という手順で解く。
①「情報が手紙の配達から」⇒「切り離される前、」
　「コミュニケーションという言葉は」⇒「言葉と一緒に使われる」
②「情報が手紙の配達から切り離される前、」⇒「コミュニケーションという言葉は」⇒「道や川や橋など運輸関連の」⇒「言葉と一緒に使われる」⇒「ことが多かった。」

[25] **答え…B** つなぎやすい所からつないでいくと、①～③のような流れで解ける。
①アステカ人がスペイン人を ⇒ D「神として認識していたという」
　⇒ A「神話が作られた背景には」
②B「その神話を作ったスペイン人が」 ⇒ C「正当性について疑問に駆られていた」
　⇒ ということがあった。
③残るEが入る位置を探す。Cの「正当性」の前が自然（E「メキシコに対する侵略の」 ⇒ C「正当性について疑問に駆られていた」）
④DABECという順になるので、［3］に入るのはB

[26] **答え…A** 「俗説」は「世間に言い伝えられている根拠のない話」という意味なので、「道の分かれるところ・町中・世間」という意味の「巷」とよく一緒に使われる。

[27] **答え…D** 「切々と」は「人の心を動かすほど心がこもっているさま」
「淡々と」は「あっさりしたさま」、「飄々と」は「世俗を超越してとらえどころがないさま」なので、「泣きながら」と合わない。「脈々と」は「途絶えることなく長く続くさま」という意味で無関係。

[28] **答え…E** 「うそ偽り」（虚偽）の反対は「真実」なので、「うそ偽りのない真実」という。

[29] **答え…B** 「成功する（　　）は大きい」の（　　）に入るのは、「確率、見込み」などの言葉。その意味になるのは、「公算」。「公算」は「確実性の度合い、たしかさ、可能性」。
A「概算」は「おおよその見積もり、大まかな計算」。
C「採算」は「収支がひきあうこと」。

D「試算」は「だいたいの見当をつけるために計算してみること」。
E「目算」は「目で見てだいたいの見当をつけること」。

[30] 答え…D 「幸せ」を形容する言葉として最も適切なのは「望外(の)」。「望外」は「望んでいた以上の」「思いのほか」の意。
A「言外」は「直接言葉としては表現されていない部分」。用例：「言外の意味」
B「論外」は「論じる価値もないこと。もってのほかで話にならないこと」。用例：「そんな現実離れした案は論外だ」
C「法外」は「著しく度を越していること。非常識なこと」。用例：「法外な値段」
E「心外」は「思いもよらないこと。思いがけない仕打ちや予想に反した悪い結果などに対して、腹立たしく感じたり残念に思ったりすること」。用例：「疑われているとは心外だ」

[31] 答え…B 空所の前の文は「顔の不在はなぜこのように不気味なのか？」。後ろの文は「そもそも人称をもたない顔というものが存在するだろうか」。別の話題になっているのでB「ところで」が正解。

[32] 答え…F 「スキャンダラスな行為」は身体を覆い隠す行為なので(第1段落)、アは誤り、イは正しい。第4段落からウも正解。

[33] 答え…C この「鏡のような関係」とは「わたしと他者がたがいに映しあう関係」のこと。
アについては「顔の隠蔽と顔の硬直、つまりあの顔の不在」とある ⇒ 「顔の隠蔽」も「顔の硬直」も両方とも「顔の不在」を言い換えたもので、「たがいに映しあう関係」ではない。
イについては「顔を『だれかの』顔としている、あるいは顔を『なにかの』表現としている」とある ⇒ 「だれかの」顔と「なにかの」表現は「あるいは」でつながっているので、どちらかを選択する関係であって、「たがいに映しあう関係」ではない。
ウは「わたしと他者が鏡のようにたがいを映しあう、そういう滑らかな交通関係」(最終段落第2文)とあるので正解。

[34] 答え…C アは顔をその当人が所有できない理由であって(第5段落)、不穏な空気をかもす理由ではない。
イは「顔を覆い隠すこと」とは無関係。
ウは「顔の不在とは、顔が理解可能性の〈外〉へと超出してしまうことである。だからこそ覆われた顔は不気味なのである」(最終段落)とあるので正解。
この「顔の不在」とは「顔を覆い隠すこと」。「顔が理解可能性の〈外〉へと超出してしまう」とは、要するに顔が理解できなくなるということ。顔の何が理解できないのかというと、直前の文に「顔を『だれかの』顔としている、あるいは顔を『なにかの』表現としている、そういう意味」とあるので、だれの顔か、顔がどのような感情を表しているかわからないということ。

[35] **答え…D** ア：第1段落に記述されている。イ：第6段落に記述されている。ウ：化粧については設問文中に記述なし。

[36] **答え…E** 前は「医師の判断に他者が口をはさむべきではない」、後ろは「一般の目からはその中身をうかがい知ることができないような閉鎖的な領域としてある」。他者が口をはさまなければ、当然閉鎖的になるという関係があるので、当然の結果（順接）を示す接続語を入れる。

[37] **答え…D** 「医療という営みが」「対象とする分野」は、D「生命」かE「疾患」。「もっとも複雑なシステム」とあるのでDのほうが適切。

[38] **答え…F**
ア：専門家の自由とは、個々の医療行為が医師の裁量にゆだねられ、その判断に他者が口をはさむべきではないという考え（第1段落参照）なので、誤り。
イ：「医療という営みは、近代科学としての医学を基盤とするきわめて客観的な営み」（第2段落第1文）とある。正しい。
ウ：「診療行為のなかにほとんど実質的な効果がないもの」（第2段落第2文）があると述べられている。正しい。

[39] **答え…B**
ア：「標準化が進んだ」とは書かれていない。逆に「遅れた」と書かれている（第3段落第2文）。合致しない。
イ：「決定的療法が登場したならば、技術は通常その方向におのずと標準化していく」（第3段落最終文）に合致する。
ウ：「もっともよい方法」とは書かれていない。「次善の策として」とある（最終段落第2文）。合致しない。

[40] **答え…E**
ア：第1段落「医療という領域が、一般の目からはその中身をうかがい知ることができないような閉鎖的な領域としてある、という傾向を生んできた」の文に合致する。
イ：第3段落「感染症の場合のような……根治技術がほとんどの場合に存在しない」のは「慢性疾患の場合」。合致しない。
ウ：第2段落「医療サービスや個々の医療技術の有効性や安全性を、個々の医師の勘や経験にゆだねるのではなく」とある。合致する。

[1] 答え…A

定価は、1200＋600＝1800（円）。その３割引で売ると、1800×（1－0.3）＝1260（円）
仕入れ値が1200円だったので、1260－1200＝60（円）の利益が出る。

[2] 答え…C

仕入れ値をx円とする。550円の利益を加えて定価をつけ、その３割引で売ったので、売値は、（x＋550）×（1－0.3）＝0.7x＋385（円）。
１個あたり175円の利益が出たので、「売値－仕入れ値＝利益」より、
　（0.7x＋385）－x＝175　　　－0.3x＝175－385＝－210　　　x＝700

[3] 答え…B

大人は６人なので割引の適用はない。
大人　900×6＝5400（円）　　　子ども　900×0.5×5＝2250（円）
　5400＋2250＝7650（円）

[4] 答え…G

大人は13人なので、10人分は正規料金。
10人を超えた３人分は１割引きの割引料金。
大人　1200×10＋1200×（1－0.1）×3＝15240（円）
子ども　1200×0.5×18＝10800（円）　　15240＋10800＝26040（円）

[5] 答え…E

「売上目標額に対する売上高の達成率」だから、〈もとになる数量〉は「売上目標」（金曜日は560万円）で、〈比べる数量〉は「売上高」（金曜日は496万円）。
割合（%）＝比べる数量÷もとになる数量×100　で求められるので、
　496÷560×100＝88.57…　　　　　　　　　　　　　　　　　　　　　よって、88.6%

[6] 答え…F

売上目標額の土・日２か所の欄が空欄なので、合計から他の曜日を引く方法では解けない。よって、日曜日の売上目標をx万円とおいて方程式を立てて解く。
日曜日の売上目標をx万円とすると、土曜日の売上目標は1.2x万円となる。
５日間の売上目標の合計額を方程式にすると、
　560＋x＋1.2 x＋270＋240＝2500
　　　　　　　　2.2x＝2500－（560＋270＋240）
　　　　　　　　2.2x＝1430
　　　　　　　　　x＝650
求めるのは土曜日の売上目標1.2xなので、650×1.2＝780（万円）

別冊3　解答・解説集

101

[7] 答え…E

前年の売上高は、今年の「売上高」と、「対前年同日比」から求めることができる。
「対前年比」なので、「もとになる数量」が前年の売上高、「比べる数量」が今年の売上高になる。

もとになる数量＝比べる数量÷割合 の公式を使って、

月曜日　$224 \div \dfrac{87.5}{100} = 224 \times \dfrac{1000}{875} = 256$（万円）

火曜日　$221 \div \dfrac{85.0}{100} = 221 \times \dfrac{100}{85} = 260$（万円）

　$260 - 256 = 4$（万円）　　　　　　　　　　　よって、火曜日のほうが4万円高い

[8] 答え…D

全体の面積を1とすると、青と赤の面積は、$\dfrac{5}{8} + \dfrac{1}{7} = \dfrac{43}{56}$

残りの面積は緑で塗るので、$1 - \dfrac{43}{56} = \dfrac{13}{56}$

　　　よって、$13 \div 56 \times 100 = 23.214\cdots$　　　小数点以下第1位を四捨五入して、23％

[9] 答え…C

青の予定の割合は全体の$\dfrac{5}{8}$で、それが$\dfrac{1}{5}$多くなったので、

$\dfrac{5}{8} \times \left(1 + \dfrac{1}{5}\right) = \dfrac{5}{8} \times \dfrac{6}{5} = \dfrac{3}{4}$　　赤は予定通り$\dfrac{1}{7}$だから、残りの緑は

$1 - \left(\dfrac{3}{4} + \dfrac{1}{7}\right) = 1 - \left(\dfrac{21}{28} + \dfrac{4}{28}\right) = 1 - \dfrac{25}{28} = \dfrac{3}{28}$

　　　よって、$3 \div 28 \times 100 = 10.714\cdots$　　　小数点以下第2位を四捨五入して、10.7％

[10] 答え…B

アは「P女性が参加→Q男性が5人参加」なので必ずしも正しいとはいえない。
イは「Q男性が5人参加→R女性または男性が参加」なので必ず正しいといえる。
ウは「R女性または男性が参加→P女性が参加」なので必ずしも正しいとはいえない。よって、正しいのはイだけである。

[11] 答え…A

カは「P女性が参加→R女性または男性」なので必ず正しいといえる。キは「Q男性が5人参加→P女性が参加」なので必ずしも正しいとはいえない。クは「R女性または男性が参加→Q男性が5人」なので必ずしも正しいとはいえない。よって、必ず正しいといえるのはカだけである。

「少なくとも何人か」という問いは、考えられる最少人数を求めればよいので、線分図にして求めるとよい。

「120世帯のうち、単身世帯が48世帯」なので「2人以上の世帯」は、

120－48＝72（世帯）

「2人以上の世帯」と「65歳以上の高齢者のいる世帯」の両方に該当する人の数が最少になるのは、下の線分図で表される。

したがって、（72＋54）－120＝6（世帯）

> 「2人以上の世帯」と「65歳以上の高齢者のいる世帯」の線分をそれぞれ、できるだけ重ならないように反対側から引いて、それでも重なる部分が最少人数。

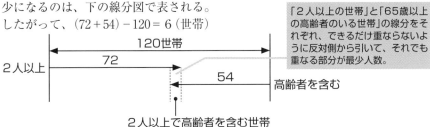

「単身世帯か、2人以上の世帯か」と「65歳以上の高齢者がいる、いない」でカルノー表を作る。

		高齢者がいるか		
		○	×	
単身世帯か	○	①	②	48
	×	③	④	
		54		120

「65歳以上の単身世帯」はカルノー表のうち、「高齢者がいるか」は○、「単身世帯か」も○だから①。よって、①に31が入る。

		高齢者がいるか		
		○	×	
単身世帯か	○	①31	②	48
	×	③	④	
		54		120

求めるのは、「高齢者を含まない2人以上の世帯」だから〈タテ×ヨコ×〉の④。
ⓐⓑⓒの順に求める。したがって、49世帯。

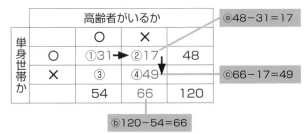

[14] 答え…C

「65歳以上の高齢者を含む2人以上の世帯が全世帯の25%を占める」なので、[13]
のカルノー表で、タテ〇ヨコ✕の③には120世帯の25%。

$$120 \times \frac{25}{100} = 30 \quad が入る。$$

	高齢者がいるか		
	〇	✕	
単身世帯か 〇	①	②	48
✕	③30	④	
	54		120

求めるのは、「高齢者を含まない単身世帯」だから〈タテ✕ヨコ〇〉の②。
ⓐⓑの順に求める。したがって、24世帯。

ⓑ48−24=24

	高齢者がいるか		
	〇 →	✕	
単身世帯か 〇	①24	②24	48
✕	③30	④	
	54		120

ⓐ54−30=24

[15] 答え…H

この時計店の時計のうち、40%が腕時計なので、それ以外の時計は60%。
さらにその30%が掛時計なので、掛時計の数は、

$$350 \times 0.6 \times 0.3 = 63（個）$$

[16] 答え…D

今ある腕時計は、350個のうちの40%なので、

$$350 \times 0.4 = 140（個） \quad 50個増やすと、140 + 50 = 190（個）。$$

全体も50個増えたので、350 + 50 = 400（個）。
50個増やしたあとの腕時計の割合は、

$$190 \div 400 = 0.475 \quad よって、47.5\%$$

[17] 答え…C

〈表2〉から4製品の割合がわかり、〈表1〉から製品ごとの各国への輸出の割合が
わかる。したがって、ある国へのある製品の輸出数が全製品に占める割合を求め
る場合は、〈表1〉の割合と〈表2〉の割合を掛け合わせればよい。
〈表2〉より、製品Qが4製品の中で占める割合を確認すると、25%
〈表1〉より、製品Qの韓国への輸出の割合を確認すると、48%
製品Qが4製品全体に占める割合が25%、そのうち韓国への割合が48%だから、

$$\frac{25}{100} \times \frac{48}{100} \times 100 = 12(\%) \qquad \text{または、} 25 \times \frac{48}{100} = 12(\%)$$

[18] 答え…D

〈表2〉より、4製品の占める割合を確認すると、

製 品	P	Q	R	S
割 合	35%	25%	30%	10%

〈表1〉より、ベトナムに輸出される4製品の中で占める割合を確認すると、

輸出先＼製品	P	Q	R	S
ベトナム	10%	12%	10%	15%

ベトナムへの4製品ごとの割合を求めて合計すればよいので、

$$\left(\frac{35}{100} \times \frac{10}{100} \times 100\right) + \left(\frac{25}{100} \times \frac{12}{100} \times 100\right) + \left(\frac{30}{100} \times \frac{10}{100} \times 100\right)$$
$$+ \left(\frac{10}{100} \times \frac{15}{100} \times 100\right)$$

$$= 3.5 + 3 + 3 + 1.5 = 11\%$$

[19] 答え…H

〈表2〉より、製品Pと製品Sの占める割合を確認すると、

製 品	P	Q	R	S
割 合	35%	25%	30%	10%

〈表1〉より、製品Pと製品Sの「その他」の割合を確認すると、

輸出先＼製品	P	Q	R	S
その他	35%	16%	25%	25%

製品Pの「その他」への輸出数が製品Sの「その他」への輸出数の何倍になるかは、
〈製品Pの「その他」への輸出数〉÷〈製品Sの「その他」への輸出量〉で求められる

$$\left(\frac{35}{100} \times \frac{35}{100} \times 100\right) \div \left(\frac{10}{100} \times \frac{25}{100} \times 100\right)$$

$$= \frac{49}{4} \div \frac{5}{2} = \frac{49}{4} \times \frac{2}{5} = \frac{49}{10} = 4.9(倍)$$

製品Rの輸出数の国別の比は、

製品 輸出先	P	Q	R	S
中　国	32%	24%	20%	39%
韓　国	23%	48%	45%	21%
ベトナム	10%	12%	10%	15%
その他	35%	16%	25%	25%
計	100%	100%	100%	100%

現　状…中国：韓国：ベトナム：その他 $= 20 : 45 : 10 : 25 = 4 : 9 : 2 : 5$
　　　　中国への輸出数が1.5倍になったということは比も1.5倍だから、
　　　　$4 \times 1.5 = 6$ となり、
変化後…中国：韓国：ベトナム：その他 $= 6 : 9 : 2 : 5$
　　　　中国への輸出数の比：全体は、$6 : (6 + 9 + 2 + 5) = 6 : 22 = 3 : 11$
　　　　全体11に対する中国3の割合は、「割合（%）＝部分÷全体×100」の公式
　　　　より、　$3 \div 11 \times 100 = 27.27\cdots(\%)$
　　　　小数点以下第2位を四捨五入して、27.3%

[21] **答え…D**

キャンディーを5個から2個、クッキーを3個から2個選ぶので、

$${}_5C_2 \times {}_3C_2 = \frac{5!}{2! \times 3!} \times \frac{3!}{2! \times 1!} = \frac{5 \times 4 \times 3 \times 2}{2 \times 3 \times 2} \times \frac{3 \times 2}{2 \times 1} = 30（通り）$$

[22] **答え…A**

それぞれ場合に分けて考える。
（ⅰ）キャンディーを4個、クッキーを1個選ぶ場合

$${}_5C_4 \times {}_3C_1 = \frac{5!}{4! \times 1!} \times \frac{3!}{1! \times 2!} = \frac{5 \times 4 \times 3 \times 2}{4 \times 3 \times 2 \times 1} \times \frac{3 \times 2}{1 \times 2} = 15（通り）$$

（ⅱ）キャンディーを3個、クッキーを2個選ぶ場合

$${}_5C_3 \times {}_3C_2 = \frac{5!}{3! \times 2!} \times \frac{3!}{2! \times 1!} = \frac{5 \times 4 \times 3 \times 2}{3 \times 2 \times 2} \times \frac{3 \times 2}{2 \times 1} = 30（通り）$$

（ⅲ）キャンディーを2個、クッキーを3個選ぶ場合

$${}_5C_2 \times {}_3C_3 = \frac{5!}{2! \times 3!} \times \frac{3!}{3!} = \frac{5 \times 4 \times 3 \times 2}{2 \times 3 \times 2} \times 1 = 10（通り）$$

これを合計して、$15 + 30 + 10 = 55（通り）$

[23] **答え…B**

千の位に 0 が入ってしまうと 4 桁の整数とならないので、千の位には 0 以外の 5 枚のカードのいずれかが入る。百の位には、千の位で使った数字以外の 5 枚のカードのいずれかが入る。同様に、十の位にはそれまで使った 2 枚以外の 4 枚のカードのいずれかが、一の位にはそれまで使った 3 枚以外の 3 枚のカードのいずれかが入る。

したがって、できる可能性のある整数は、$5 \times 5 \times 4 \times 3 = 300$（通り）となる。

[24] **答え…D**

設問に偶数という指定があるので、一の位には 2 を除いた 0 か 4 のいずれかのカードが入る。

〈一の位が 0 の場合〉

千の位は 2 と 0 を除く 4 枚のカードのいずれかが入り、十の位は 2 と 0 と千の位で使ったカードを除く 3 枚のカードのいずれかが入る。

したがって、一の位が 0 の場合、できる偶数の数は $4 \times 3 = 12$（通り）…①である。

〈一の位が 4 の場合〉

千の位に 0 を入れることができないので、千の位には奇数 3 枚のカードのいずれかが入る。十の位には 0 を入れることができるため、千の位で使っていない奇数残り 2 枚と 0 の計 3 枚のうちのいずれかのカードが入る。したがって、一の位が 4 の場合、できる偶数の数は　$3 \times 3 = 9$（通り）…②である。

①・②より、百の位が 2 と決まっているときできる偶数の数は $12 + 9 = 21$（通り）

[25] **答え…C**

まず、500 枚のうち 100 枚までは 1 枚 5 円なので、$100 \times 5 = 500$ 円

残りの 400 枚は 1 枚 3 円となるので、$400 \times 3 = 1200$ 円

後はこれらを足して、$1200 + 500 = 1700$ 円

[26] **答え…B**

500 枚までの料金は前問より、1700 円。残りの 1000 枚は 1 枚あたり 2 円になるので、$1000 \times 2 = 2000$ 円。ここで、1000 枚以上注文したので、料金は全体の 3 割引になる。　　　　　　　　　　　　　　　　よって、$(1700 + 2000) \times 0.7 = 2590$ 円

[27] **答え…C**

土曜日は 5 本の中から 2 本、日曜日は 6 本の中から 3 本を選ぶということだから、

$$_5C_2 \times _6C_3 = \frac{5 \times 4}{2 \times 1} \times \frac{6 \times 5 \times 4}{3 \times 2 \times 1} = 10 \times 20 = 200 \text{（通り）}$$

土曜日に2本以上、土日合計5本、日曜日に0本にはならないという条件で土日の場合分けをすると、次の3通りである。それぞれの組み合わせの場合の数を求めて合計すればよい。

土曜日	2	3	4
日曜日	3	2	1
	ⓐ	ⓑ	ⓒ

ⓐの場合…[27]と同じ。200通り

ⓑの場合…${}_5C_3 \times {}_6C_2 = \dfrac{5 \times 4 \times 3}{3 \times 2 \times 1} \times \dfrac{6 \times 5}{2 \times 1} = 10 \times 15 = 150(通り)$

ⓒの場合…${}_5C_4 \times {}_6C_1 = \dfrac{5 \times 4 \times 3 \times 2}{4 \times 3 \times 2 \times 1} \times 6 = 5 \times 6 = 30(通り)$

ⓐ+ⓑ+ⓒ$= 200 + 150 + 30 = 380(通り)$

表にして条件とデータを書き込む

木金土で連続せずにあと2日勤務するには木土しかない

月曜日に勤務しているので日曜日には勤務しない

		月	火	水	木	金	土	日
X	週3	○	×	×	○	×	○	×
Y	週2	×	○	×	×		×	
Z	週2	×	×	○	×		×	

2日連続勤務なし
➡○の両側は×

各曜日に1人

XYで週5日出勤しているのでZは週2日出勤

Ｚが金曜に勤務すると次のようになる。

	月	火	水	木	金	土	日
Ｘ　週3	○	×	×	○	×	○	×
Ｙ　週2	×	○	×	×	×	×	○
Ｚ　週2	×	×	○	×	○	×	×

2日連続勤務なし
➡○の両側は×

各曜日に1人

以上から、Ｙの勤務日は火曜日と日曜日。

[30] 答え…F

Ｙの出勤日と出勤日の間を2日以上あけるには、Ｙの出勤日を金曜にするしかない（日曜出勤にすると火曜日との間が1日しかない）。

	月	火	水	木	金	土	日
Ｘ　週3	○	×	×	○	×	○	×
Ｙ　週2	×	○	×	×	○	×	×
Ｚ　週2	×	×	○	×	×	×	○

2日連続勤務なし
➡○の両側は×

各曜日に1人

以上から、水曜日以外のＺの勤務日は日曜日だけ。

別 模擬試験② 冊2の解答・解説

基礎能力検査（言語）（問題　別冊2の1～11ページ）

[1] **答え…A** 安穏…「安らかで穏やか」⇒ 似た意味の漢字を重ねる熟語

[2] **答え…D** 炊飯…「飯を炊く」⇒ 動詞の後に目的語をおく熟語

[3] **答え…B** 慶弔…「吉事を祝うことと弔うこと」⇒ 反対の意味をもつ漢字を
重ねる熟語。慶は、「喜ぶ、めでたいと祝う」の意

[4] **答え…A** 枯渇…「枯れて渇く」、尽き果ててなくなること ⇒ 似た意味の漢
字を重ねる熟語

[5] **答え…C** 暫定…「暫くの間、仮に定めておくこと」、一時的なこと ⇒ 前の
漢字が後の漢字を修飾する熟語

[6] **答え…B** 仰天…「天を仰ぐ」⇒ 動詞の後に目的語をおく熟語

[7] **答え…C** 黙認…「黙って認める」、知らぬふりをして見逃すこと ⇒ 前の漢
字が後の漢字を修飾する熟語

[8] **答え…D** 捕獲…「捕える、獲る」⇒ 似た意味の漢字を重ねる熟語

[9] **答え…B** 棄権…「権利を棄てる」⇒ 動詞の後に目的語をおく熟語

[10] **答え…A** 円高…「円が高い」⇒ 主語と述語の関係にある熟語

[11] **答え…B** 貸借…「貸すことと借りること」⇒ 反対の意味をもつ漢字を重ね
る熟語

[12] **答え…A** 朗読…「朗々と読み上げること」⇒ 前の漢字が後の漢字を修飾す
る熟語

[13] **答え…D** 愛護…「愛し、護ること」⇒ 似た意味の漢字を重ねる熟語

[14] **答え…C** 享楽…「楽しみを享受する」、「享」は「身に受ける」の意 ⇒ 動詞の
後に目的語をおく熟語

[15] **答え…A** 介在…「二つのものの間に存在すること」、「介」は「間にはさまる」の意 ⇒ 前の漢字が後の漢字を修飾する構成

[16] **答え…C**

「蚊」があるのはC ⇒ Cを入れて読む。「蚊が宿主であり」「蚊が媒介する」⇒ 内容がつながる。正解。

[17] **答え…B**

「亢進」＝病勢などが高い度合いまで進むこと

「毒性が亢進する」にもっとも関連性が高いのは「7〜10日以内に死亡」。Aも考えられるが、「発熱、頭痛、吐き気」では「毒性が亢進」と言うには弱い。

[18] **答え…A**

「無症状であるが」の「が」は逆接 ⇒ 次に「無症状」と反対の意味の語句が続く ⇒ A「発熱、頭痛、吐き気」。Dは逆接にならないので不正解。

[19] **答え…C**

「層」が6個も使われていることに注目 ⇒ 「層」があるのはC「各層」。

[20] **答え…B**

「…のに対し」とある ⇒ 前と反対・対比になる内容が続く ⇒ 「熱帯雨林」に対してB「温帯雨林」が正解。

[21] **答え…E**

「地表」があるのはE ⇒ Eを入れて読む。「日光の2％しか地表に届かない」ならば「生育できる植物は少ない」⇒ 意味がつながる。

[22] **答え…D**

問題文「言語の起源を探求する」「役立たない」とD「幼児における言語発達の研究」「興味深く価値がある」が反対・対比の関係に立つことに注目 ⇒ 接続語「けれども」でつながれている ⇒ 意味がつながる ⇒ 正解。

他の選択肢も検証してみる。
- A「原始的な言語が存在していれば」「言語の起源を探求する」のに役立つはず ⇒ 不正解。
- C「多様性」は言語の起源の探求との関連性は薄い ⇒ 不正解。
- BとEは、つぎの**[23] [24]** で使用される。

[23] **答え…E**

「個々人の言語獲得の過程」と同じ語句が使われているのはE「人類が言語を獲得していった過程」⇒ Eを入れて読むと「…過程が」「…くり返される」という主語述語関係が成立し、意味がつながる。

答え…B

「動物」があるのはB ⇒ Bを入れて読む。「動物の…と…言語とのへだたりは非常に大きいので」「動物…から…言語の起源を探ることはむずかしい」となり意味がつながる。

答え…ア.C イ.B ウ.A エ.D

> 「〜した」には名詞が続く（連体形）

B「楽曲に込められた」に続く名詞はA「感情や意味」が適切 ⇒ B→A
C「聴衆に提供された」に続く名詞はB「楽曲」が適切 ⇒ C→B
A「感情や意味が」に続く述語はD「把握される」が適切 ⇒ A→D
⇒ 以上を組み合わせれば、C→B→A→Dとなる。

26

答え…ア.B イ.D ウ.C エ.A

C「共同体への帰属意識を」に続く述語はA「植え付けた」が適切 ⇒ C→A
A「植え付けた」に続く名詞は設問文末「要因」が入る ⇒ 「共同体への帰属意識を日本人に植え付けた＋要因のひとつであると言われている」というつながりが適切 ⇒ Aが末尾に入る。
● Aの後にB「集約的な労働と共同作業を行う」が入ることも考えられるが、そうすると「共同体への帰属意識を日本人に植え付けた＋集約的な労働と共同作業を行う」⇒「行う」に続く名詞はD「必要（があったことが）」⇒ まとめると、「田植えと稲刈りのために《共同体への帰属意識を日本人に植え付けた集約的な労働と共同作業を行う必要があったことが》要因のひとつであると言われている」⇒ これでは何の「要因」だかよくわからないので、不正解。
B「集約的な労働と共同作業を行う」に続く名詞は、D「必要」⇒「集約的な労働と共同作業を行う必要があったことが」⇒ B→D
● Bの後にC「共同体への帰属意識を」が入ることも考えられるが、そうすると「集約的な労働と共同作業を行う＋共同体への帰属意識を日本人に植え付けた」⇒ それに続く名詞はD「必要」→ まとめると、「田植えと稲刈りのために《集約的な労働と共同作業を行う共同体への帰属意識を日本人に植え付けた必要があったことが》要因のひとつであると言われている」⇒ 何の「要因」だかよくわからないうえに、「植え付けた必要があった」という文の流れも不自然なので、不正解。
⇒まとめると、B→D→C→A（「田植えと稲刈りのために[集約的な労働と共同作業を行う＋必要があったことが＋共同体への帰属意識を＋日本人に植え付けた]要因のひとつであると言われている」）となる。

27

答え…ア.A イ.C ウ.B エ.D

A「2種類の半導体が」とB「電気が」という主語に対する述語としてC「組み合わされ」とD「光に直接変化する」のどちらが適切かが問題。
⇒ Aは「2種類」なのでC「組み合わされ」とつなぎやすい ⇒ A→C

⇒ Bは「電気」はD「光」と関連する（日常用語で照明、光という意味で「電気をつける」「部屋の電気」という）⇒ B→D

「A→C」と「B→D」の順を考えると、文末にD「光に直接変化する」ことにより、とつながるのが自然 ⇒ 以上を組み合わせれば、A→C→B→Dとなる。

[28] 答え…ア.C イ.A ウ.B

ア 決まらないので後回しにする ⇒ イ、ウの答えが判明後、消去法でC
イ 国や団体が担う役割として適切なのはA「支援」だけ
ウ 「役割を担う」に関連するのはB「責任」

[29] 答え…ア.A イ.C ウ.B

ア AかCかわからない ⇒ 後回しにする ⇒ イでCを使うので消去法でAが入る。
イ 「共感や癒しを与えたり、モチベーションを喚起したりする資質や能力が求められる」とある ⇒ 感情に関係する仕事が重要になる ⇒「感情労働の価値」は上がる ⇒ Cが入る。
ウ ＡＩ（人工知能）が発達すれば、知的能力についてはＡＩが人間を上回る ⇒「知識や論理的思考力を売りにする人材」よりＡＩのほうが優秀になる ⇒ ＡＩに取って代わられる ⇒ Bが入る。

[30] 答え…ア.B イ.C ウ.A

ア わからない場合は後回しにする ⇒ イ、ウの答えが判明後、消去法でBが入る。
イ 「個人の行動記録」はCの日記である。
ウ 「親類縁者や関係者へのメッセージ」はAの書簡である。

[31] 答え…D

祝祭日や休日に関連する語句のある文を探す ⇒［ d ］の後の文に休みについての記述がある。

[32] 答え…日没

中世では労働は「日の出から日没まで」⇒「仕事をやめてしまう」のは日没。
● 「休憩」でも仕事をやめるが、休憩については直前に「仕事は休憩によりたびたび中断され」という記述がすでにあるので、空所に入れる必要がない。

[33] 答え…D

ア 「これは過酷な長時間労働のように思える」とあるが、その後「しかし」以下の文で冬は7時間労働、多くの祝祭日があるなど「1年中過酷な長時間労働」とは言えないことが述べられている ⇒ **誤り**
イ 「日の出と日没の時間は季節により変わる」とあるが、日の出と日没の「定義」が変わるとは述べられていない ⇒ **誤り**

[34] 答え…A

空所の文の先頭の「しかし」に注目する。

⇒「しかし」の前後で反対・対比になっている。

⇒「駒が〔　　　　〕並べられた盤面を見せられた場合」と対比になっている表現は、「チェスの対局の一局面を5秒間1回だけ見せ」た場合。

⇒ チェスの対局では棋士がよく考えて駒を動かしているので、駒はよく考えられた位置に置かれている。

⇒ これと対比にするには「駒が〔でたらめに〕並べられた盤面」。

[35] 答え…記憶

「その過程」とは、直前の部分《登場人物の…を理解しようとする → セリフが…特有の意味を獲得》という過程 ⇒《特有の意味を獲得》した「副産物」（＝あることに伴って発生するもの）は「いつの間にかセリフが頭に入っている」こと ⇒ 文中の2文字で言い換えれば「記憶」。

[36] 答え…C

ア 第4文「記憶する必要がなくても同じように覚えている」、第8文「いつの間にかセリフが頭に入っている」とある ⇒「覚えようと努力」しているわけではない ⇒ 誤り

イ 「俳優はセリフを一語一語覚えようとしているのではなく…」「セリフが…意味を獲得したとき、…セリフが頭に入っている」「記憶は意味を見つけ出す過程から生じている」とある ⇒「無意味な単語の羅列」には当然意味がないので覚えにくいと言える ⇒ 正しい

[37] 答え…B

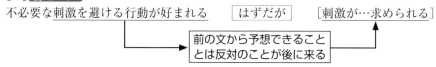

不必要な刺激を避ける行動が好まれる　｜はずだが｜　〔刺激が…求められる〕

前の文から予想できること
とは反対のことが後に来る

[38] 答え…C

空所には「絵画が死んだ」（＝絵画の価値がなくなった）原因が入る。

⇒《絵画の価値はリアルな描写 → 写真で人や物の形を正確に記録できるようになった → 絵画で描写する必要はなくなった → 絵画の価値がなくなった》というつながりが考えられる。

⇒ 絵画の価値がなくなった原因はC

114

[39] **答え…D** 文の内容を簡単にまとめれば以下の通り。

	印刷機の発明以来	19世紀末
楽しみ・娯楽	読書のみ （「読書が独占」）	読書 映画 レコード

「読書は娯楽の一つ」

[40] **答え…D**

「空白」に関連性がある語句は、A「ゼロ」かD「認識されていない」のいずれかである。

⇒ A「ゼロの概念」は、その後に例示としてゼロの表記法の話が続くのはおかしい ⇒ **不正解**

⇒ D「空白」なのは「数としては認識されていなかった」からとつながる

⇒ **正解**

● Bは「記号のない」の部分と矛盾する ⇒ **不正解**

● Cは「空白」がなぜ「無限」を意味するのか不明 ⇒ **不正解**

基礎能力検査(非言語)（問題　別冊2の12〜20ページ）

[1] **答え…13**

全体＝部分÷割合 より、$\dfrac{1}{5} \div \dfrac{65}{100} = \dfrac{1}{5} \times \dfrac{100}{65} = \dfrac{4}{13}$　　よって、13

※「aはbのc%」と表現される場合、 a＝部分 は b＝全体 の c＝割合 ということ。したがって、b を求めるなら、 $b = a \div \dfrac{c}{100}$

別解 〔　　〕の部分をxとおいて方程式にすると、$\dfrac{1}{5} = \dfrac{4}{x} \times \dfrac{65}{100}$

これを解くと、$\dfrac{1}{5} = \dfrac{4 \times 65}{100x} \Rightarrow x = 13$

[2] **答え…1625**

8本買うためには、3本セット2つと単品で2本買うのが一番安くなる。

$(4800 \times 2 + 1700 \times 2) \div 8 = (9600 + 3400) \div 8 = 13000 \div 8 = 1625$(円)

[3] **答え…640**

参加者の比は、1日目と3日目が、1：1.6、2日目と3日目が、1：1.4

よって、1日目と2日目と3日目の比は、1.4：1.6：2.24 ←※次ページ参照

2日目の参加者は、全参加者の $\dfrac{1.6}{1.4 + 1.6 + 2.24}$ だから、$2096 \times \dfrac{1.6}{5.24} = 640$(人)

※連比の求め方

	1日目	2日目	3日目
①	1		: 1.6
②		1	: 1.4
①×1.4 →	1.4		2.24
②×1.6 →		1.6	2.24
	1.4 :	1.6 :	2.24

連比とは、3つ以上の数の比のこと。求めるため、①と②に共通する「3日目」の数値をそろえたい。①1.6×1.4＝②1.4×1.6＝2.24

別解 1日目を x 人、2日目を y 人、3日目を z 人とおくと、

$x + y + z = 2096$ …①

$z = 1.6x$ …②

$z = 1.4y$ …③

②を①に代入して、$x + y + 1.6x = 2096$ ⇒ $2.6x + y = 2096$…④

③を①に代入して、$x + y + 1.4y = 2096$ ⇒ $x + 2.4y = 2096$…⑤

④・⑤を連立して解くと、

$$26x + 10y = 20960$$
$$-)26x + 62.4y = 54496$$
$$52.4y = 33536$$

よって、$y = 640$（人）

[4] 答え…8

アの式にイ、ウを代入する。

$2Q + Q + 3S + S = 20$ ⇒ $3Q + 4S = 20$

20は偶数、4Sは偶数だから、3Qも偶数（←偶数＋偶数＝偶数）。

よって、3Qは3の倍数で偶数ということになるので、6か12となる（18以上では条件を満たさない）。

3Q＝6ならば、4S＝14 ⇒ S＝3.5 整数にならないので該当しない。

3Q＝12ならば、4S＝8 ⇒ S＝2 整数になるので該当する。

よって、Q＝4と決まる。イ P＝2Qに代入して、P＝8

[5] 答え…1

①条件を整理する。

ア（1）Kの順位は2つ上がった

Kが2つ順位を上げるには、先月は3位以下でなければならない ⇒ 今月は1～3位のどれか

	1	2	3	4	5
先月			K_1	K_2	K_3
今月	K_1	K_2	K_3		

（2）Lの順位は変わらなかった

この状態ではLがどこに入るか不明。

イ NとOの順位は3つ下がった

NとOの順位が3つ下がるためには、先月は1位か2位でなければならない ⇒ 今月は4位か5位

⇒ Lが先月も今月も同じ順位であるためには3位以外にない

	1	2	3	4	5
先月	N/O	O/N	L		
今月			L	N/O	O/N

116

②アとイの表を組み合わせる。
先月と今月の3位にはLが入るのでK_1とK_3
はありえない ⇒ KはK_2の順位に決定 ⇒
Mは残った先月5位、今月1位に決まる

	1	2	3	4	5
先月	N/O	O/N	L	K_2	
今月		K_2	L	N/O	O/N

[6] 答え…43

10円玉をx枚、50円玉をy枚とおく。

金額は、$10x + 50y = 2600 \Rightarrow x + 5y = 260\cdots$①

枚数は、最大の90と仮定して、$x + y = 90\cdots$②

①と②を連立方程式にして解くと、

$$x + 5y = 260$$
$$-)\underline{x + y = 90}$$
$$4y = 170 \Rightarrow y = 42.5 \quad 枚数は自然数なので、43枚$$

[7] 答え…1100

土産物の代金をx円とすると、Pの残額は$2900 - x$、Qの残額は$2300 - x$

Pの残額はQの残額の1.5倍だから、つぎの方程式が成り立つ。

$2900 - x = 1.5(2300 - x) \Rightarrow 2900 - x = 3450 - 1.5x \Rightarrow 0.5x = 550 \Rightarrow x = 1100$

[8] 答え…240

9月のある農作物の1個当たりの価格をx円とおき、9月と10月の個数と価格を表に整理すると、次のようになる。

	9月	10月	9月＋10月
個数	4500	5500	10000
価格	x	200	218
合計	$4500x$	1100000	2180000

「9月＋10月」のところを方程式にすると、$4500x + 1100000 = 2180000$

これを解くと、$4500x = 1080000 \Rightarrow x = 240（円）$

[9] 答え…25

最初の全データを100とすると、追加された24％を加えた全体は124となる。

$\boxed{割合（\%）＝部分÷全体×100}$ の公式より、$31 \div 124 \times 100 = 25（\%）$

[10] 答え…B

サイコロの目は1、2、3、4、5、6なので、差が3になるのは、

（1、4）（2、5）（3、6）の3通り。

ア 上記の3通り、いずれの場合も奇数の目を含む。⇒ **アだけでは決まらない**

イ 和が7になるのは、（2、5）のみ。⇒ **イだけで決まる**

よって、**イだけでわかるが，アだけではわからない。**

別冊3 解答・解説集

ア　X地点までにかかった時間をxとおくと、

　　X地点から目的地までの時間は、$4-x$

1時間休息しているので、走行した時間は4時間

　　囲 距離＝速さ×時間 の公式より、X地点までの距離は、$40x$、X地点から目的地までの距離は、$60(4-x)$

　　よって、$40x+60(4-x)=180$　の方程式が立ち、これを解けばX地点までにかかった時間がわかる。

　　※$40x+240-60x=180 \Rightarrow -20x=-60 \Rightarrow x=3$（時間）

イ　X地点までの距離：X地点から目的地まで距離＝2：1だから、X地点まで

　　の距離は、$180 \times \dfrac{2}{3}=120$　　　距離がわかれば、時間もわかる。

　　※X地点までにかかった時間は、$120 \div 40=3$（時間）

　　　よって、**アだけでも、イだけでもわかる。**

※計算する必要はない。

購入額の合計がわかるには、X店、Y店の弁当の個数がわかればよい。

合計10個だから、どちらか一方の弁当の個数がわかればよい。

ア　X店の弁当を9000円以上購入する場合、弁当の数は最少で8個、9600円。

　　「少なくとも2個は購入」という条件より、Y店の弁当も最低でも2個だから、X店の弁当が9個以上はありえない。⇒ 8個に決まる ⇒ アだけで決まる

イ　Y店の弁当を5000円以下で購入する場合、弁当の数は最多で3個、4500円。「少なくとも2個は購入」という条件より、Y店の弁当は3個の場合と2個の場合がありうる ⇒ イだけでは決まらない

よって、**アだけでわかるが、イだけではわからない。**

1から12までの数字で、3でも4でも割り切れないのは、1、2、5、7、10、11の6つ。よって、$\dfrac{6}{12}=\dfrac{1}{2}$

男性5人から2人を選び、女性4人から2人を選ぶ組み合わせは、

$${}_5 C_2 \times {}_4 C_2 = \dfrac{5 \times 4}{2 \times 1} \times \dfrac{4 \times 3}{2 \times 1} = 10 \times 6 = 60（通り）$$

選ばれた男女2人ずつの中での組み合わせが2通りできるので、

　　$60 \times 2 = 120$（通り）

※例えば、男性がP・Q、女性がX・Yの場合、（P／X）（Q／Y）と

　　（P／Y）（Q／X）という2通りの組み合わせができる。

Xは、15人全員が引くので、入っているくじは15本（＝人数分）、

外れくじは12本（＝15－3）。　よって、Xに外れる確率は、$\dfrac{12}{15}$

Yは、Xに外れた12人が引くので、入っているくじは12本。その中で、当たりく

じは5本だから、外れくじは7本(=12－5)。よって、Yに外れる確実は、$\dfrac{7}{12}$

両方に外れる確率は、$\dfrac{12}{15} \times \dfrac{7}{12} = \dfrac{7}{15}$

[16] 答え…83.8

「異なる映画を鑑賞した人」は、「同じ映画を鑑賞した人」より多く、数えるのに手
間がかかるので、全体から同じ映画を鑑賞した人数を引いて求める。
「同じ映画を鑑賞した人」は、下表の太枠、色文字の部分。

		午後			
		P	Q	R	S
午前	P	**11**	24	19	15
	Q	17	**13**	14	18
	R	15	17	**9**	13
	S	16	21	12	**6**

よって「異なる映画を鑑賞した人」の数は、240－（11＋13＋9＋6）＝201
その割合は、割合(%)＝部分÷全体×100 の公式より、
201÷240×100＝83.75 ⇒ 83.8（%）

注意 「同じ映画を鑑賞した人」の割合を先に求めて、39÷240×100＝16.25。この段階で四捨五入して16.3としてしまうと、100－16.3＝83.7となって正解にはならない。四捨五入は最後の最後に行うこと。

[17] 答え…F

ア 「午前にSを鑑賞した人」は、
16＋21＋12＋6＝55
「午前にRを鑑賞した人」は、
15＋17＋9＋13＝54
「午前にSを鑑賞した人」の
ほうが1人多いので、**誤り**

午前にRを
鑑賞した人

午前にSを
鑑賞した人

		午後			
		P	Q	R	S
午前	P	11	24	19	15
	Q	17	13	14	18
	R	15	17	9	13
	S	16	21	12	6

イ 「午前にQを鑑賞した人」は、
17＋13＋14＋18＝62
「午後にQを鑑賞した人」は、
24＋13＋17＋21＝75
合計で、62＋75＝137（人）。
全体に占める割合を求める
と、137÷240×100＝57.08…

午後にQを
鑑賞した人

午前にQを
鑑賞した人

		午後			
		P	Q	R	S
午前	P	11	24	19	15
	Q	17	13	14	18
	R	15	17	9	13
	S	16	21	12	6

全体の50%以上であるので、**正しい**

別冊3 解答・解説集

119

ウ 「午前にP、午後にQを
　鑑賞した人」は、24人
　「午前にS、午後にRを
　鑑賞した人」は、12人
　　　　　⇒ 24÷12 = 2
　　2倍であるので、正しい

午前にPを、午後にQを観賞した人

午前にSを、午後にRを観賞した人

		午後			
		P	Q	R	S
午前	P	11	24	19	15
	Q	17	13	14	18
	R	15	17	9	13
	S	16	21	12	6

よって、正しいのは**イとウ**の両方。

[18] 答え…34

2個ずつの組み合わせが60セットだから、ケーキは全部で120個（＝60×2）ある。そのうち、チーズケーキは48セット（＝48個）。アップルパイは、入っていないのが22セット（＝22個）だから、入っているのは38セット（＝38個。60－22＝38）。よって、ガトーショコラは、120－（48＋38）＝34（個）ある。したがって、ガトーショコラが入っているのは34セットである。

[19] 答え…72

Pに参加した社員の人数をxとおくと、
Qに参加した社員の人数は$3x$。
カルノー表にすると右のようになる。

		Q		
		○	×	
P	○	19		x
	×		23	
		$3x$		100

空欄を埋め、方程式を作って解く。

上のカルノー表の空欄を埋める

		Q		
		○	×	
P	○	19	$x-19$	x
	×		23	
		$3x$	$x-19+23$	100

$3x + x - 19 + 23 = 100$
$4x = 100 + 19 - 23 = 96$　　$x = 24$
求めるのはQの参加者（＝$3x$）
だから、$3x = 72$（人）

[20] 答え…11

男女比が7：4だから、女性は$88×\dfrac{4}{11}=32$（人）

市内に住む女性会員が最も少なくなるのは、右図のように、「女性」の線分と「市内に住む会員」の線分を反対方向から引き、重なった部分。計算すると、$67+32-88=11$（人）

88人
女性
32人
67人
市内在住
（女性・市内在住）

別解 カルノー表を作成して解く。

	市内	市外	
男	56 ←— 0		56
女	↓11		32
	67		88

〈女・市内〉の最小は、〈男・市外〉が0の場合

二語関係のパターンのまとめ

A：Bの関係	例	文章化
(1) 包含	①A 韻文：B 俳句 「A 韻文はB 俳句を含む」	AはBを含む Aの1つにBがある
	②A 短歌：B 韻文 「A 短歌はB 韻文に含まれる」	AはBに含まれる AはBの1つである

注意：左右（A／B）の順番に気をつけよう！
　　　A／Bは勝手に入れ替えることができない
　　　〈短歌：韻文〉と〈韻文：短歌〉は同じ関係を表す対ではない。
　　　(例)「短歌は韻文に含まれる」は成り立つが、「韻文は短歌に含まれる」は成り立たない

(2) 並列	A 俳句：B 短歌 「俳句も短歌も韻文の一種」	AもBも□□の一種 AとBは□□の仲間

(1)と(2)を図にすると……

〈韻文：俳句〉なら、
　　　「(1) 包含」の①の関係「韻文は俳句を含む」
〈短歌：韻文〉なら、
　　　「(1) 包含」の②の関係「短歌は韻文に含まれる」

(3) 反意語	A 中枢：B 末端 「中枢の反対は末端」	Aの反対はB AとBは反対の関係
(4) 同意語	A ワイン：B 葡萄酒 「葡萄酒はワインともいう」	AとBは同じ意味 AはBともいう
(5) 包含関係 （全体と部分）	A 蜂：B はね 「蜂の一部にはねがある」	Aの一部にBがある BはAの一部分である
(6) 用途・機能	A 石けん：B 洗浄 「石けんは洗浄のために使う」	AはBのために使う Aの用途・機能はB
(7) 行為・職務	A 作家：B 執筆 「作家の仕事は執筆である」	AはBを仕事にする Aの仕事はBである
(8) 場所・職場	A 教育：B 学校 「教育は学校で行われる」	AはBで行われる Aが行われるのはBだ
	A 司書：B 図書館 「司書は図書館に勤務する」	AはBに勤務する Aの職場はBである
(9) 原料・製品	A 紙：B パルプ 「紙の原料はパルプである」	Aの原料はBだ AはBからつくられる
(10) 一対	A 弓：B 矢 「弓と矢は一対で使う」	AとBは一対で使う AはBと同時に使う
(11) その他	A 傘：B 雨 「傘は雨のときに使う」	AはBのときに使う
	A 機械：B 操作 「機械を操作する」	AをBする Aに働きかけることをBという
	A 力士：B 角界 「力士は角界に所属する」	AはBに所属する Aの社会をBという

さまざまな二語関係があるので、例示された二語の関係を自然な短文に仕上げて、
同様の文章にできる語を選ぼう！

← 矢印の方向に引くと別冊3が取り外せます。